U1075224

中世纪思想的演化

〔英〕大卫·瑙尔斯 著

杨选 译

商务印书馆
创于1897 The Commercial Press

2012年·北京

David Knowles
THE EVOLUTION OF MEDIEVAL THOUGHT
Longman Group UK Limited 1988
本书根据朗曼出版社 1988 年第二版译出

目　录

一、古代世界的遗产

二、十一世纪和十二世纪的文艺复兴

三、新大学——重新发现亚里士多德

四、十三世纪的成就

五、中世纪综合的崩溃

第一版序言

本书不是一部中世纪思想的纲要，更非一部中世纪思想史。本书的目的不如说在于展示中世纪思想的一些主要流派，以及它们所流经的渠道。过去的许多著作局限于介绍伟大的经院学者们的体系，或从西方的发端乃至从基督教古代的起源追索中世纪的精神生活；本书则力图把中世纪哲学或经院哲学当做希腊思想的直接继续来介绍——尽管它可能受到其环境的点染，由于折损太多而枯竭，但也得到了基督教学说的滋养与丰富。

所有探索过这个题目的人都知道，他们不止受惠于一大批法国、比利时和德国的学者，而且还受惠于在过去 80 年中主掌这片领域的大师们，其中著名者有弗兰茨·厄尔(Franz Ehrle)、克莱门斯·伯姆柯(Clemens Baeumker)、马丁·格拉布曼(Martin Grabmann)，还有最重要的艾蒂安·吉尔松(Etienne Gilson)。吉尔松在其五十余年的学者生涯中，以其特有的方式阐明了从奥古斯丁到邓斯·司各脱之间这一时代的几乎每一个部分。本书所涉及的范围既不要求、也不允许涉及大批其著作一直为人们所使用的专家。熟悉这个题目的读者可以毫无困难地看出何时我是遵从一位众所周知的权威，何时我运用或批评一些独立的研究成果，以及何时在少数地方，论据和结论是建立在对原初材料再评价的基础上的。然而，有三部著作是所有研究中世纪哲学的人都从中获益匪浅的：格拉布曼未完成的经院方法史、B. 盖耶尔(Geyer)关于中世纪思想的不朽研究，以及各种版本和形式的吉尔松的中世纪哲学史。

最后，我应该感谢我的朋友、唐宁学院院长 W. K. C. 古斯利(Guthrie)教授审阅了前两章，A. H. 阿姆斯特朗(Armstrong)教授审阅了其后的四章。我感谢他们的诸多更改与建议，同时还对依然存在的不完满之处负完全的责任。

大卫·瑙尔斯

第二版序言

大卫·瑙尔斯的《中世纪思想的演化》自1962年首次出版以来，作为中世纪思想研究的入门著作，发挥了极好的作用。大卫·瑙尔斯先生是中世纪英国修道院及宗教团体史的大师，但他也通过在剑桥大学的教学工作，在英语圈内对中世纪思想研究的发展做出了创新性的贡献。他的这部著作就是其1950年代后期到1960年代早期授课的成果。本书的介绍颇有见地，行文优雅，它运用了先前大陆学者的成果。在重新发行本书之时，我们当然承认中世纪思想研究自1962年以来一直在继续发展，以后的几次印刷考虑到了截至1972年的一些新的出版物。自那以后出现了其他一些英语的研究著作，包括《剑桥中世纪晚期哲学史》(*The Cambridge History of Later Medieval Philosophy*)(H.克雷兹曼[Kretzmann]等主编)(1982年)，以及较短的介绍性著作，如迈克尔·海仑(Michael Haren)的《中世纪思想》(*Medieval Thought*)(1985年)和约翰·麦伦本(John Marenbon)的《中世纪早期哲学(480～1150年)》(*Early Medieval Philosophy*)(1983年)。欧洲学者也在继续前进，并尝试着综合。斯蒂恩伯根(F. van Steenberghen)就是其中之一，瑙尔斯多处运用和讨论了他的著作，他后来还出版了一些新的颇有见地的著作。我们还要提到L.M.德·里克(L.M.de Rejk),他近来以其《中世纪哲学》(*La Philosophie au Moyen Age*)(法文版由P.斯威格译自荷兰文,莱顿,1985年)对中世纪逻辑史做出了他许多独到的贡献。

我们重印大卫·瑙尔斯的著作有两重理由:其一,它对于想要
ix 概略地了解从柏拉图到奥康的伟大思想家们的兴趣与观点的学生,还是有其独特的可读价值,并且还是会有帮助的。瑙尔斯所描绘的人物形象常常是非常精细的;此外,他对各种思潮和重大辩论的概括,对于可能并非、实际上也常常并非训练有素的史学家,和一般的中世纪的研习者是有吸引力和有帮助的。其二,我们认为,做一些适当的修订,《中世纪思想的演化》在未来若干年内还可以继续用做一部值得信赖的介绍性著作。除了已经发现的错误或已发生的一些不当之处而外,我们并未试图重写正文或注释。本书基本上还是瑙尔斯笔下的原貌。但我们在本序言之后的导言中对更为晚近的中世纪思想研究进行了简略评注并提供了研究的指南,提及了一些历史的修订,因为它们涉及本书的各个部分。我们重新调整了"对进一步阅读的建议",这些建议并不特别丰富,或做得很平均,而且我们尽力扩大它们,并且提供新的书目,然而也并未寻求详尽无余。认真的学生可以把我们提供的参考书目作为更广泛得多的原著和研究著作的向导。我们的确很感谢出版者给我们机会再度出版本书。

我们所做的工作就是为了表示我们对一位伟大的学者、我们

的老师和朋友的谦恭的感谢与爱。

克里斯多弗·布鲁克(Christopher Brooke)

大卫·拉斯柯姆(David Luscombe)

1987年5月

xi

第二版导言

大卫·瑙尔斯先生是一位伟大的修道院史专家，他还是一位保守的天主教神学家，在他看来，十三世纪的经院哲学家，特别是圣托马斯·阿奎那，代表了中世纪成就的顶峰，其后多是衰落与混乱，是中世纪综合的崩溃。他曾在剑桥取得了古典文学的学位并在当塞德(Downside)讲授古典著作，博览希腊哲学。在他眼中，从中世纪早期起，就确实存在一个成长与发展的过程，特别是在十二和十三世纪，受到大量输入的希腊哲学很强烈的影响，这导致了他所称的《中世纪思想的演化》。这有助于解释本书的形式：特别是用大量的篇幅来叙述古典的遗产，以及本书在托马斯去世后收尾之迅速。

自从1962年以来，关于本书的各个领域有了许多新的研究，特别是有了一种引人注目的转变：人们对中世纪哲学的研究兴趣不再在它作为基督教神学侍女的作用上了。对晚期经院哲学家，特别是奥康的威廉和约翰·威克利夫(John Wyclif)，有了许多更深入的研究。大卫先生活着看到了奥康的复活，并且清楚地懂得他的影响和重要性(见第290～297页[①])，但他哀叹神学与哲学的

---

① 指原书的页码，即中文版的页边码。下同。——译注

分离。

在本篇导言中，我们逐章简略地概括了现代研究及正在变化中的各种观点的影响，以助于这篇出色的导言作为研究的工具。我们有时提及一些出版物，这些出版物更详尽的细节在第 311 至 323 页的“对进一步阅读的建议”的相关部分做了介绍。

一、古代世界的遗产 xii

第 1～2 章　柏拉图和亚里士多德；晚期柏拉图主义者和普罗提诺

对于大卫先生来说，中世纪的基督教世界是那些其思想训练来自古希腊和罗马的人们的社会（第 3～4 页）。中世纪思想实际上深深地浸透了希腊的方法与概念，十二世纪和十三世纪的中世纪哲学家的差不多所有主要观念都来自于柏拉图、亚里士多德和其他少数希腊人。古代和中世纪思想之间的连续性的成分当然是能够找到的，但是，其他一些历史学家通过指出中世纪哲学的独有特色和与古代的不连续性，而把强调的重点放在了古代的遗产上。

现代的研究转向了柏拉图和亚里士多德，并且重新勾画了晚期希腊和早期基督教思想史。在“对进一步阅读的建议”中对此做了注释（第 312～313 页）。更为详尽的《剑桥希腊晚期与中世纪早期哲学史》（*The Cambridge History of Later Greek and Early Medieval Philosophy*）（A. H. 阿姆斯特朗［Armstrong］主编，1967 年）的第一部分至第四部分就叙述了瑙尔斯的第 2 章所述的那段历史。其中 P. 莫兰（Merlan）追踪从柏拉图到普罗提诺的希腊思想史，H. 查德威克(Chadwick)上溯基督教思想的发端，阿姆斯特朗研究普罗提诺，A.C. 洛伊德(Lloyd)思索晚期新柏拉图主义者，包括扬布利科斯(Iamblichus)(约 326 年去世)在内。最重要的是，阿姆斯特朗重新评价了普罗提诺。阿姆斯特朗与大卫先生有同一个愿望：恢复普罗提诺作为一位伟大的柏拉图主义者的名望。但是，瑙尔斯低估了一个重大差别：普罗提诺无视柏拉图的政治学以及他对公共事务的关怀。

第 3～5 章 圣奥古斯丁；波埃修斯和狄奥尼修斯；古代世界的教育

见第 313～314 页，特别是最近关于奥古斯丁和波埃修斯的文献。

第 3 章 在本章中，瑙尔斯展示了奥古斯丁是如何利用和改造古代遗产的，特别是柏拉图和普罗提诺的遗产，以及他如何为后来的中世纪思想家提供了一种特别的基督教哲学，即众所周知的奥古斯丁主义。在第 34 页上提到了马里乌斯·维克多里(Marius Victorinus)。维克多里像奥古斯丁一样是一位非洲人，并且是一位改信基督教的人，他是联系希腊哲学与四世纪拉丁西方的环节。
xiii R.A. 马尔库斯(Markus)最近(1967 年)澄清了这种联系：尽管奥古斯丁独立地详细阐述了关于上帝和灵魂的学说，但是他读的是维克多里翻译的新柏拉图主义著作。[①] 瑙尔斯对奥古斯丁学说的其他特色一带而过，包括他关于恩典、罪恶和伦理学的学说，以及

---

① 在“对进一步阅读的建议”的相关部分中(自第 311 页起)有作者列出的详尽的参考书和日期。

他对世俗之城和上帝之城的看法。

第4章 本书中一再强调的一点，是狄奥尼修斯或伪丹尼斯的神秘思想在整个中世纪中影响的广度、深度和持久性。伪丹尼斯是何人，依然不为人知，对其身份现在有种种猜测，但人们普遍认为，他是在六世纪早期，在叙利亚的社会背景下从事写作的。S.格什(Gersh)的《从扬布利科斯到厄里根纳——伪狄奥尼修斯传统前史及演化的研究》(*From Iamblichus to Eriugena. An Investigation of the Prehistory and Evolution of the Pseudo-Dionysian Tradition*)(莱顿，1978年版)，已经考察了狄奥尼修斯的著作在到厄里根纳为止的时代中的作用。对它们在后来几个世纪中继续发生的作用所做的进一步的一般研究，会澄清中世纪思想的一个困难的、但是基本的方面。有人已做过对手稿、翻译家、评注家的大部分预备性研究，其中最卓越的，是H.F.唐代恩(Dondaine)的《十三世纪巴黎大学的狄奥尼修斯著作》(*Le Corpus Dionysien de l'Université de Paris au XIIIe siècle*)(罗马，1953年)

二、十一世纪和十二世纪的文艺复兴

第6章 学校的再度产生

在本章中，大卫先生简略地勾画了查理曼时代思想与学术的复兴，特别是传统的对七艺的研究之发展以及卡洛林王朝对教育措施的政策。他极少谈及那些百科全书式的著作，卡洛林王朝时期的教育家就是从这些著作中汲取古代教育知识的。卡西奥多鲁斯(Cassiodorus)(约490年～约583年)的《关于神圣和世俗的教育体制》,塞维利亚的伊西多尔(Isidore of Seville)(560 年～636 年)的《词源》(*Etymologies*),都对经典源流之外形成的中世纪学术做出了特殊贡献。瑙尔斯公正地对卡洛林王朝的改革者所提出的理想表示欢迎。J.麦伦本(1981 年)和其他近来的学者揭示了,
xiv 卡洛林人如何通过注解波埃修斯和其他人的著作而广泛地发展了对神学的哲学研究。关于约翰·司各特·厄里根纳(John the Scot Eriugena,或 Erigena),大卫先生写道:他是从波埃修斯到安瑟尔姆之间唯一有独创性的思想家(第 70、71 页),但是,其思想是令人费解的和非正统的,读者无须纠缠于此。至少有两条理由改变这种看法,第一,约翰·司各特奠定了中世纪研究狄奥尼修斯的基础。瑙尔斯在第 4 章对之进行了详细的研究。第二,尽管后来没有什么人仿效约翰,麦伦本现在却揭示了,约翰在他自己那一代人和下一代人中,对哲学和注解古代文本的传统有非常重大的影响。

第 7 章　西欧的觉醒

十一、十二世纪研习与教学的复兴集聚了力量,大卫先生概述了这个承上启下时期学校的发展以及"经院哲学"的定义。

从第 79 页到第 84 页,大卫先生对中世纪经院哲学思想的特点做了简略但很有见地的界定。在第 79 页他指出,我们没有充分的理由把"经院的(scholastic)"一词用于相对于方法而言的中世纪哲学的内容,或中世纪的研究如医学或神学的任何其他分支的内容。在第 82、83 页上,中世纪学者所表现出来的对于权威的尊重有其正确的位置。被认为是正确的学说才被认为是权威性的,在这种情况下,其作者,不管是柏拉图或亚里士多德,还是什么其

他人,就成了权威。中世纪的思想家们不断引证他们的权威并非为了装饰门面,而是因为他们提供了做判断和结论的根据。大卫先生在讨论中世纪哲学的基督教"载荷",以及对诸如从虚无中的创造、上帝的唯一性、天命与人格的不朽等基督教学说的信仰的首要性是否使哲学研究发生偏转的问题时,公正地把注意力引导到社会背景的重要性上。基督教神学为中世纪基督教哲学家规定了方向,然而,许多中世纪哲学家却对哲学的自主表示有力的支持。

近些年来,对这种社会背景有许多重新评价,特别是对诸学校的重要性及它们的特征的重新评价。较为陈旧的观念认为,某些
学校成了某些特定学科公认的中心,如巴黎是神学中心,博洛尼亚 xv
是法学中心,等等;而根据新的证据,在学校之外,在贵族或主教团或诸如此类的团体内,还有分散的活动,因而上述观念就有了改变。见 R.L.本森(Benson)和 G.康斯塔伯(Constable)主编的《十二世纪的文艺复兴与更新》(*Renaissance and Renewal in the Twelfth Century*)(1982 年)中 S.卡特那(Kuttner)的"法学的复兴",以及 P.克拉森(Classen)的《中世纪的研究与社团》(*Studium und Gesellschaft im Mittelalter*)(斯图加特,1983 年)。

瑙尔斯本人开始意识到,那种断定沙尔特雷是十二世纪人文主义哲学中心的说法已经被历史的考证大大地动摇了(见第 11 章以下)。举一些其他的例子,在十二世纪的英格兰,人们所推测的约克的一所学校与那里的教师瓦卡里乌斯(Vacarius)的学说之间的联系消除了,南安普敦那时可能比牛津更重要。要熟读这段,请见"对进一步阅读的建议"中"新大学"一节(第 318~319 页),特别是萨森的文章("教师瓦卡里乌斯及一种英国学术传统的发端")

(1976年)和卡托(Catto)所主编的《牛津大学史》(1984年)中萨森所写的一节。

第8章 辩证法的复兴

贝伦加尔(Berengar)、兰弗朗克(Lanfranc)和安瑟尔姆(Anselm)的成就是本章的核心。按照瑙尔斯对辩证法家与传统神学家之间冲突的评论,兰弗朗克不应算做蒙昧主义者。他作为教师和作为大主教的成就是值得重视的,吉布森(Gibson)(在1978年)令人赞叹地强化了这一印象。关于圣餐问题(兰弗朗克使贝伦加尔参与了对这一问题的讨论),重要的研究有德·蒙特克洛(de Montclos)(1971年)和麦西(Macy)(1984年)所做的研究。大卫先生也关注于安瑟尔姆及其著名的关于上帝存在的证明,在1962年之前和自那时以来,对此有种种不同的解释。他没有讨论在一个信仰问题上的另一个惊人论证,这个论证出现在安瑟尔姆的《为何上帝成为人》(*Cur Deus Homo*)中,安瑟尔姆在其中推论,道成肉身是堕落的**必然**结果。在第88、89页上,瑙尔斯认为,彼得·达米安(Peter Damian)和劳腾巴赫的曼内戈尔德(Manegold of Lautenbach)是在对信仰的研究中正在发展的对辩证法的运用方面一流的批评家。更为晚近的一些学者倾向于减少对达米安哲学的保留,特别是指出他的《论神的全能》(*De divina omnipotentia*)并未坚持说上帝能够使互相矛盾的事物实现。曼内戈尔德对人类理智的怀疑态度,并不能掩盖辩证法是全部学术科目中得到公认的一个部分这一事实。

在第85、86页上,他谈及沙尔特雷的富尔伯特(Fulbert of Chartres)及其关于信仰与理性关系的观点。现在有人认为,他引

证的材料是另一个富尔伯特的,而不是那位主教。请见 F. 贝伦兹 xvi
(Behrends)编译的《沙尔特雷的富尔伯特的通信与诗文集》(*The Letters and Poems of Fulbert of Chartres*)(牛津中世纪文本[Oxford Medieval Texts],1976 年)第 lxii 页～lxiii 页,贝伦兹的"图尔的贝伦加尔、沙尔特雷的富尔伯特和'小富尔伯特'"(Berengar of Tours, Fulbert of Chartres, and "Fulbertus exiguus")一文(《本笃会会刊》[*Revue Bènèdictine*]第 85 期[1975 年],第 333 页以下)。

第 9、10 章　共相问题;彼得·阿伯拉尔

大卫先生正确地注意到,共相问题并非从辩证法的复兴中产生的唯一重大问题,但是,关于共相的辩论仍然值得特别注意。在第 101 页上,他简略地提到了其他问题,诸如语法学家的影响,以及 *Sprachlogik*(语言逻辑)的发展。更晚近一些的学者则赋予这些其他因素以更大的重要性。普里西安(Priscian)(盛期在 491 年～518 年)的《语法基础》(*Institutiones grammaticae*)是一部久盛不衰的研习诸艺之首的教科书,由于其中提出了语言问题而吸引了哲学家们的注意。因而,对名词起源及其意义的研究,或对动词"是(to be)"的分析就依赖于对语法的研究。十一世纪和十二世纪的语法大师们发展了对句法的系统研究,以及语法上的思辨。R. W. 亨特(Hunt)精巧地揭示了他们的独创性(1943 年～1950 年,1980 年重印)。在十一世纪,会有一些甚至可以称为背离作为逻辑研习的向导的波埃修斯和亚里士多德的迹象。加兰德(Garland)的《辩证法》(*Dialectica*)和贝克的安瑟尔姆(Anselm of Bec)的《论语法》(*De Grammtico*)显示了逻辑学的进展,逻辑学作为对用语言表达的论证的研究，既是关于言语，又是关于辩论的学问。约里维特(Jolivet)研究了阿伯拉尔(Abelard)对哲学与语言关系的专注，以及他的广泛涉猎的深远影响(1969年)。

阿伯拉尔生平的细节，以及他著作的年代，一直是引起人们广泛的、有时是激烈的争论的话题。关于其著作的年代，见缪斯(Mews)(1985年)。他的生平的主要证据——《我的苦难史》(*Historia Calamitatum*)——一直受到严厉的批评，实际上主要是本顿(Benton)在《皮埃尔·阿伯拉尔，尊敬的皮埃尔》(*Pierre Abélard, Pierre le Vénérable*)(1975年)中所做的批评，以及西尔维斯特雷(Silvestre)所做的批评。他们证明了爱洛伊丝(Héloise)和阿伯拉尔之间的全部通信都是伪造的。另外还有其他许多观点。对于拉斯柯姆最近对托马斯和其他思想家所做的研究成果
xvii (1980年)，以及拉斯柯姆的支持这些通信实际的可靠性的论据(1979年)，这里有个简略的概括。德隆克(Dronke)(1976年)表明，阿伯拉尔和爱洛伊丝故事的主线是由早先其他的证据证实的。尽管争论激烈依然，许多学者仍会发现，瑙尔斯对阿伯拉尔生平的描述在主要方面是可以接受的。我们对第108页上的一句话做了校正，因为我们相信，就像瑙尔斯(继吉尔松之后)所料想的那样，阿伯拉尔与爱洛伊丝的婚姻是不合教会法的。参见C.布鲁克(Brooke)的《中世纪的教会与社会》(*Medieval Church and Society*)(伦敦，1970年版)第74～75页。

大卫先生独具特色地评论阿伯拉尔说："对他来说，信仰的教条并非深不见底的源泉，也不是用语词反映的启示的超自然真理。倒不如说，它们是扔给基督教哲学家的许多命题和事实，他可以在

这些命题和事实上施展其独创性。”(第 113 页)就阿伯拉尔对批评者和非信徒以既非常辩证、又很明白的方式试图表述信仰的内容而言,这样说是对的。然而,他确实不倦地关注“对过去时代的解释”,坚持不懈地收集犹太-基督教和异教的希腊-罗马传统的著作文本,他寻求把希腊-罗马传统与基督教信仰尽可能地调和起来。为此,他运用了不止是辩证法的解释技巧,因为他相信,哲学家和圣徒的言辞事实上确实带有一种深刻和神圣的蕴义,一旦移去它们的语言幔帐(*involucrum*, *integumentum*),一旦人们抓住了它们更深的意义,人们就能领悟这种深刻和神圣的蕴义。图利奥·格列高利(Tullio Gregory)(在 E. M. 白塔特[Buytaert]主编的《彼得·阿伯拉尔》(*Peter Abelard*)[1974 年]一书中)解释了阿伯拉尔是如何解说柏拉图的;而解释阿伯拉尔如何类似地探究《圣经》的奥秘,还是个挑战,尽管 E. 克尔尼(Kearney)已经开始做这项工作了(见 R. 托马斯主编的《彼得·阿伯拉尔》[*Petrus Abaelardus*][1980 年])。

第 11 章　沙尔特雷学校和索尔兹伯里的约翰

理查德·萨森爵士(Sir. Richard Southern)的著名文章对沙尔特雷学校的存在表示怀疑,而克勒沃尔(Clerval)和普尔(Poole)以及其他许多人,包括瑙尔斯都曾确信这一点。该文在1970 年发表,介于本书的第一版(1962 年)和最近的一次印刷之间,因而大卫先生本人能够在第 128 页上做一个补注。没有人怀疑在沙尔特雷有一所主教学校,萨森及其批评者所辩论的是,它在多大程度上是以前人们认为在该校中联合起来的那些学者的一个主要的中心(见第 317 页)。实际上,人们一度觉察到的在这批人 xviii

中诸如巴斯的阿德拉德(Adelard of Bath)和普瓦捷的吉尔伯特(Gilbert of Poitiers)这样的人物理智方面的一些共同兴趣,在我们看来,只显示出表面上的相似性。在 1979 年,萨森研究了柏拉图主义者确信的"沙尔特雷学校"这一概念现在是"有助于还是妨碍我们了解十二世纪上半叶发生了什么"的问题。瑙尔斯当然是过分强调了所谓"沙尔特雷的泛神论"(第 123～124 页),最近的一些学者以对这一时期科学和诗歌更为广泛的研究反驳了这一点。孔什的威廉(William of Conches)是"沙尔特雷学校"及其柏拉图主义倾向的那些想象中的门徒中的出类拔萃者,他既是普里西安的弟子,同样也是柏拉图的学生。彼得·德隆克现在已经再度勾画出了十二世纪哲学的轮廓,他在介绍和编辑《十二世纪西方哲学史》(*A History of Twelfth-Century Western Philosophy*)(剑桥,1988 年)时,给予诸"学校"较少的篇幅,而对科学、语法和逻辑中的"新方法"则给予了较大的篇幅。但是在对十二世纪的创新的所有描述中,这一章中讨论的那些学者都是非常重要的,索尔兹伯里的约翰作为这些人物的一位博学的见证人和观察者的作用,依然是可靠的(特别参见威尔克斯[Wilks],1984 年)。

第 12 章　圣维克多学派和圣贝尔纳

在这里,尽管学术研究并没有停顿,大卫先生的概括还是经得起推敲的。见第 318 页。

三、新大学——重新发现亚里士多德

第 13、14 章　大学的起源;学习、学位和教科书

这两章的叙述有助于人们了解体制和教学法上的变化,这些变化导致了大学的诞生。但现代的研究正在迅速修正为数众多的细节。在第140~148页上,大卫先生把博洛尼亚概括地评述为罗马法和教会法研究的中心。博洛尼亚的确是主要的中心,但其他的中心同样繁荣活跃,而且《学说汇纂》(*Digest*)的重新发现可能发生在蒙特-卡西诺(Monte Cassino)大修道院的图书馆中,瑙尔斯正确地强调了它,并使之与处处都在发展的返回到过去权威的知识的运动联系起来。至于说格拉提安(Gratian),现在看来,他被指称为卡马尔多利(Camaldoli)会的僧侣是个传说。见卡特那 xix
(1982年)和J.T.努南(Noonan)"格拉提安长眠于此……"《传统》(*Traditio*)第35期(1979年)第145~172页。第151~152页上关于牛津大学起源的叙述,以及关于瓦卡里乌斯的学说的叙述,已经被理查德·萨森爵士和其他人在卡托的章节中超过了(1984年)。

第15、16章 重新发现亚里士多德;阿拉伯哲学和犹太哲学

现在我们清楚了,托莱多(Toledo)的大主教雷蒙德(Raymund[①])(1125年~1152年)没有在托莱多建立任何一种"翻译学校"(第170页)。从阿拉伯文做翻译的翻译家遍布西班牙,托莱多只是在雷蒙德的继任者约翰(1152年~1166年)治下才开始成为翻译中心之一。见阿尔文尼(d'Alverny)(1982年)。我们改正了一些时期,原先据多德(Dod)的说法(1982年),亚里士多德的一些著作是在这些时期翻译成拉丁文的。

---

① 原文如此,应为Raymond。——译注

第17章 灵魂问题与认识过程问题

亚里士多德的评论者们对他的心灵哲学学说意见各不相同。瑙尔斯把这解释为十三世纪摩尔贝克的威廉(William of Moerbeke)和其他人所翻译的某些主要的阿拉伯典籍传到西方后引起的兴奋的产物。他的叙述反映了吉尔松等人的工作,特别是吉尔松在《中世纪教义与文学史档案》(*Archives d'histoire doctrinale et littéraire du moyen âge*)第4期中(1929年~1930年)有影响的文章"阿维森那的奥古斯丁主义之希腊-阿拉伯根源"(Les sources gréco- arabes de l'augustinisme avicennisant)。吉尔松在《档案》(*Archives*)第36期(1969年)(第89~121页)中的"阿维森那在中世纪的西方"(Avicenne en Occident au Moyen Age)一文中又回到了这个题目上。最近在比利时,在知识方面有了使人印象深刻的进展。1957年维尔贝克主编了特弥提乌斯(Themistius)的著作,并为之作序(见第194页):《特弥提乌斯,对亚里士多德生命之作的评论》(*Themistius, Commentaire sur traité de l'âme d'Aristote*)(纪尧姆·德·摩尔贝克译)(1957年,卢汶-巴黎)。1966年,维尔贝克又为约翰·菲洛波努斯(John Philoponus)做了同样的工作:《让·菲洛波努斯评亚里士多德〈论灵魂〉》(*Jean Philopon. Commentaire sur le De Anima d'Aristote*)(纪尧姆·德·摩尔贝克译)(卢汶-巴黎)。从1968年到1972年,维尔贝克在S.凡·雷特(Riet)编辑的《拉丁阿维森那:论灵魂或自然六论》(*Avecenna Latinus: Liber de Anima seu Sextus de Naturalibus*)(卢汶-莱顿)的前两卷中发表了对阿维森那心理学说的介绍。(1972年第1~90页;1968年第1~73页)

四、十三世纪的成就 xx

第 18 章　十三世纪的哲学革命

在第 201～203 页上，大卫先生描述了十三世纪哲学革命的基本组成部分，并总结了凡・斯蒂恩伯根对这一革命所持的观点，而且这也就是瑙尔斯的观点，他根据这一观点来进行描述，并在后面的篇章中对之认真思索。但是，他把精力主要（尽管不是全部）放在了把亚里士多德哲学渗入神学这项工作上，并且倾向于忽略其他把亚里士多德哲学吸收进当时流行哲学的大量努力，亚里士多德关于自然宇宙的思想（其中包括四元素说和天球说）在对物理现象、生物现象和心理现象的解释上有很深的影响。此外，自从 1962 年起，凡・斯蒂恩伯根继续发表和发展了他的解释，做出了一系列宏伟的研究。见凡・斯蒂恩伯根（1966 年，1970 年，1974 年，1977 年，1980 年）。

第 19～22 章　巴黎的方济各会学校；大阿尔伯特；圣托马斯・阿奎那；布拉班特的西格尔和文学院

波那文图拉、阿尔伯特以及最重要的阿奎那都受到了大卫先生热烈的赞扬，而且无人能合情合理地否认他们的高大形象。我们必须考虑到这样一个事实：伟大的托钵僧学者们是在一个“拥塞”的环境中写作的，他们周围大师麇集，这些人多有见解，广积思想材料，学者们可以自由汲取。大卫先生描述的波那文图拉、阿尔伯特和阿奎那的形象，展现了他们的特性，充满同情，打动人心。但是，人们在读他对布拉班特的西格尔和达契亚的波埃修斯的叙述时则须留心。他厌恶西格尔和其他巴黎文学院的主要成员，因为他们惹的麻烦最终导致1270年和1277年教会的谴责，在这一点上，他倾向于支持吉尔松。他在这里挑选的理由被证明是很站不住脚的。瑙尔斯试图检验和证实凡·斯蒂恩伯根的观点，然而，凡·斯蒂恩伯根继续推进并阐发其主张，最值得注意的是在他对西格尔的新研究中的阐发(1977年)。

xxi 大卫先生认识到(见第245页)，对西格尔和他的同事及追随者圈子的确定的评价，将有赖于进一步的历史发现，特别是因为，这是个"对其舆论环境须作分析的问题"。那就是说，如果不更好地了解西格尔和同时代其他文人的著作，就不能公正地评价西格尔的动机与学说。最近，有些以前不为人知或未受到充分认识的文本出现了。1966年，J. 文内布什(Vennebusch)编辑了《布拉班特的西格尔的几个形而上学问题》(*Die Questiones metaphysice tres des Siger von Brabant*)(《哲学史档案》第48期[*Archiv für Geschichte der Philosophie* 48]，第163～189页)。1972年，马拉斯卡(A. Marlasca)编辑了《布拉班特的西格尔〈论原因〉一书中的问题》(*Les Quaestiones super Librum de Causis de Siger de Brabant*)(《中世纪哲学》第12期[*Philosophes médiévaux* 12]，卢汶-巴黎)，B. 巴赞(Bazán)编辑了《三论灵魂中的问题，论理智灵魂，论永恒世界》(*Quaestiones in tertium de Anima*, *De Anima Intellectiva*, *De Aeternitate Mundi*)(《中世纪哲学》第13期，卢汶-巴黎)。1974年，巴赞发表了《布拉班特的西格尔，逻辑学、道德与物理学著作》(*Siger de Brabant*, *Ecrits de Logique*, *de Morale et de Physique*)(《中世纪哲学》第14期，卢汶-巴黎)。把文人们的学说称为“令人反感的”(见第247页)看来是片面的，因为瑙尔斯这话是根据西格尔的批评者的谴责，而不是他自己的著作。但是，这段话不是模棱两可的，他也许只是想说出神学家们的观点。然而，他的同情是显而易见的。

同时，在达契亚的波埃修斯的故乡丹麦，已故的简·平伯尔格(Jan Pinborg)1969年开始出版波埃修斯的全集(*Opera omnia*)；1964年，撒约(G. Sajó)出版了《达契亚的波埃修斯对永恒世界的研究》第二版(*editio altera* of *Boetii de Dacia tractatus aeternitate mundi*)(《哲学史资料与研究》第4期[*Quellen und Studien zur Geschichte der Philosophie* 4]，柏林)。没人再会像瑙尔斯(第248页)那样，说波埃修斯特别关注的领域是伦理学，他在文科诸学科中所涉猎的远不止于此。至于1277年对219个命题的谴责，这一直是R.西塞特(Hissette)(1977年)详尽而透彻分析的对象，特别是，他表明，其中只有一个，而非好几个命题(就像瑙尔斯在第249和270页上所暗示的)与阿奎那的学说有确凿的联系。

甚至在考虑学术上受欢迎的进展时，大卫先生依然通过复苏十三世纪的学术大辩论和据其所知对这些辩论做出娴熟的评价，而做出了真正的贡献。他并没有贬低西格尔，他承认，西格尔就像再早两个世纪的贝伦加尔一样，在其同时代人中享有很高的声誉(第249～250页)。瑙尔斯在一个根本问题上对学术争论做出了积极的贡献，这个问题就是，西格尔及其友人是阿维罗依主义者，还是纯粹的亚里士多德主义者。或者更精确地说，他们是否对亚里士多德做了阿维罗依(主义)的解释，或试图客观地确立亚里士 xxii
多德自己的学说，而又不对基督教的启示提出挑战。有一个困难是，有些文人不考虑对基督教教义的影响，而推断说对亚里士多德一些学说的正确解释是阿维罗依做出的。瑙尔斯捍卫了这样一种观点：在十三世纪，阿维罗依对激进的或彻底的亚里士多德主义者确实有某种影响（第250、251页）。他没有向凡·斯蒂恩伯根反对在十四世纪之前存在一个拉丁阿维罗依主义运动的所有论据让步。他也提出，西格尔可能在压力之下对其学说做过修正，使其温和一些（第270页）。更近一些，E.P.马赫尼（Mahoney）教授就西格尔"抛弃"阿维罗依和1277年的谴责对阿维罗依主义的"沉重打击"有所论述（《剑桥中世纪晚期哲学史》，1982年，第602～622页）。

大卫先生对宗教思想家予以了偏爱，并且对于十三世纪那些未将宗教与他们的哲学混合起来的人没有表示多少宽容。在这方面，他代表了有关经院学者的历史著作中一种有影响的传统。其他一些历史学家，尤其是那些在二十世纪后期写作的历史学家，一直希望为了中世纪哲学家对于语义学、语言学理论和形式逻辑，对认识论、心理学、伦理学和自然哲学所做贡献的缘故来研究他们，而并不感到需要对他们所研究的著作的宗教或其他特性做出评价。这样的学者就远不像瑙尔斯那样关注由诸如西格尔或达契亚的波埃修斯这样的人对十三世纪的基督教所造成的潜在问题。

第23章　十三世纪的英格兰

大卫先生对于英格兰在中世纪思想演化中的作用的特殊性，尤其是英格兰学者所显示出的在数学和自然科学方面的兴趣所做的评论，当然会为后来的历史学家们所赞同。然而，我们今天并不认为这有助于把这种科学爱好同牛津的学校与大学联系起来，也无助于把牛津同沙尔特雷学校相比较，因为牛津在十三世纪并无特殊的科学倾向，而且沙尔特雷学校在中世纪科学的发展中没起什么作用。《牛津大学史》第一卷（*The History of the University of Oxford*，I）（1984 年，卡托[J. Catto]主编）已充分阐明了牛津的性质和早期的发展。

罗伯特·格罗斯泰斯特（Robert Grosseteste）的经历与著作有丰富的文献记载，然而却充满问题。理查德·萨森爵士在其《罗 xxiii
伯特·格罗斯泰斯特》（*Robert Grosseteste*）一书（1986 年）中已厘清了其中的许多问题，但是还有不少有待阐明。我们借助于萨森修正了其经历中的细节，现在我们清楚了，瑙尔斯最初的判断——说格罗斯泰斯特是“属于更老的学校，属于彼得·康麦斯特（Peter Comester）和斯蒂芬·兰顿（Stephen Langton）”的神学家——不应再保留了（我们在第 255 页上已做了修订）。他是 *sui generis*（与众不同的），是一位饱学之士；然而，他对思想材料的使用是折衷主义的，忽视其直接前辈。他的学问，尤其是他将数学和科学以及一些关于希腊的知识注入其对《圣经》的评注和神学论文中，使他甚至在十三世纪经院学者的世界中都是个非凡的人才。更为古怪，而且影响要小得多的罗吉尔·培根，就像大卫先生所描绘的，是个多面而又奇异的天才。在 1257 年之前，他与牛津没有确凿的关系，因为他早期的经历我们完全不清楚。但是，在由瑙尔斯所展开的其哲学与科学兴趣的形象上，我们应该再加上他用一种打击伊斯兰教义的观点来试图复兴对希腊和希伯来语言知识的兴趣而进行的努力，他对于把《圣经》当做研习基督教信仰的首要经典的浓厚兴趣，以及他对希腊神学家们成果的迷恋。

五、中世纪综合的崩溃

第24～28章 亚里士多德的后果；根特的亨利和邓斯·司各脱；综合的崩溃；奥康的威廉；唯名论的收获

1274年，圣波那文图拉和圣托马斯·阿奎那都去世了，一个时代的成就也随之而去了。大卫先生遵循着一种陈旧的传统，称这种成就为基督教与希腊思想的综合。他力图把经院哲学描绘为希腊思想的直接继续，并受到基督教学说的滋养与丰富。他就是这样按照他的理解来叙述中世纪思想的**演化**的。这导致大卫先生把这之后的中世纪思想史描写为基督教从理性的后退，以及以前成就的崩溃。

这样的处理至少提出了两个有关整个问题概观的难题。其一，甚至在十三世纪，希腊和阿拉伯哲学的不断注入使持续性的格
xxiv 局打乱了，因而随后而来的冲突和教会的谴责可以被视为基督教的认识与正在复兴的异教信仰之间出现的紧张关系，或仅仅被视为解释亚里士多德的不同方式的产物。其二，就像今天大多数历史学家认为的那样，十四世纪的世界不只是个放肆和消解的世界，还是一个有各种各样伟大的新成就的世界。大卫先生承认十四世纪思想与文化的丰饶："我们的确很可以认为，十四世纪要比十三世纪更富于那些 *idées-forces*（观念力），这些观念力将要决定欧洲精神生活的进程。"（第304页）他这是指教廷与反教廷立场的言辞激烈的声明、关于宿命的尖锐争论，以及科学的进展。他恰当地把关于邓斯·司各脱和奥康的威廉以及英国的科学家和自然哲学家

的记述包括了进去。但是,他不同情"纯逻辑",认为唯名论是对神学的腐蚀,并且对语言学理论和科学哲学没有多大兴趣。假使他目睹了最近对于逻辑学发展的讨论,会感到诧异的。这些讨论表明,在十二世纪和十三世纪,人们就已对创建新的逻辑学与新科学做出了一系列尝试:L. M. 德·里克已证实了现代逻辑学在十二世纪的存在;另外一些人研究了 *modistae*(中世纪语法学家),他们最初出现在十三世纪晚期的巴黎,发展了对于逻辑学和语法理论的新兴趣。

奥康的威廉是理解十四世纪思想的中心。他的独创性在历史上的来龙去脉,其学说的来源以及这些学说的影响的特性,一直是学者们兴趣盎然地探索的对象。关于奥康从阿维尼翁的教皇处逃到慕尼黑的皇帝那里这件事,应该说,并非现在一切都表明,这些事件是支持皇帝反对教廷的一种转变。倒不如说奥康在巴伐利亚寻求庇护,并在那里就教廷权力的性质与范围从事写作。至于奥康的哲学与神学,瑙尔斯和许多其他人认为,奥康追随邓斯·司各脱,把上帝的绝对权能(*potentia absoluta*)概念当做摧毁较早的,特别是托马斯主义关于神的秩序和自然法则概念的工具(第 295 页)。瑙尔斯对奥康的这种用法不表同情。另一些学者不同意并否认奥康的上帝是个专横的暴君,他使得宇宙的运行捉摸不定。上帝有绝对的权能,只有在选择实现某些可能性上除外,这种可能性是加诸并非必然而只是偶然的创造的一个计划的可能性。

瑙尔斯也对唯名论批评早先的形而上学不表同情,部分原因 xxv
是它消除了一种可论证的神学的基础。然而,其他学者会拒绝他用"不可知论(agnosticism)"(第 297 页)一词来描写奥康的后果。

由于物理学从形而上学中脱离出来，并且由于人们通过研究这个世界而探索到了自然的法则，理性的和科学的调查与实验就得以发展。当早先的自然的必然性法则的结构因受到批判而松解时，上帝的自由就得到了重估。十四世纪实在论的 *via antiqua*（古代路线）和唯名论的 *via moderna*（现代路线）之间的斗争，以及它们在逻辑学、认识论、形而上学、伦理学、神学和政治学方面的一切影响，投下了长长的阴影，直到今日。我们可以期待，争执还会持续到未来。许多近来出色的探究倾向于支持那些与本书中所表明的观点非常之不同的赞同与解释。在许多学者中我们想到的有 M. 克拉盖特（Clagett）、W. T. 科提内（Courtenay）、J. E. 默多克（Murdoch）和 H. O. 欧伯曼（Oberman）的工作。然而，现在仍然不可能推荐一部单独的关于邓斯·司各脱和奥康的威廉之后中世纪思想的"演化"的通史。不过，在综合上进行尝试是特别需要的，因为在诸如牛津的计算家（Calculators）（或默顿学派[Mertonians]）的数学与物理学这样的题目上，或者对包括（在其他许多思想家之中）让·布利丹（Jean Buridan）和沃尔特·伯利（Walter Burley）在内的个别思想家，现在有了大量的知识，使这些知识广为人知是大有益处的。

我们将注意力放在学术界最近进展中一个富有成果的例子上。我们现在知道（见第 300 页），奥康主义在十四世纪中期至少在英格兰，并非像人们先前所以为的那样，是一种统一的或牢固的势力。当然，奥康的学说有一种激发的效果，特别是在默顿学派中，但是，即便是罗伯特·霍尔科特（Robert Holcot）（第 300 页），也不是个彻底的奥康主义者，而且在 1360 年代和 1370 年代，牛津出现了一种更为保守的气氛。

实在论复兴的中心人物之一是约翰·威克利夫，他作为一位哲学家的声誉得到了引人注目的恢复。他远非一位过度的、极端的实在论者，有时，他被认为是一位温和的实在论者和比人们一度认为的更具建设性的哲学家。以安东尼·肯尼(Anthony Kenny)为中心的一批哲学家(肯尼可以把威克利夫算做他最著名的前辈之一，一如巴利奥勒的大师[Master of Balliol])也表明过奥康是如此。但在许多问题上，奥康仍然是模糊不清和困难的。1961年，J.A.罗布森(Robson)表明(在《威克利夫与牛津学校》[*Wyclif and the Oxford Schools*]一书中)，在威克利夫的形而上学和圣餐神学之间有一种清晰的联系。有人还辨认出在威克利夫的实在论 xxvi
学说和他关于圣经的统一性、稳定性和朴实的真理的信念之间，也有这样一种类似的联系。大卫先生曾认为，十四世纪增长的免却传统和诉诸圣经的倾向是"唯名论的收获"的一部分，与之一道的，还有免却自然神学的倾向。但是，在威克利夫的问题上，真情看来相反：在实在论哲学与他对圣经的探讨之间有一种自然的联系。

然而，有一项讨论取得了进展，即关于威克利夫晚年的"异端"思想是否更多地归因于从其实在论出发的推演，或归因于他的福音派热情，他带着这种热情研究圣经(见肯尼主编的《威克利夫在他的时代》(*Wyclif in his Time*)中M.齐恩[Keen]，牛津，1986年，第一章)。我们清楚的是，大卫先生最后的几章中，最大的空白之一是缺乏对《圣经》史的进一步研究。在中世纪晚期神学学校中，对《圣经》的研究原则上总是具有与对伦巴第的彼得(Peter Lombard)的《箴言书》的研究同等的重要性。我们现在也很清楚：

那种认为神的启示包含在圣经文字之中的观点的发展，在介于十二到十四世纪之间的这段中世纪思想史上，是一个基本事实。这是一项复杂的发展，而且它绝不等同于宗教异议或神学怀疑论的增长，威克利夫的弟子们所传播的本地语言的《圣经》极其流行，以至于好像许多这种《圣经》的所有者都不是罗拉德派(Lollards)。C.林德伯格(Lindberg)列出过230种威克利夫《圣经》的部分或完整手稿(《新语文学》[*Neophilologica*]xlii，1970年，第333～347页)；安妮·赫德森(Anne Hudson)指出，"在威克利夫的任何偏见或争论的歪曲中，翻译……完全是非争论性的，完全没有的"(《威克利夫在他的时代》第94页)。对于中世纪晚期的《圣经》研究，在正统派和非正统派背景两方面，都还有很多东西要了解。同时，贝丽尔·斯玛利(Beryl Smalley)的《中世纪的〈圣经〉研究》(*The Study of the Bible in the Middle Ages*)的最后一版(牛津，1983年第三版)，基础宽广，仍是可靠的指南。

一、古代世界的遗产

第1章 柏拉图和亚里士多德 3

人们一直把哲学定义为对于终极实在以及对于事物的一般原因和原理的研究，这种研究是特别参照于人类以及人类行为的目的与原则而进行的。简单些说，我们倒宁可认为它是对各种假设以及思维方式的批评与阐释，这些假设和思维方式是人类的共同特征。不管我们如何定义或认为，人们一般都会同意，对于那些属于至今仍被称为地中海文明传统的人们来说，如我们所知，哲学兴起于古希腊，并且在小亚细亚、大希腊，并最终在雅典飞快地成熟起来。基督教在其发端及史前阶段，与希腊没有什么关系。但是，君士坦丁大帝改宗以后长达一千多年的时间中，我们所说的基督教世界几乎把古代世界的希腊-罗马文化作为其人民精神上的训规以及思考习惯的唯一直接或间接的来源。因而，如果说在那些世纪中，基督教世界的哲学饱浸了希腊思想的方法与观念，饱浸了非基督教、特别是前基督教哲学家的学说，以至于在一种非常真实的意义上说，它是古代哲学的扩展或延伸，这绝不过分。这首先就表现在欧洲历史的所谓中世纪时期的主要部分。这一部分也正是我们这本书所要关注的。的确，只要我们想到十二和十三世纪，我们就可以说，几乎中世纪哲学的所有主要观念（也有部分例外分支，即后来的自然神学）都等同于或直接来源于公元前450～前

300 年期间雅典的一小批希腊思想家中流行的观念。在这批思想家中，有两位是至高无上的，即柏拉图和亚里士多德。

4 希腊人的天赋是多方面的，在西方历史上，没有其他小的种族群体曾像希腊人这样，在这么短的一段时间内，产生了如此众多思想上、文学上和艺术上的杰作。但是，人们普遍同意，希腊人的天赋有一个独特的标志，这个标志使希腊人的头脑与，比如说，罗马人的或盎格鲁-撒克逊人的头脑区别开来，这个标志就是其对一切它所触及的对象进行思考并使之条理化的倾向与能力，就是其依据理性和秩序来看待现实的倾向与能力；就是其分析、批判、阐明与定义的倾向与能力。因而，希腊人的天赋在哲学和数学的王国里大放异彩就是很自然的了。但是，人们无法估计到这样一种可能性：在短短五十年内，会一个接一个地出现了两位极其卓越的思想家——柏拉图和亚里士多德。

这两位伟大人物中的第二位，既是前一位的弟子，又是其批评者。自从他们那个时代以来，人们一直认为他们是两个学派，乃至对思想的首要问题所做的适成对照的两种探索的领袖。吉尔伯特曾很有兴趣地注意到，他的每一位同胞不论男女，按传统的学究们的说法，都是生来就有 *ratio seminalis*（“理性的种”），或者天生就倾向于自由派或保守派。说得更真切的是柯尔律治的名言：“我们每个人生来不是柏拉图主义者，就是亚里士多德主义者。”如我们将要看到的，在古代和后来的中世纪，人们就已屡屡尝试过协调或综合这两个体系；现当代的作家们也屡屡严词批驳这种尝试是枉费心机，喻之为油水不相容。这两者的特点是并列的，无法融合。对许多人来说，柏拉图，以他精致的风格（这也许是这个世界所曾见过的表达思想的最为柔美的媒介)，以他所描绘的令人难以忘怀的苏格拉底的形象，以他道德上深切的真诚和崇高的理想主义，以他对于美和善的不可动摇的信念，以他神明一般的心灵之远见及其不朽命运，以他从暂存的可见物向不可见的永恒之物的高翔，永远会忠实地反映着人类心灵中一切高贵的直觉；因而其至上的地位仍将是不容置疑乃至从未受到过挑战的。然而，对另一些人来说，亚里士多德思想的庄严构架即使蔫除其庞大的生物学与物理学基础，依然厚重。对许多人来说，亚里士多德以他冷静、清晰而健全的心智，以其绝不会变得愤世嫉俗的常人的知识，以其富有灵感的常识，以其在形而上学险峻的鸿沟上所展现的出人意料的景观，以其对观察和行动在可见世界中的价值的坚持，以其坚定的主 5
张——我们的能力与官能在其本性上能够在其各自的领域与尺度上达到真理与实在，以其术语的无比精确和在触及分析与综合时的稳健，看来已达到了尘世间人类心灵所能成就的极限。这一公开的或未被察觉的永恒竞争将在整个中世纪困扰那些最伟大的头脑。

这两者之间在气质、情趣、论述及论题上的差别确实非常之大。对于所有那些想在思想中发现一切现象皆可由之分解而来的终极实在的人，对于所有那些认为宇宙呈现给我们感官的以及一切有“物质”形态的东西都不过是影像或反映的人来说，柏拉图在其身后的世世代代成了他们的源头及典范。而亚里士多德则是日常经验的哲学家，其最终目标不过是用固定的词语精确地表达什么是所有人正常的非反思(unreflective)的印象。从另一个角度看，柏拉图是个理想主义者(idealist)，他以“远在天国”的并非以手建立起来的城市为范型，来铸造现世的生活及其制度；他引导着个人登上追求完美的阶梯，走向另一种生活，在那里，个人最高的能力将得以扩展，并找到它们真正得以施展的对象。而现实主义的亚里士多德是人中之杰，两脚坚实地踏在一个希腊城邦的土地上，规划着丰饶、幸福的尘世生活。最后，柏拉图是最富宗教色彩的思想家之一，其许多最为雄辩的篇章都是讨论对美德的追求，讨论灵魂受难或启蒙的命运。他在不止一处概要地勾画了探索知识和行动问题的一条似乎是神秘主义的道路。对于他来说，生活是善与恶的斗争。作为哲学家，他或许会同意说，得到了世界而失去了灵魂的人，还是一无所获。另一方面，从现代观点看，亚里士多德则没有什么宗教色彩。灵魂不过是身体的形式，而且当其与身体分离时，可能就没有其自身的生命力了。神也不过略胜于一种形而上学的假定，神没有关于个人的知识，或不关注人。所以许多人会说，亚里士多德的《伦理学》其题目就清楚地表明了在目标与努力上的节制与适度，与柏拉图近似基督教的为了美德与爱的斗争适成对照。

所有这些，剥去其修辞的色彩也还有很高的真实性，而且，仅仅用机械的、精巧的、逻辑的操作也真是无法从柏拉图的思想因素与亚里士多德的思想因素的混合中建造起一个首尾一贯的体系
6 来。在形而上学和认识论的某些关键问题上，两者之间的对立是不可化解的。

然而，这种对比也不应夸大。当我们把这两个体系与古代和现代的几乎所有其他哲学家的体系相比较时，两者之间的相似之处似乎就多于不同之处了。两者都是唯物论和怀疑论的对立面，

因为对两者来说，关于真实宇宙的真知识是可能的；而且对两者来说，认识活动是一个精神过程，是人的最高活动。对于两者来说，宇宙是有预设、有目的的；对于两者来说，善等同于实在，等同于真，等同于美，而且善的生活是人类按正当秩序做出的一切努力所追求的目标。对于两者来说，人类的灵魂在本质上和卓越性上都不同于我们所知的任何其他有生命的存在物，它并不将其存在归于任何物质力量，而且至少其最高活动的本性是不死的。最后，即使不与大多数、也与许多中世纪和现代的大哲学家不同，他们两者作为哲学家，都极其关注他们时代的社会生活与政治生活，而且都把当时希腊特有的政治单位——小城邦——作为一种参照系。

的确，虽然在同样的“能力”或水平上，要完全调和或综合这两个体系，可以说显然是不可能的，但继之而来的是要证明，两个体系中的一些重要因素在某些问题或在不同的水平上，可以用于一些比两者都更为宽泛的体系。这一点在最出乎人们意料的地方都可以看得很清楚。比如，普罗提诺希望并相信他自己是个柏拉图主义者，而且在许多方面他确实以真正令人信服的方式扩充或展示了柏拉图的思想。然而，在普罗提诺的思想中，也有很多亚里士多德的东西，而且，正是亚里士多德的因素提供了刚劲灵活的网络，使普罗提诺的宇宙结为一个整体。这样，亚里士多德关于质料与形式的学说，关于潜在与活动的学说，就始终得到了最有效的运用。亚里士多德的认识论也应用在心灵的认知上，而同时依然联系着物质世界。如果再举另一个例子的话，在思想系列的另一端，托马斯·阿奎那是个亚里士多德主义者，但使其体系有新意并且比亚里士多德的体系更为全面的，却是他对柏拉图和新柏拉图主义因素的使用。当然，我们主要是在（尽管不是仅仅在）其思辨神学著作的部分章节中找到这些的，但它们本身并非天启真理的一部分，它们是对天启真理的理性解说或阐释，如同晚期柏拉图主义者们利用柏拉图的**理相**（Ideas）[①]那样，这些晚期柏拉图主义者把
7 理相转化为上帝“心”中被造物的范型。

对柏拉图思想的体系哪怕做最简略的概括，也不是我们这里的议题所应该做的。然而，考虑到后面所要说的东西，对其最有影响和特色的两三种理论说上几句还是适当的。柏拉图年轻时，弥漫在所有讨论及辩论的圈子里，尤其是雅典的是，一种理智与道德上的怀疑主义气氛，这迫使柏拉图作为哲学家要判定，在不停的流变和可见物世界经常蒙蔽人的现象背后，存在什么恒久不变的实在——如果有的话；同样，在伦理学领域，他也不得不解释，在所有那许多已被说成或可以被说成是善的或正义的行为和动机背后，有什么恒久不变的实在。他的回答是那个著名的**理相或形式**的学说。这个理论断言，在可见世界里，个体及其特性只是现象，是对实在领域中的真实范型或形式（有人几乎说过是思想）的反映或近似，这种形式只能为完善的智力所理解。换句话说，“除了众多变为，并且就是意见的对象的转瞬即逝的、可变的、不完美的现象之

---

① 柏拉图的 ειδος（idea）的译法一般是“理念”，王太庆先生认为应译为“相”。在古希腊文中它有“形象”、“形状”、“形式”，事物的一种特殊状态、特殊的种类或性质等意义。在柏拉图哲学中，它是一种“独立于人的心灵、并与人的知识相对应的实在对象”。我认为，译为“理念”过于强调了其作为客观精神的一面；译为“相”，则又使其客观精神的一面模糊不清，故试译为“理相”。——译注

外，还有永恒的、不变的、完美的统一体（unity），它们是知识的对象。”[①]这一理论的基本实质，柏拉图坚持终身，以反对别人和他自己提出来反对它的那些论点，但他从未清晰地，并最终系统地阐明他对三个最重要的问题的回答。这三个问题就是：与形式相应的是些什么事物或什么种类的事物；形式与感官感知的个别事物之间是什么关系；以及形式与占居柏拉图的存有的等级序列中最高位置的善的理相是什么关系。对于第一个问题，他在其一生的不同时间报以不同的回答。因而在《理想国》里，一方面，他表面上承认每个客体和性质的理相对应者，另一方面，他特别关注抽象性质的形式，并且使善的理相成为最高统治者，以及在某种意义上，成为形式世界的根源和神圣起因。后来，当他的注意力更多地放在形而上学和物理学上时，最常提到的形式就是数学数字和符号的那些形式，有时它们看来被认为是可感知世界的范型和构成要素。此外，在形式问题上，柏拉图绝对没有清楚地区分可见世界的形式和美学的形式，也没有清楚地区分心与灵魂的道德感（如果有这种区别的话）。在谈到个体与形式的关系时，他说事物分有、反映或 8
体现形式，并且把事物说成是追求或接近形式。前一种解释显然更适用于物质事物，后者则适用于各种形式的意志与努力。关于形式自身之间的关系，除了《理想国》的一节里孤零零的对善的形式的提升[②]，以及《智者篇》中一段没有结论的关于形式的“重叠”或“穿插”的讨论之外，他没有做出回答。但是实际上，在后来的一

① 见 L. Whibley 主编的 *Companion to Greek Studies*（剑桥，1916年）中 Henry Jackson 的文章（202页）。

② 《理想国》509B 及其后。

些对话中，对形式的论述非常之多，似乎它是理智概念之独立存在的、形而上的对应者。而在其他地方唯一提到的形式是一切实在与之相符合的那些数学形式。的确，看来柏拉图绝没有划清形式理论的逻辑的、认识论的和形而上学的含义之间的界限；另一方面，他没有讲清精神之外的实在与精神之内的过程之间的区别。简略地说，这些就是柏拉图的形式或理相学说。但是，这种概括无法使人对柏拉图思想的深刻与丰富留下印象，而且特别是不考虑另一个非常重要的方面，在这一方面，人们发现，在人类灵魂为达到在形式中看到的完美（如美）而做的努力中，有一种感情的（有人几乎说是神秘的）价值。这就是柏拉图的爱(Eros)，它是统辖一切精神和道德活动的一种基本和特有的因素，而且，人们在爱的动机中可以听到亚里士多德主义对它的回响，哲学家[①]把这爱归因于与上帝相关的整个宇宙。[②]

如人们所熟知的，亚里士多德在其青年学生时期之后抛弃了柏拉图的许多主要学说，特别是形式理论。他的主要论据是说，形式应该要么是个别的，要么是普遍的。如果是个别的，那它本身就需要个形式；如果是普遍的，就不会呈现在个体的任何感官里。他这个论据从未有人给予令人满意的回答，尽管我们越把形式精神化为思想，这一困难就越近于消失。柏拉图体系中的这一点及其他朦胧之处，给古代和现代的评论家们以及后来的哲学家们以发挥力量的无穷余地。人们大概永远也不会达成一致，也没有什么

① 指柏拉图。——译注

② 见 W.K.C.Guthrie 主编的 *The Unwritten Philosophy*（剑桥，1950 年）中 F.M.Cornford 论柏拉图的爱的文章，第 68～80 页。

人愿意在柏拉图系统阐述其学说的所有尝试上都追随他；但是，即 9
使是其对话的最漫不经心的读者，特别是《理想国》的读者，也能领会到柏拉图以如此的雄辩与顽强所主张的基本论点，并在某种程度上感受到对这个论点的理智的同情。其雄辩与顽强在于指出：可感的和“物质”的宇宙，在某种程度上是不可见的心灵或精神的表达或延伸；由于努力追求道德与审美上的完美这一理想，人在某种程度上与善和美的精神达到了和谐，这种善和美赋予所有存在的东西以实在，并支配其每一项活动。

在柏拉图早期对形式的描述中，仅仅把形式作为它们在感觉世界里的变化的、可朽的映象的对应物来关注。在他后来的对话里，特别是在《蒂迈欧篇》中，他使它们超越而成为一种对整个宇宙的半物理学、半神学的描述。另外还有一些模糊与不一致之处，而且，柏拉图对话中的所有神话都极其精致复杂，使人感到迷惑不解，读者还要做出探索，在这些神话中，神圣的造物主用形式的世界作为范型塑造了物质世界。即使在他没有使用神话的语言时，柏拉图似乎也认为，一个“神圣的”心灵或灵魂是宇宙的最高统治者，而天体与地球本身在某些方面也是受命于灵魂的。在这个问题上，解释的困难反复出现，并困扰柏拉图对话的读者，这种困难作为一个整体由于进一步的困难而增加；希伯来或基督教传统中所有有教养的人都体验过在领会希腊人的神的概念时反复出现的困难。《新约》和《旧约》中的上帝不仅本质上是人格的，而且祂的整体性、全知全能的概念，祂的内在性与超越性的概念，祂的具有其自身存有于内（of His possessing，or rather of His having within His being）的概念，所有这些概念的完美都达到了显赫的程度，它们都是我们宗教思想中如此重要的部分，以致对我们来说，很难理解一个不完全的和有限的神性的概念。柏拉图对伦理的与神秘的宗教感受的强烈热情也没有减低这种困难，在我们看来，只有认为存在一个人格的、泛爱的上帝的人才可能有这种宗教感受。事实上，只要涉及他的哲学思想，柏拉图似乎就会避免清楚、明确地界定上帝，即永恒的活的存有的本性。他更关注于表明心灵或灵魂是最高的实在，虽然他的许多论述与推测预期或暗示了后期柏拉图主义详尽的神学体系，但大师自己的教导或许可以用这段话最好地表述出来："我们称为心灵的东西和我们称为物质的东西……都可以用关于普遍理智的思想来表达。"[①]实际上，柏拉图关于"物质"宇宙的最后表述，可以说是关于思想的宇宙的表述，这种思想的宇宙"被简化为"人类的空间和数学抽象（比如数字）能力。

然而，如果说柏拉图在其体系的一部分中似乎要把"质料"作为一种恶从思考中消除，他作为道德家，却始终对人类灵魂中高级成分和低级成分间的斗争保持清醒的意识；他也仍然确信灵魂的不朽、灵魂的存在，就是灵魂既在其可朽的此生之前，又在此生之后的存在。他不仅用了他最为雄辩的文字，而且用了他一些最深刻的见解，专门来显示这种确信。的确，他在这里有时十分接近希伯来诗篇作者和基督教禁欲主义者的人生观以及对人类命运及努力的观点。而且，如果他关于灵魂不朽的论据在基督教辩护士中成为经典的论据，他被一些早期的教父认做基督教的 *avant le mot*（先声），甚至被认做一个从旧约学到了一些神学的人，就没有

① 见 *Companion to Greek Studies* 中 Jackson 的文章，第 205 页。

什么奇怪的。

的确，柏拉图是个具有如此广度和深度的思想家：人们可以把他视作后来若干世纪许多最有影响的观念的播种者。他是所有认为灵魂或精神或心灵是唯一实在的那些人，和认为一切运动和活动最终都是理智的运动和活动的那些人，以及在向着神圣所做的向上努力中找到人类精神的真正生命的那些人的前辈。对一些人来说，他在其“神圣心灵”的学说中，勾画了关于逻各斯或上帝之道的基督教学说。在他对形式在创世中所起作用的描述中，他似乎暗示了后来被圣奥古斯丁基督教化了的新柏拉图主义的形式或理相学说，这种学说把形式或理相看成是“上帝的心灵”中的范型。另一方面，他通过用神格化世界和天体来解释宇宙（可能多少受东方宗教思想的影响），指出了通向存有从一到多的发源与下降的等级序列之路，这形成了后来许许多多体系的一部分。在不止一篇对话中，他概述了心灵和灵魂通过存有层面升高到神，这后来变成了新柏拉图主义和狄奥尼修斯的神秘主义的提升。另外，在少数几处地方，他坚持心灵或灵魂的纯粹合理性，为另一学说提供了暗示，这个学说要在中世纪交好运。这就是关于仍未被恶触及的灵
魂的最高或最深部分的学说。 11

亚里士多德至少在其成熟的思想里，被公认是反对柏拉图主义的。他是人类鉴赏力和意见的辩证法最早、也是最杰出的实例之一，这种鉴赏力和意见发生在一切思辨与审美的追求之中，但似乎是以一种比在其他任何领域中都更快的节奏而发生在哲学之中。柏拉图在超感觉的理智世界的“彼岸”发现了真科学的对象，而对亚里士多德来说，个别的、可感知的事物才是完全真实的，而

且整个认识过程发生在世俗经验的范围之内。心灵之外的对象撞击感官，在一个分门别类的过程之后，理性之光使心灵能够从感觉印象推断出本质，这本质使事物是其所是，这本质形成了一切科学知识的基础。通过这个过程，外物变成了心灵的同住伙伴，这并不是由于它以体积和质量而存在，而是根据一种理智理解力的方式与风格。至于可感对象本身，对柏拉图来说，它是以空间为条件的对其不可见的组成形式或理相的反映；而对亚里士多德来说，对存有的形而上学分析则发生在可见物或实体之内，而不在任何别的地方。

事实上，实体是亚里士多德形而上学的关键词，而且在我们的头脑里，一定不能用现代物理学的或日常的联想遮蔽亚里士多德的术语和所创造的词汇。一个实体是这样的个体事物：关于它可以做出断言，但不能断言为主体。这个定义在面对这样一个问题时立即就需要解释：这一问题促使柏拉图系统地阐述其形式学说，这就是必须解释事物表面上的多样性和可变性。亚里士多德在其关于质料与形式、潜在性与现实性的补充学说中找到了这种解释，这些学说的前一对阐述了对实体的分析的静态方面，后一对阐述其动态方面。

于是，一切可被感官感知并被心灵充分认识的存有，都可以分析为质料与形式。质料是承载一个实体的各种质的不可知的基础，并且比一切变化，乃至实体的变化都保存得更长；在一切“物质的”或合成的事物中，它是个体性的构成要素。形式或本质是规定个体的普遍的和可知的要素，而且它可以被心灵抽象出来。如果事物不被认为是存有，而被认为是“变成”或“变化”，那么，质料就是潜在的要素，可以有一连串的形式的多样性；而形式是现实性。12
质料与形式的关系、潜在性与现实性的关系因而就延伸在整个存有领域，从最初的或纯粹的质料（它不能被感知，而且没有独立的存在）延伸到纯形式，这纯形式是在等级系列的另一端的心灵领会范围之内最终的和最稀有的存有。至于另一对，现实性和潜在性，它们由于所有潜在的东西努力走向现实而结合在一起。尽管个体在它进入现实之前是在潜在之中，现实在逻辑上和时间顺序上仍然是在先的，因为它在现实化的过程开始之前，就作为潜在性的目的而存在了。

因此，对亚里士多德来说，整个宇宙在所有的分析中都被看做一个从"纯粹"质料到"纯粹"形式，从统一性到多样性，再返回统一性的存有的等级结构；以及在自然的范围内，从无机的和无生命的东西，经过植物和动物的王国，而到最高的物种——人类这样一个等级结构。

像柏拉图一样，亚里士多德承认人类理性和灵魂在世界所有其它存有之中独特的和至上的特性，但他对灵魂的深思熟虑的定义以及他对灵魂本性的概念，都与柏拉图的非常之不同。对于柏拉图来说，灵魂几乎像在基督教的教义中一样，既是完全赋予的，又是自主的实体，还是奋斗、竞争和成就的场所；而对于亚里士多德来说，灵魂归根到底是个形而上学的抽象，是身体的形式或使身体完善的要素。不仅如此，由于灵魂与肉体组成了一个单独的、个体的人，而且由于灵魂是活的肉体的形式，我们就不能认为它是可分的或能够离开肉体而存在的。可是，尽管亚里士多德认为，至少灵魂的这个最高部分，不像动物的灵魂那样是从质料的潜在性中派生出来的，而是从“外部”得来的，并且这个最高部分是不易败坏的，但是他也没有把它讲清楚，而且并不非常关心它是单个地生存下去，还是像一滴水一样，被吸收进一个较大的灵魂。

对于亚里士多德来说，神更多是宇宙的君主和主动力源，其对个体的意义也不那么重要；而对柏拉图来说，则不然。他不但是存有、纯形式、非创造的等级系列的顶点，还是宇宙之内一切运动、发展和变化的原因。正是他，作为第一个不动的推动者，提供了活力与变化。但是，由于他自己的存有是其沉思的唯一合适的对象，他
13 没有关于个体的知识，或者不关心个体。世界的整部机器已经由一切存有有意识或无意识地具有的对神的爱与欲所发动并保持运动。

善的生活对亚里士多德来说就像对柏拉图那样，是人的最高目标，而且，像柏拉图那样，他在幸福中找到了至善。另外，虽然《伦理学》中没有柏拉图最为动人的辩护中的热情与坚持，而且，尽管有德之人首先是个好的“社会成员”（有人甚至说是好的“俱乐部的”会员），但亚里士多德仍有个严格的德性的等级结构，并且认识到不守秩序的欲望和人有向恶屈节的危险。在最高之处，他也跟柏拉图站在一样的立场上——尽管说其强烈程度较低。人的最高、最终的活动是对真理的沉思。但是，对柏拉图来说，这是一种沉思的热忱，或至少是沉思的光彩，这种沉思期待着彼岸更强烈、更纯净的光；而对亚里士多德来说，这沉思则是对已获得的知识和对事物的原因与本质的沉静注视。

像柏拉图一样，亚里士多德至少以某种指导性理智的形式，把生命与灵魂赋予了可见的、低于第一推动者的天体。而且，众所周

知，他提出了一个相当精致的天文行星体系，在这个体系中，由不为我们这个世界所知的第五种元素构成的天体作圆周运动，而且在构成上与下界显然不同，下界是由与我们这个世界同样的元素——土、气、火、水——构成的。在这个体系中心的是地球。但我们这里并不关心亚里士多德物理学观点的细节。

就像人们将要了解到的，亚里士多德的整个物理学和形而上学体系是一项艰苦卓绝的努力，它要解释我们感知为存在于我们自己之外的那些东西。实际上，“我们自己之外”一语回避了一个哲学的基本问题，但亚里士多德设想，实际上，所有的人在他们一生中的大部分时间，以及大多数人在他们整个一生中都确信：呈现给我们感官的宇宙是真实的；我们自己即使是微不足道的，也是一个真实的伟大整体的一部分；我们有各种官能，虽有限，但是足够了，能让我们感知和理解我们自身之外的实在。因此，亚里士多德的哲学是常识的哲学，它以专门的术语表达大多数人在他们还不会做哲学思考时就总是想到的东西。反之，当我们阅读柏拉图时，我们似乎是“航行在奇异的思想海洋之中”，从这里，我们穿过黑暗与迷雾看到，或者认为我们看到了光彩照人的实在的整个新大陆的轮廓。当我们阅读亚里士多德并突破我们不熟悉的术语时，我 14
们突然间见到了“显而易见的东西耀眼的闪光”。此外，亚里士多德还是卓越的秩序与目的的哲学家。宇宙之内的一切存有都努力并适应，以达至其目的，这个目的也是它们的完善。因此，没有幻象，没有无用无益之物，没有随意的形式或官能，正如同另一方面，没有术士或神秘主义者的帐幕要看穿，没有天国，没有另一个世界，在那个世界里，这个世界的错误在那里是正确的。虽然在亚里士多德之前，自然一词的用法在“有规律的法则或秩序”以及一种起源和动力的意义上，是偶尔使用的，但正是亚里士多德赋予这些意义以流行和重要性。此后至今，这些意义便一直流行并具有重要性。正是他，首先并极富特性地把神与自然作为同义语来使用，就像他的名言“神与自然所做的一切无不满足一个目的”（《论天》271[a]）所说的那样。至少在许多科学里，即使没有把自然设想为一种外在于构成其“王国”的存有的力量，她也仍然作为一种想象中的半人格化、半神化的力量而继续存在。这恐怕是亚里士多德留给科学思想的伟大遗产的最后片断。

第2章 晚期柏拉图主义者和普罗提诺

比较而言，柏拉图和亚里士多德两大体系对紧随他们之后的几代人没有多大影响，直到几个世纪之后，两个体系的发展和部分融合才开始，这也许会使那些学习希腊思想课程的人在一开始感到惊讶。然而，在思想史上，再没有比天才的哲学观点在出现后转瞬即逝，而最终成为永恒的更令人注目的了。似乎在富于杰出人物的天才时期，受到激发和锻炼的人类心灵，总是会转而批判养育了它的东西，但是在一段时间的蛰伏之后，当一个新时代开始时，新的心灵就会再次采用各种观念的一种或多种有限形式，人类可以用这种观念形式来表达他们对宇宙的理解。在这方面，思想不同于科学，科学总是向着掌握更完备的知识前进；思想也不同于艺术，在艺术中，旧的想象以新的风格表达出来。

即使如此，在亚里士多德死后，希腊哲学的创造性阶段还继续了半个世纪，在这半个世纪中，诞生了两个新的思想体系，直到西罗马帝国的末期，这两个体系继续与柏拉图学派和亚里士多德学派竞争。一个是塞浦路斯岛的芝诺（前 335 年～前 263 年）在雅典建立的斯多葛学派，另一个是伊壁鸠鲁学派，后者得名于其创始者伊壁鸠鲁，他是一个雅典人（前 341 年～前 270 年）。虽然这两个体系，尤其是前者，有长期持久的影响，但先是在希腊化世界，然后在罗马帝国，除了在罗马法律和政治思想遗产中的斯多葛主义因素以及在道德劝诫上的斯多葛风格外，这两个学派对形成基督教和中世纪的思想没起什么作用。

我们可以在这两种哲学的特性中找到造成这种情况的原因。
16 两种哲学都没有提出具有任何重要性的思辨的或形而上学的理论；两者都停留在完全是唯物主义的教条的宇宙论和心理学上。吸引其追随者的是其伦理学的教导，这种教导以非常不同的方式将其目标定为逃避生活的和社会的罪恶，而且，就斯多葛派来说，还常有一种宗教的热情。他们的唯物主义使存留下来的柏拉图主义者觉得反感，也使基督教的思想家们觉得反感；同时在另一方面，极端上帝中心论的基督教道德说教，因其对人类堕落和神助的双重假设而与斯多葛派傲慢而贵族式的忍耐或伊壁鸠鲁派的逃避无为主义毫无共同之处。只有当基督教会不得不将其原则运用于政治、法律和社会改良时，斯多葛派的许多说法似乎才能运用。

当斯多葛主义和伊壁鸠鲁主义在希腊、小亚细亚、亚历山大和罗马有教养的阶层中赢得广泛关注时，当斯多葛主义经过了许多阶段的发展时，柏拉图和亚里士多德的学说却几乎低落到人们的视野之外了。当然，雅典的学园作为一个学校仍然存在，有一系列的教师，他们保存了从柏拉图那里传下来的一种使徒传统，但是在柏拉图死后的一个世纪内，这些教师们变得主要对对立思想学派的批判性与论战性讨论感兴趣了。虽然他们在揭露斯多葛派和伊壁鸠鲁派在形而上学方面的弱点上是完全成功的，但是他们自己却采纳了一种理智上的怀疑论立场，或者还不如说是哲学上的不可知论。这变成了早期学园或**老**学园的特征。在漫步学派中，理论的延续性更少了，但亚里士多德著作全集还保留着，虽然形而上学部分通常被忽略了，科学论文却变成了有教养世界的传统的一部分，而逻辑作为一种技术或工具箱，为所有从事高等教育的人所采纳。

真正的柏拉图主义思想的复兴发生在公元 100 年前不久，并且导致了一个称为“**中期**柏拉图主义”的运动，形而上学再度成为主要的兴趣所在，一种与时代需要相一致的宗教的，或至少是自然神论的兴趣，帮助引导人们把注意力放到柏拉图思想中一直存在的宗教因素上。这个时期的一个特征是愿意把得自其他一些思想派别的因素，特别是得自亚里士多德和新毕达哥拉派的因素，接纳进正在构筑的哲学综合中。但是，虽然许多鼓励这种综合的思想家被称为折衷主义，他们却并没有从这个或那个可能被证明是与 17
柏拉图主义不相容的体系中选取他们所钟爱的学说，而是从外面选取一些天才的和富有成果的观念，来完善或丰富柏拉图的体系。他们还阐发或延伸了柏拉图以神话或 *obiter dictum*（非正式的意见）的形式提出，随后又有意无意地抛弃的启发或暗示。结果，一系列值得注意、但不是极富创造性的思想家，把丰富的、但常常是未经整理的和不系统的大量柏拉图的思想，转换为某种类似首尾一贯的体系的东西，和一种至少在其神学方面更可能是受一神论影响的解释。

这些发展之中最重要的是在存有的等级序列顶端确立了一个最高原则（有时被称为“神”），它超越一切低的等级。这给了一个实体一种实质的地位，而柏拉图只是一时提到过，并没有强调过。

他在一个(而且仅仅是一个)重要的章节里给予**善的形式**的地位，现在给了**最高心灵**(Supreme Mind)。后者具有极大的优势，超越所有其他形式的存有，可以被认为是它们的创造者，而不仅仅是*primus inter pare*(出类拔萃者)。走了这一步，**形式**就可以变为**最高心灵**的“思想”，而在新毕达哥拉主义的影响下，**最高心灵**也被等同于存在于一切多样性之上的**太一**。然而，还走了另一步：**最高心灵**、**太一**被等同于亚里士多德遥远、超验的**心灵**，这个**心灵**使存有之宇宙(the universe of being)保持运动。现在，哲学生活的目标就变成了为一个无形体的存在，为**最高存有**的显现而通过反省和沉思真理来纯洁自己。

所有这些，对于一个头脑中带着基督教学说概要来回顾它的人来说，代表了一种非常大的进步，朝向将要变为正统的自然神学思想的进步。然而，它还有一些重要的局限性。首先是，最高存有虽然是超验的，却仍在普遍存有的等级结构以内。因此，它对宇宙的直接接触与控制，不论是作为在一切存有之内的，还是在其外的，都是不可能的。结果是，一系列单个或更多的中介就插了进来，以使**最高心灵**来低就人类理智的水平和可见世界。这里，柏拉图的暗示和神话，特别是《蒂迈欧篇》的伟大神话，以及亚里士多德宇宙论中的启示就都有了稳固的哲学基础。并且，一个**第二心灵**
18 和一个**世界灵魂**被置于**最高心灵**和人类灵魂之间。这的确是中期学园那些著名思想家在其学术观点中取得的成就。人们将很容易理解，在一个没有一神教一般学说的世界里，神、恶魔就有机会在低于哲学的层面上插入，占星术就会影响存有的等级序列的所有等级。

在邻接东地中海的希腊化世界诸国中，以及正在把这些国家并入自己之内的罗马帝国中，没有占主导的哲学体系，而且，自基督降生前四世纪以来，还没有产生一流的思想家。尽管斯多葛主义和伊壁鸠鲁主义向西传播了，但在讲希腊语的各国，在施行高等教育的城市，特别是在亚历山大城，柏拉图主义仍然流行。散居在外的犹太人同早期的基督徒一样，对哲学有一种普遍的反感，圣保罗就能够把贤哲声高而空洞的辩论同福音书的简明与真实作对照。当犹太教的或基督教的神学家或辩护士们像在菲洛时和后来的奥里金时的亚历山大城那样利用了哲学时，他们转而发现（就像基督教的思想家们一再发现的那样），正是由于柏拉图和后来的柏拉图主义者们，玄虚的唯心主义和来世似乎成了福音书命定的准备。东方教会的伟大教父们（其中有些人在雅典接受过哲学训练）广泛地利用柏拉图的思想方法和术语。然而，在西方思想史上，具有决定性影响的是普罗提诺（205年～270年）。

在西方所有伟大的思想家中，普罗提诺在现代是最为人们所忽视的，而且，即使近年来，法国、意大利、德国和英国的学者迟缓地对他作了公正的对待，他对于一般读者，甚至大多数古典学者和历史学家们来说，即使不是绝对令人厌恶的，也仍然是个不熟悉的人物。

造成这种黯然失色的原因是很多的。首先，有过去五个世纪的教育传统。当西欧转向对古代世界的研究时，主要是由那些对语言和文学感兴趣的人们划了一条武断的界线，在这条界线之后，无论希腊罗马世界的著作、历史，还是思想，都不研究了。在希腊文学和思想方面，这条线划在普罗提诺之前好几个世纪；在拉丁文

学方面，划在塔西佗和尤维纳利斯（Juvenal）时代的末期。甚至在
19 更近一些的时候，当所有国家中的古典教育变成了对整个古代文明的研习时，这种研习也是同安东尼时代（180 年）的结束——也就是吉本认为罗马帝国开始衰落的地方——一起终结的。当轮到现代历史研究开始向后移至中世纪时，他们也不再顾及六世纪或五世纪之前。因此，对多数学者，甚至那些最有资格解说他的学者来说，普罗提诺都处于一个无人地带，不见阳光。

其次，还有内容与风格的问题要考虑。人们认为柏拉图是西方所知最伟大的灵活而极富表现力的散文风格的大师。他不仅作为一个哲学家，而且作为在一个高度优雅、极具智慧的社会里的人中之杰来写作。即使对于那些对思想不感兴趣的人，他的许多对话也可以当做纯文学和丰富而高尚的道德教诲以及人道的思想来读。[①] 亚里士多德也与此类似，尽管他作为一个文体家的感染力略逊一筹，但直至今日，他仍是欧洲逻辑的大师，而且是到十七世纪为止的伟大的百科全书式的学者和科学家。不仅如此，其《伦理学》、《政治学》和《诗学》一直吸引着大量对形而上学和宇宙论没有多大兴趣的人，而且，至少在这些著作里，风格是清晰的，意思大体上是简朴易懂的。相反，普罗提诺却是公认地难读、难理解，而且，尽管他当然经常关注于人类行为和心理，他也没有以生动的对话和有特色的格调对人性做出让步；而这些，柏拉图在除了少数后期著作外的所有著作中，好像在不经意之间就做到了。普罗提诺从未偏离过其纯哲学的目标，他对这一目标的追求同他所相识的人

① 迈考利爵士对思辨哲学没有兴趣或不理解，但他一生总是一再阅读柏拉图。

以及他自己的生活环境没有任何关系。他也没有像柏拉图和亚里士多德那样，摆脱关于普通人的追求、困难、弱点和兴趣的无数想法和暗示。普罗提诺建立的体系比其前人著作中的任何东西都更为完整，逻辑关系也更为严密；它在很多方面对思想的重大问题提供了比所有其他古代哲学家都更为深刻、更令人满意的回答。但是，对于一个不大关心自始至终地学习和实践其教诲的人来说，普罗提诺很可能显得是个过于认真、过于精深的思想家，甚至可能是不令人喜欢、让人厌恶的。实际上，普罗提诺的哲学在理智上和道德上都是一种宗教，而且他还因此遭受了一个宗教体系的拥护者总是遇到的不利处境：基督徒们对他如果不是有明确的敌意，对他 20
也是有怀疑的；而对那些并非诚信的基督徒的人来说，也许除了对少数几个人或一批虔诚的柏拉图主义者外，普罗提诺没有什么号召力。

然而，普罗提诺无论是凭其作为思想家的资格，还是依其思想在随后年代里的影响，都是一个至关重要的人物。他的最高成就是继承和延续了柏拉图形而上学思想的各个基本组成部分，抛弃了不适宜的和错误的部分，加强和扩充了重要的部分，并且把所有这些结成一个完整、自足的体系。为此目的，他使用了亚里士多德形而上学和心理学武器库中一切最有价值和最坚实严格的成分。[1]

在以其晚年的公开教学为内容的著作中，[2]普罗提诺始终认

---

① 这一判断没有考虑柏拉图的政治和美学教导。

② 他在《九章集》中的教导在顺序和我们所见到的最终文字形式上，要归功于他的弟子波菲利的编辑，但语言实质上是大师本人的。

为自己是柏拉图的忠实追随者，他总是表示他不愿背离柏拉图的学说。普罗提诺的体系的确在本质上具有柏拉图的特点和灵感，其许多柏拉图著作中没有的特点可以被认为是有理由的，或者甚至是其老师思想的逻辑延伸；但是，无论在哲学体系还是在文学艺术的风格上，天才对过去的模仿总是某种与过去截然不同的东西。普罗提诺的思想不仅结构和侧重点上是执政官柏拉图的，而且也包括了许多源于或来自柏拉图之后的一些哲学家的理论。从某种立场上来看，普罗提诺的体系之坚持柏拉图，如同托马斯的体系之坚持亚里士多德。

最值得注意的不同之处是普罗提诺体系的逻辑完整性。而柏拉图则在其超越可见与可变世界达至永恒实在的尝试中，一次次地从不同的起点重新出发，抓住一个问题讨论完又抓另一个，而从未成功地提出关于存有的宇宙的完整陈述。普罗提诺则从不同的角度、不同的起点描述了存有的等级结构的一个单独画面，解释并分析了其一切等级、种类和活动：一切都联系在一起，并且在顶端为高居于一切存有之上的太一所掌握。在这个宇宙之内，有一种
21 出发与回流、流溢与返回的节律，以及价值、理智和道德的丰富多样性和等级系列。

对柏拉图的第二个重要的发展和前进已经顺带提到过了：对一个绝对，即太一的认识。所有的存有都从它起源，所有的存有都渴求它。如同我们已经看到的，这种认识是中期柏拉图学派的成就，但是，对于这些思想家来说，最高心灵是存有的等级结构之首，因此，从形而上学和从实际上说，它都是与所有低等级分开的。普罗提诺采取了进一步的和最重要的步骤，把太一移出并远离一切

种类和等级的存有，尽管他没有使之能够对所有存有的东西施加立即的、内在的和直接的影响。

对柏拉图的第三个推进可以在对人类的努力与活动提出的目标上看到。柏拉图曾关注于用道德和智力训练来锻炼和纯洁灵魂和思想，因为关于形式的知识，即关于基本实在的知识在此生是黯淡模糊的，而在来世则丰满得多。对于亚里士多德，至福在于对形而上学的和物理实在的沉思，这种沉思也许只在今生，尽管其学派后来的追随者们使这种沉思在某种意义上成了不朽理智的工作。相反，普罗提诺认为，灵魂最终的活动在于知识和爱与超越存有的太一的联合，这甚至在此生就可以部分地和短暂地达到。因此，普罗提诺的思想中就有一种宗教的、神秘主义的特点。这方面的迹象或预示在柏拉图那里肯定就表现出来了，而且超出了一些注释者的估计，因为在对话的许多段落和反驳中都有深刻的蕴义，而所有关于柏拉图思想的纲要中都没有包含这些蕴义。而且对柏拉图学说的所有概述中无论如何都一定有《会饮篇》的位置。然而，柏拉图在其权威的章节里只谈及哲学家理智的运用和他所要思考的众多形式。普罗提诺在知识和爱与不可言喻地呈现在灵魂中的太一的联合之中，发现了我们该称为完整人格的东西的用处。

普罗提诺的宇宙完全是精神性的，而且在这里他又是有创造性的思想家，他是第一个认识到并清楚地陈述了作为与物质相对的精神与物质之间区别的哲学家，这并不是因为物质存在（他否认物质有任何真正的存在），而是因为很多普通人，而且还有斯多葛派或伊壁鸠鲁派都假定物质是存在的。对于柏拉图来说，非精神 22
性的东西至少还有一种准实在性，一种影子存在；而对亚里士多德来说,常识称为物质存有和精神存有之间的区分被认为是当然的;对于普罗提诺来说,一切实在都是精神的实在,是心灵及其思想。这并不是说,对于普罗提诺来说,我们称为物理或物质世界的东西都是幻象,或是我们头脑的不真实的创造,或某种在我们头脑之外存在的事物,我们不能在其真形式中理解它们。对他来说,所有实在,甚至为我们的感官所认识的事物,都是精神的实在,就是说,不是心灵,就是其思想。事实上,这两者是不可分的,所以说,它们是形而上的关联物。正如思想的对象不能离开思考的心灵而存在,心灵也不能离开其精神实在的对象而存在。两者都是真实的,都是精神性的。这整个见解是对柏拉图把实在的本性描写为理智的真理和亚里士多德关于在知者心灵中所知事物的实质存在的学说的一种混合与提升。

然而,普罗提诺在其对精神存在和知识的等级——无论是在存有的宇宙中,还是在个人中——的清晰认识上,超越了柏拉图和亚里士多德。在人之内是**精神**、**灵魂**和**肉体**;在神圣原则的范畴中是太一,完全超验的绝对、**精神**和**宇宙灵魂**(Universal Soul)。我们考虑所有这些时都要小心一些。

在一切之中最高的是太一或善,用现代术语可以称之为绝对。因为太一是一切存有的事物的第一原因,因为善是一切存有的事物的最终目的。太一是绝对超验的,不能对它做出任何断言,甚至也不能断言它的存有或存在。这并不是因为它缺乏任何杰出之处,而是因为它超越一切种类。它是它自己的原因,它爱的对象是它自己。它不知道它自己,因为这样就暗示了知者与被知者的二重性,但它有对它自己的意识。如前所述,普罗提诺的太一较之希腊哲学中任何其他第一本原，更接近于基督教自然神学的上帝。一切存有都作为自我沉思的副产品而出自太一。对于普罗提诺，沉思总有这种映象，它在另一方面就是善的自我扩散，每一次，某种小于生产者的东西从沉思中流溢出来，而生产者保持不变，没有任何缺失或减少。就太一而言，在这种生产中，没有开始，也没有时间。对于太一，一切都是永恒的。然而，太一是开端的原因，是一切之源，普罗提诺把这种流溢解释为在一切善中扩散自身的需要。 23

精神世界中的第二种本在（hypostases）是神圣心灵（Divine Mind）或神灵（Spirit）。这种本在与其关联者——整个的精神本性——都是太一的产物。神灵是存有的最高形式，但不像太一，它可以被分析，在它之中也有主-客对立，尽管一定要记住：神灵和精神世界不能分开存在。上帝沉思的对象是形式的总体性。正是在这点上，才进入了柏拉图的领地，但如果可以用隐喻的话，可以说这块土地比在柏拉图时代更完全地被勘测过了。那里有神灵的所有思想的形式，而且这些形式是一切具有现在或将来的事物的原型。人类个体也有形式，但看来它们并不是人工制品。不论怎么阐述或理解，形式和原型的理论充其量是个很困难的理论。不仅对柏拉图对话有常识的人、而且今天我们多数人中半清醒的物理学家和生物学家，都总是要试图把争论从形而上学（metaphysical）水平拉下到物理学（physical）水平上来，但也许可以公正地说，柏拉图的形式学说从普罗提诺那里接受了一种比过去任何时候都更有说服力、更有逻辑性的说法。在太一中，他不仅给了它一个原因和一种支配，而且由于认为它 *a parte Dei*（来自上帝），而不像柏拉图那样，认为它 *a parte nostra*（来自我们），他使之前所未有地完满而成为一个整体。此外，形式就像它们现在这样紧密地与神圣心灵联合在一起，形式本身是有生命的智慧，它们彼此渗透、贯通，并且在神圣心灵中作为一个全体而存在。因此，在某种意义上，太一和神圣心灵如果合并了，初看起来，就会弥补基督教自然神学的上帝，而且，可以肯定的是，《论上帝》（*De Deo*）中的基督教思辨利用了普罗提诺思想中来自这两种神圣本在的因素。我们确实会感到上帝与所有其他事物之间缺乏明确的区分。然而，这在很大程度上是在普罗提诺那里没有由犹太人和基督徒在造物主与造物之间划出的那条清晰界线带来的后果，也是所有古代思想中缺乏对人格的适当定义的后果。虽然普罗提诺肯定不是个泛神论者，他关于从超验的太一前进与返回、上下存有的阶梯的学说，也不完全是一神论的。

在存有的等级序列中，心灵之下的是灵魂，灵魂是心灵放射或沉思的产物。灵魂是宇宙的创造者、引路人和生命，它渗透、贯穿
24 宇宙，它与太一关系密切，而又能向下达至存有的最低层。甚至在我们所称的质料里也有灵魂，我们称之为本性（Nature），但它是个沉睡的灵魂，或事实上处在消失的边缘。普罗提诺不是一元心灵论者。对于他，个人的灵魂如同宇宙灵魂一样真的存在，两者都来源于心灵，而且两者都是“双重的”，都有存有的高与低两方面，一方面“在天上”，另一方面“与身体相联”。[①] 然而，在非常真实的一个方面，所有灵魂都能贯穿宇宙灵魂，每个灵魂都和宇宙灵魂有或

---

① 普罗提诺《九章集》，Ⅱ3.9.。

能够有直接的交往。普罗提诺对灵魂与身体的关系有他自己的解释。柏拉图使灵魂成为实在,是宇宙灵魂的一部分,身体不过是实在的影子;亚里士多德把灵魂降低为身体的完整表达或身体的"形式",凭其自身几乎不存在;而普罗提诺则认为,个体灵魂是渗透可见身体内的不朽精神。对于他与对于所有希腊哲学家一样,不朽性既向前延伸,也向后延伸。因此,就像所有柏拉图主义者那样,他不得不解释灵魂是怎么被肉体化的。这里,他没有定论。由于认为身体在某种意义上是一种监禁和危险,他就试图解决这个困难,有时(像柏拉图那样)通过把肉体化归因于对必然性的否定,有时归因于选择。与柏拉图一样,他认为,此生在某些方面是对前世恶行的惩罚,或是"堕落"的结果。他认为,灵魂的"下降"在某种意义上是一种不幸,①它也许是轻率选择的结果。然而在另一些时候,他却提出,灵魂下降是出于一种欲望:想散布某种善,甚至散布到最低层的存有上。

灵魂下面是质料。对普罗提诺而言,质料决非"物质",它是亚里士多德的质料,②是形式的容器,是纯粹的潜在性,是需要与否定的要素,是对灵魂的最后反映。"物质的"事物之于感官,如同概念之于理性和形式之于神灵。它们是最不真实的,并非因为它们更为"主观",而是因为领悟它们的那种官能是离实在最远的,因此,其对象就是最不真实的。

然而,质料是普罗提诺体系中的紧张点之一。它仅仅是最不

---

① 同上书,Ⅲ 2,Ⅳ 3.16,Ⅳ8.4。

② 也许甚至是柏拉图的,如果把《蒂迈欧篇》中的 υποδοχή 等同于亚里士多德的 υλη 的话。

真实的吗？或者它有某些活跃积极的东西？某些恶的东西？在普罗提诺那里，就像在柏拉图那里一样，我们可以看到希腊思想的简明、清晰，这种简明、清晰被提出来用以反对每个诚实的、审视自己和他人的心灵的那种必然的信念——世界上确实有某种对善有害的东西。这就是关于恶的哲学问题。他的回答以及在他之前其他
25 人的回答是：我们称为恶的，是缺乏善，是缺乏正面的、积极的东西，是“暗示着声音的沉静”。这也许是纯哲学所能做出的唯一回答。然而，在普罗提诺那里，不时有俄尔甫斯、毕达哥拉和柏拉图的人的身体的概念的痕迹，它是某种抵制灵魂的正确功能活动的东西。

另外，像柏拉图和亚里士多德那样，普罗提诺也强烈地关注人生与人的行为。他所关注的中心问题不仅是此生善的生活，而且也有灵魂从存有的低层到高层的攀升。正如从高层到低层有一种辐射，有一种前进，也有一种渴望，一种努力，以及一种吸引，使其向上攀升。生活是一种修炼、一种净化，而且我们把在增进中的完美的三种状态中所实践的各种美德的初始、熟练、完美三个标准阶段：净化阶段、启蒙阶段和统一阶段，作为对柏拉图基本美德以及身体、道德和理智上的修炼的一种增补，也归功于普罗提诺及其追随者。普罗提诺最深刻、最敏锐之处是在其心理学中，而且在两点上其教导找到了进入基督教传统的途径：一、人类灵魂在人类机体中处处存在，而不是局部存在，渗透其整体，使之统一；二、在脱离肉体的灵魂中，直接依赖肉体的那些功能如推理和记忆将终止。对于普罗提诺来说，来世或像他和柏拉图更愿意叫做的“远方（yonder）”是比现今和这里更为真实的。在这一点上，普罗提诺

比柏拉图更甚。每个灵魂在理相世界中都有其原型——努斯(Nûs),“真实的人”——而且只要它存在(而且它是永恒的),个体的灵魂就存在。普罗提诺始终坚持精神与精神的互相贯穿能力或交流,而且,当他有时似乎认为单个的精神融入更大的统一体时,他可能也不过是这个意思。

普罗提诺承认认识的三个思想过程,它们对应于人类的身体、灵魂与精神的“三位一体”,并分别应用感觉、理性和精神感知或直觉。感觉提供具有较大和较小可信度的“映象”,理性则可以反思和定义这些“映象”。对于后一种功能来说,是有可能做到这一点的,因为它在其自身之内具有在它之上的神灵所照亮的事物的形式。最后,还有精神知识,它是对当我们与神灵融为一体时“所有的人都具有而极少有人运用”的一种功能的运用。所有的戒除与修炼的目的在于平静和自我控制,以使对于相应活动的副产品的精神沉思成为可能。通过这种沉思,普罗提诺理解了精神真理的直觉的一切方面。另外,在这之上是与太一合而为一的神秘经验, 26
这种经验是从一切事物中绝对抽象的结果,它很罕见,甚至是人与上帝的盟约中没有保证的天赐的结果,但其价值却是独一无二的。虽然普罗提诺体系中的神秘因素常被夸大了,似乎它是新柏拉图主义典型和独有的特征,也不能出于那种原因而忽略它或对之缄默不理。另一方面,也不应忘记,普罗提诺的与太一合而为一不是人与人的联合,一个是人,另一个是神。在普罗提诺的思想中,太一是处于人格之外的。

在这段简略的梗概中,注意力必须集中到普罗提诺思想中的柏拉图因素和特点上,因为正是这些,给了普罗提诺的思想以区别于其他任何古代思想建树的理性与精神的品质，而且普罗提诺本人的最大愿望莫过于作一名柏拉图的弟子。然而，任何精通希腊哲学的读者都不可能不知道他从亚里士多德那里受惠有多大。他实际上拒绝把柏拉图善的理相同亚里士多德的第一推动者融合为一体，因而不同于其前人；而如果要给存有的等级序列加上一个至高无上者、一顶王冠，亚里士多德的这个第一推动者是必须的。但是，亚里士多德两对重要的形而上学关系，即形式与质料的关系和潜在与活动的关系是把普罗提诺体系从底层到顶层组成一体的粘合剂，正是这两对关系给予从最高到最低的整个存有领域以连续性，避免各种障碍。与此类似，亚里士多德的理智认识学说使普罗提诺有可能解释其学说：在精神王国中，主体与客体、自我与他者能够互相贯穿。

哲学史家并不那么关注一个体系的真理性与价值，但是由于人们注意到了普罗提诺的思想高度的唯心主义及逻辑力度，我们还是有理由注意其一些不大吸引许多人的特点。也许应该提到的有三点，这三点在或多或少的程度上，都可以在所有希腊思想中看到。其一是对理智上的驾驭能力的强烈需要。虽然一个哲学体系必然是个理智建构，但是，一个同时也是一种生活方式、一种宗教的哲学体系，如果要被广泛接受，它也必须在其相关的广泛领域内易于为许多人所理解。新柏拉图主义是一种只对哲学家的宗教，在其纯粹状态下，它只对受过训练的思想家有吸引力；当它把目标定为成为一种宗教并支持一种退化为法术、恶魔研究和巫术的事业时，也许就意味深长了。

27 第二种无能差不多是其逻辑完整性的必然结果。对有限的心灵来说，宇宙和人生必须总是保持神秘，这些有限心灵依照其此生的自然能力，只适合接受存有的宇宙不得不提供的一小部分信息。因此，任何详尽的形而上学解释如果没有与所有其他形式的知识和经验保持密切关系，看来一定同由一个单独的心灵所做的纯理智的解释一样脆弱。另外，新柏拉图主义由于其普罗提诺式的简易而迅速扩张到近乎不可能的复杂程度。第三，像许多人的沉思一样，它也是简单的。它不能充分接受或解释生活中不可避免的事实——罪恶、苦难、愚昧，因此，恰恰在最需要的地方，它并不能提供答案或帮助。

关于作为一个思想体系的普罗提诺的新柏拉图主义，我们已经谈了这么多。向前看，如果我们把希腊天才的这朵最后、也最完满的花看做可以与基督教神学相匹敌的或者有助于基督教神学的，我们就会同时感到必须要注意两点。首先是，造物主与造物的对立从未产生过。普罗提诺不是个泛神论者，但是另一方面，在存有的等级之间也没有绝对的障碍。当他保证说绝对是一切存有的原因和起源时，是以把绝对置于存有领域之外并超出人格或存在为代价的。其次，普罗提诺体系没有严格意义上的超自然的位置。人类灵魂至少潜在地是近似于存有的宇宙中一切最高的东西，它不能被提高到真正与越出存有的太一交流的程度。另一方面，基督教是一种重生的宗教，一种超越自然的恩典的宗教，以及一种虽是超自然、却是真实的神人合一的宗教。

我们已经讨论过普罗提诺了，的确不够详尽，不够充分，但至少并不草率。这部分地是因为他的伟大和他作为思想家的重要，而且，甚至我们这样评价他的理由现在也还没有被广泛理解；另外，还部分地因为他在基督教思想史上的重要性，甚至在现在，除了少数专家之外，肯定也没有人领会。如我们将要看到的，宽泛地称为新柏拉图主义的东西给后来中世纪思想留下的遗产已得到广泛承认，人们一直总是争论这份遗产的价值。没有为人们所充分领会的是普罗提诺本人的思想对那些将要成为西方哲学之来源的
28 人的影响。无疑，普罗提诺的确是将柏拉图思想传给基督教思想家们的中介，而且普罗提诺精神的真正柏拉图性质，不应该因后来新柏拉图主义中的许多——尽管绝不是全部——非柏拉图主义的特点而被弄模糊，但是，柏拉图的命运总是激励、引导着全世界的思想家向着光明达至顶峰。普罗提诺则做了一些别的事，他创造了一个体系，建立了一种秩序，人们可以接受这种秩序并加以改造；中世纪哲学史部分地就是这种改造的历史。

在整个古代晚期和中世纪，新柏拉图主义呈现为基督教哲学思想和神学沉思的主要成分，柏拉图本人的柏拉图主义几乎不为人所知了，亚里士多德在很长时间里也只是作为一个逻辑学家而为人们所熟悉。新柏拉图主义作为哲学思想的宝库孑然而立，人们从一波又一波的思潮中感受到它的影响：从奥古斯丁、狄奥尼修斯、约翰·司各脱·厄里根纳、阿拉伯人和犹太人的思想，以及十三世纪新柏拉图主义文献的重新发现中都感受到它的影响。新柏拉图主义现在被奥古斯丁、波埃修斯和被想象为使徒般的狄奥尼修斯的权威所强化，因而很容易被那些很可能从普罗提诺、扬布利科斯和普罗克鲁斯(Proclus)后退的神学家们接受。它以其最纯粹的形式促进了关于神性的基督教教义的神学表达方式的提出；它还以一种更为含混的形式促进了天使学(angelology)和心理学

的系统化。它在雅典最高法院法官的著作里间接地给出了神秘主义神学的一种系统表达。在其深重的宗教色调方面，在其流溢论和泛神论的倾向上，在其对上帝超自然的赠予的否定上，它在基督教神学史上的影响是矛盾的，一会儿好，一会儿又是含糊可疑的。没有它，托马斯主义会贫乏些，但是基督教神秘主义的历史很可能会简单些。

29

第3章 圣奥古斯丁

人们一般都会同意说，圣奥古斯丁对西方基督教世界中的宗教思想与感情以及教义史的影响比圣经正典之外的任何作家都要大。我们在其所生活时代的环境中很容易找到至少一条理由来说明这一点。从大约公元350年到约公元500年，古代文明的勃勃生机持续地走向衰落，而同时，由于有许多显著的需要和要求，教会正在走向社会性的成熟。人们在没有获得充分的行动自由之前，并未感到这些需要与要求。这个时期之后是长约五百年的另一个时期，在这后一时期中，高层次的精神生活在西方几乎灭绝；这一时代之后又跟来了另一个时代，在这个时代中，青年期的欧洲渴求精神食粮，转向离其最近的大师——罗马帝国衰落时的拉丁作家们，在这个时代的图书馆里，只有他们的书。这种环境就使一些分散的教师有了很大的重要性和新的意义，这些教师是吸收古代世界讯息的最后一批人，而其时，人们对这些讯息还只是听说。因此，这些教师是把往日的遗产传下去的最后一批人，实际上，他们之中的一些人意识到了他们在这件事上的责任。因而，这些作家之中的许多人就在西方思想史上占据了比他们本身所具有的优长看来应该占据的位置更为重要的位置。他们之中有这样一些名字如：波埃修斯、卡西奥多鲁斯（Cassiodorus）、约翰·卡西安

(John Cassian)、圣本尼迪克特(St Benedict)、塞维利亚的圣伊西多尔(St Isidore of Seville)和(大)圣格列高利(St Gregory the Great)。其中的一些人我们后面将要讲到。他们之中对宗教和哲学思想影响最大的，是圣奥古斯丁和伪丹尼斯。人们肯定会承认，圣奥古斯丁所占据的统领地位至少有一部分是由于他在古代西方解体时所处的位置，以及其保存下来并广布各处的卷帙浩繁的著 30
作，这些著作可供数世纪中几代修道士作家们思索与模仿。

然而，这还远不足以解释圣奥古斯丁的独特权威。他本身就具有巨星的资格，只有这样才能说明他独特的地位。在中世纪和现代世界中，半打重要的宗教法规指望他去订立并成为其庇护人，还有许多不太重要的法规也是基于他的教导；一系列的神学院以他的名字命名；在他死后的一千年中，所有的神学家和宗教作家都向他求教，如同求助于一个最终裁决的法庭。在过去五个世纪的现代世界中出现的关于其著作和思想的方方面面的各种版本、翻译、评论和讨论，远远超过了对任何其他神学家，包括圣托马斯所做的一切。同时，他的《忏悔录》仍然是早期教会教父的著作中唯一成为世界经典之一的。

然而，非常奇怪，这枚耀眼的勋章还有其对应面。如果奥古斯丁对于黑暗的中世纪来说是第二部《圣经》的话，那他差不多还是三个最大的异端——路德教派、加尔文教派和詹森教派——的福音书，这些异端吸纳了十六世纪和十七世纪那么多的精神活力。而在这个时期的大部分时间里，甚至正统的天主教徒都在解释他的一些著作的问题上发生激烈冲突。不仅他关于恩赐、自由意志和命定论的教导为一时之需而被借用来反对正统的信仰，而且他关于圣餐的教导也被作了一种非天主教意义的解释。与此类似，甚至在天主教学校中，自从十三世纪中期以来，也有不止一个放弃奥古斯丁形而上学的和认识论的表述运动。实际上，几乎奥古斯丁的所有理论与思想，包括他关于历史进程和政治进程的观点，他本人改宗的性质，他关于人类知识和神秘沉思的概念，都被证明，如果将其置于细致的批判之下，是特别难于精确理解掌握的。所有这些，导致了置身圈外的人暗示，奥古斯丁的天才和重要性也许终归还是被夸大了。他们说，他并非一个伟大的、有创见的思想家，不过是普罗提诺的传声筒；作为神学家，他被自己的内心体验所压倒；作为作家，他不过是一所已颓败的修辞学校中最伟大的一位。他们可以这么说，然而，那些了解奥古斯丁的人——对于许多人来说，似乎奥古斯丁比任何其他伟大的思想家都更是一位私人
31 朋友，是“他们的”奥古斯丁——则绝不会同意这种判断。这个伟大的头脑和灵魂藉以处理和解释整个基督教启示和传统的广度、深度、力量和创造性，不计其数的直觉，多有的灵光闪现，最重要的，是与永恒之光——肉身之道——的亲身接触的感受渗透在其全部著作中，所有这些特征将总会击败那些试图贬低或废弃奥古斯丁的人。正是这不可思议的人格——忏悔者和圣徒，既是典范又是热烈而认真的个人——照亮了每一页，而且看来经常可以说是我们自己的头脑与灵魂单独与上帝在一起。*Noverim Te, noverim Me*（让我认识你，让我认识我自己）。

下面我们所要关注的，并非圣徒或神学家，而是创造了一个基督教思想体系的动力的奥古斯丁。的确，人们对奥古斯丁是否可以称作一个哲学家或是否有个体系，产生过疑问。除了少数早期

对话之外，他绝不是个“纯”哲学家。基督教的信仰和基督教的智慧是他的话题。他不会同意说，一种非神的智慧的哲学对一个成熟的信徒来说有任何意义。自然的、理性的智慧与超自然的智慧之间的区分，理性与基督教启示之间的区分，以及事实上哲学和神学之间的区分，这种区分对于所有把阿奎那看做大师的人来说，是经典或公理，而在奥古斯丁那里是没有地位的。这部分地是因为，关于恩典和超自然生活的神学还没有得到详细的阐明；部分地是因为，在实际生活中，在个人的基督徒生活中，不论是内在的创造者和维持者的神圣行为，还是神圣救世主和恩典者的神圣行为，都来自一个神圣的源泉，而且事实上是不可分的；部分地是因为，奥古斯丁在任何时候都没有兴趣用哲学的语汇分析或描述宇宙或人的微观世界。

此外，如果认为有哪位古代世界的哲学家（奥古斯丁算上他所有的现代性也还是属于古代的）建立了一个有别于神学的纯哲学体系，那就是一个时代错误。首先，分享着由一位全能的造物主赐予的、更高的、超自然生活的人的概念，与非基督教哲学家的思想内容完全无关。我们一定不能把神话、魔术、传说与天启真理完满的、精确定义的丰富性相混淆。另一方面，我们一直在考虑的三位伟大的希腊哲学家，把他们思想的视野扩展到远超出“自然”哲学的范围之外。一位今天的基督教思想家看来可以接受柏拉图和普 32
罗提诺的大部分唯心主义学说，以及更多的亚里士多德对实在的分析，但事实上，他没有接受他们对终极实在、那个看不见的世界的表述。初看起来，英奇（W. R. Inge）也许既是个基督徒，又是个新柏拉图主义者，但是审视一下就很清楚，不论他是否是一个完全的基督徒，他都肯定不是个完全的新柏拉图主义者。比如，他认为，神格的化身为救世而做出的牺牲，除了它对人的后果之外，本身在柏拉图的事物系统中不可能找到位置。与此类似，一个托马斯主义者也许会用亚里士多德作为其神学的构架，但是，仔细的审视显示，只有在诸如个别灵魂的不朽性、第一推动者的性质等半打关键之点上悄悄地改变或曲解亚里士多德，才能做到这一点。因此，期望奥古斯丁从普罗提诺的体系中“分离”出一种可行的“自然哲学”，再在上面加上基督教神学，这是异想天开。他甚至也没有表现出阿奎那认为他具有的那种技艺：“从柏拉图主义者们那里撷取在他们思想里看来是正确的东西。”一般来说，这就是托马斯本人对亚里士多德所做的。或者不如说，圣奥古斯丁在其对真理的探寻中，发现了他相信是他在柏拉图、普罗提诺和波菲利那里读到的东西中是对实在的确切表述的东西。虽然至少当他有时间获取基督教神学的知识时，他对圣经和口传教义中所启示的东西是完全清楚的，但是，他对于最伟大、最杰出的非基督教哲学家们在何种程度上预示或部分认识到了启示的真理（不论是以本身的天分，还是借助神的启示），并没有清楚而系统阐明的判断；他对于任何基督教前辈判定在柏拉图和普罗提诺卓绝的沉思中有何错误（如果有的话）也摸不到门径。而这些错误对基督徒的心灵来说，常是很有吸引力的。结果，在圣经没有做出提示的所有要点上，奥古斯丁从柏拉图的《蒂迈欧篇》和《美诺篇》以及普罗提诺的《九章集》（*Enneads*）接受了他们对于他注意的理智问题所做的解释。而且，如果一个奥古斯丁的读者对某个特定的哲学观念的起源感到拿不准，他通常会在普罗提诺那里找到答案。但奥古斯丁绝不是个采用别人的说法和命题而不自己重新思考它们的人，而且，他本人是个极有创造力的思想家。当圣经给了他一个明确的提示时，如在《创世记》第一章，在《出埃及记》第三章，以及在《约翰福音》第一章的提示，他都成功地阐明了将要影响所有后来的基督教思想的那些观念。这样，由于以存有而不是统一体和善（Goodness）为 33
基础来描述其上帝，他就对亚里士多德和普罗提诺传统中的许多不充分之处作了补充，并且把在存有中同时既是内在的，又是超越的、卓绝的上帝，描写成不过是宇宙的创造者（这个宇宙反映了祂的完美），以及其孩子们有远见、慈爱的管理者和父亲。与此类似，在恩典与命运问题上，他当时有个对手，此人反驳了奥古斯丁觉得既是基督教口传教义，又是他个人经验的东西；而且在这个问题上，柏拉图主义没有提供帮助，奥古斯丁在这个问题上就把圣保罗当做他的老师，并且把一个新的神学建构置于使徒教导的基础之上。但是，在圣经没有做出提示、而且也用得着新柏拉图主义者的地方，他就充分运用他们的学说来描写什么是他本人生活的主要兴趣：基督徒的心灵朝向上帝的心路历程；对赐予人们至福的完美智慧的发现。这种兴趣、这种目标一直是一个又一个世纪世世代代的奥古斯丁主义者们的兴趣和目标；这也就是为什么不管我们如何定义奥古斯丁主义，它也不能像亚里士多德主义那样，成为输送给基督教神学家的东西。亚里士多德主义的托马斯主义者通过意志的决心与思想的特性，为了讨论的目的，可以绝对把自然的领域与恩典分开；而奥古斯丁主义者则一下抓住了现存的大量丰富的人类意识和如他在自己心灵和生活中所知的基督徒经验。

奥古斯丁并不首先是个哲学家，更不首先是个“纯”哲学家。

他是个深刻的，而且是有深重宗教色彩的思想家，他所关注的不是构筑一个体系或批评他人的努力，而是认识、并向他人表明他对生活的两个直接的实在——上帝和人的灵魂——的知识。他的所有目标和兴趣都集中在两句著名的格言上，这两句格言是他作为一个基督徒还没有什么名望时说的。他说："我期望具有关于上帝和灵魂的知识。不要别的知识了吗？对，无论什么知识都不要了。"[1]还有，"噢，上帝，你总是同一不变的，如果我认识我自己，我就认识你。"[2]结果，他没有试图建立一个包括许多部分的体系，或去证明人类心灵获取关于在其之外的东西的真知识的能力。倒不如说，他想要阐明和解释上帝与灵魂的本性，为此要使用一切可能的手段，不管是从过去的哲学家那里，从圣经和教会的教义中寻求
34 帮助，还是展示自己的论证及自己宗教体验的结果。他非常重视哲学，如同我们重视科学原理，他把哲学看做一种确定的知识，人们可以从中引出说明和解释；而不是把哲学看做要讨论的一堆问题，或要批评的一堆意见。当他需要一个哲学论证或解释时，他就取之于过去的哲学家们，他了解这些哲学家，并认为他们已经获取了真理。他很少或根本不"空谈"哲学问题，也不仅仅在理论上探讨哲学问题；在写作哲学文章时，他不对在"蒙恩状态"下的重生的基督徒灵魂的能力与活动和没有得到任何无偿帮助的人类灵魂的能力与活动进行区分，这种区分后来在基督教思想家中成了经典。他总是讨论他唯一感兴趣的灵魂，基督徒的灵魂，似乎那就是他自

① 《独语录》，Ⅰ.2，n.7。

② 同上书，Ⅱ.i，n.1。

己的灵魂。虽然当"自然"与"蒙恩"被看做人类的状态来讨论时，他是作为一个犀利的神学家参加讨论的，但当涉及灵魂的能力时，他并没有考虑灵魂的"自然的"和"超自然的"能力。用人们熟悉的雅克·马里坦的话来说，他没有以统一为目的来做区分。他愿意的时候，就像个哲学家那样讲话，没有任何预示就开始讲，又没有任何预示就停止。我们并不总有可能抓住他这样做的时机，我们突然意识到：他已"提升了他的目标"。

奥古斯丁年轻时没有受过哲学训练，而且他一生都没有机会获得任何一种充分的作为一个整体的希腊哲学知识。他有什么样的希腊知识还是个有争议的问题，但从没有人坚持认为他对柏拉图的著作有广泛的了解，或者对亚里士多德的形而上学和认识论的教导有什么知识。他是个受过训练的职业修辞学家，他一生的风格和对所有论题的论述都反映了这一点。这说明了其论述不时变为流动性的那种极度的流畅。他第一次遇到的希腊思想是西塞罗著作中的怀疑论的新学园的思想，但是，唯一使他受惠良多的则是普罗提诺和波菲利的思想。他肯定读过希腊文，甚至可能精通希腊文，但是，他后来读的肯定是维克多里（Marius Victorinus）的译本，至少是《九章集》的一些部分。这是他改宗之前的事，而且他认为，是普罗提诺使他认识到了真正的实在（从而上帝）是精神性的，而不是肉体的，不是物质，以及"恶仅是缺少善"的学说。他没有从事哲学研究，因此，他甚至从未有过对普罗提诺体系的完整看法，而且有人认为，他严重误解了普罗提诺体系的一些重要部分，不过他依然坚信普罗提诺的体系是对实在的一种杰出描述，而且在好几处重要观点上，他的思想是符合于柏拉图主义（即新柏拉图 35

主义)的,或他所认为的柏拉图主义。但是,尽管他在智力上能够成为一个伟大思想家,而且事实上他确实使许多深刻的观点传播开来,其中一些仍然有思想影响,他却绝没有成为圣托马斯那种意义上的有别于神学家的哲学家。奥古斯丁总是潜在地,而且其一生的大部分实际上也是一位基督教的神父和主教,他所关注的是对圣经和天主教教义以及基督生平的注解,这样,他在那整个时代,就一直是教会的博士、个人的向导。多少世纪,人们都阅读他的著作,这些著作既不了解,也不关心哲学,而且,若不是十三世纪巴黎的历史环境,他的追随者也绝不会呼吁发现与捍卫他的哲学教诲。然而,他们受到了挑战,因此,任何中世纪思想的研习者都义不容辞地要理解奥古斯丁的教诲,至少在其影响后来诸学派的范围内来理解。

奥古斯丁从未试图建立一个体系,某些重要的论题从未进入过他的视界。这样,因为对柏拉图和亚里士多德没有充分的了解,更不了解苏格拉底之前的哲学,所以他从未受过一与多、实质与变化、普遍与特殊等问题的训练,而且因此,很大一片形而上学领域就完全在他的视野之外。代之以此的是关于上帝、创世与个人灵魂的基督教学说,普罗提诺的理智宇宙被当做人对宇宙的恰当评论——就像由圣经的启示为信徒所展示的那样——来接受。此外,奥古斯丁显然接受了普罗提诺的流溢,将其当做创世的同义语;他对普罗提诺的太一的绝对超验性也不完全了解;他还把三一原理(three divine Hypostases)当做异教对三位一体的预见而接受下来;这些因素使两方面的困难得以避免或忽略。这样,他就能够把"道(Word)"运用于基督教三位一体的第二位。这个"道",普罗提诺归之于神圣心灵。

奥古斯丁把他的全部思想建立在圣经对上帝的描述上，即上帝是纯粹的、全能的、永恒的、无限的存有。因此，人们会说他创建了一种特殊的基督教哲学。奥古斯丁把普罗提诺三一原理运用于这种存有（基督教的信仰认为这种存有是三位一体［Three in One］），道就如我们见过的，被用来对应于普罗提诺的神圣心灵。对于普罗提诺来说，适合于神圣心灵的沉思对象是（柏拉图的）理相或形式世界；因而，奥古斯丁就能够把理相放在道中，道就像神 36
圣心灵，是人的灵魂的理智之光。这样，柏拉图的形式被中期学园置于上帝的心灵（Mind of God）之中，被普罗提诺当做范型和可感存有之宇宙的创造力放在神圣心灵之中，这传到基督教神学中，并成为所有学派共同的财富。

奥古斯丁思想中第二个具有独创性和重要意义的基本主张，是他对每个人类个体具有的自我知识所做的断言。通过它，人知道他存在且有认识；此外，知识在其本质上是关于某种存在的事物、实在的事物的知识，因而是对某种真实事物的知识；真理是不变的和永恒的，因而具有神的特征；实际上，终极真理就是上帝。这样，对于奥古斯丁来说，关于上帝的确凿知识直接来自对灵魂的存在、灵魂的知识的了解。灵魂，如我们从圣经中得知的，是上帝自身的影像，对它的知识是对神圣之光的反射。

这个过程把我们带到了奥古斯丁认识论中困难的和关键的问题面前。如我们所知，他所熟悉的柏拉图唯一的认识论对话是《美诺篇》，在该篇中，认识被描述为对先前的存在之观念的回忆。对亚里士多德的学说，他一无所知。在奥古斯丁心理学和认识论的全部思考之中，我们必须记住，对他来说，就像对于柏拉图那样，灵魂是个“使用”肉体的完整的精神实体。其结果是，所有的感知与知识都产生在灵魂之内，外部世界并不直接对灵魂起作用，灵魂在认识过程中也没有从外部世界“抽象”出任何东西来。由于它存在于肉体之中，它认识到肉体有肉体的(physical)感知和感觉，这种意识就是我们所称的感性知觉。此外，由于心灵不能在其自身之内接受任何来自外面的东西，它对周围宇宙的思想与判断就一定起源于自身之内，是由它对肉体感受到的东西的意识激发的。然而，奥古斯丁与柏拉图意见一致，他既不是怀疑论者，也不是不可知论者，也不是唯名论者。灵魂中事物的观念与事物本身一样实在，因为灵魂能发现自身之内所反映的观念在上帝的心中是宇宙中的物理存有和精神存有的范型因。初看起来，以及初读其著作的某些篇章时，上面这些看来就是奥古斯丁关于知识和实在的大纲。但是，在其他地方，而且是更经常的，我们了解到，他用“理智的神圣光照”来解释认识过程，而且，这在中世纪成了权威的奥古
37 斯丁思想的术语，这是一个我们必须特别仔细关注的术语。

在奥古斯丁的教导中，最难于掌握和解释的被证明无过于其理智的神圣光照理论。甚至奥古斯丁思想最具资格并赞同它的拥护者们，包括诸如波尔塔利耶(Portalié)和吉尔松(Gilson)这样以清晰著称的头脑，都承认解释这一学说的困难，而且，他们所做的解释彼此就差异很大；另外，一系列“奥古斯丁主义”的思想家充满自信、但徒劳地提出了据称是清楚而令人信服的说明。在这些情况下，看来，我们有理由认为这种困难确实存在，而且，要么奥古斯丁的思想一定是不成形和表述不当的，要么就是他的观点也一定

大大不同于任何中世纪或现代哲学家的观点，以致于对我们来说，非常难把握其来龙去脉以及他在其中生活和沉思的那种氛围。

但是，如果在解释其学说方面没有达成过一致，至少过去的一些困难和不一致已被扫清了。比如说，人们普遍承认，“神圣光照”在本质上以及在认识的所有层次上，既不是超自然的，也不是神秘的。也就是说，它既没有暗示主体中存在信仰或神圣化的恩典，也没有暗示接受者心灵中对其存在会有一种实验的或存在的(existential)认识。神圣光照至少在其最低层次上是所有人认识的途径。奥古斯丁在这点上是独断的。人们通常也都同意说，奥古斯丁在其成熟期既不持柏拉图关于知识来源于回忆(*anamnesis*)的学说，也不持先天观念的学说。最近，学者们一致公正地反对那种意见，即奥古斯丁假定人类心灵在上帝那里看到了观念(所谓的“本体主义”[ontologism])，或他假定神圣光照是在认识过程之内的一种神的驱动，即亚里士多德的作为理智过程的基本组成部分的能动理智(agent intellect)的一种变体。看来，在奥古斯丁著作中没有沿着亚里士多德路线的对理智作划分的痕迹。

在最近的几十年内，有人做了坚决的努力，仔细整理奥古斯丁著作中涉及认识论问题的所有章节，借此来思考他的认识论。从这些章节可以清楚地看到，奥古斯丁把这样一个概念运用于各种程度的知识：某一种类的光既是认识过程形式上的原因，也是发生效力的原因；因而在各种程度和种类的知识中都有一种活动，它类似于视知觉借助自然光感知其对象的活动：光照射在所见的外部 38
“物质”对象上，并使之能被视觉感官所接受；视觉感官本身要么通过参与而发光，要么至少受到了完善的处置以使其接受来自那些对象的光。[①] 智力活动的相似过程的因素是什么呢？主体是人类的理解力。可理解的、非物质的客体在科学知识的最低层次上，是以统一体为开端的“数”，奥古斯丁始终把这个“数”看做理智知识的基本类型。数本身不是感觉可以感知的，但却是对自然物所做的一切判断中确定不变、不易败坏的组成部分，它们为所有健全的理智所领会和坚持（不管是含蓄地，还是明确地）。在奥古斯丁的体系里，“数”占据了类似亚里士多德思想中“本原（first Principles）”所占据的位置，说到底，两者都有柏拉图的色彩。在智慧知识的更高层次上，对象就是智慧本身，对每个健康的心灵而言，它再明显不过了，不得不把它当做“真理”，在其中可以见到（*cernitur*）并领会（*videtur*）最高的善，而且，它暗示了并被分解为伟大的公理，诸如承认永恒高于暂时，承认真理自身是不可改变的。这些对象并非先天在灵魂之中，它们也不是由任何具有抽象功能的活动从感性知觉中形成的。它们是被“照射进”灵魂的，有被造物的参与，并由神圣之光为心灵的感知“照亮”。什么是神圣之光？在这个词新的、严格的意义上，它既不是神秘的，也不是超自然的，因为所有的人都具有它，至少以一种初步的形式具有它。人们既不像对自然光，又不像对永恒之光（uncreated light）那样将其当作被发出和被收回的东西而有意识地经验到它。它是某种这样的东西：其显现是理性的分析所要求的。实际上，有人曾提出，它不过是后来神学家们所称的上帝的“自然合作（*concursus naturalis*）”，还提出，第一推动者未被经验到的影响给予所有自然的被

① 这种光与智力过程之间的比附来源于新柏拉图主义，而新柏拉图主义又是从亚里士多德和柏拉图那里得来的。

造活动以现实性。然而，对奥古斯丁来说，绝不止这些。它在某种意义上是真理本身，是我们称为“实在”的东西可理解的方面，是来自永恒真理的照耀，并在我们心中启发了知识的根本原则和伦理学及美学的基本价值。什么是“被参与的”和“被照亮的”对象？奥 39
古斯丁不介意地把它们称为形式、观念、理性（*rationes*）和规则（*regulae*），有时较特别地称为数、价值和义务判断，或更为综合地称之为“真理”。所有这些都是从超验的神的真理取得它们自己的存有的。这就是做出这许多解释的过程。

有一条实用规则很少使奥古斯丁哲学评论家们感到失望，这就是，当我们不知道其思想的来源时，就该到普罗提诺的《九章集》中找一找。这条规则在这里是有效的。奥古斯丁在这个问题上的思想和表述都依赖于普罗提诺的教诲。比较一下奥古斯丁的大纲和《九章集》的相关章节，我们就没有什么可怀疑的了。普罗提诺断定了认识的三重过程，首先，也是最低的，是通过基于感性知觉的推理；其次，是通过呈现在世界灵魂中的观念或事物的形式在个人灵魂中的启发（illumination），因此也是通过人类灵魂中的流溢；①第三，是通过直觉，这种直觉以神圣心灵（Nûs）或理智本原为

① 普罗提诺《九章集》Ⅴ3.3.“感觉看见了一个人，并把对这个人的映象（τυπόν）提供给了理性。理性说什么？它也许什么还没说，但得到了关于他的知识并且就停下了。但如果理性反思自身，‘这是谁？’因为以前见过他，想起来了，它就说，‘这是苏格拉底。’如果它逐步展开苏格拉底的形象，它就分解了想象给予它的东西。如果它补充说，苏格拉底是好的，那它说的还是感觉所知道的东西，但它所断言的东西——好（goodness）——是取自于它自己，因为它自己有自己‘好’的标准（κανόνα του άγαθου）。但它怎么会有‘好’（the good）在它自身之内呢？因为它有‘好’的形式（αγαθοειδής）而且因此由照耀着它的精神强化了对‘好（goodness）’的感知；因为灵魂的这种纯粹的能力接受了在它之上的精神的印记。”

其对象。在所有这些之上的，是爱和知识与不可言喻的太一的合一。如我们已勾画的那样，在奥古斯丁那里可以找到类似的纲要。他经常谈到一门学问(*science*)，一门关于可被感觉感知的事物的学问，关于高级知识的**智慧**的学问，以及(偶尔地)关于达至(非神秘地)瞥见**真理**本身的学问。在所有这些之上的，是对上帝的特别神秘的经验。我们目前关注的是第二种知识，是关于智慧的知识，这是人类心灵对真理的理智认识的真实过程。我们首先来看看普罗提诺。普罗提诺并没有正式明确地接受亚里士多德关于**积极理智**和**消极理智**的区分，但是他的智能论受到了亚里士多德的影响，这是没有问题的，不仅在感性知觉层次上，而且也在这个更高的层次上。因此，对普罗提诺来说，**心灵**(Nûs)代替了亚里士多德**积极理智**的位置，而**灵魂**(Psyche)则相应于消极理智。[1] **心灵**被说成
40 是“在活动的”和“无感觉的”，而**灵魂**是潜在的和消极的；灵魂为心灵当“质料”，心灵授予灵魂以“形式”。这是纯粹亚里士多德的技法。此外，正是**心灵**的光照才使**灵魂**有理智，**心灵**被比做太阳，灵魂留住了它的一些光。[2] 因为在普罗提诺那里，**心灵**与(柏拉图的)**形式**是相等的，这就等于说，灵魂是被**形式**照亮或启发的(这是普罗提诺的用语)。

奥古斯丁对积极理智和消极理智进行区分的痕迹甚至比普罗提诺还要少，但是，普罗提诺智力过程的全部要素都在他的系统中表现出来了。普罗提诺的**心灵**被**神谕**(divine Word)所代替，人类

---

① 《九章集》V 9.4. Cf. V 3.8。

② 《九章集》V 3.8。

灵魂是其启示的接受者，它的光把非物质的、智力可理解的对象——形式、观念、理性、规则——投射到灵魂中，并照亮它们以使其感知。看来，这就是智力的神圣光照的起源和解释，后来，“奥古斯丁主义”的思想家们对之做了非常不同的解说。

然而，奥古斯丁在把普罗提诺的认识论转变为基督教的构架的过程中遇到了不止一个困难。首先，由于他缺乏关于柏拉图著作的透彻的第一手知识，他就没有关于柏拉图形式学说的充分知识，这种知识甚至对于现代学者来说，在经过几个世纪的评说之后，要解释它仍有极大的困难。因此，他关于认识对象的定义既不清楚，(所以看来)也不首尾一贯。其次，普罗提诺因其出自太一及善的永恒必然的过程，而在解释神的观念在神圣之光的影响下在人的灵魂中的呈现或反映时没有哲学上的困难；而奥古斯丁作为一个灵魂创造论者，则有较为困难的任务，因为对于他来说，灵魂被创造出来而没有注入神性。他避开了这个困难，也许是没有充分意识到这个困难，这部分是因为他在一种与灵魂创造论没有多大区别的意义上来理解普罗提诺，部分是因为以福音书中的话为其学说的依据：“那光是真光，照亮一切生在世上的人。”然而，这段经文的使用恰恰使大部分现代批评家感到困惑。我们很难看出这段话怎么能用来解释纯粹自然知识层次上的认识方法，更何况关 41
于福音传教士的说法的正确解读和它们的确切意思的纯粹解经学的争论。即使我们同意它并不是描写一种无故的、超自然的启示，我们可能也会感到福音传教士们并不是在提出一种对人类理解方式的描述，而是提出一种断言：全部真理与知识，无论是关于自然的还是超自然的，都以圣经(Word of God)作为其最终来源。然而，对奥古斯丁来说，作为一个为基督徒们写作，并且把普罗提诺的解释看做一种基督教预见的基督徒，这种困难并没有出现，倒不如说，他把柏拉图主义的描述看做福音传教士们所宣示的真理的神指定的预兆。

与理智的神圣光照学说密切相联的是奥古斯丁对上帝存在的证明。在其著作中的不同地方，他利用了在基督教作家中变得流行的更为一般的证明，其中包括了从希腊哲学和圣经中汲取的因素：来自秩序与预定的论据，把不完善的创造物引导到完善的创造者的论据，来自预兆之美、被造物的运动与变化、完美的程度以及对至福的普遍欲望的论据。然而，他只是附带地提到这些。他特别关心的是一种进一步的、更严格的、建立在他自己思想体系基础上的证明。这个论证是这样的：如果有一个高于并优于人的灵魂的存有，这个存有就是上帝。通过我们思想的理智活动，我们达到了、并且知道我们达到了真理。但这个真理不是"我们的"真理，因为所有在我们之前的人和在我们之后的人都可以持有它并承认它。它自身是永恒不变的，而我们所看到的只是部分的和可变的。因此，"在"我们"之上"就有一个完美的和不变的真理。这个真理也可以显示为善和美，它就是上帝。在这个论证里，奥古斯丁的兴趣就像他一贯的那样，一方面在于上帝、永恒真理，另一方面，在于灵魂及其不可思议的潜力。

事实上，奥古斯丁总是更注重上帝和灵魂，相比而言，不大注重形而上学和宇宙的知识。他对知识过程和程度的分析差不多就是为他的主结构清理基础，他的主结构就是灵魂走向上帝之路。在他当神父和主教之前，他曾从事教育，在他整个一生中，指导的

心理作用和师生关系在他的意识中都很容易显露出来。然而，要 42
说奥古斯丁有一套教育理论或学说，也只是部分正确。他自称是关于教育的著作都是初级的和没有创见的，只是关于教育早期阶段的。他并不像柏拉图那样具有伟大教育家的神圣热情，并没有把教育看做将世界改变得更为高尚的工具和永恒生命的基础。当他一旦打下了文法的基础，奥古斯丁就转向了另一个目标，他的真正目标，这个目标指向基督教；他的思想，他的心，他的灵魂向上朝着上帝。这里，普罗提诺的根源又再度彰显。对普罗提诺来说，生命也是心灵和灵魂的一种上升，这种上升有三种程度：其一，在这种程度上，理性与感性宇宙打交道；其二，在这种程度上，灵魂具有了智慧，看到了神的观念本身的反映；其三，在这种程度上，它有了对上帝的直觉知识。在这之上，是与居于一切之上的太一的迷狂的合一。奥古斯丁有个类似的上升：通过科学得到的关于造物的知识；通过智慧得到的圣经和神学的知识；通过直觉得到的最高的不变真理的知识。在所有这些之上，是神秘不可言喻的与上帝的合一。然而，在这种上升中，他与柏拉图和普罗提诺都分道扬镳了。与柏拉图是因为，奥古斯丁的眼睛从一开始就盯在通向上帝的旅程上，而非盯在塑造一个公民或哲学家上；与普罗提诺是因为，奥古斯丁从一开始、而且益发坚持依赖于一种帮助和一种个人的人力达不到的光，而且人们无权要求它。

由于其学说提出了这种精神的、超自然的目的和手段，奥古斯丁将要影响西方的教育与精神学说几个世纪。人们并未立即感受到他的影响，但是，当古代的社会结构整个消失了，当西欧到处都 *in vacuo*（在真空中）（可以这么说）并断章取义地读他的著作时，这些著作成了唯一的向导。在他的系统中,宗教的和理智的因素、思想和道德的力量、自然和超自然的帮助都被包括在内,混合在一起,但它们并不像人们经常说的那样是混乱的,倒不如说它们都被认为并假定为是不可分解地在个人的心灵和灵魂中混合在一起,就像我们所知的在具体的基督徒个人那里,以及在其他人那里那样,只有外部的甚至半主观的分析方法才能将其分开。正是这样的一个人,一个个体的基督徒,如果你愿意说的话,就是奥古斯丁本人,恩典博士将其放在面前,作为其关心的独一无二的对象。无论把知识作为目的,还是作为控制自然力的手段,他都对之不感兴
43 趣。他也没有像一个思想家那样注意存在于他周围的基督徒的种类,或者天赋、恩典和天职的差异。他考虑的是抽象的、"理想的"基督徒,非常像十字架的圣约翰(St John of the Cross)坚定地思考"完美的"沉思。我们还可以进而说,在这些情况下,每一位圣徒事实上都是"他描绘的伟大的崇高"而没有触及自我主义(egoism)或自我意识。

除了理智的神圣光照学说之外,在奥古斯丁形而上学系统中还有不少观点本身没有任何重要性,但是,无论因其特质还是考虑到在以后的若干世纪内它们为整个中世纪的奥古斯丁主义集团所接受,它们都是值得注意的。

其中之一是其"种质(*rationes seminales*)"学说。根据这一学说,上帝在创世时就在质料中植入了可以比做种子的形式本原,它最终生长成为我们所熟悉的物质有机体。我们一定不要认为这是对转化或进化的暗示。它并不是一个连续的无终点的过程,也不是从一种特殊的物种改变为另一种,而是过去、现在和将来物种与

个体的逐渐浮现，我们有、或在将来的岁月里将会有关于它们的知识。这种学说来源于唯物主义的斯多葛派，他们认为，质料中植入有神火的种子，它们导致了个体存有的发展。普罗提诺接受了这个概念，但是改变了它，赋予它以观念的意义，并使之成为质料中的一种种子理性，这种种子理性形成了可感世界的潜在性。奥古斯丁还把这个观念进一步改变为创造的过程，以解释上帝创造了一切事物，甚至那些还没有达到它们的完全存有的东西，因而第二位的原因只在质料里有明显的因果关系。

奥古斯丁体系中的另一个概念是“精神质料”的概念，在其遥远的未来，它将有极好的命运。对亚里士多德来说，质料和形式是一切实体、即整个可见的宇宙的形而上的构成要素，但是，他并没有始终如一地把这个学说运用于精神或灵魂，对他来说，灵魂自身是人体的形式。普罗提诺是个唯心主义者，对他来说，作为精神相关物的质料是不存在的；亚里士多德的术语仅仅暗示了潜在性与活动的对立，而且可以这么说，质料是精神的最后遗迹，接近于不存在。因为对他来说，创世的问题就没提出过，个人的灵魂被认为是宇宙灵魂的流溢。他能够把人的灵魂中潜在的、限定的因素看做“质料”，并把形式和质料的学说运用于这种因素，这样就预示了 44
后来一些学派所称的“精神质料”。奥古斯丁把它吸收进他的创世纲要中（尽管没有强调），来解释存在于每个灵魂中的变化的潜在性，但是他断然拒绝作进一步的解释。

我们在奥古斯丁一再重复的玩弄柏拉图主义和新柏拉图主义关于世界灵魂概念的倾向中，还可以看到普罗提诺的另一种奇怪的影响，在现代，它看来没有引起莱布尼茨的兴趣，甚至也没引起英奇的兴趣。与此类似,奥古斯丁从新柏拉图主义者那里接受了那种对数的兴趣,这种兴趣在其著作的一般读者看来,似乎是一种特有的风格。我们已经看到,柏拉图受毕达哥拉派的影响,走向他生活的目标:把理想的世界——实在——看做数学概念和符号的改编,因此,它就是可见宇宙的形而上的构成要素。普罗提诺可能从新毕达哥拉派那里接受了这个概念,奥古斯丁又从新柏拉图主义者那里接了过来。对他来说,数是描述存有的性质和变化方式的概念公式,因此,贯穿宇宙的一切变化,尽管提出了这么多哲学难题,在某种意义上也能被数所"控制",就像一个代数公式可以表示电压变化或工程应力一样。事实上,数是事物的种质的理性化。像奥古斯丁这样来使用的数,当然没有科学或数学根据,而且,像奥古斯丁所发现的那样,很容易用比喻的方式说明它们,但是,许多人觉得是伟大天才的奇怪偏差的东西,其理性的、或至少是拟理性的基础,可以被认为是新柏拉图主义的另一个遗产。

最后,在奥古斯丁那里,至少有中世纪光之形而上学的一种启示、一个立足点。对于以普罗提诺和圣约翰为向导的他来说,光是整个的创造中唯一的理智化因素,反映着上帝的永恒之光。在人那里,是道(Word)的光照;在可感世界中(奥古斯丁决不会称之为物质世界),是太阳的被造之光;在无生命的事物中,是数,而数可以说是事物的内在之光。

奥古斯丁在一个行省里为一个小圈子里的人写作、讲学,这个地方很快就被野蛮人的汪洋大海所吞没,最终被并入伊斯兰的大帝国。他没有统辖任何团体,也没有建立学校,他对教会的直接影响,除了在贝拉基主义之争(Pelagian controversy)上以外,也没有多大，他在地球上的一切遗迹很快就消失了。但是，他的著作却并非如此遭遇。它们在后来的若干世纪中如油一般地浸漫开来， 45 他的许多观念四处传扬，发芽开花，如同欧洲著名花园中的种子播撒在荒莽的原野。

第4章 波埃修斯和狄奥尼修斯

奥古斯丁对西方基督教世界思想的影响，不同于其对神学的影响，显露得较慢。非洲行省是奥古斯丁出生和受教育的地方，也是他作为一名主教和天主教会博士生活与工作的地方，在两个多世纪中，那里曾是基督教生活与学问最辉煌的中心之一，在丧失了它最杰出的儿子之后不久，便失却了教会，直至今日仍远离西方文化的主流。奥古斯丁没有有组织的学校，而且，他对哲学方法独有而最具特色的贡献——对人类生活和命运的所有问题的心理学探讨，在古代文明的最后年代里，在意大利和高卢也没有得到多少同情和理解。

波埃修斯是罗马世界最后一位伟大的思想家，人们称他为“最后的罗马人”，尽管他诞生于奥古斯丁逝世后50年，但对一个不知道他们各自年代的人来说，他似乎属于一个较早的时代。波埃修斯(480年～525/6年)诞生于一个最高贵、最杰出的罗马家庭。其时，西方正发生着迅速的变化，西罗马帝国的名声和模式已一去不复返，但其行政机构和精神活动的大部分还没有受到触及；在意大利和高卢，社会上层在延续着过去的文化生活。实际上，古代思想和学问有过一次复兴、一次回光返照，它比奥古斯丁时代异教的反动更为强烈，在某些方面在精神上更有权威性。有教养的罗马和高卢社会由于一种奇怪的、初看起来是荒谬的情感上与时尚上的转变，尽管整体上忠诚于基督教，却在其生活与业绩的表面形式上，显得与早期教父和护教士的教会特殊的基督教的和来世的观 47
点没有多少相似之处。有教养、有文化的主教们，诸如卡普阿的杰曼努斯(Germanus of Capua)，以及五世纪博学的罗马元老院议员们，初看起来似乎是反对基督教的生活方式的，因为在几十年前，他们自己确实表明了对早期僧侣和禁欲主义者生活的敌意。

波埃修斯的出生，正当西罗马帝国皇帝的传承终止之时，他是罗马贵族元老院杰出的一员。狄奥多里克(Theodoric)就是利用罗马元老院，在其监督下用旧帝国的统治方法来治理意大利的。年轻的元老院议员聪颖早慧，步步高升，510 年成为执政官，而且受到狄奥多里克的注意，于 522 年任命他为大臣，负责其王国的内政外交。一年之后，由于一些至今未弄清的原因，波埃修斯被控以叛逆等罪名，并在监禁约一年后被处死。正是在其被监禁期间，他写下了使他名垂不朽的著作——《哲学的安慰》。

波埃修斯虽然有极强的实际工作能力，但是，按其所受教育和偏爱来说，却是个哲学家。他不仅吸收了占统治地位的新柏拉图主义，而且从原装的希腊文吸收了柏拉图和亚里士多德二人的权威教诲。他本人是个折衷主义者，对混合或使两位大师的学说相协调怀抱希望。同时，他从亚里士多德那里学习逻辑和自然科学，主要从柏拉图那里学习形而上学和宇宙论，再在这些上面至少加上一些新柏拉图主义的学说和解释。在他 30 岁之前，他曾下决心终其一生把柏拉图和亚里士多德的全部著作译成拉丁文，并加以哲学上的评论。这一惊人的工作无论如何也要人付出长长的一生时间,它先是因其为公众服务而搁浅,后来又因其被监禁乃至处死——其时他才不过40出头——而突然终止了。事实上,波埃修斯只成功地翻译完了《范畴篇》和《解释篇》及评论,还有波菲利的《导论》和两篇评论以及几篇论形式逻辑的论文,这些论文都保留下来了。此外,他还翻译了欧几里得、托勒密和其他一些人论音乐、算术和几何的著作。在其他领域,他还有多篇关于神学问题的短论,主要是关于三位一体和道成肉身的,现在这些论文普遍公认是他所作。最后,是《哲学的安慰》。

48 波埃修斯在文学、思想和方法上对十一世纪和十二世纪的影响,以及对到包括圣托马斯为止的大学者们的影响仅次于奥古斯丁,但是他的声誉并没有持续到现代。他的《安慰》对宗教改革以来的基督教情感没有多大感染力,对理性主义或唯物主义哲学家就更没有什么影响。虽然其方法和技巧上的遗产为诸学校所接受和改进,成为经院体系的一部分,但当新的训练方法被引进后,它们便不再流行了。然而,中世纪思想史家却不能忽略波埃修斯,因为那个时代的思想家们在许多方面都大大获益于他。

这种教益在教学的每个层次都可以感受到。其保存下来的有关教育的论文下了很大的功夫把 *quadrivium*(“四艺”)程式化,而且这一名称就是他的发明。十一世纪和十二世纪早期诸学校拥有的一切几乎都归功于他,不仅是亚里士多德的标准著作,而且还有他们对于他的学说的知识。我们后面将会看到,在认识论的一个关键问题上,这种知识是多么有力地证明了共相问题。其次,那个时代的思想家们,特别是沙尔特雷学校(School of Chartres)的思想家们具有的诸如对柏拉图的精神与学说的了解(带有柏拉图主义的味道)，都获益于波埃修斯的评论以及他著作总的倾向。通过由一个能力和创造性不如奥古斯丁、兴趣也与之不同的人来做的偶然传递，这些思想仍然是有价值的。除此之外，早期经院学者们从他那里学习了方法，因为他谙熟亚里士多德逻辑学的各个部分，而且他本人就很有亚里士多德的那种推理能力、思想和表达的清晰，而奥古斯丁不具备这些。波埃修斯是把亚里士多德的方法运用于神学问题和教义阐述的第一人。他关于哲学在分析、定义和解释教义方面的功能的概念，非常接近于经院学者们的观点。事实上，经院学者们正是建筑在波埃修斯的基础之上的。在纯语言层次上，波埃修斯仅次于西塞罗——如果他在把希腊专门术语造就为拉丁形式上确实次于什么人的话。就后来成为、并继续是神学分析与沉思素材的术语和概念的定义来说，其中许多人们最熟悉的，都可以说是波埃修斯创造的。像"人格(person)"、"自然(nature)"、"永恒(eternity)"、"天道(providence)"、"智慧(wisdom)"以及其文章中所用的其他许多概念的定义，在各个学校中都成为经典，并且为圣托马斯所采纳，还特别承认其渊源。① 其纲 49
领性的信仰与理想的联姻，尽管很大成分归功于奥古斯丁，却用一种更容易理解的哲学语言表达出来，更容易理解是因为比以前的博士们更接近亚里士多德。最后，在《安慰》中和在其他地方，波埃修斯停留在柏拉图和亚里士多德上，但是，使他们的原则适合于一

① '*Persona* est naturae rationalis individual substantia.' '*Aeternitas* est interminabilis vitae tota simul et perfecta possessio.' '*Providentia* est ipsa divina ratio in summo omnium principe constituta quae cuncta disponit.'这三个定义，包括其他一些，是阿奎那所接受的。

个由人格的上帝、造物主和其造物的天意统治者掌管的宇宙。通过这种方式，他使永恒生命、上帝的预知与人的自由意志的和谐、恶的纯粹消极性，以及遭受不公正的正直人的真自由与至福等观念和说法流传开来，自那时以来，这些东西就成了基督教传统的一部分。同时，人们熟悉的这样一些特征如：从普通经验中对存有的不完美性的任何领会所预设的完美存有之必然性引出的关于上帝存在的论证，以及在形而上学中，形式与质料的区别，都在他的著作中第一次清楚地表达出来。

许多现代读者都对《安慰》中完全没有提及明确的基督教学说或情感感到困惑。然而，如果我们考虑到，正是在我们称为"信仰的时代"的那些世纪里，人们最强烈地感到对波埃修斯著作的诉求，那也许会使我们想到，明显的问题也许倒是情感的，而不是实质的。总之，比我们所具有的要更为丰富的关于那个时代罗马社会的精神生活风气，以及关于波埃修斯本人人格的知识，也许大有助于克服人们感到的任何困难。同时，该著作恰恰在基督教的启示为一切人毫不犹豫地全盘接受的千年中，是一部精神上的经典，这样一种想法也许表明，不可能正好是我们较为敏感的宗教意识受到了震撼。适当的解释也许就在于自中世纪晚期以来对哲学的变化了的态度。在奥古斯丁的时代和布拉班特的西格尔(Siger of Brabant)的时代之间，那些真的认为有一种单独的、真正理性的对人、对宇宙和对全能的、有远见的上帝的描述的人，普遍坚信这一点，其坚信的程度绝不亚于对基督教启示真理的坚信程度。旧时的伟大人物尽管可能是异教徒，却已达到、并在他们的哲学中表达出了这一真理，别人只能忠实地再现他们的教导；而且，在他们的帮助之下，可以对人类生活和命运问题做出真正的和充分的回答。50
有了这些答案，哲学的头脑就可以面对世界和生活中所有的灾难。无疑，在理性论证的背后，在不可见的灵魂王国中，个人会遇见基督个人的爱与恩典。

这的确是一种与奥古斯丁非常不同的思想方式，但奥古斯丁是个非洲人，是个心理学家，是个圣徒；而波埃修斯是个罗马人，还是个学者。中世纪的思想家们从这两个伟大人物中的每一个都获益不浅。如果说奥古斯丁的影响在纯粹思想的领域更为深刻的话，波埃修斯比起其他任何人来说，就更是经院方法的直接祖先。

当波埃修斯在罗马和帕维亚为后人撒播给一整个时代的精神生活提供问题与方法的种子时，一个不知名的同代人在叙利亚或小亚细亚正在传播一些著作，这些著作对西方思想将有更大、更持久的影响。这位作家可能是个叙利亚的僧侣，其文字活动大约发生在六世纪初期。他以圣保罗的改宗者的名义、希腊最高法官狄奥尼修斯的名义，成功地隐藏了他的身份；并且通过提及提摩太(Timothy)和其他与使徒有关的著名人物，提及圣母玛利亚的安眠，至少使有一定空间和时间距离的读者相信，他是原初教会的学说与思想方法的见证人。可能不曾有人想要大规模地强迫人们接受，而且可能这位作家为了适合其主题，以一种文学上的手段，用了一个崇拜不知名的神的人的名字，在这个神那里，我们实践我们的存有，运转我们的存有，具有我们的存有；他还曾把少量论题上的参考材料作为一种确证的文字细节，给他的神学阐述作补充。不管怎么样，这个不知名的作者不仅对后人很成功地隐匿了其身份，而且保证了他的著作在一千多年里受到尊重，具有权威，如果换一种方式，这些著作是得不到这种尊重和权威的。结果，通过神圣的或世俗的文学中都没有类似情况的误解，他的学说大部分嵌入了西方神学传统之中。

直到十五世纪之前，还没有人对丹尼斯著作的原初性质认真地提出过怀疑。截至那个时候，所有的保守势力都联合起来，反对
51 那些试图以不充分的证据来揭露要求有使徒权威的那种主张是不真实的人，直到十九世纪最后十年，两个独立研究的学者才不仅是怀疑，而且证明了伪丹尼斯从普罗克鲁斯(410 年～485 年)那里获取了一些学说，人们这才在这位无名氏作者的真实年代及其观念倾向问题上达成一致。像在这种事中经常发生的那样，在普遍的幻灭感中，批评意见大幅度动荡摇摆。丹尼斯的材料中一些确属新柏拉图主义的特征使人断言，他的整个体系是新柏拉图主义的翻版，其著作的基督教启示与正统性是值得怀疑的。近来，更多的研究导致了更为公平的判断。我们可以确信，丹尼斯主要获益于尼萨的圣格列高利，并且通过后者，还获益于亚历山大的克莱门特和奥里金。换句话说，丹尼斯是个基督教柏拉图主义的行家，这种思想存在于普罗提诺的思想及其学校之前，并曾独立地发展，而且，直接借用后期新柏拉图主义和普罗克鲁斯，是那时任何叙利亚或希腊的作家都可能做的事。事实上，丹尼斯带来了东方教会中早期基督教会教父时代后期的思想，其中充满了柏拉图的和普罗提诺的因素，这是他对西方的主要贡献。对于一个习惯于不论是中世纪、还是今天的西方教会思想方法的人来说，这可能看起来陌生，甚至不合口味，但是肯定不必然是非正统的，而且附加的、从普罗克鲁斯那里接受的新柏拉图主义成分与其说构成了，不如说强

化了其主要倾向。

因此,丹尼斯与大部分希腊早期基督教思想一样(就像奥古斯丁做过的那样),接受了新柏拉图主义许多有特色的学说。上帝高于一切属性和性质,甚至高于存有本身,而且我们要得到一种关于祂是什么的真正表述,我们就得在我们能够知道或理解一切东西之上的层次上通过对再断言进行断言和否定来得到。上帝的独一无二是不可言喻的,它是太一,一切存在的东西都参与其中,而祂本身不参与任何事物。丹尼斯阐述了普罗提诺的循环,在这个循环中,一切都来源于(普罗提诺会说流溢自)上帝,并流回到祂,但是,他也用基督教和新柏拉图主义概念的混合物把精神的宇宙构筑成一个庞大的等级制度,在尘世,这个等级制度中有俗人、僧侣、牧师和主教;在天国,是天使的序列。在天国和尘世的等级各有其功能,并各自接受来自其上面的光照——或是神圣的,或是理智的,依情况而定——光照传给下面的等级。

狄奥尼修斯给西方的遗产之主要部分是否定的和最高的神 52
学,很强的存有等级的概念,详尽的天使学,间接光照论以及由圣礼和天使机构授予的精神知识。这些学说包含在三部较大的作品里:《论神名》、《论天国等级》和《论基督教会等级》。此外,他的小论文《论神秘神学》是注定要有更大影响的。这里,由于他把灵魂当做个体而非当做等级中的一员来对待,丹尼斯就避开了间接光照系统,并利用了存有和精神的等级,因为在克己和向上的阶梯上,有那么多的等级要由灵魂在其向着上帝的进步中来排列。它从创造之美上升到精神存有的序列,再从那里上升到对神的名字或上帝的事物的天赋沉思。在这之上,是向神圣黑暗罕见而短暂、狂喜出神的跃进，并在那黑暗中与上帝合而为一。在这里，我们可以认出普罗提诺的迷狂，我们曾在别处见过这种迷狂曾被转换为奥古斯丁经验的术语，这里，它又再度以一种模棱两可的形式出现，这种形式可以、并曾被承认为基督教神秘主义成就的顶峰。但是，这只发生在它被微妙地，甚至可能是在不知不觉中从一种主要是智力上的成就转变为一种主要是意志上的成就之后，以及从精神在黑暗与阴霾中的短暂浸没转变为与道、灵魂的配偶合而为一的完满之后。

在三个多世纪中，狄奥尼修斯的著作都没有打动西方，直到再过了四百年之后，人们才感到它们的充分影响。事实上，这位希腊最高法官的部分著作在东西方都没能保存下来。然而，我们不能忽略六世纪，它产生了那么多的作家、思想家和领袖，他们将铸就中世纪生活的模式；这也是波埃修斯、卡西奥多鲁斯、努尔西亚的本尼迪克特和大格列高利的世纪。我们也不能忘记，这是一个更容易让人忘记的人物的世纪：他在将要被打断的柏拉图主义悠久传统的继承人中，甚至在他还在创作时，就可能是构造西方基督教思想模式的那些人中在时间上最后的一位，但其能力却并非是最后的。

第5章 古代世界的教育 53

中世纪早期，即从大格列高利(公元600年)到十一世纪(公元1050年)的文化复兴这一段时间的教育体系，是古典文明中达至完美的那种教育的直系后裔。由于这个体系在观念领域及在思想与个性的培养中有许多有价值的东西，它在从雅典的伯里克利盛期到亚历山大大帝去世、从柏拉图诞生到亚里士多德去世之间的那个世纪就已经成熟了，并且在后来的一千年中，尽管其影响范围无法估量地扩大了，而且其技艺也更加完美，它却逐渐地、但是无可挽回地失去了它很多有创造性的珍贵内容和活力。甚至当西方世界已成为与雅典时期或甚至亚历山大大帝时期人类的活动方式有很大不同的新活动方式的舞台时，其教育的目标和实践也没有获得什么新东西。

希腊的教育就像它在历史上刚出现时那样，本质上还是贵族性质的。它是少数人的文化，是有身份、有财富的人的儿女，既不是为了获取一种技巧、手艺或职业，也不是为了培养科学、艺术或哲学，而是为了塑造适合于一种特殊生活方式的完整人格。它主要是通过指导、教授，而不是模仿和赞赏认知；它由体育和音乐构成，既有口头的，也有使用器械和乐器的，但是其核心是以荷马诗篇为课本的关于文字与生活的文学传统。这种教育的目的是伦理

的和心理的，而不是技术的或在经济上对人有帮助的；这种教育被
54 雅典黄金时代的保守派，诸如阿里斯托芬以及柏拉图思想中的至少一个方面，认为是训练旧时城邦纯朴的荣誉和朴素的伟大人物的。

这种非职业的和非技术的教育最终在接近公元前五世纪末时受到了挑战，并被一批代表讨论、探究与批评中的新精神的教师所替代，这些人以“智者”之名为人所知。这是个甚至在希腊文中都模糊不清的词，完全不能译成任何一种欧洲现代语言中的一个单独的词。在他们的时代和后来，智者们受到了大量的批评和辱骂，其中一些无疑是对的，但是，当我们想到苏格拉底被他的许多同时代人认为也属于这一批人，修昔底德和欧里庇德也是这些新教师的早期弟子，以及最伟大的历史教育家之一伊索克拉底也是个 *par excellence*（杰出的）智者时，我们也许在对他们做出一个一概而论的判断上会迟疑难决。

智者们公开表明他们的目的是实用的：要使青年人有头脑（没有几个雅典人缺乏智力方面的机敏），以在争取权力和影响的斗争中占先，希腊和大希腊的每个城邦中都在进行这种斗争。在形而上学和道德问题上，他们经常是机会主义者和怀疑论者。他们对辩论和说服的技艺——修辞学和辩证法——的热情使他们关注于有用的东西，而不是有德的东西；关注于时下人们可以接受的东西，而不是真实的东西。但是，他们之中的很多人是有价值也有才华的人，而且他们对多面性和文雅的崇拜并不仅仅是他们自己的特点，而是希腊种族的天才们在其整个历史中都具有的特性。总的来说，他们持久的成就在于使教育首先成为一种智力的训练，特

别是把雄辩的技艺——修辞学——放在希腊教育的核心，而且在后来的所有高等教育中，修辞学也一直这样处于核心地位，直到中世纪大学的兴起。

然而，人们那时并不清楚，胜利属于伊索克拉底及其朋友们。他的同时代人柏拉图有一种非常不同的教育思想，他在其杰作《理想国》里详细阐述了这个理想，而且至少部分地在他的基地——雅典的学园付诸实践。在柏拉图的规划中，教育不仅具有道德与公民的面貌，使之成为好人和智慧的政治家的保姆，而且具有作为获取知识与智慧的基本工具以及作为灵魂为其不朽命运所做准备的超验价值。根据柏拉图的设计，在儿童时期，在文学和音乐的训练之后，是身体耐力的考验期，随后是数学（即几何）的思维训练，最 55
后，经过一段政治生活的实践，再进行哲学研究的辩证法训练。《理想国》实际上是建立一个好社会和规范一个人一生的教本。但是在教育领域，它标志着一个时代，因为柏拉图的规划和他本人的实践第一次在初级教育和进一步的教育之间，在作为一种活动的、实践的生活之准备的教育和更高级的哲学教育——达至道德与理智的真理——之间做出了清楚的区分。

伊索克拉底的规划则没有那么大的抱负，而且更为实际。对他来说，文学和数学两个阶段都是预备性的，随后进行的是“辩论术”或反驳与论证技术的训练，由此通向最高的王冠，雄辩的艺术。柏拉图、伊索克拉底和亚里士多德同时或前后相继在雅典进行教学和著述的很短的两代（公元前 390～前 320 年），也许是整个教育史上最宜人和最有影响的时代。在这段期间，西方的思维训练的一切基本方面在理论和实践上都成熟了。柏拉图和亚里士多德曾在阿卡德美(Academy)(学园)和吕克昂(Lyceum)这些物质的建筑中传道授业,在几乎所有的西方语言中,都以它们来命名高等教育机构,这是恰如其分、意味深长的。

胜利和未来在伊索克拉底一边,甚至在这个领域,他的影响也像那两位哲学家一样伟大和持久。他的目标和方案虽然没有那么深奥和崇高,但更实际,更容易理解。当希腊时代在亚历山大的征服之后转变为希腊化时代的时候,在与东地中海交界的所有国家的城市发展起了一种希腊文化和希腊制度。他们的教育是伊索克拉底教育思想的一种更为系统化的翻版。从贬义上认为他是个智者是错误的。尽管他认为无论哲学还是高等数学研究都很不值得作终生的追求,但是他同样也不能容忍把修辞学当做一种纯粹功利的技能。他把它想象为一种最高尚的科学,要经过长期仔细的研习才可以学到;它也不仅可以使人有实用的智慧,还可以塑造健全、宽宏和有道德的心灵。它的确是自从文艺复兴以来作为文学和经典教育的目标而不时提出来的一种人文主义理想。

56 如前面所说的,希腊的教育是一种更为系统化的伊索克拉底教育思想的翻版。初级、中级、高级三个等级已经很普遍了,在初级教育阶段,孩子学习阅读、书写和计算;在中级阶段,孩子汲取希腊经典,这其中除了荷马的全部著作外,还选编了雅典的戏剧和其他诗作,诸如赫西奥德的作品。在这个阶段,还发展了一种更为完满的方法,在这里,荷马得到了系统的注释,既有语法、词汇和一般意思的注释,也常有比喻的或伦理学的解说来使之完满。在第三阶段,年轻人学习几何(即欧几里得)、算术,这不是实际的或应用的算术,而是研习数及其比例与和谐,这被认为在一切关系中都是正确有效的。这套课程源于毕达哥拉学派的“四艺”(quadrivium)或算术、几何、天文和声学四种训练。天文学后来从中分离出来，成为专业科学家的工作范围。这套课程还扩大或补充了关于各种流行知识信息的课程，即后来的“百科知识”训练。“百科知识(encyclopedia)”一词的原意是“到处遍布”的、应该知道的知识的教育，那种综合的或完整的知识的现代意义只是从十六世纪才开始有的。当这种教育还得到了像在埃及、叙利亚和小亚细亚的大城市中那样的大量藏书的支持，以及像以前亚历山大城的博物馆那样的研究设施的支持时，它也许就是古代世界曾经有过的最优秀的普通教育体系了。然而，必须注意，它不是现代意义的大学教育。这套课程既没有科学，也没有哲学。这些学科加在一起，在亚里士多德的著作和体系里也只占了很小的篇幅，它们几乎一下子就分散开来了。科学，在其应用方面和数学与天文学的专门化方面，在普通教育之外、之上的专家手里继续发展；而哲学成了、并且一直是雅典学校里一种单独的追求。另外两个部分是医学和法律的教育，它们是中世纪和现代世界的学科原型，这时仍然是实践家所关心的职业，它们更类似于行会，而不是大学教育的一部分。

同时，文学的因素以牺牲科学和数学的因素为代价，稳步地取
得了地盘，而且到公元前三世纪中期，修辞学作为高等教育唯一的 57
追求，取得了胜利；哲学开始呈现出一种生活方式的面貌，几乎成了一种宗教，个人以一种皈依的心情转向它，并且在与一位杰出的教师和向导的个人关系中研习它。

在早期的罗马共和国，没有智力的教育。儿子在父亲的监护

下长大，学习如何遵循父亲的榜样、惯例和过去黄金时代的理想。直到征服亚加亚之后，与迦太基人的战争已经过去，希腊文化才开始影响罗马社会的上层，希腊的教育在公元前二世纪中期被引进。从那时以后几乎一个世纪，实施的是完整的希腊体系。这是罗马教育最幸福的时代。在实践中，教育仅限于元老院议员阶层和名门望族，它是修辞学的教育，目的在于使人讲话流畅而具有说服力，但它没有任何“诡辩”的污点，而且充分关注罗马生活的要求。罗马贵族实际上得靠讲话发迹：在论坛上作为一个鼓吹者，在竞技场上作为一个人民的候选人，在元老院作为一名顾问或执政官，甚至在军营作为一位将军。但是，他的事业并非一个民众领袖、律师或议员的事业。他执掌着行政和军事机关；他审判，他执行，他指挥军队，统治一个行省。结果，“演讲术”包括了所有技艺的知识，而且这是一个领袖应该具有的知识——历史、法律、文学，以及所有能使他成为人上人，使他高尚而公正，并且有能力又多才多艺的知识。这种教育确实既是文学的又是实践的，西塞罗在 *De oratore*（《论演讲》）中给它描绘了一幅完满而辉煌的图画。科学、数学、几何和哲学并不是这种教育的组成部分，但是，我们不能把它与奥古斯丁之后的年代里的修辞学教育相混淆，或把这两者摆在一起加以谴责。这种教育造就了西塞罗和恺撒，这两个人一个作为执政官，引导国家声名卓著，并且治理一个行省，没有多长的军旅生涯而统帅大军；另一个出口成章，是最伟大的倡导者，显示了其文学批评家的天才，又是个拉丁语法的权威，看起来也像伟大的独裁者、高卢的恺撒一样，我们不能说他既不实际，又书生气十足。

像在所有其他领域里一样，在恺撒之死（公元前44年）和西塞罗之死（公元前43年）的一、二十年里，教育发生了一场重大变化。变化是两方面的。一方面，在奥古斯都的帝政下，一切真实都从共和国的机构中最终消失了。军队和行政机构中的职业此时是严格 58
专业化的，并仔细地分了等级，或者由*princeps*（领袖）的选择来指导，而领袖控制了内政外交，甚至在某种程度上也控制了司法。演讲已不再是公共生活的第一需要，公开辩论也不再是一切决策的前提。这种变化不是一蹴而就的，但却是不可避免的。准备好的演讲在实际生活中的唯一用武之地是法院。在那里，讲话人不管是年轻的还是年老的，都不再是从事其事业的演说家，或不再作为一个有声望的人再次出现在法庭上，来帮助朋友或委托人，而是专业的律师（*causidicus*）或能言善辩的辩护人（*rhetor*）。雄辩从广场和元老院转移到了讲堂和私人*salon*（沙龙）；有准备的演说代替了谈话或政治辩论。

另一种重大变化也同时发生了。西塞罗和他的同代人曾受过希腊文学的养育，在希腊学校受过修辞学和哲学的训练。但是，在西塞罗进入公共生活（公元前70～前20年）之后的50年里，天才人物的成熟给了罗马一种本民族的文学，即使它还不丰富，不卓越，但至少在一个有意识爱国的年代里充分引人注目地塑造了希腊文化的替代物。在一代人的时间内，在语言、文学和教师诸方面几乎完全都改变了。西塞罗取代了希腊的演说家和哲学家，维吉尔代替了荷马，李维和萨卢斯特换下了希罗多德和修昔底德，贺拉斯与奥维德替下了希腊抒情诗人们和戏剧家们，直到塞涅卡满足了进一步的需要，学校教科书的书单因在白银时代为人们承认的长处越来越多而拉长。结果，高等教育彻底丧失了活力与生命。它造就的是流畅的讲话人，而不是有教养的、高尚的活动家；是好的批评家，而不是好人。这就是西塞罗的《论演讲》与昆体良的《演讲术原理》（*Institutio oratoria*）之间的差距。修辞学是一切的一切。法律是专业人员的职责，哲学是少数人的追求。文学教育变得越来越不研究生活，而越来越成为学究式细琐卖弄的评论。只有在西罗马，才有法律和哲学教师。

从我们时代的第二个世纪中期开始，罗马的教育虽然在类型上还没有改变，但是变得越发书生气和矫揉造作了。没有引进新的主题、新的方法和新的教科书，所教授的修辞学越来越与当时的
59 社会或政治生活无关。不管是否应该认为教育的这种缺乏创造性是社会与官方事业普遍衰落的结果，还是它本身就是那种衰落的一个主要原因，人们都可以怀疑，但是，在一个目睹了帝国的重组、基督教胜利以及一系列重大灾难的年代，所有关心教育的人的保守性却是非常引人注目的。包括普罗提诺及其门徒在内的思辨思想的复兴，对高等教育没有影响。新柏拉图主义者在他们最初的一个世纪中，与其说是思想势力，还不如说是一个宗派，他们的影响也许可以同贵格派（Quakers）和十七世纪的剑桥柏拉图主义者的影响相比，而不是同霍布斯或洛克的影响相比，只是新柏拉图主义已在贵族圈子里有了其最大的影响，并且与旧罗马宗教保守的、反基督教的信徒们联合起来了。这里，我们所关心的并不是帝国的东半部，东半部在这场变故中对西半部几乎没有影响，但是，顺便要注意的是，伟大的希腊教父们差不多无例外地都熟悉哲学，他们是在雅典、安条克（Antioch）或亚历山大研习哲学的，而这种哲

学的性质是柏拉图主义的。

西方的基督教会在很长时间里主要从社会下层和非有闲阶层中吸收新信徒。四世纪时，它开始赢得受教育阶层，此时没有与以语法和经典为基础的旧罗马初级教育相对的或竞争的体系。基督徒的孩子们上的学校是非基督徒掌管的，而基督徒教师依据旧课程来教所有的学生。然而，有一种偏见反对致力于对异教文学成熟而深入的研究，而且没有必要说，基督徒此时都不会成为，比如说，“职业的”新柏拉图主义哲学家。

过去常有人提出一种观点认为，早期教会一贯敌视世俗文学，包括希腊、罗马的经典。作为一种广义的和普遍的说法，我们不能这样说。我们应该区分不同地区和不同时期。基督教在一个希腊文学和拉丁文学都是经典、都充满活力的世界里成熟起来，当受过教育的希腊人和罗马人变成基督徒时，他们利用了他们自己的思想和著作中的一切资源。特别是希腊的教父们，始终一贯、或多或少地接受了这样一种观点：古代的哲学和文学在某种程度上是基督教神学的先兆，或是通向基督教神学的康庄大道。我们在圣奥古斯丁那里已经看到过一些这类观点。

当教会从异教世界挣脱束缚而自由，甚至有点胜利的意味时，变化发生了。一方面，新的修道运动在其对文化的态度上有强烈
的清教徒倾向；而另一方面，教会此时与旧的神秘主义宗教和伦 60
理，与斯多葛派哲学或新柏拉图主义是平等的，或者高于它们。结果，尽管不是所有的，但还是有一些最著名的基督教作家，特别是在西方，开始认为希腊的和罗马的文学是异教的和不道德的，认为其妩媚之处是一种罪恶的诱惑。这种倾向的两个最著名的人物本

身就是风格方面的精通大师,他们完全具有了当时所能受到的一切教育,但对他们感到是他们自己对世俗之美过分的爱的东西做出了反应。杰罗姆在法庭上的陈述,以及他对自己爱普劳图斯和西塞罗所作的谴责:"尔为西塞罗之徒,非基督徒也,汝之典籍所在之处,皆汝心所在之处",曾在上百的手册中引证过。另一件事则没有这么多的记载:杰罗姆在他梦后很久写下了最为纯熟的拉丁文,其中引用了很多西塞罗的话,并以最好的尤维纳利斯风格进行文学创作。与此类似,奥古斯丁在其《忏悔录》中的忏悔,说他曾被维吉尔的狄多感动得落泪,这并不能掩盖这样一个事实:终其一生,奥古斯丁用尽了修辞学的一切手段。然而,这两个人物,还有其他一些人,确实真诚地谴责了学习古代文学是非基督教的做法,是应该受指摘的。如我们所知,一个世纪之后,波埃修斯和卡西奥多鲁斯在尽其所能地抢救和传播古代思想与文学。还是一个世纪之后,大格列高利宣布,要让启发人灵感的圣经臣服于多纳图斯(Donatus)的统治是不足道的,他并且谴责长于文学的主教们让朱庇特之名从他们基督教的口中说出;然而,他自己却声称不介意语法上的精妙。

攻击作为对立面宗教和哲学的主要诱人之处的文学,也许是很自然的,而且,当一个人仍然能毫不费力地享受文化借以装点生活的那种舒适时,进行这种攻击也完全是安全的。但是,当基督教在一个野蛮时代的灰暗天空下,独自在西方进行文明之战时,以其他的眼光来看待过去的文明就是很自然的了。而且,从公元 600 年到 1000 年,西欧的文化史是一系列的尝试,它们在时间和空间上间隔很大,尝试通过收集和模仿过去岁月中的学术与文学,来重造往日的辉煌。文学史上再没有比这些尝试更为奇怪的了，此时在爱尔兰，在西撒克斯，在诺森布里亚（Northumbria），在都兰（Touraine），在日耳曼，完全照抄极为不同的条件下古代罗马的表 61
达方式、韵律和词汇。这种尝试在文学上的成就，就如同外来的花果结在林中树木嫁接的枝干上。在维吉尔的诗章中，它们惊叹它们不熟悉的、属于其他林木的叶子与果实，[①]而且，就像嫁接的枝干，它们也总是想回到荒野中去。

这种复兴的领袖们对古代文学的态度与杰罗姆和奥古斯丁非常之不同。对于他们，古人是奇迹，所有的知识都来自于古人，他们是唯一的典范，模仿和复制他们是唯一的希望。阿尔昆（Alcuin 732 年？～804 年）及其盎格鲁－撒克逊的教师们则更进一步：文科七艺（liberal arts）不是人的作品，而是上帝的，上帝创造了它们，作为自然的一部分，让人去发现和发展。古人们做了这事，基督徒该是多么渴望做到这些，也应该更为成功啊！在一段著名的章节里，阿尔昆阐明了基督教人文主义的功能。在他朝气蓬勃时，他在不列颠播种；到垂暮之年，他在法兰西止息下来。他的一个欲求是在法兰西建立起一个新雅典，或者还不如说是个比老雅典更好的雅典，因为老雅典只有七艺的科学，而新雅典则还有圣灵的七项赐予。阿尔昆不知道，在他的自然观中有一种亚里士多德的观点，而且他对恩赐与自然关系的论述几乎是托马斯的 *avant le mot*（预言）。而在另一方面，阿尔昆抵消了杰罗姆。杰罗姆把修道生活转变为一种对文学的逃逸；阿尔昆则劝告他的修道士们扔

---

① *Georgics*, II. 82.

掉铲子拿起笔：*Forder quam vites melius est scribere libros*（著书胜于植葡萄）。[①]

① *Carmina*, 94. 'Tis better to write books than plant vines' in E. Duemmler (ed.) *Monumenta Germaniae Historica. Poetae Latini Aevi Carolini* (Berlin, 1881), I, p. 320.

二、十一世纪和十二世纪的文艺复兴

第6章 学校的再度产生

根据牛津词典,“黑暗时代”一词最初是用于中世纪,来表示那个时期思想上的黑暗。很久以来,几代历史学家一直把黎明从1450年向前推至1050年,甚至到800年。而且,诺森布里亚的比德(Bede)的时代和西班牙的伊西多尔的时代都不应该冠以黑暗这个称号,但是,这两个地区的光明事实上很快就被遮住了,而且,只要我们看看与比利牛斯山、阿尔卑斯山、莱茵河和大西洋交界的地区,在七世纪和八世纪,除了在少数修道院中,这些地区没有什么教育和文学的活动。公共学校早就不存在了,学术的研习也只保留在修道院里和少数主教的家里,在多数情况下,有知识的主教们本身就是僧侣。图尔的格列高利(Gregory of Tour)(538年~594年)虽然是一位多产的历史学家,也常常文理不通和粗鲁,还时常为其过失辩解。卡西奥多鲁斯(490年~583年)的同时代人圣本尼迪克特的语言同样表明了古典语法的崩溃。初等教育在其存在的地方几乎完全是个人的了,是有天赋的牧师教他的执事或者他教区中早慧的孩子。结果,查理大帝(King Charles the Great)的立法在这方面和许多其他方面是划时代的。他在780年至800年之间的某个时间在一部牧师会法规中概括地宣布了他的政策:

“在我们和我们忠实的顾问们看来，主教教区及上帝屈尊托付给我们的教区修道院是有很大益处和极大效用的，政府不应满足于过一种有规律的和虔诚的生活，而应教导那些从
66 上帝那里各自依其才能而获得了学习能力的人……无疑，（他继续说）好的工作比伟大的知识要好，但没有知识就不可能做好事。”①

789年的一部著名牧师会法规中则更为明确：

“在每个主教的教区以及每所修道院，应该用圣歌、乐谱、赞美诗、对年岁及季节的计算和文法来对人们进行指导；所使用的一切书籍都应该仔细校订过。”②

813年的沙隆会议（Council of Chalon）重申了这一点：

“如我们的查理大帝……所谕，主教应开办学校以教授文化和关于圣经的科学。在这些学校中（教父们带着几分说教的味道补充说）培养起来的人，救世主对他们说，‘汝等为社会之中坚。’”③

① *Capitularia regum francorum*, I, ed. A. Boretius, *Mon. Germ Hist.* (1883), 29.

② *Capitularia*, i, 22, c. 72.

③ *Concilia aevi karolini*, ed. A. Werminghoff, *Mon. Germ. Hist.* (1906), pp. 274–5.

我们可以看到，这些教导被阿尔昆的朋友和继承人、奥尔良的主教和弗勒里修道院院长狄奥多尔夫(Theodulf)传到最低的阶层：

> “在村里乡里，牧师应该开学校。如果有任何信徒把孩子们托付给牧师们去学文化，就让他们满怀爱心，不要拒绝教导这些孩子……牧师们做这项工作不应该收费，即使收点什么的话，也只应是孩子的父母送的一点小礼品。”①

我们较为详细地引证了这些教令，为的是表明帝国教育体系的简单，这样也就表明了，在卡洛林王朝时代的欧洲，是不可能产生任何可以称为高等教育的东西的。这种简单的构架就是从800年到1000年以后很久而且是在战争、入侵以及人类的惰性允许的时候，唯一存在的教育结构。僧侣们接受他们在修道院的长辈所传授的东西；孩子们，不管是父母送到教士那里的，还是在修道院接受老师教育的献身教会的儿童，都学习语法和赞美诗；幸运的孩子可能在修道院的学校或总教堂所在城市的学校里接受文化和基本计算的教育。无论在修道院，还是在主教的*familia*(家里)，神学是唯一的“高级”研究。在阿尔卑斯山以北没有高等教育，也没有任何职业教师——不管是世俗的还是教会的。显然，根本就提不上任何种类的哲学活动。

然而，正是从卡洛林王朝的学校中，中世纪的精神生活发展起 67
来了，而且，我们像他们那样来看一看这种教育的形式，也许是可

① *Capitula ad presbiteros*, 20(Migne, *P. L*. cv. 196).

取的。它是古代世界全部课程的一个幽灵，然而是一个最终成为真正的 *revenant*（亡魂）的幽灵，是雅典的伟大年代的“复辟”。

在罗马共和国的最后一个世纪里，“最博学的罗马人”瓦罗（Varro）（公元前 116～前 27 年）写过一篇冗长的文章论述“九艺”，即语法、逻辑、修辞、几何、算术、天文、音乐、医学和建筑。这些应该成为中世纪教育的基础，但是，在罗马帝国统治下，除了前三种之外，其余的都从教育内容中退出了。在罗马帝国的最后一个世纪，马尔奇安努斯·卡佩拉（Martianus Capella）接受了瓦罗的分类法，约在 410 年～439 年，写了一部教育百科全书，并在中世纪早期被指定为学校的主要教科书。他只有“七艺”，也就是比瓦罗的“九艺”少了医学和建筑，这两门已成为职业性学科，而且这种新方案成为了标准，在后来的几个世纪中形成了 *trivium*（“三艺”）和 *quadrivium*（“四艺”）两组。卡佩拉以寓言的形式来使其学说甜美动听，其寓言是讲菲劳索菲（Philosophy）与墨丘利（Mercury）结婚，新娘由七位少女陪伴，即文科诸艺的守护者，每个都充满了象征性的品质。在整个中世纪，他的书都很流行，供人解说。文科诸艺很快转化为艺术，在艺术中，它们有卓越的成就：在手稿的装饰画上，在沙尔特雷修道院和拉昂的门廊的石头上，在彩绘玻璃上，以及最后，在波提切利（Botticelli）在莱米别墅画的壁画上，都表现了出来。阿尔昆处事认真，在其对话中着力于论述语法、修辞学和辩证法，来使传统的体系非讽喻化，并使之实用。他的后继者是奥尔良的狄奥多尔夫，此人虽仍是寓言风格的，但却简化了卡佩拉；他的另一个后继者是赫拉巴努斯·毛鲁斯（Hrabanus Maurus），此人在其论神职人员的训导著作中，给了那些想在一切领域都一显身手的人一番简短而实际的训导。对于这个体系的所有不同部分来说，久负盛名的教科书就是经典。这样，就语法而言，普里西安和多纳图斯就是饱学之士，他们的教导被运用于拉丁文散文和诗篇的阅读与写作中。就修辞学而言，教科书是西塞罗的《论演讲》以及昆体良的《演讲术原理》。辩证法方面使用的是波菲利的《绪论》(*Isagoge*)或《导论》(*Introduction*)，亚里士多德的《范畴篇》和《解释篇》，以及波埃修斯对这两篇的评论。算术从简单的乘法和除法开始，其较高的内容还包括算盘和计算板的使用，因为不 68
使用希腊和罗马数字，所以这是必需的。接下来是纪年法，主要由15年记期法和复活节的日期构成。最后，是对于数的寓言式的解释，也算是其中的一部分，这部分被奥古斯丁和其他一些人大大发展了，教科书是比德的《论时间》(*Liber de temporibus*)和《论时间的体系》(*Liber de ratio temporum*)。几何一定数量上是欧几里得的，由欧里亚克的热尔贝(Gerbert of Aurillac)做了补充。天文学是普林尼(Pliny)的，由比德做了扩充。最后是音乐，我们要记住，这是相对于 *cantus*(歌曲)的 *musica*(音乐)。单旋律的圣歌及其乐谱一直到十一世纪还在教授，而这时五线谱和写作的音乐已更为普遍了，唱诗班或 *schola cantorum*(歌唱学校)，*cantor*(指挥)或 *precentor*(领唱)差不多都用它来记谱和演唱。音乐作为教育的一部分，包括了对音符与数和算术的关系，以及最终与宇宙的和谐关系的研习，后者即天体音乐(music of the spheres)，是毕达哥拉斯久远的遗产。这里的教科书是波埃修斯和比德的。此外，与“三艺”和“四艺”的所有这些部分并存的还有百科文学，它通过瓦罗可以追溯到亚历山大。这方面的教科书是塞维利亚的伊西多尔的，后来是比德、阿尔昆和其他人的。

所有这些学术机构都是想达至一切学问的王冠——对圣经和更伟大的拉丁教父的研究。然而实际上，在600年至1000年之间，“四艺”作为一种教育大纲正值其暗淡时期，并且要么完全被忽略，要么被仅仅以一种简单、实际的方式来对待。同样，“三艺”之一——辩证法，也被忽略了，或者只是被当做一种记忆的功用，而非一种智力的训练。这就剩下了语法和修辞学——即一种纯粹文学的(literary)教育——占据着地盘，因而我们发现，黑暗年代多数著名的作家和教师都将他们的才华付诸历史或诗作或语法著作，而且那些写神学著作的作家也以一种文学的方式来写。而且我们在目前对“三艺”和“四艺”的论述中也可以看到，十一世纪和十二世纪的主要倾向是如何以及从哪里由这套课程发展起来的。历史学家、诗人和人文主义者们的文学背景来自充分发展了的语法和修辞学，哲学和思辨神学从适时复兴的辩证法中兴起；中世纪的科学处在一种伊西多尔、比德和他们的继承者的百科学术的发展之中，后来被阿拉伯的和亚里士多德的论文所补充。最后，我们会注意到，在卡洛林王朝时代，辩证法很不受重视，乃至被当做某
69 种要赶快做完的事从它真正的位置上移到介乎语法和修辞学之间。在十一世纪的复兴中，它恢复了它恰当的地位，得到了巨大的发展，随后因亚里士多德的全部著作和随同这些著作的评论而得以扩充。从修辞学转变到逻辑学，作为这套课程的 *pièce de résistance*(重要事件)，是一场文化革命的标志。

以历史的观点隔开一段距离来看，卡洛林王朝时期的文艺复兴只是中世纪早期发生在爱尔兰、英格兰和大陆上的许多文艺复

兴之中的一次,它像一簇阳光,比其他那些消逝在迷雾之中的要明亮许多。然而,从历史上说,由于种种理由,它比它的任何先行者都更重要,而且有更为持久的成效。

首先,查理大帝和他的直接继承人的立法多少是有点新意的。即使它部分地是基于实践或古代的法令,在其清新的精确性和普遍的适用性上,它也是新颖的。尽管在实践上它很快被忽略了,但像卡洛林王朝立法中的许多其他部分一样,它作为一种记忆,一种先例和为未来的行为和法律提供的基础,依然存在。其次,不像以前那些岛国的或日耳曼的光明的中心,卡洛林王朝文艺复兴并没有从欧洲完全消失,它如同干柴烈火,从这里烧到那里,总是在这个或那个修道中心保持着活力。最后,是阿尔昆①的教导和范例。阿尔昆在教科书方面坚持好版本是必需的,而且他自己在很多地方就提供了杰出的 *scriptoria*(抄本)。他的教导和范例为人们抄写手稿提供了新的动力和方法。这一工作在许许多多修道院继续下去了,毫无减退之势,更井井有条,规模空前。这些抄写用的是所谓卡洛林小书写体,它实际上主要归功于爱尔兰和诺森布里亚的抄写者。有了它,抄写就有了一种很有力的工具。以阿尔昆为开端,开始了抄写拉丁手稿的伟大时代,既有早期教会领袖的著作,也有古典著作。当两个世纪之后,更全面的文艺复兴到来时,这些逐渐积累起来的、抄写清晰(也更正确)的书籍就有了无可估量的价值。

从阿尔昆的时代以后,在欧洲大陆的西北部有两种类型的学

---

① 关于阿尔昆,见 Eleanor Duckett,《阿尔昆》(纽约,1952年)。

校，即，按照查理曼(Charlemegne)[1]的法规，分为总教堂或主教学校和修道院学校。总教堂学校理论上在每个主教区都存在，但事实上绝不是普遍的，它既受主教本人的指导，又(而且更经常地)受
70 学校校长的指导。学校的校长那时被称为 *scholarius*，*capiscola* 或 *magister scholarum*(学校教师)。他的学生们是男孩子和不同岁数的年轻教士，他们是预备要当神父的，而且经常与教堂牧师会的成员们一起生活在教区总教堂，那里的牧师会遵循一套规则，很大程度上与在修道院同僧侣们住在一起的孩子们条件相同。不论查理曼还是阿尔昆倾向的修道院学校都由两个分校组成：其一是由孩子们和该教堂年轻的僧侣们构成的，包括从条件较差的修道院派来的僧侣；另一个是走读校，专为那些由僧侣指导的教士们而设。除了这两类教士和僧侣之外，这一时期没有什么人能接受任何字面上叫做学校的教育。

这三种学校中只有一种是永久性的和无所不在的，即内部的修道院学校，它是一个繁荣的社会存在的 *sine qua non*(必要条件)。另外两种之中，主教学校常常消失了，而且在修道院中，缺乏学生和缺乏改革的动力常常导致走读校的停办。因此，在查理曼之后的两个世纪中，修道院和僧侣们在欧洲大陆上成了主要的文化中心和代理人，而且公平一点说，这两个世纪就是以僧侣世纪或本笃会世纪而闻名的。在众多修道院中著名的是图尔，这是阿尔昆和弗尔达(Fulda)的家乡。在这里，阿尔昆的学生赫拉巴努斯·毛鲁斯成了“德意志的校长”。著名的还有赖谢瑙(Reichenau)，

① 即查理大帝。——译注

这是瓦拉弗里德·斯特拉勃(Walafrid Strabo)的家乡。赫拉巴努斯·毛鲁斯是一位百科全书式的学者和神学家;费里埃尔的鲁普斯(Lupus of Ferrières)是一位不知疲倦的手稿抄写家和借用者,还是一位人文主义作家;瓦拉弗里德是诗人,他细致地描绘了赖谢瑙花园中的植物。此外,还有艾因哈德(Einhard),他是查理曼的传记作家。这些都是阿尔昆之后的那一代人中最伟大的人物。在其所长的方面,他们都是文学上的人文主义者,即古代诗篇和学术的纯粹爱好者。我们也不能完全轻视那些给了我们最好的拉丁赞美诗的人,这些赞美诗有《荣耀》(*Gloria*)、棕榈主日的《赞歌》(*Laus* of Palm Sunday)、庄严的施洗者的《您的仆人》(*Ut queant laxis*)以及无与伦比的《我来了,造物主》(*Veni Creator*)。然而,他们之中没有创造性的思想家。事实上,从波埃修斯到安瑟尔姆之间唯一配得上这个称号的作家是约翰·司各脱(即那个爱尔兰人,如其姓厄里根纳所暗示的那样),他生活于810年到877年。厄里根纳是旷野里的呼喊;他懂希腊文,而且在这方面,他比卡洛林王朝时期的任何学者都要强;他读过希腊教父们的许多著作,包括奥里金的;他还把伪丹尼斯的著作译成拉丁文,并在后期新柏拉图主义的基础上,发展起一个完整的神学体系。他是秃头查理二世(Charles the Bald)治下的宫廷学校的首脑,877年,他从历史中消失了,后来在神话中和作为思想的游荡之星又出现了。厄里根 71
纳的体系很难于掌握,而且其暗含的本意肯定是非正统的,尽管在倾向上并非如此。但是它对经院学者们没有什么影响,我们这里就不必为此多说什么了。

厄里根纳的生涯终结后不久,卡洛林文艺复兴在王朝与封建战争以及北方人入侵的压力下沉落了。除了在阿尔弗雷德(Alfred)、艾特尔斯坦(Athelstan)和邓斯坦(Dunstan)治下的英格兰之外,一个像以往任何一个世纪一样黑暗的世纪(880年～980年)开始了。十六世纪,不抱同情的意大利史学家巴罗尼乌斯(Baronius)对此下了一个严肃的判断:“一个铁与铅的黑暗世纪。”还有马比荣(Mabillon),他虽然指明了克吕尼(Cluny)的起源,但没有做什么努力来使这段历史画面能更清楚些。事实上,这是个黑暗的年代,只有英格兰除外。然而,在战争和北方人没有触及的内陆地区的许多修道院中,学术之火在灰烬下慢慢地燃烧着。970年左右,潮流改变了,虽然迄今可以找到的教育史的材料如此之少,特别是在意大利,以至于不可能说这个决定性的变化是什么时候或由于什么作用而开始的。在意大利北部,城市里的语法学校,也许还有法律学校,从未完全停止过发挥作用。值得注意的是,十一世纪早期出生的一些伟大人物——彼得·达米安(Peter Damian)、兰弗朗克(Lanfranc)、红衣主教亨伯特(Cardinal Humbert),不管其在文学和学术上的观点如何,都表明了他们自己要么具有广博而准确的书本文化,要么具有罗马法或教会法的专业知识,或者具有所有这些造诣。从此以后,特别是在十一世纪初始的十年之后,出现了一种真正的变化,一开始时很慢,但却是明白无误的。从此以后,就有了欧洲的教育与思想这样一种东西,而且尽管构架和方法变了,却有一个稳步的从一个阶段走向另一阶段的过程;而且一般而言,是从表面向深层发展,由窄向宽发展。尽管此时在思想上和文学上,古人仍是应模仿和遵循的权威,然而到了1200年,至少先在文学上,一个世纪后又在思想上,作家们,而且首先是思想家们开始有意识地批判与变革，更重要的是，勇敢地向着形而上学和神学的海洋前进了。因而，从此以后，思想及其方法以及包容这些思想的制度，都成了可以详尽考察和批判的论题。

第7章　西欧的觉醒

尽管基督教世界等待999年迫在眉睫的毁灭的神话(在1001年还进一步明显地沸沸扬扬了一阵)实际上已经从严肃的史学著作中消除了,然而,那个千年之交仍是个容易让人记住的日期,它标志一个新时代的开始。这也与那个时代欧洲最博学的人、教皇西尔维斯特二世(Pope Silvester II)的敕令部分相合。十一世纪伟大的文艺复兴在十二世纪增加了广度,积聚了力量,并达到了其顶峰,充分展现了其特性,尽管它在十三世纪也许没有达至其最普遍的成就,但在所有同时代的精神活动中也是很明显的,并且影响了神学、哲学、宗教改革(大众的和私人的)、文学(既包括诗,也包括散文)、建筑、雕塑、彩饰、教会法和民法以及数学和自然科学。这里,我们不考虑艺术,而且只能附带地考虑数学和科学。我们主要关心的是思想,就其反映了思想而言,我们也会略微涉及文学与法律。

在已提到的精神活动的一切领域中,有同时发生的文艺复兴,以及类似的进展——尽管在各个方面不是同样地迅速和广泛。这样,1000年～1150年这段时期就首先以文艺复兴而著称,终至成为伟大的历史学家、人文主义者、传道士以及文学家的时代;成为圣贝尔纳(St Bernard)、马姆斯伯里的威廉(William of Malmesbury)和索尔兹伯里的约翰(John of Salisbury)的时代。从那时起,拉丁文学开始衰落。另一方面,哲学与神学从 1050 年以后缓慢而稳步地发展起来,只是在 1200 年至 1350 年之间,扩展到其最大程度,从那以后,就开始迅速衰落。至于法律,其重要性在十一 73 世纪稳步增长,在十二世纪中期的几十年中取得了其最引人注目的进展,而且作为一门有影响的学科,尽管没有惊人的发展与变化,也一直持续到中世纪末,乃至更长。

这一次伟大的欧洲文艺复兴有某些主要的特点,它们有助于史学家描述其过程。

这个过程一开始限于现代法国和比利时所涵盖的地区,以及意大利北部的伦巴第地区,后来又传播到大不列颠福斯湾以南、日耳曼的南部和西部、意大利的中部和南部以及西西里,还有西班牙的北部。然而,值得注意的是,它没有受到国家或政治的关注,而且在一个多世纪中,没有得到教皇和皇帝的正式扶植,它也没有得到任何君主和贵族的赞助。它确确实实是一个超民族的运动,造就了一个教师、思想家和作家的共和国。在西欧的历史上,它自身独有的特点是,在其最终的发展中成为一种超种族的、然而又是同质的文化。在从 1050 年到 1350 年的 300 年中,首先是在 1070 年到 1170 年的这个世纪中,整个有教养的西欧形成了一个单一的、无差别的文化单元。在从爱丁堡到巴勒莫,从美因茨或隆德到托莱多的土地上,一个来自任何城市或村庄的人都可以进任何学校去受教育,可以在从北到南,从东到西的任何一个教堂、法院或大学(当它们存在时)里成为高级教士或官员。这是帕维亚(Pavia)、贝克(Beke)和坎特伯雷(Canterbury)的兰弗朗克的时代,是奥斯塔(Aosta)、贝克和坎特伯雷的安瑟尔姆的时代，是伦巴第、坎特伯雷、北安普敦和约克的瓦卡里乌斯(Vacarius)的时代，是阿瓦隆(Avalon)、威特姆(Witham)和林肯(Lincoln)的休(Hugh)的时代，是索尔兹伯里、巴黎、兰斯(Rheims)、坎特伯雷和沙尔特雷的约翰的时代，是圣奥尔本斯(St Albans)、法兰西、斯堪的那维亚和罗马的尼古拉斯·布雷克斯贝尔(Nicholas Brakespeare)的时代，是阿奎诺(Aquino)、科隆、巴黎和那不勒斯的托马斯的时代，是邓弗里斯(Dumfries)、牛津、巴黎和科隆的邓斯·司各脱(Duns Scotus)的时代，是奥康(Ockham)、牛津、阿维尼翁(Avignon)和慕尼黑的威廉的时代。在这个时期，很大一部分最知名的作家、思想家和行政官员在远离他们出生和度过童年的地方获得了极高的声誉，成就了他们一生工作中最重要的部分。不仅如此，在刚才提到的所有那些人的著作中，没有一点语言特点、风格或思想来告诉我们他们来自何方。当然，我们这里谈的只是受过教育的极少数人，
74 甚至一些主教都不在此列。教会和国家的天下常常因内部不和与战争而分崩离析，而人口中的大多数牢牢扎根在土地上，除了他们那区区一隅的土地与林木外，什么都不知道。但是，在文学和思想层次上，却有所有的人都可以分享和取用的大量言辞、形式和思想。如果我们有了一部著作而不知其作者的名字，我们就不能归之于任何国家或任何人。如果我们把上面提到的那批作家同十八世纪罕有地稳定的欧洲文化中六七个杰出的同时代人相比，诸如康德、休谟、约翰逊、伏尔泰、歌德、约翰·威斯利(John Wesley)和圣阿方索·利古奥利(St Alfonso de' Liguori)，我们马上就会感觉到差别。前面一批人都是无国籍的，而后面一批人都有某些地

方色彩。

然而，在这种共同文化的范围之内，运动、机构和追求从这里到那里，从此时到彼时都是不同的。这样，非常一般地说，而且把大量罗马教廷漂泊不定的群体排除在外，阿尔卑斯山以南最高的精神活动就是都市化的，而且在很大程度上是世俗化的，并在医学和法律中最典型地表达出来。这种意大利北部的文化流传到普罗旺斯，产生了重要的影响。另一方面，阿尔卑斯山以北、以西，头一个世纪的文艺复兴完全是教士的和修道院的，其中心在修道院和总教堂所在城市里，并在哲学和神学中做出了最高和最典型的表述。

再一般些说，并且考虑到复兴的动力，我们就可以看到其重要的中心持续向北转移。在十一世纪中期的几十年中，萨莱诺(Salerno)、蒙特-卡西诺(Monte Cassino)和罗马教廷是发展的先驱。50年之后，领导地位就转到了博洛尼亚。而到该世纪结束之前，法兰西成了欧洲的女教师。在下一个世纪末，巴黎稳固地确立了其欧洲思想中心的地位，而且，即使她在一个多世纪中依然占据头等重要的地位的话，其他学校如科隆和牛津也与之拉平了。在十四世纪中期的几十年里，在它们之间的两所英格兰大学也许在人才的荟集上还超过了巴黎。然而，如果中心迁移，在每个重要之点上就总可以发现出自极为不同地方的人。在十四世纪初，苏格兰人邓斯和帕多瓦人马西里奥(Marsilio the Paduan)就在巴黎留下了他们的印记。

如果我们考虑这个文化的机构、实践者和训规，就还有一种类似的悬而未定的转移。至于教育的制度、机构或手段，是这样的： 75

修道院，从1000年到1150年；总教堂学校，从1000年到1200年；私人教师，从1050年到1150年；大学，从1150年以后都是在意大利，从1200年起，是在法兰西。这些各种类型的教育在经常与之打交道的上层社会里反映出来。尽管在总教堂学校的世俗修士的数量增加了，十一世纪仍然主要是僧侣的时代。十二世纪是世俗教师、世俗修士和法学家的时代。十三世纪和十四世纪早期，这些阶层的数量依然非常大，但是在许多最著名的大学，在所有有关哲学和神学的问题上做出区分并定下调子的是一个新的阶层，即男修道士阶层。至于流行的训规，十一世纪的精神氛围是文学和人文主义占主导地位，人文主义在下一个世纪的早期达到了其最佳之点，但是辩证神学及思辨神学已变得越来越有吸引力，越来越普遍。从大约1175年起，它们完全取代了旧文学的文化。在十三世纪，哲学在其所有分支上第一次开始为它自身寻求一套课程和训规，这些课程和训规使哲学成为替换神学的一种选择，而不仅仅是神学的一种准备，从那以后，这两者就越来越漂离开来。

这次伟大的再觉醒找不到充分的缘由。人们已经提出的那些原因诸如和平在西欧的恢复，以及随之而来的有序的政府，财富与闲暇，当然都不是这样一场广泛、持久和富有活力的变革的根本性原因，它们甚至也不是其必要条件。这个复兴可以用一个极好的明喻来描述：它是欧洲新族类心理上和智力上的青春期。正如批评力量的觉醒一样，一种新情感的潜在性也出现在普通个人的生活中——尽管并不总是在同一年龄，所以某些类似的事发生在一批人中。如果我们离开明喻的范围，我们可以说，公元1000年在西北欧，就像约公元前1000年在爱琴海周围的人们中那样，联合起来产生了人的精神和心理素质的那些要素开始聚集起来，并以一种极为和谐的方式混为一体。这种与古希腊的类似的确是非常惊人的。那里，就像在中世纪的欧洲，思想再生不拘于一时一地，它在一片非常广阔的地区处处出现。在希腊，就像在欧洲一样，主要部分最终由辩证法和思辨思想所占据，而且，那里到处涌现了具有最为敏锐的思想洞察力的人。在希腊，在苏格拉底和柏拉图之 76
前和他们在世之时，逻辑和辩证法的武器转而被用来反对古老神圣的制度和学说，就像它们在中世纪的法兰西一样。在希腊，就像在欧洲一样，一种怀疑论的和机会主义的思想派别成功地打破了由伟大的、具有创造性的大师们建树起来的思想体系，在希腊，是柏拉图和亚里士多德；在欧洲，是波那文图拉和圣托马斯。

然而，更进一步说，古代和中世纪的类似却不能强加在一切方面。主要的区别在于复兴的范围。希腊人是各门思想和一切艺术的大师，此外，他们还是政治和法律体系的构筑者，这种政治和法律体系都是原创性的，令人赞叹；他们在所有那些使市民的和私人的社会生活文明、生色的精神素质方面都是杰出的。中世纪的人们在思辨方面，在建筑、也许甚至在造型艺术上，都可以同黄金时代的希腊人相匹敌；但是，在文学的所有分支上，他们就无法与希腊相比，他们也没有创造出一种他们自己的充分发展的政体。然而，希腊思想的三个时期（前苏格拉底时期、智者派时期和阿卡德美学园与吕克昂的成熟思想的时期）与经院哲学的三个阶段（十一世纪的总教堂学校阶段，诸如阿伯拉尔（Abelard）、拉波里的吉尔伯特（Gilbert de la Porrée）这样的辩证法大师的阶段，巴黎大学和牛津大学的阶段）之间的类似，是在正当的和有价值的限度之内。要得到一个完整的印象，还要加上在中世纪的法兰西和希腊思想中，在声称遵循柏拉图思想的那些人和选择了亚里士多德体系的那些人之间多年持续不断的竞争。

在结束对十一世纪主要大师的回顾之前，也许最好考虑一下这个时代的教育资源，并尝试对我们欣然称为“经院哲学”的东西做出某种定义。

在大学初具形象之前的那个世纪里，高等教育所关注的 *foci*（焦点）有四种类型：修道院、总教堂学校、城市学校和往往是漫步学派的个人教师。

修道院学校此时几乎完全是修道院内部的，即，它只为僧侣们的利益而存在。然而，由于修道院机构很大，而且有权势，再加上考虑到在约 1150 年之前，各种思想家和作家中的大多数都是其成员，修道院学校就仍然具有重要性。一般来说，它们在整个这一时
77 期继续进行传统的文化教育，而且，*ex hypothesi*（据推测），它们不受世俗大师们的直接影响，不论是附属于总教堂学校，还是漫步学派的。学校通过这些教师的著作，尽管是间接地，或通过已经成为僧侣的它们过去的学生，对修道院还是有某种渗透的。总的来看，修道院的最大重要性仍然在于它们丰富的藏书，它们为文本的增加所提供的条件，以及它们主要的文化追求是历史的写作和继续对神学进行不系统的沉思。然而，有两所修道院与众不同，迫使我们对前面做出的概括性的一般陈述做一些修改。

这两所修道院在它们的不同方面，在它们所处时代的思想史上具有突出的重要性，以致于史学家们常常认为它们是一般惯例的典型，而非例外。我们说的当然是意大利中部蒙特-卡西诺的

修道院和诺曼底的贝克的修道院。前者以其宏伟的图书馆，以其同拜占庭世界的联系，和它一连串杰出的院长，大大地扶助了意大利中部与南部医学和文学的复兴，它自身也受到这种复兴的影响。蒙特-卡西诺的鼎盛期约在 1050 年～1090 年，那时，其院长德西德里乌斯（Desiderius），后来是教皇维克多三世（Pope Victor III），正监管着经典诗人和散文作家的增长，非洲的僧侣康斯坦丁（Constantine）正在把希波克拉底（Hippocrates）和盖伦（Galen）翻译成拉丁文。几乎在同时，约 1045 年至 1099 年，贝克作为这一时代两位最伟大的作家和神学家的产生地，正在全欧洲赢得声望。兰弗朗克在成为一位僧侣之前已经是一位有名望的教师，他在该院早期为所有来到这所修道院的人讲课，以便为该院的生存赚取收入。据我们所知，安瑟尔姆只在修道院里教课，但是有从其他修道院来的僧侣到贝克来参加他的讲座。我们还必须记住，这个时代许多最有能力和最著名的主教都是僧侣，因而也就处在能直接或间接地影响他们自己的总教堂学校和单个学生的位置上。

总教堂学校既是最普通的，又是最稳固的启蒙中心。如我们已经看到的，在法律上和理论上，每所总教堂都有一所学校，而且在 1050 年至 1200 年期间，在法兰西中部、北部和东北部，大多数重要的主教教区事实上都有这样一所学校；在洛林（Lorraine）、莱茵兰（Rhineland）也是如此，后来在英格兰也有了，尽管那里从没有普及过。这些学校可以说其校长有一个固定的特点：他在主教之下负责组织和教学，而且事实上，最著名的教师和思想方法，是 78
长期以诸如沙尔特雷、拉昂（Laon）、奥尔良和巴黎这样的总教堂学校为根基的。后来，特别是在约 1100 年以后，当时，一批个人教师名声显赫起来，并吸引了全欧洲的学生。个别的总教堂学校先盛后衰，但是，约在1150年，约克还有意大利伟大的法学家瓦卡里乌斯造访，而五十年之后，林肯和埃克塞特(Exeter)依然闻名，从而能吸引威尔士的杰拉尔德(Gerald of Wales)和马尔伯勒的托马斯(Thomas of Marlborough)，后者后来是编年史作者和伊夫舍姆修道院院长。

在中世纪思想的第一个伟大阶段，最著名的总教堂学校处在法兰西奥尔良和兰斯之间一个相对较小的地区，其中心在法兰西岛。这里有奥尔良、沙尔特雷、巴黎、拉昂和兰斯。再往北，在现代比利时的边界上，有另一批学校，包括列日(Liège)和图尔奈(Tournai)。在法兰西的学校中，奥尔良及其卢瓦尔河(Loire)上的近邻，以它们对古典文学与诗歌的崇拜而著称；沙尔特雷丰富的人文主义藏书首屈一指，从文学、数学到柏拉图哲学，都是领先的；拉昂享有一段短暂的神学教育上的辉煌；巴黎早就以辩证法和思辨神学的中心而闻名。在这些学校的水平之下，还有数量不断增加的语法和文学学校。这些学校效果如何，是由世俗的校长还是由宗教机构来执掌，都可以从当地学校的"老同学"们的成就看出来(要不然，它们就不为人所知)，诸如塑造了明谷(Clairvaux)的贝尔纳和里沃的埃尔瑞德(Ailred of Rievaulx)的头脑与风格的那些学校。

在十一世纪，城市学校局限于意大利北部，在那里，它们在很大程度上取代了北方的总教堂学校。在这里，又是不知名的学校产生了奥斯塔的安瑟尔姆和拉韦纳(Ravenna)的达米安。而在更高的水平上，重要城镇还有伦巴第法律学校，像兰弗朗克也许是在帕维亚所进的那种学校。

最后，十一世纪出现了一类新的教师，他们是职业教师，从一个学校到另一个学校，从一个地方到另一个地方，凭借其纯粹个人的素质带着或吸引着一批追随者。第一批这类教师之一是贝萨特的安瑟尔姆(Anselm of Besate)，一个意大利人，自称是漫步学派的，他很慢地、分阶段地经勃艮第到了日耳曼。这批教师接受或采用了"智者"的称号，表明他们自己承认他们与苏格拉底时代的希腊智者们的密切关系。他们的流动性这个事实本身就是一个新事物，它表明了思想上的一种进取精神——如果它也是一种不安的 79
话。他们对辩证方法的专注，他们批判的和炫耀的行为，他们对青年人的召唤，以及他们的收费，都表明了这种进取精神。他们使人想起他们的希腊楷模。人们可以想见，他们是传统教师的 *bêtes noires*(眼中钉)。

经院哲学的时代可以说是以十一世纪中期的逻辑教师们为发端的，它持续了约三百年，即从 1050 年到 1350 年，从贝伦加尔(Berengar)到威克利夫(Wyclif)。那么，我们如何定义经院哲学呢？

在一个多世纪里，在论及思想体系时，历史学家们一致把它作为"中世纪"的同义语来使用。结果，烦琐哲学或经院哲学就成了一个流行的和不得已的标签。这给晚近的学者们造成了一个困难，因为在更仔细地考虑时，"经院哲学"被证明是不能严格定义或描述的。正规地说，它实际上是个无意义的词。本来，一个"学者(scholastic)"是一个在学校，特别是在中世纪的学校学习或教书的人；经院哲学(scholastic philosophy)就是在这些学校里教的那种哲学。这样，这个名词本身不过是告诉我们，在公共学校的日常交流中，中世纪的思想被弄明白了并且传下来了。这确实是中世纪思想的一个特点，因此而与古代思想诸如苏格拉底的或普罗提诺的，甚至还有柏拉图的大部分思想相区别；它也因此而与大多数现代思想相区别。它第一次出现在印刷的书中，但它没有告诉我们多少、甚至完全没有告诉我们这个思想本身的本质和特点。事实上，“经院(scholastic)”一词用在中世纪哲学的相对于方法的内容上并不恰当，它本质上是个关于方法的名词。如果我们借助经院方法懂得了通过基于亚里士多德逻辑学的辩证法而发现和解说哲学真理的一种方法，那么，“经院的”一词就是一个有用的、而且是重要的词。这种中世纪的辩证法，无论是像在其早期阶段那样，基于波埃修斯的教导，还是像在其成熟阶段那样，以亚里士多德的全部逻辑学著作为依据，还是在其衰退阶段，是对亚里士多德的批评或是对亚里士多德的一种大概是新的、更正确的解释，它始终都遵循一个基本的“提问(*quaestio*)、辩驳(*disputatio*)和结论(*sententia*)”的模式。在中世纪思想得以表达的整个范围之内，都可以见到这种辩证法，不管这种表达是圣安瑟尔姆的对话、伦巴第的《箴言书》，还是十三世纪的《箴言评注》、《大全》和《论题》，或者布拉德沃丁(Bradwardine)的《论上帝的原因》(*De causa Dei*)。我
80 们把“经院哲学”作为一种系统的方法这样来理解，它就差不多(尽管不是完全地)与中世纪思想是同步的了。某些著作与众不同，它们当然是中世纪思想成就的一部分，然而在方法上却几乎不是经院主义的，比如说圣贝尔纳的著作，圣波那文图拉的《心向上帝的旅程》(*Itinerarium mentis ad Deum*)，艾克哈特(Eckhart)的方言

布道。这其中，圣贝尔纳的著作完全未受亚里士多德辩证法的影响，后两者之中的“经院”因素只是间或的和偶然的。另一方面，布拉班特的西格尔的著作，以及奥康的威廉一些追随者的著作，在形式上则完全是“经院的”，但在内容上却极少或没有中世纪思想独具的特性。

这些特性是什么？在过去的六、七十年中，有过许多离析这些特性的尝试。但是，对于中世纪的思想，就像对于那些描写性的词如“自由的”、“浪漫的”那样，我们都感到，我们很清楚地知道它们含有什么意思，并毫不犹豫地说，这个或那个是合乎它们的定义的。但是，当它们归结为一种形式上的分类时，我们就都还没有掌握。我们时代有资格的中世纪思想史家之中最早的一位，莫里斯·德·伍尔夫（Maurice de Wulf）提出，所有的思想家都接受了范围广泛的哲学基本原理，诸如上帝的存在和祂的创造活动、人类人格的价值、存有的超自然秩序的存在，以及人类知识的客观性。他认为，这种接受是经院哲学的一个标记。这的确会把经院哲学同阿拉伯哲学和多数现代思想区别开来，尽管它也排斥了巴黎“完整的”亚里士多德哲学——当然是“经院”的——但是它也没有把它同任何真正的基督教体系区别开来，诸如奥古斯丁的体系；或者实际上同任何形式的正统基督教柏拉图主义区分开来。

马丁·格拉布曼（Martin Grabmann）在批评德·伍尔夫的时候，在安瑟尔姆的 *credo ut intelligam*（我信仰以便理解）——即在洞悉和解释启示的真理和宗教的超自然真理中运用理性——之中，以及在这样一种尝试所要求的哲学探讨中，看到了中世纪思想的本质。然而，德·伍尔夫和其他人指出，尽管在说到神学真理时,这种说法可能是对中世纪思想的一种恰当描述,但是它还不足以作为中世纪哲学本身的定义,它从一开始就是、并且随着时间越来越成为一种自治的训规,一些思想非常敏锐的人就献身于此,而与神学无涉。

真实的情况是,研究和批评的进展表明,中世纪哲学远非铁板
81 一块。尽管它比古代思想和现代思想都更为齐一,然而,它却似一幅挂毯,其图样设计从经到纬都是变化不同的。一方面,是柏拉图主义和新柏拉图主义;后来,在较小的程度上,有阿维罗依主义和阿维森那主义,与不同程度的基督教亚里士多德主义并存。另一方面,早期仅限于教授基础逻辑学的"纯"哲学教师们,渐渐开始继承了亚里士多德的全部著作以及阿拉伯思想,并能建立起一个并不参照信仰的真理而能覆盖整个人类经验的思想体系,而且,当时神学家当中的一种把自然与恩典、理性与天启分开的倾向大大助长了这种发展。换句话说,就像在现代世界中一样,在中世纪的世界中也有各种不同(即使只是一种有限的不同)的思想体系,也像是神学与哲学之间界限的稳步消解,或者说它们划定了各自的范围,这导致哲学作为一种自主的、自足的,虽然也是非常具有自我批评精神的学科而出现。

然而,当我们说了所有这一切之后,中世纪思想总的来说,并且在最广为人知和典型的形式上说,有它自己的特色,这种特色从整体上看起来使中世纪思想既区别于所有古代哲学,也区别于并非其直接后裔的所有现代学派。我们可以用以下三种特点来描述——尽管不能定义——中世纪思想。第一点与其意图和目的相联系,第二点与其形式和表现相联系,第三点与其呈现和发展的方

式相联系。第一，是哲学与宗教的密切联系。哲学最初被认为不过是理解或"扩展"天启真理的工具或手段，后来逐渐被认为是一种对理性的训练，有其自己的适当对象。但是，人们在很长时间内是从它们与神学真理及基督教伦理学的关系上来考虑这些的，而且直到学校的衰微为止，长于此道的人们一直认为它首先是神学的一种准备和门径，也是一个解释和辩护的工具。其次，中世纪思想始终对古代哲学，特别是亚里士多德哲学有一种紧密的依赖关系，而且这种哲学被认为是理性的、自然的真理的主体，这种真理就像启示本身一样，其程度是可以确定的，并且是有效的。甚至到中世纪末，包括奥康及其学校，都对亚里士多德表示了极大的尊崇，言辞无所不用其极，而且 *moderni*（近代派）的逻辑至少在口头上也是对哲学家[①]更为信实的解释。第三，在技巧层次上，中世纪思想始终运用了 *quaestio*（提问）和 *disputatio*（辩驳）的方法，不 82
仅用于解说的目的，而且用于研究的目的。

最后，我还要就中世纪哲学的另外两个一般特点说两句。一是其作为一门学校课程的适应性，二是其基督教的内容。

前苏格拉底时期的希腊哲学以及苏格拉底和后来的柏拉图及亚里士多德所理解的希腊哲学，是不受教条、权威和习俗拘束的对真理的寻求，它遵循理性，而不论理性可能走到哪里。然而，当柏拉图在世时（亚里士多德时代就更甚），把哲学当做高等教育的女王和王冠，以及两位大师巨大的声望，就已经给从辩论和质问的规则到学习和模仿的规则都带来了变化，在希腊世界中，哲学就像其

① 指亚里士多德。——译注

他任何课程一样来教授了。事实上,只要还有一点古代希腊的传统和精神保留下来,作为一种探索和追求的哲学的概念就从来没有完全消失过,而是伟大思想家的原著被一次又一次地接受,并在他所建立的学校里教授。

一些早期的教父以及后来的奥古斯丁采取了一种新的态度。他们认为,只有一个真正的上帝,也只有一种真正的神的体系的启示;他们还认为,启示的上帝也是所有存有和真理的源泉与保证;因而他们就接受了一种由此而来的观点:“自然的”真理,包括形而上学的和伦理学的真理,是某种可以确定的和永恒的东西。换句话说,有自然真理或哲学这么一个东西,在其别的材料之中包含有自然神正论、心理学和伦理学,这些是可以确实肯定的,并且可以用做理解基督教神学的辅助和基督教神学的基础。就像对于希腊和对于亚历山大的教父们一样,对于奥古斯丁来说,亚里士多德的逻辑学和柏拉图的整个体系,无疑代表了没有受到神恩和启示的帮助的人类心灵所做的真正发现。因而,奥古斯丁和好几位希腊教父可以说视柏拉图(或普罗提诺)为当然,并期待他作为在一切哲学问题上都要引证和遵循的权威。

中世纪早期的人们对古典的往日表示了更大的尊敬,而且到十一世纪,当他们第一次面对形而上学和认识论的一些重大问题时,自然就转向了他们所知的希腊思想的遗产,他们的统治权威。在两百多年的时间里,人们对柏拉图所知无几,而不断增长的亚里
83 士多德的遗产基本上被作为哲学真理、作为“权威”而接受了,人们可以运用它,并把它传下去。中世纪的思想家没有像笛卡尔和康德那样,从他自己思想经验的先决条件开始建立起一个庞大的体

系；哲学可以从其他人那里接受过来，也可以像别的课程那样教授。这种思想态度与亚里士多德逻辑学的精神是完全一致的。如果在总体性上它是学来的、接受来的和为人们所实践的，那么就可以得到一个完整的伟大思想体系了。从一个单一的伟大定理辐射出的一个严整的三段论网络结构，以及从逻辑上说，这个网络结构中的每个部分，看来都是其相邻部分的必然结果，这两点在中世纪以及在较多的现代年月里，既是亚里士多德思想的强项，又是其弱点。显然，这样一个体系可以像语法和数学那样来记忆和教授，而且对于经院哲学和新经院哲学时代的许多学生来说，哲学不过是一种记忆练习。

中世纪哲学的第二个特点是其基督教的"载荷"。许多著作是以基督教哲学为题而写的。初看起来，这话在字面上看来肯定是矛盾的。思想作为人的自然理性的活动方式及其在真理上的成就，既不会是基督教的，也不会是伊斯兰教的和异教的。真理就是真理，不可能把思想家的非理性或超理性信仰的色彩赋予它。埃蒂安·吉尔松在其吉弗尔系列讲座——该讲座非常明晰地阐明了中世纪思想的性质——中指出，每一批或每一学派的思想家都有其社会的或文化的或教派的背景，而且，这导致它专注于可供发展的思想的广大领域中某一特定方面。这帮助人们回答了上述难题。一批基督徒，在一个完全基督教的社会中，并且为在很大程度上是神学的目的而工作，自然就会将其注意力集中在诸如上帝的存在、灵魂的不朽、人类的自由意志等问题上，这些问题必然是其兴趣最关注的前沿。我们可以想象一个孤立的、同时也是基督徒的哲学家，会将其注意力投到逻辑实证主义上，但是，我们几乎不能想象卢汶(Louvain)大学的全体哲学教授会这样做。因此,对于中世纪的思想家来说,就像他们之前的圣奥古斯丁那样,自然要在所有其他人之前去研究那些与宗教真理有最密切联系的思想领域。但是,超出此范围,对一个不仅是基督徒、而且从来(甚至在心中)不习惯于将“自然状态(state of nature)”中的人同人本身
84 (man as he is)分开的思想家来说,神恩的实际的或潜在的接受者,以及受到原罪玷污的人,将与圣奥古斯丁及其中世纪的许多弟子一起,只是顺便利用哲学来解释或说明下面一些论题,如灵魂的力量或认知过程和行使意志的过程之类,这些也是神学的论题。在这种意义上,中世纪的奥古斯丁主义者们是“基督教哲学家”,但是,他们不像基督教亚里士多德主义者们那样,从未试图建立一个与他们的神学体系并立的、完整的思想体系。

第8章　辩证法的复兴：贝伦加尔、兰弗朗克和安瑟尔姆

十一世纪思想觉醒最引人注目的特征是辩证法的复兴。西欧思想中出现的新力量的征兆中最引人注目的，莫过于作为一种批评力量及教育与辩论方案中心的辩证法的迅速出现；人们也找不到任何证据表明，对西方思想的重要性来说，此时还有比辩证法从一种马马虎虎的记忆术上升到教育的首要位置更给人深刻印象的事情了。这种变化并非由任何对古代文本的发现而引起。波埃修斯的著作和亚里士多德著作的残篇一直都是可以得到的，然而，过去它们没有在其读者的头脑中引起反应；此时，它们却因它们的全部活力而为人们所欣赏。当人们突然意识到了那些话语和论证的力量，当逻辑看起来是一件所向无敌的武器，词语的精巧与机敏是一种令人陶醉的追求时，许多人的思想成长就到达了一个重要时刻。所以，此时在整个西北欧，逻辑的各种形式突然涌入生活中，高卢精神的清晰在其辉煌业绩中展现出来。

中世纪思想史的第一个伟大名字是欧里亚克的热尔贝，在约972年，他是兰斯学校的校长，并作为教皇西尔维斯特二世（999年～1003年）而辞世。在他论逻辑学的著作里，以及在他的数学兴趣和他对阿拉伯资料的使用上，他都是许多新事物的先驱。正

是在其教师生涯期间，他的一个弟子富尔伯特（Fulbert）在沙尔特雷发展起一所学校（约在 990 年），自 1006 年至 1028 年，他是该城的主教；而且富尔伯特因制定了广泛的文学与哲学的文化规划而
86 成为一个重要人物，在这个规划中，对信仰的玄秘给予了最高的尊崇，这种玄秘是圣经及教父传统的权威所提供的。在运用辩证法时，他不倦地主张，当人类的心灵出于自身之力无法讨论神对事物的安排的原因时，就应当在它无法理解的事物前怀着崇敬闭上眼睛，就应当放弃一切争辩的企图。[①]

然而，学校自信的增长在关于理性至上性的争论和断言中很快表现了出来。人类心灵能够掌握的领域看来是无限的，一切不是严格逻辑的和规范的论据都没有价值。现代意义上的理性主义出现了，相伴而来的是怀疑论和悲观主义。自从早期教会时代以来，首度发生了各种各样的大争论，这是西欧青春期的征兆与结果。人们在创造思想与论战的技巧并渴望运用它。然而，这个时代也是一个道德上和宗教上真诚的时代，这导致了一种改革的热忱，这样就提供了一种张力，它将其特点赋予了这个世纪后期的精神生活，这就是思想领域中在辩证法和传统神学之间的张力，以及基督教活动的领域中在艺术和古代文化以及修道院的严格、朴素之间的张力。我们只考虑前一种张力，在这种张力中，我们可以看到两个主要问题。辩证法在基督教思想中有真正的地位吗？如果有的话，能够划出区分理性和信仰的领域的任何界线吗？

即将来到的冲突的第一个明白无误的标志是图尔的贝伦加尔

---

① Epistle 5 in Migne, *PL* cxli col 196－197.

(1088年去世)提出的。贝伦加尔原来是沙尔特雷的富尔伯特的学生。现代神学的偏见长期导致对贝伦加尔的一种非历史的对待,他被看做是古老的圣餐论战中的改革的中世纪首创者,他也(和英格兰的埃尔弗里克[Aelfric]一起)被看做威克里夫、路德(Luther)和茨温利(Zwingli)的先驱。从历史上说,贝伦加尔的重要性不在于他精确的观点(他的观点无论如何完全不同于后来的争论者们的观点),而在于他果敢地尝试用辩证法来处理信仰的神秘。他乐于明确地申明,理性,而不是权威,是主人和法官。辩证法是技艺之技艺,一个杰出头脑的标志就是它把一切事物都诉诸辩证法。所有不能做到这点的人就放弃了他最大的荣耀,因为正是由于理性,人才像上帝。因此,他想要在一切事物中诉诸辩证法,因为辩证法是理性的运用,而且,当问题是要弄清真理时,理性 87
无可比拟地高于权威。[①] 我们很难判定贝伦加尔的推理究竟是来自对启示和神的真理的根本忽略,还是来自一种真诚的确信:理性自身就可以获取知识并解释宗教的神秘。总的来说,前一种解释看来更正确些,因为贝伦加尔主要是个逻辑学家,他的兴趣完全在辩证法上,因而教条、学说被认为是词语的形式,因而也就被认为是逻辑学家的食粮。兰弗朗克(他应该知道)当然认为用理性来解决一切问题——*rationibus omnia velle comprehendere* 和放弃一切传统——*relictis sacris auctoritatibus* 是他的目标。[②]

---

① 贝伦加尔,*De sacra coena*(Visher 编)100,101。

② 兰弗朗克,*De Corpore et sanguine* Domini c.17,7(Migne,PL cl 427,416)。

近来，有一种同情而尖锐的批评[①]见诸贝伦加尔，就像另一些批评见诸阿伯拉尔和拉波里的吉尔伯特那样。人们批评他是*Sprachlogik*（语言逻辑）的代表，是把实在性归于语词的一个实例，不仅看做符号，而且是完美的表达，即把事物转化为另一种方式的存在。根据这种观点，事物和词语会有一种真实的、而不仅仅是习惯上的对应。在圣餐献祭的词语中，代词“这个（this）”确实代表了其名词，而且物质“面包”保持现状。

过去有人提出，贝伦加尔是辩证法和辩论的经院方法之父。持这种意见的人只能是那些不了解此时以及实际上是贝伦加尔出现之前很久的时候法兰西思想环境的人。然而，他在经院思想史上仍占据重要地位。他第一个挑起一场重要的神学争论，所有参加争论的各方都使用辩证方法，因而对辩证法的扩展贡献很大。他也参与了专业哲学语言的制定，增加了一些波埃修斯所不知的东西。这样，“实体（substance）”、“偶性（accident）”和“化体（transubstantiation）”就在强调关于圣餐的争论时被明确化，成为具有一种固定意义的专用名词。最后，他的榜样引出了整个一系列的神学专著，其中，教父们的著作和权威的见解是以辩证法的方式来论述的——尽管并不一定是以贝伦加尔的论文那种极端和挑衅性的形式。

88 他的著作还有另一个结果。贝伦加尔是个非常值得重视的人物，他作为一个人和一位教师的声誉并没有因他受到谴责而受到

① R. W. 萨森，'Lanfranc of Bec and Berengar of Tours' in *Studies in Medieval History Presented to F. M. Powicke*（牛津，1948年）27～48。

多大损害。他因而不仅是关于圣餐的争论中传统神学家们的对手，而且是一般的保守派和蒙昧主义者们的对手。在这些人中，最著名的，而且在某些方面最典型的人物是圣彼得·达米安（1007年～1072年），他是拉韦纳学校的校长，一位隐士，一度还是奥斯蒂亚的红衣主教。他以在重新排列买卖圣职者的问题上坚持传统教条的神学家而著名，以在修道院和道德的改革者中最具代表性的人物和在教皇与皇帝之间的争夺中支持一种温和观点的人而著名。达米安本人在改宗之前在学校教过书，而且他一生始终运用一切修辞方法反对文字与哲学研究，他自然是处在反对辩证法和理性主义的极右翼。然而，由于他讲修辞易冲动，他并不总是逻辑的或首尾一致的。关于他在哲学的价值上深思熟虑的判断，人们有不同的意见。格拉布曼强调，尽管达米安在一段众所周知的章节里宣称，哲学的作用不过是神学的婢女—— *velut ancilla dominae quodam famulatus obsequio* ——但是他无意否认哲学在这种卑下地位上的能力。然而，这样说是忽视了达米安的论证中最关键的段落。他是在讨论神的全能，他问，上帝是否能使过去没有存在过，或使相反的情况（如存在和不存在）在同一时间、同一方面成真。他答道，这样的事尽管在自然中和对人的理性而言是不可能的，但是对上帝却并非不可能。他说："如果我们谈论自然的无能，是可以正确地断定这种不可能性的，但是，上帝禁止我们把这种说法用于神的全能。"①

① 彼得·达米安，*De divina omnipotentia* xi，A. Cantin 主编 *Sources chrétiennes*（巴黎，1972年），第448页。

另一些人甚至比达米安走得更远，如劳腾巴赫的曼内戈尔德(Manegold of Lautenbach，约 1103 年～1119 年逝世)。就像达米安一样，他是教权与皇权争论中一位主要的政论家，并也一再说，哲学对神学家是无用的(*superfluum*)，还把信仰的神秘，如童贞女的生育和基督的复活，看做对哲学智慧和人类理性的推翻和消灭。在这里，如同在这一时期的其他地方一样，我们清楚地看到，明显的语言的放肆并不是由不相信作为认识过程的理性引起的，而是由未能察觉不同水平或不同范围内的神迹，以及未能区别
89 作为超自然秩序制定者的上帝与事物的自然秩序制定者的上帝而引起的。

与达米安和曼内戈尔德这样的人相比，贝伦加尔的对手兰弗朗克看来就像他事实上是的那样，是个持温和的和经过仔细深思的意见的人。兰弗朗克在世时被认为是那个时代最伟大的大师和神学家，但是后来通过与其伟大弟子安瑟尔姆、阿伯拉尔以及后来的一些思想家相比，就逊色了；而同时，他当时因其生活的圣洁和对教会与世俗事务的精明管理而获得的声誉，也受到了损害，因为有人揭发他可能与征服者威廉(William the Conqueror)的某些较为严厉的措施有密切联系。在后一方面，他的行为后来受到史学家们的维护，而且，他作为一位伟大的大主教和修道院的改革者的地位，现在是稳固的了。然而，作为思想家和经院教师，其同代人在十二世纪和十三世纪的发展改变了规模和比例之前写下的赞美之辞，现在就不能当做绝对正确的说法来接受了。尽管他本人无疑是他那个时代最有影响的教师，但是在方法和观念史上，他并不具有安瑟尔姆或阿伯拉尔那样的重要性。另一方面，他也不应

受到他所受的忽视,更不应该被当做一位想象中的蒙昧主义者而受到自由派历史学家和那些在圣餐问题上同情贝伦加尔的人的蔑视。

兰弗朗克约 1010 年大概在帕维亚出生于一个有教养的家庭,在伦巴第开始学习诸艺与法律,但在约 1030 年,他翻越阿尔卑斯山,在阿弗朗什(Avranches)教了一段时间的诸艺。其后,为了寻求严格的修道生活,他加入了贝克的新团体,在那里,他很快开办了一所学校,来为修道院获取资金。关于他的影响,人们的意见都是一致的。他的弟子阿韦尔萨的吉特蒙(Guitmund of Aversa)写道,诸艺通过他,在法兰西荣耀地再生。80 年之后,马姆斯伯里的威廉称兰弗朗克时期的贝克为“伟大而著名的文学学校”。正是在贝克那段期间,他被要求从事正统的事业以反对贝伦加尔,尽管在这里,他在老派史学家们的手下又是度日艰难,但是近年公正的考察却与同时代人们一致的意见相同:他过得要比人们争论的要好。尽管在神学问题上,兰弗朗克公认是倾向于传统和圣经的,但是他也运用辩证法反对贝伦加尔,以便不要看起来不能在他自己的领域里对付他。在对圣保罗书的评论中,就像在别的地方一样,他 90
说,“辩证法并不与上帝的神秘为敌,反倒是肯定这些神秘——如果当问题需要时正确使用的话。”[1] 1063 年他被任命为康城(Caen)的征服者威廉的修道院的创建院长,1070 年,他被威廉选作坎特伯雷大主教。他于 1089 年去世。

兰弗朗克和他的弟子安瑟尔姆之间存在的互相影响、互相尊

① 兰弗朗克,*I Corinth* i(Migne, *PL* cl 157)。

重的关系，是他并不与哲学和辩证法为敌的又一个证明。安瑟尔姆论证的工具正是得自于他，安瑟尔姆的伟大论文《独白》(*Monologion*)也是呈递给他的。事实上，兰弗朗克尽管不是一位有创造性的或划时代的思想家，却也介乎辩证法和极端保守派的憎恶之间。

由于兰弗朗克的伟大弟子安瑟尔姆，我们见到了可以称为中世纪辩证法的奥古斯丁式用法的最高成就，见到了早期经院哲学思潮的顶峰和修道院学校最为成熟的果实。我们事实上见到的还不止这些，因为不论作为思想家还是作为一个人，安瑟尔姆都是个罕见的、属于一切时代的重要人物，哲学家、史学家和不计其数的读者都会向他求助，以得到启发和忠告，而完全不考虑他在思想史上是个什么位置。在中世纪所有的哲学家和神学家之中，也许只有阿奎那和波那文图拉与他一起作为思想家，把那些会一再引起争论、遇到矛盾的观念传播开来，但是，这些观念不会泰然地被人藐视，因为它们将在未来一再地诉诸下一代人。此外，安瑟尔姆在这方面超过了下一个世纪他的两个对手，他成功地在其全部著作中向我们传达了人格的魅力，这种极为迷人、使人倾倒的魅力，如同他自己告诉我们的，除非有意识地抱有敌意，其同时代的人是无法抗拒的。在这方面，他在那个时代居于很小的一批圣徒之列，这批人中有奥古斯丁、阿西西的方济各(Francis of Assisi)、托马斯·莫尔(Thomas More)、阿维拉的特雷沙(Teresa of Avila)和萨尔的弗朗索瓦(François de Sales)，他们以不同的外部表现形式都体现了同样的道德与精神上的感染力，他们立即赢得了我们的钟爱，赢得了我们的赞美。

安瑟尔姆 1033 年生于奥斯塔的一个贵族之家，1060 年，他北
上寻求学问，并慕兰弗朗克之名而进入了贝克修道院。1063 年，
兰弗朗克去康城，安瑟尔姆继任副院长，并在 1078 年赫伦（Herlu-
in）去世后成为院长，他也许是本尼迪克特的世纪曾经见到过的最 91
近乎理想的修道院院长。15 年之后，他违愿地应威廉·鲁夫斯
（William Rufus）之召到坎特伯雷，经过风云激荡的一个任期之
后，于 1109 年在那里去世。

尽管如前所述，他真诚并谦逊地感谢兰弗朗克，但是他的才华不仅在程度上，而且在性质上都远远超出了他的老师。在安瑟尔姆最伟大的著作中，没有来自他自己时代或他老师的东西，在这方面，他比阿伯拉尔和阿奎那都更有独创性。如果我们只把眼光停留在他自己的那个世纪，他就是一个突如其来的出现，是一个无父无母或者没有谱系的麦基洗德（Melchisedech）[①]。安瑟尔姆的成就，是在其他人还仅仅是感到了他们通向思想和表达的道路的时代，作为一个绝对伟大的人物而站出来。

已经说了这么些，要同时强调尽管奥古斯丁绝不是安瑟尔姆的同时代人或对他有影响的人，而安瑟尔姆却极大地获益于奥古斯丁，这看来也许是矛盾的。不管这是怎么来的，实际如此，远非一时的问题。安瑟尔姆的每一页，不仅以其语调和词汇，而且以作者思想上和感情上对他讨论的每个问题以及对上帝本身的态度，都使人想起写《忏悔录》和《独语录》（*Soliloquies*）的奥古斯丁。如果有任何怀疑，安瑟尔姆自己就愿意消除它。在他的著作中我们

① 《圣经》中为亚伯拉罕祝福的撒冷王及上帝的祭司。见《创世记》。——译注

找不到任何东西，所以他就在《独白》的前言中告诉了我们，《独白》并不与奥古斯丁的著作完全一致。然而，安瑟尔姆远非一个单纯的模仿者或一个学派的继承者。他更为重要的著作绝不会跟奥古斯丁的著作弄错，而且更重要的是，从严格的意义上讲，他并不是个奥古斯丁主义者。他没有显示出任何信赖新柏拉图主义的迹象，而这种对新柏拉图主义的信赖，对奥古斯丁具有很大的意义。他并没有依赖于柏拉图的形式理论和理智的神圣光照理论，后者在奥古斯丁本人那里以及在波那文图拉和他后来的弟子们那里，显得十分重要。事实上，安瑟尔姆有其时代的哲学背景，他属于波埃修斯的时代，不了解新柏拉图主义的思想，也不真正完全了解形而上学或认识论。这实际上是安瑟尔姆普遍的感染力的秘密之一：他探讨了所有的问题，而其思想与过去的任何体系都没有关系。正是这一点，使我们保留了我们最初的印象：当他在自己的道路上前进时，他只遵循理性的指导。如果那手是奥古斯丁之手，那么，那声音就是安瑟尔姆之声。安瑟尔姆不是在哲学中，而是在思辨神学中，对过去传统的传递做出了一份贡献。

92 安瑟尔姆独具的特征品格在于强烈而平静的自信心，凭着这种自信心，以及理性，即辩证法的帮助，他探索了信仰的重大秘密：上帝的本质、三位一体、道成肉身与赎罪、命定论与自由意志。他在这里几乎是无意识地恢复了在奥古斯丁死后很快就被西方神学家所抛弃的神学工作，就好像它几乎没有中断过。他的格言是著名的 *Fides quaerens intellectum*（在寻求理解的信仰[faith seeking to understand]），它作为《宣讲》（*Proslogion*）最初的题目而问世。他自己对它做出解释，依照他通常的方式，他对上帝说，“我希望多少理解一些您的真理，我的心已经相信和爱上了这些真理。我确实相信它，因为除非我相信，我就不会理解。”这里，安瑟尔姆又重复了奥古斯丁，奥古斯丁曾从七十子希腊文本圣经中引用《以赛亚书》第七章第九节“除非你们相信，你们就不会理解”，但是，安瑟尔姆认为，其中的蕴义远远超出奥古斯丁的思想。

作为基础，他在以明确而熟悉的传统词语所表达的启示的学说中预设了一个不可动摇的信念。因此，他的辩证法既不是指向启示真理的建立，也不是指向对它的批评。他的首要目的是以辩证法来看透信仰所掌握的真理。他的 *credo ut intelligam*“我相信以便理解”，既不是说信仰作为一种认识论的中介，是一切知识的条件，也不是说信仰的真理可以被完全理解，尽管安瑟尔姆的话——即使不是他的思想——更接近于这两种极端意见中的后一种。事实上，他确实认为，思想可以达到对信仰奥秘的真正——即使是不充分的——理解。就像他所写的一段众所周知的话所说的：“我们借助信仰所持的观点（他那时正在谈论神圣的三位一体）可以用形式的论证来证明。”[①]这段话里，*necessarius*（必要的）一词具有专门的意义。他当然不是通过这段话表示，所有信仰的真理都可以通过论证的争辩而建立起来。这种以欧几里得命题的方式进行的论证，对于任何正确使用其理性的人来说，都是无法抗拒的。形容词 *necessarius* 的意思是“可以正式采纳的（formally admissible）”，“很可能的（probable）”，而不是“使人非信不可的（compelling）”。然而，看来安瑟尔姆确实认为，信仰者在沉思信

---

① 安瑟尔姆，*Epistola de Incarnatione Verbi* c.6（ed.Schmitt ii20）。

仰的真理时，考虑到基督教教义中所描述的上帝的本性与目的，就会不仅看到这些真理的恰当，而且看到它们的必然。在这方面，黄金时代的经院学者们没有追随安瑟尔姆，他们（与阿奎那一起）把理性的功能局限于表现启示真理的适宜性（suitability），以及它不
93 包含逻辑矛盾。所以有的人会认为，安瑟尔姆事实上在阿奎那之前，完全未能清楚地区分一切人，甚至异教徒或罪人都有的理性的自然力与上帝所启示的理性的超自然力，这后一种力可以寻求上帝的隐秘事物。像在其他地方一样，他在这里只是重复了奥古斯丁的思想，而且像奥古斯丁一样，他讲的是他自己的经验，一种深刻的精神人格的经验，而非一般人或"通常（natural）"智力的人的经验。不仅如此，尽管其许多思想的表达徘徊在神秘知识的边缘，但是他在谈论理智的作用时重复了奥古斯丁，而没有对自然的、可传授的知识与超自然的、模糊的和不可言传的知识做出区分，而这种区分在后来的神学家中是一种经典的区分。最后，由于相信新发现的辩证法的清新明朗的春日阳光，他大概也未能意识到作为精确性的工具的人类理性的限度。就像感觉一样，它是有条件的，尽管方式因其借助的中介而不同。纯粹的存有和纯粹的质料一样，使人不解，纯粹的精神真理也是如此。

安瑟尔姆从未着手于哲学思想的根本问题，这只是由于简单的历史原因：这些问题还没有作为必须处理的问题而成为人们所关注的焦点。他并不关心严格意义上的形而上学，也不关心认识论。他也许认为他自己是第一个沉思神学的人，而且除了职业神学家之外，对于所有的人来说，他的名声主要在于他的论证，即所谓的关于上帝存在的"本体论证明"。这个名称是现代的，来自康

德的术语，对于康德来说，一个本体论的证明就是独立于经验、基于对概念的简单分析的证明。把这个名称赋予安瑟尔姆的论证，就是回避问题的性质，但是，这话是人们熟悉的，而且本身是容许的。

安瑟尔姆自己描述了这一证明的产生①。他在《独白》中提出了得自于对可见宇宙的思考的对上帝存在的三个传统证明。被认为是善(good)的事物也被认为或多或少是善的，这就是说，它分有或多或少的绝对的善(goodness)。但是绝对的善本身是善的(good)，通过进一步的论证，它就是上帝。与此类似，我们可以表明，所有的事物都有原因，通过排除原因的过程，一切最终都必定归结为一个单独的、由于自身而存在的原因，那就是上帝。最后， 94
宇宙中的完美的相对程度证明了一个比所有其他事物都更完美的存有，作为最终的根源，这就是上帝。

所以安瑟尔姆告诉我们，这样做了之后，在他学生的压力下，他开始对自己提问题：是否能找到一个单独的证明，“它可以是自足的和全足的(self - sufficient and all - sufficient)”。在经过长时间的思考之后，他突然在所谓的“本体论”证明中得到了答案，它大致可以表述如下：

所有基督徒都相信的上帝，其定义包含了这样一个陈述：上帝是一个存有(Being)，没有比其更伟大的东西可以存在。甚至《诗篇》中(第14篇第1节)说没有上帝的愚顽人，也懂得当他听到上

① 安瑟尔姆，*Proslogion*，prooemium，and cc.2 - 3，ed. Schmitt I 93 - 4，101 - 3. Eadmer，*Life of St. Anselm*，ed. R. W. Southern. Nelson's Medieval Texts (1962) pp. 29 - 31。

帝这个词时它表示什么意思，而且这样定义的那个对象就在他头脑中存在——即使他不懂得它也在实际中存在。但是，如果这个存有只具有内心的存在(existence)，那么，我们就也可以想到另一个具有真实存在的存有，那就是说，(按存在说)它比那个无与伦比的存有还要伟大。但是这在字面上是矛盾的。因此，那个无法设想有比它更伟大的存有就既在头脑中存在，也在实际中存在。

提出了这一著名论证的这一段不长的话，人们对它的研读与评注比对中世纪哲学中任何同样简洁的论题都要多。尽管每句话都简单明了，词义极为清晰，却没有几个读者能一看就能掌握这一证明，而且，许多人会有一种不自在的感觉，觉得这是要弄逻辑把戏伤害他们。他们不必为他们的困惑感到惭愧。对争论这一证明的卷帙浩繁的文字，以及人们对它提出的各种各样的解释，对它做出过的互相矛盾的判断的匆匆一瞥，以及由此而来的误解和歪曲了安瑟尔姆的学者之间的互相指责，看来至少表明，普通人的挫折感不只是由于缺乏理解力。M. 吉尔松曾写道："在每个人都不同意的时候，一个孤独的人是没有什么机会找到真理的"，并且进而提出他自己的解释(这种解释当然没有使所有的反对意见都哑口无言)，当像他这样的人都能这样写的时候，一般读者就会鼓起勇气，并坦率承认，他是感到困惑。当我们发现，甚至吉尔松都承认，
95 他在那些已经存在的解释上又加上一种解释，其唯一的理由就是，他无法抗拒这样做的诱惑，如果我们自己觉得不能理解安瑟尔姆的意思，人们会原谅我们的。

事实上，他的证明一开始就被斥责为谬误，当时，马莫蒂埃(Marmoutier)的一位僧侣高尼罗(Gaunilo)以 *reductio ad absur-*

dum（归谬法）为愚顽人辩护，那就是，“它证明的太多了”。他说，通过同样的论证过程，可以想象得出美丽至极的浪漫之岛一定存在，要不然就可以想象还有一个更美丽的。安瑟尔姆对此反驳说，就这个岛来说，其存在并不必然包括在其完美性的定义中，但是他没有继续反驳一种更为确切的反对意见。这种意见是说，根据对一个定义的分析提出的论证，只有在被定义的对象的存在已经通过别的来源知道时才是有效的。这样，就算承认了上帝的存在，祂的永恒和善也可以从神性的定义有效地推演出来。但是，在安瑟尔姆的论证中，正是存在自身据说是从神性的定义中得到证明的。据说，这个论证中的谬误所在之点就在“存在于他的头脑中（*in intellectu esse*）”这句话里——当它被愚顽之人用在上帝的概念上时。这只是一种隐喻性的说法，因为实际上它只是头脑中关于事物的图像或概念，而且这不是该事物存在的证据，它可能只是想象的。把论证建立在思想之内的存在上，是迈出了从观念的秩序到事物真实秩序的不合法的一步。毫无疑问，特别是安瑟尔姆本人，在同一段上下文中承认了头脑中的存在和真实的存在之间的不同。

意识到这一点使得一些人主张，这个证明不只是个逻辑的证明，即对概念的分析，而是认识论的证明。据说，安瑟尔姆坚决地坚持柏拉图的唯心主义，根据它，理相（idea）是心灵直接认识的唯一实在，因而对安瑟尔姆来说，心灵中上帝观念的出现就隐含着独立存在的上帝观念之存在，那就是上帝本身的存在，因为上帝没有种类之分。最近，有人做出了一项个人历史的研究，据说，安瑟尔姆是个神秘主义者，他的 *fides quaerens intellectum* 是从一种神秘的或直觉的知识向理智的知识的进步。上帝确实出现在安瑟尔姆意识的最深处，并且从他的出现这个事实出发，头脑进而分析和推演。甚至愚顽人都至少还有一种对上帝的存在的模糊的、初步的感觉。这样，这种论证就不是从观念的秩序到事物真实秩序的飞跃，而是从神秘领域向理性领域的飞跃，假定关于上帝的直觉知识（不论是神秘的还是自然的）是正确的，这种理性领域就不会是
96 个谬误了。至于吉尔松，他对这一切解释都不满意。他的意见似乎是这样的：他完全正确地指出，安瑟尔姆认为，心灵能够达到真理，真理是足以表达外在于人心的存有的思想概念。换句话说，外在的存有是概念及其真理的原因，而不是 *vice versa*（相反）。因而，如果一个存有不仅是现存的（existent），而且必然如此（如定义中的上帝），事实上还是唯一必然是现存的存有（“没有比它更伟大的可以想象的东西了”），那么，关于这个存有的唯一真概念就将是与这一定义一致的，而且，一旦概念的对象呈现在心灵中，心灵就将认识概念的恰当性以及其对象的存在的必然性。

安瑟尔姆的论证并非用来反对非基督徒的，并且也没有辩解的意图。他的世界是由虔诚的信徒组成的，他的论证是为其修道院的门徒们设计的。因此，它对他的同时代人没有什么影响，而且直到十三世纪，注意它才成为所有思想家的习惯——不论是接受还是批判。这样，由于它为理智的神圣光照学说所加强，波那文图拉和奥古斯丁主义者一般是接受它；而阿奎那和亚里士多德主义者则拒绝它；司各脱则重新解释了它。事实上，从那时起，它一直是实在论的一块试金石，而且，就这样以这种或那种形式而为笛卡尔、莱布尼茨和黑格尔所接受，并被洛克、康德和各种托马斯主义

者所拒绝。近来,卡尔·巴特(Karl Barth)接受了它,作了一种存在主义的解释,而盖耶尔(Geyer)则把它当做谬误立即打发开,不予考虑。

如果我们愿意的话,我们可以接受吉尔松的解释:信仰所接受的关于上帝的定义,即:没有可以设想比它再伟大的存有,就具有那种存有的存在(the existence of that being)。我们也可以进一步领会安瑟尔姆自己的话,并赞同他的观点,即,一旦心灵接受了不可能存在比之更伟大的存有的概念(就算我们承认说,有存在的存有[there *are* existing beings]),这样一个存有的存在就必然随之而来。至少恶魔会确实感到,如果我们试图对安瑟尔姆的论证作一种直觉的或神秘主义的阐释,我们就背离了他的意向。尽管安瑟尔姆很可能由于浸淫于奥古斯丁的思想,也由于他因而忽略了划清"自然"人的推理与开明基督徒的推理之间的界线,而为他自己对其论证的有效性的深信不疑所吸引和强化,然而必须重申,他的论证在以其直率的言辞陈述出来时,不参照他自己的任何经验或观点,就是用纯粹辩证法的语言来表达的,并且一定以其彻底 97
的辩证法的力量而或成或败。在正确评价其力量时,我们的困难的一个主要原因很可能是,纯粹的辩证法对我们的心灵只有很弱的感染力。

第9章　共相问题

在十一世纪的后几十年和十二世纪初期，逻辑大师和辩证法大师们争论得最为激烈的问题就是“共相(universals)”问题，那就是，可归于对诸群个别存有之间只能用一个共同的词如人、马或玫瑰，以及相应的抽象性质如人性、人的本性来表达的相似性的精神感知之真实程度和重要程度的问题。六、七十年前，在中世纪思想史的开拓年代，诸如奥罗(Hauréau)和拉什多尔(Rashdall)这样的作家认为，这个问题在那个时期思想家的著作中显得如此重要，以致于即使不是一种界定，也是整个该时期独特的标志。这是一种误解。关于共相的争论经过了半个世纪激烈的阶段，这个阶段之后，这个问题就在那个时代的许多其他哲学问题之中找到了它自己的位置。它显而易见的首要地位得益于十一世纪末学校的环境，并在哲学思辨的领域拓宽时融入了背景之中。然而，在50年或更多的时间里，它训练了那些最为杰出的大师们的头脑，发展了他们的才能，所以，不管怎么考虑他们的思想，这个问题都值得重视。

这个问题并不完全是个新问题，特别是在其形而上学的含义方面，它对任何思想体系来说都是基础，但是对于安瑟尔姆时代的大师们，它却以几分新的面目出现了，而且，他们的教科书对这个问题没有做出完整的回答。他们是逻辑学家，可以说，他们是从逻辑学的目的出发来处理这一问题的，在这样做时，赋予它一种新面貌。在物质(physical)层次上处理这个问题的希腊思想家们曾将之引导到认识论和形而上学的层次上，并最终达到神学层次。早 99
期的经院哲学家把它当做一个关于词和概念的问题来探讨，而且这是在其形而上学和认识论的蕴义变得明显之前一段时间的事。

共相问题在其最简单的形式上是这样的：在言语和语法的层次上，我们说苏格拉底是一个人，并有人的本性。在逻辑层次上，我们说，他是一个个别的存有或实体，是为数众多的一个物种的一员，我们称该物种为人，他是因具有同样的质、同样的本性而统一起来的个体中的一员。个别的存有苏格拉底有其姓名权，他出现于我们之前，有一个名称称呼他。但是，"人"或者人性(humanity)又怎么样呢？它没有出现于我们之前，正是我们"分离出"或"发明"了它，以用于分类或论证。它有与个体的名称同样的逻辑价值吗？问题决不能停留在这个水平上。这里包含有一种不同的思想方法吗？就算承认任何精神上的感知都是有效的，我们也对单个的人有直接的感知，但是，我们是通过什么过程在思想和言词中识别和定义两个个别的、使我们说它们各自是一个人或一朵玫瑰的存有之间的相似性的？这只是一个视觉过程吗？或者是个直觉过程？或者是某种识别、记忆或内心之光？或者是我们所称的理性的抽象过程？但是，这不是这个问题的终结。到底什么是个别的存有及其"本性(nature)"呢？它们不过是一个事物的精神分割吗？个体比其"本性"更为"真实"吗？或者还是"本性"是唯一的真实？如果这样的话，那么"本性"与个体又是什么关系呢？或者，如果它们都是真实的并且是超精神的，那么，它们的关系是什么？心灵如何得到关于它们的知识？如我们所见，柏拉图继续前苏格拉底的尝试，以找到在自然宇宙中的变化之中的同一性这一问题的答案，并在形式或理相之理智的和真实的世界中得到了他自己的答案：自然宇宙及其内容，我们的经验的个别对象，要么是这种形式或理相的反映（reflections），要么是其分有（participants）。尽管他这样提出了一种伟大而永恒并富有成果的形而上学理论，他却完全没有回答"共相"问题本身，甚至就没有考虑这个问题，因为他根本没有断言（实际上这样断言是荒谬的），一个真实的并且独立存在的"形式"与每个"共相"相关联而存在。

亚里士多德由于自己确信已推翻了柏拉图的独立存在的形式，就在观察到的自然宇宙的层次上，像处理所有问题一样来处理这个问题。他的世界是"实体（substances）"和"本质（essences）"的世界，是自然存有的理智概念的世界，这些概念没有在运动和活动中的自然实体那么真实，但比对理性、秩序和一切事物的目的的
100 表达更真实，单单这种表达就赋予一切事物以意义，并且在最深的意义上是一切事物的基本原则。当亚里士多德从形而上学下降到认识论时，他把心灵看做从个别事物抽象出"本质"或"本性"，"本质"或"本性"构成了它们之所是——呈现在每个个别实体中的真实实存（entity），心灵在所有其理智的充盈中可以掌握和具有这种实存。对于亚里士多德来说，对认识过程的这种分析，根据他的理论（即"本质"或通过抽象得到的定义，也是可以在物质（physical）层次上用作研究和认识的工具的一种科学描述），与物理学和形而上学都有密切的联系。但是，他的体系的这一部分可以切除

而并不必然意味着其认识论的解体。

亚里士多德还是一个庞大的逻辑体系的作者，这个体系与他的认识论和形而上学是一致的，而且确实是相适合的，但是，作为一种较低的学科，在运用它时，可以与哲学的较高层次无关。结果，晚期柏拉图主义者和新柏拉图主义者保留了这逻辑学，同时接受了柏拉图主义认识论和形而上学的一种修正了的形式，如我们已见到的，这种形式经进一步的修正而为奥古斯丁所接受。也如我们已见过的，波埃修斯想要（但从未成功）对柏拉图和亚里士多德做一番充分的展示和最终的综合，但事实上，给后人留下的不过是亚里士多德逻辑学的一个重要部分。这个逻辑学虽然一方面几乎不能与柏拉图的认识论相比，但是并非不能与形而上学的怀疑论相比，尽管亚里士多德本人决不是怀疑论者。这样，在经院哲学的产生时期，就像在其消亡时期一样，我们发现亚里士多德的逻辑学是诸学校的女王，而且在这两个时期，人们有时是在一种批判的或唯名论的意义上来运用它的。

十一世纪的大师们对亚里士多德的形而上学一无所知，也几乎不知道柏拉图的形式。他们只是在语法和基础逻辑学的层次上活动。也许再没有比他们对他们的教科书的反应更清楚地展现那个时代的精神觉醒的了。他们的前辈在五个世纪中读的是波菲利和波埃修斯的残卷，并且一直处于静止麻木之中。而此时，同样的文字却产生了爆炸般的效应。波埃修斯把波菲利的话翻译出来，他写道，“现在我们来考虑 *genus*（属）和 *species*（种），不管它们具有真实的存在还是仅只为心灵的创造，而且，即使它们存在，不管它们是物质的还是非物质的，也不管它们与我们所见的事物是分开的还是包容在这些事物之内的，我对所有这一切都不表态。”①
101 在这段著名的话中，波菲利就像我们将会注意到的那样，是在两个层次上讨论问题而对它们未加区分。属和种在这里纯粹是逻辑名词。在自然界中，同一个别的存有在不同的关系中分属于两者，而且确实属于这样一些种类的一个无限系列。“Eclipse”是一匹马，一只哺乳动物，一个动物，如此等等。这是柏拉图从来没有讨论过的问题。另一方面，波菲利继而把柏拉图关于超验的和内在的形式的学说至少作为一种可能性运用于属和种。这种混淆对关于共相的辩论并没有影响。与此类似，波埃修斯众所周知的表态，即关于亚里士多德的“十大范畴”（即实体、偶性等等）的论文是关于词的，而非关于事物的，②这一表态也同样造成了混乱。古代的形而上学家都不曾认为，对一个实体的逻辑分析，其成分是对观念或形式的反映，甚至他们也不认为，这些逻辑成分凭其自身的资格就具有“本质”或真实的存在。但是，看来波埃修斯甚至在否认十大范畴的真实存在时也使用“事物”和“词”这两个名词，这暗含了一种辩论的可能性，类似于关于属和种的辩论，或关于一般的共相（universals in general）的辩论。而另一方面，他对“词”和“事物”的反对，转换为“共相”的辩论，“事物”和“词”的替代者有时被当做详尽无遗的。

其他混乱的因素也不少。一方面有语法学家的影响和后来的*Sprachlogik*（语言逻辑）崇拜的影响，以及那种认为词与它们所表

① 波埃修斯所译的波菲利这段著名的话在 Migne 中，*PL*. lxiv 82。

② 波埃修斯，In categ. Aristot. I（Migne，*PL* lxiv 162）。

示的事物之间有一种本质联系的理论。另一方面，是逻辑理论在神学问题上的应用。例如，特别是关于个别与普遍的关系的观点，被应用于三位一体，这或是为了确证一种意见，或是一种特殊观点的推论，而且在这个问题上，不能期望神学家们会保持沉默。

我们现在还不能确定中世纪在共相问题上的争论之起源，但看来清楚的是，贡比涅的罗色林（Roscelin of Compiègne）（约1125年逝世）曾在图尔和其他一些地方教书，他尽管可能不是唯名论的创始人，但至少是其第一个有影响的倡导者。他存世的唯一著作是致阿伯拉尔论三位一体的一封乏味的信，我们对他的一知半解多来自安瑟尔姆的介绍，包括人们熟悉、但多有议论的描述："辩证法家，倒不如说是辩证法的异端分子，他们认为，普遍的 102
实体（universal substance）不过是语音（vocal sound）。"[①]安瑟尔姆自己并非专业的辩证法家，而且，他运用理性谴责把有问题的逻辑学说应用于信仰的超验的奥秘。他自己把当时意义不清的"实体"一词作为可以运用于共相的词来使用，这引起了混乱。最近的研究成果倾向于认为，罗色林的观点没有纯粹唯名论那么肤浅。据说，他反对流行的极端实在论，后者在各种质（qualities）和偶性（accidents）中发现独立存在的实在，结果，存在的个别存有就只不过是特性的偶然汇集，而实在则存在于一个多种多样观念的世界之中。因为罗色林想要断言现存的个体的实在性，所以，他就只能通过在众所周知的波埃修斯的二分法中断言，对我们经验的个别

---

① 安瑟尔姆，*Epistola de Incarnatione Verbi*，c.1(ed. Schmitt，ii.9)：'Illi... nostri temporis dialectici，immo dialecticae heretici，qui non nisi flatum vocis esse putant universals substantias.'

存有的任何分析或分类都是词的问题，而非事物的问题，来反对极端实在论。事情也许是这样，但是无疑，许多攻击他的人或后来记述他的人，是在一种不那么微妙且更为激进的意义上来理解他的唯名论的。

在反对他的那些人之中有香浦的威廉（William of Champeaux），他生于约1070年，相继为劳腾巴赫的曼内戈尔德（巴黎）、拉昂的安瑟尔姆（拉昂）和罗色林（贡比涅）的学生。他本人在巴黎的总教堂学校教书，受到阿伯拉尔的攻击，被从那里驱逐，进入圣维克多的奥古斯丁主义的修道院，在那里，他是维克多神学学校的创建人之一。阿伯拉尔痛苦地认为，威廉改变观点是 *reculer pour mieux sauter*（以退为进）。威廉事实上是作为马恩河畔的沙隆的主教而出现的，在那里，他成为圣贝尔纳的挚友直到1121年去世。阿伯拉尔为人所熟悉的一些话，使大多数读者不再注意威廉作为神学家为自己赢得的可靠声誉。在共相问题上，他起初教授的是极端实在论，即认为在同一时间中，存有的本性（如人性）本质上并完整地存在于（present）每个个体中。当阿伯拉尔提出反对，说这毁掉了个体性，没有给特殊性留下空间时，威廉就用波埃修斯的词 *indifferenter*（中性地）（“以一种类似的方式”）替代了他关于共相的论述中的 *essentialiter*（本质上）。他用 *status*（状态）一词来解释这一点。每个个体都有同一种本质或实体。这远非一
103 种令人满意的哲学立场，因而我们知道，后来正是在阿伯拉尔的攻击之下，香浦的威廉从这场争论中退出了。

那么，阿伯拉尔自己对于共相问题这个长久的话题持什么立场呢？在这里，主要由盖耶尔在五十多年前发掘和出版的阿伯拉

尔的辩证法的论文,改变了有关他的活动的整个图景,并使他在这一领域成为一个远比以前人们认为的要重要得多的人物。阿伯拉尔是一位卓越的逻辑学家,而且,他所出版的逻辑学著作毫无疑问会提高他的声誉。他反对几乎所有他的前人和同时代人所持的实在论,并且以其名言 *rem de re predicare monstrum*——"把关于事物的事物作为谓项是荒谬的"(it is absurd to predicate a *thing* about a *thing*)(如,"查尔斯",个体,"是人",共相)——和 *nullam rem de pluribus dici sed nomen tantum*——"只有一个名称而非一个事物可以适用于一个群体(only a name, not a *thing*, can be applied to a group)"——驳倒了实在论,他也希望避免他的第一位老师罗色林的至少在他看来是纯粹的、实质性的唯名论。因此,他早先的表述"共相是个纯粹的语音(*vox*)"很快就变成了"共相是个头脑中的词(*sermo*)(the universal is a mental word)"。这种内心的表现比事物自身要模糊,因为它省略了个体不与其他个体共有的一切,而且它是在心灵之内,而非在其外。然而,它却是事物本性的充分表现,它不是某种不同于(*aliud*)它的东西,而是以不同的方式(*aliter*)感知的同一个事物。心灵从该事物中取得、"抽象"出某些特征,这些特征与在群体中其他事物中看到的那些特征完全相同。还应该说的是,阿伯拉尔在其逻辑学著作中始终保持在逻辑层面上,他从未讨论含有形而上学意义的问题。然而,当我们记起他根本不知道亚里士多德的《论灵魂》和《形而上学》时,他对亚里士多德关于抽象的理论和温和实在论的期盼就是非常引人注目的。甚至阿奎那在这一特殊方面的发展上也无所建树,而且实际上使用的措辞如果复述得不那么确切,就使人想起阿伯拉尔的话。也许可以进而说，在这里，阿奎那也是追随阿伯拉尔的，尽管阿伯拉尔把柏拉图的理相作为一种逻辑的或形而上学的协同因素而抛弃了，他却把它们作为在上帝的头脑中创造存有的范型因(exemplary cause)而保存了下来。

阿伯拉尔作为一名逻辑学家的声望一定有助于将他的教导牢固地植根于诸学校中，但是，在随后的那个时期，除了在沙尔特雷学校，逻辑或形而上学的文献是非常贫乏的。当人们在柏拉图的所有对话中只能得到《蒂迈欧篇》(或至少其大部分)时，[①]任何思想家真的都会是个柏拉图主义者，就此而言，沙尔特雷人全部都是
104 柏拉图主义者。因此，他们在共相问题上自然都是极端实在论者，并且在这方面或那方面运用柏拉图的理相。沙尔特雷的伯尔纳(Bernard of Chartres)是十二世纪大师中的第一位，他发展了一种逻辑、认识论和形而上学的学说，这种学说略经修改而为其沙尔特雷的后继者们接受，他关于共相的逻辑表述就建立在这一学说的基础上。这是按他的理解来调和柏拉图和亚里士多德的教导的一种努力。

按照伯尔纳的观点，除了上帝的存有之外，还有三种存有，即：一切被造物的永恒的理相或形式，它们出于一切永恒而呈现在上帝的头脑里，它们与物质宇宙没有联系；被创造出来的理念(*nativae fomae*)，它们基于永恒的理相，是一个范本的诸多实例，当它们在质料中独立存在时，组成了所有易朽的事物；还有就是无形的质料。这些 *formae nativae* 是与每个单独的事物一起被造出来

① 柏拉图的《美诺篇》是十二世纪译出的，但没有广泛传播。

的，它们有一个共同的存在方式，并且在可感物的一切流变之中保持不变。只有它们是有形的物质（corporeal）存有，而且以它们自己的形式而为心灵所知。后来的一位大师蒂耶里（Thierry）部分接受了形式学说，设定了一个诸形式之形式（a Form of all the other forms），并断言上帝的形式包容了所有其他的形式。这种“沙尔特雷的泛神论”为蒂耶里的后继者们所采纳，尽管从未上升为一种正式的异端。

沙尔特雷所有的大师们中最伟大的是拉波里的吉尔伯特，他同样是伯尔纳的弟子。他几乎全盘接受了伯尔纳关于共相的学说，但试图把柏拉图和亚里士多德结合而为一，把亚里士多德的共相概念作为本性上是以许多事物为基础（*quod natum est de pluribus praedicari*）的概念，同伯尔纳的 *nativae formae* 的概念结合在一起。他对认识论和形而上学的首要贡献是对实体（substance）[*quod est* 存有之物]和实存（subsistences）[*quo est* 一物存在之所据]所做的区分，这一区分的最终来源是波埃修斯。共相是实存（subsistences），但不是存在着的实体（existing substances），实存扮演了实体的形式的角色。理解力从既在（are）也（持续）存在（subsist）（*sunt et substant*）的特殊事物中抽象出或蒐集（*colligit*）了共相，共相在而不（持续）存在（which is but which does not subsist [*quod est sed non substat*]）。上帝的永恒观念的学说被加在这种学说上，整体形成一种极端的形而上学实在论，尽管认识的思想过程是通过从特殊进行抽象，而非通过对观念的直觉。索尔兹伯里的约翰大体上是坚持这种观点的，尽管在许多 105
问题上没有明确的观点——在这些问题上，由于权威们的意见不一致，人们可以保持怀疑。

由于拉波里的吉尔伯特，共相问题达到了其最充分的展现，并且各学校一度对它不感兴趣了。可以称为亚里士多德-波埃修斯时期的那段时间已经结束了。以阿伯拉尔为代表的逻辑学家们运用他们能够得到的亚里士多德和波埃修斯的亚里士多德主义著作，达到了非常接近亚里士多德本人的立场，形而上学除外。哲学家和逻辑学家们运用保留在波埃修斯和奥古斯丁那里的柏拉图传统，构筑了一个体系，它是柏拉图理相的遥远反映。因为在认识论和形而上学层次上，它缺乏充分的柏拉图的影响，所以它只是一种遥远的反映。十二世纪中期的几乎所有思想家都接受了某种形式的亚里士多德的抽象，因为它们都不是柏拉图理相世界的概念，这种理相世界是唯一真实的世界、是心灵努力的目标、是一种实在或者甚至是一种假说。只要独立存在的理相还保留着，它们就仍然是上帝心灵中的范本。只要亚里士多德还是西方所知的、而且知道得越来越充分的唯一哲学家，人们就很可能全盘接受他的思想。事实上，新柏拉图主义的重新出现，训练有素的头脑对奥古斯丁的重新审视，以及阿拉伯作家被沾染了的学说，保证了在哲学思想的所有部分中都会有意见不一致和争论，在那些争论的问题中，共相问题再一次出现。

第10章　彼得·阿伯拉尔 106

随着十二世纪的开始，跟随安瑟尔姆的天才充满活力的希望之后的，是文学与思想的极度多样性的扩张时期，这是早期经院哲学和文学人文主义的黄金时代。这是圣贝尔纳、圣蒂耶里的威廉、索尔兹伯里的约翰、弗赖辛的奥托（Otto of Freising）和马姆斯伯里的威廉的时代。在该世纪的前四十年中，彼得·阿伯拉尔统治着精神生活领域。

自从彼得拉克（Petrarch）的时代以来，阿伯拉尔一直是许多人感兴趣的一个焦点，这些人不大关心中世纪的思想和制度或者中世纪圣徒们的生活，但是，他们一直为一位英雄所深深吸引，这位英雄或许可以更正确地称为西方世界最著名的情感剧之一的主角。事实上，由于彼得拉克、教皇、卢梭、沃尔特·佩特（Walter Pater）、乔治·摩尔（George Moore）、瓦德尔小姐（Miss Waddell）以及许多其他人，阿伯拉尔很久以来就脱出了历史的构架而进入了神话和传奇之境。

我们并不关心他在这方面的名声，但是，即使爱洛伊丝（Héloise）在阿伯拉尔生活中的正确位置得到恢复，事情也仍然不那么简单，因为他在几个世纪中作为自由思想和理想主义的领袖，反对蒙昧主义和圣贝尔纳的不宽容，在另一部分读者里获得了第二个神话般的声誉。不仅如此，有关他生平的史料本身就是非常神秘的，因为除了各种同时代的评价与记述难于协调一致之外，我们还有他自己非常详尽、然而时常又沉默得令人心焦的自传——《我的苦难史》(*Historia calamitatum*)。尽管该书由于其历史、心理和人性的重要性而具有极高的价值，但是，就像人们根据其作者
107 的性格和生平可能预期的那样，它以一种尖锐的形式展现了所有与传记形式分不开的解释上的困难。最后，在现代世界中，最给阿伯拉尔带来声誉的那一系列他与爱洛伊丝之间往来的书信，是一场关于他们自身的批判性争论的焦点。被归为爱洛伊丝所写的那些信的真实性受到了怀疑，人们把整个书信集归咎于后来的一位伪造者或阿伯拉尔本人。

彼得·阿伯拉尔(其姓氏的起源不清)是一位有些地位的有土地骑士之子，其父名贝伦加尔(Berengar)，其母名露西亚(Lucia)。其双亲最终立誓皈依宗教。他于1079年生于南特附近的勒-帕雷(Le Pallet 或 Palais)。他的绰号"堂皇的漫步派学者"(Peripateticus Palatinus)就来源于其故里，后来他也是以这个绰号为索尔兹伯里的约翰所知。他自从孩提时代就渴求知识，他决意以执事为业。在约1095年，他在罗切(Loches)师从著名的罗色林，后来在约1100年，他又在巴黎师从香浦的威廉。他激烈地批判了这两位老师对共相问题的论述。用他自己的比喻来说，他聪颖早慧，如同使花卉早熟的沃土。他在辩证法和所有的辩论技艺上出类拔萃，极具激励性，对青年人的思想有一种特殊的魅力，这种魅力伴随其一生，并使人想起牛津年轻的纽曼(Newman)部分相似、部分非常不同的迷人之处。与香浦的威廉绝交之后，他自己开始做教

师，最初在默伦(Melun)(约在1103年)，后来在科尔贝(Corbeil)，最后是在巴黎的总教堂学校。在那里，他继续对他过去的老师香浦的威廉进行攻击，威廉退隐(1108年)到了他自己建立的圣维克多修道院。根据阿伯拉尔或许带有恶意的说法，这一隐退是一种护育着雄心的受了伤的自负。阿伯拉尔本人大约在此时移居到塞纳河左岸的斯台-热内维耶夫山(Mont Ste Geneviève)，自那以后，那里就注定成为学生们的胜地，*quartier latin*(拉丁区)。尽管战胜了威廉，但阿伯拉尔仍为其支持者们所烦扰，他决心采取一个更具雄心的步骤，并加入神学家的行列。当时具有最高声誉的大师是安瑟尔姆和拉昂的拉尔夫(Ralph of Laon)兄弟二人，前者曾是在贝克其同名圣徒的弟子。以往的史学家们都乐于接受阿伯拉尔对安瑟尔姆轻蔑的评价，说安瑟尔姆是光冒烟不见火，是一片肥沃良田里碍事的老橡树。然而，晚近的研究成果以及同时代人如英诺森二世(Innocent II)的评价(他称安瑟尔姆为西方世界的光明)表明，安瑟尔姆在定义信仰时的"极度的简明性"和他在编辑 108
《圣经》注释以及神学手稿的方法上的广泛影响，在许多著名的追随者像伦敦的主教全能的吉尔伯特(Gilbert the Universal)和第一位英格兰红衣主教罗伯特·普伦(Robert Pullen)的事业中，都可以看到。然而，此时35岁的阿伯拉尔很快就变得急躁起来，并在拉昂建立起他自己的学校。据他自己说，他以对《以西结书》才华横溢的注释开始其教学，这注释是他在回应一次挑战时一挥而就的，也因此将他老师的 *clientèle*(追随者)吸引了过来。因为受到安瑟尔姆的两位著名弟子阿尔贝里克(Alberic)和洛图尔夫(Lotulf)的攻击，他决定返回巴黎(1113年～1114年)；在那里，他得到了总教堂学校的一个教席，并开始撰写他论神学的著作。此时，他正是年富力强，又不受干扰，他本可以开始安心著述了，然而，他的虚荣心和过度自信变成了各种自我放纵，他的事业也被他与爱洛伊丝关系的决定性 *dénouement*（终结）突然打断了。

阿伯拉尔此时是圣母院（Notre Dame）的教士团成员，而且根据教会法，他是不能结婚的。爱洛伊丝生了个儿子，不过，婚姻几乎不可避免地会毁掉阿伯拉尔作为一位神学教师的前程。爱洛伊丝坚决劝阻他这样解决他们的问题，表明了她的献身精神和对他的钦慕。他们后来秘密地结了婚，以使爱洛伊丝的叔父和保护人富尔贝尔（Fulbert）满意。但是，富尔贝尔泄露了这桩婚姻的秘密，并且迫害他的侄女，因此，阿伯拉尔劝她到阿尔让特伊（Argenteuil）当一名修女，尽管这很苦，也很不情愿，而他自己则到圣丹尼斯（St Denis）起誓修道。然而，他的经验并没有减弱其根深蒂固的好斗性格和不可抗拒的魅力。他获得修道院长亚当的准许，开办了一所学校，出版了他的第一篇神学论文，是论述三位一体的。这被他的老对手阿尔贝里克和洛图尔夫所利用，在苏瓦松（Soissons）的一次有教皇使节出席的会议上（1121 年），阿伯拉尔被判烧掉他自己的书，并回去在软禁状态下过修道生活。回到丹尼斯，他捅了个马蜂窝：他否认修道院的保护人是雅典的主教和最高法官圣丹尼斯。他被迫离开，但是，刚被选为院长的絮热（Suger）允许他选择隐退之地，他就选择了昆西（Quincey）。这是在塞纳河畔诺尚（Nogent-sur-Seine）附近荒无人烟的乡间一处不毛之地，他的意图很明白：过隐修的生活。然而，成群的学生聚集在他身边。他为他们以及他自己建造了帕拉克莱特的教堂和住房

(1122年)。据他自己说(这话没有其他证据证实),他在这里受到 109
了也许是圣贝尔纳和圣诺尔贝尔(St Norbert)干扰的威胁。也许是这种不安全感使他接受了圣吉尔达(St Gildas)的僧侣们提供给他的修道院长的职务。圣吉尔达是个人迹稀少的社区,在瓦讷(Vannes)旁边的布列塔尼海岸附近。

与此同时,絮热对不能令人满意的阿尔让特伊修女院进行了改革,该院属圣丹尼斯。爱洛伊丝发现她自己差不多无家可归了,因而阿伯拉尔把帕拉克莱特移交给她。在1131年,教皇批准了该院的建立,然后在法兰西,圣贝尔纳探访了该院,并会见了阿伯拉尔。此时,阿伯拉尔开始了我们今天看到的与爱洛伊丝的通信,并成为她和她的修女院里修女们的立法者和精神上的顾问。

在圣吉尔达异乡的 *ménage*(家)很快就表明是不管用的。阿伯拉尔试图以惩罚和开除教籍来改造粗俗而不驯服的布列塔尼人,布列塔尼人则试图以谋杀他作为反击——如果我们相信他的话。在约1132年,他离他们而去,再也不回来了,而且其后的四年,他失去了行踪。正是在这段时间,他写就了其《我的苦难史》,因而该书不能作为了解其最后一段生活的资料来源。1136年,他在巴黎的斯台-热内维耶夫山重新露面,此时,他的听众里有了索尔兹伯里的约翰。在1139年~1140年,又有了布雷西亚的阿诺德(Arnold of Brescia),此人在好斗这点上与他几乎不相上下。这些年,其文字创作颇为活跃,其间,他出版了他的《基督教神学》(*Theologia christiana*)及其续篇《"学者"神学》(*Thoelogia 'Scholarium'*),伦理学论文《认识你自己》(*Scito te ipsum*),(也许)还有《是与否》(*Sic et non*)。所有这些著作他总是不断在重写。就是在这个时候,这些著作的不同版本被圣蒂耶里的威廉看到了,后来又被西格尼(Signy)的一名西多会士看到了,此人把这些著作讲给他那令人生畏的朋友,明谷的修道院院长了。1140年,在桑斯(Sens),阿伯拉尔先是公然蔑视其对手们,后又在主教们和其他人面前的辩护中踌躇畏缩。他在那里受到了宗教会议的谴责。他向罗马申诉,并出发去使徒之门,因为圣贝尔纳写了一批极其激烈、极具摧毁性的信。但是在半路上,他被克吕尼修道院的院长、尊敬的彼得(Peter the Venerable)拦住了,彼得以特殊的同情接纳了他,让他在其大修道院里住了下来,并建议他收回其学说中显然是错误的或轻率的观点。我们不知道阿伯拉尔是如何反省自身的,但是他决定听从这个建议,如果说这是出人意料的,那也是明智的。在与圣贝尔纳的一次会见中,两人建立了十分融洽的个人关系。尽管阿伯拉尔只做了最小限度的收回,而在最后的辩解中,他对明谷的修道院长尽其所能地表示了他已接受的一切。回到克吕尼,尽管已六十好几岁,又是个残疾人,他却依然笔耕不
110 辍。他受到了教皇的谴责,不过,彼得因为他收回一些观点,而为他获得了准许,他可以在克吕尼不受打扰。他生命的最后一年与其早年的生活形成令人惊异和动人的对照,他生活于谦恭和单纯之中。1142年4月,他在索恩河畔沙隆,克吕尼所属的一所小教堂安息。就是在这时,尊敬的彼得给爱洛伊丝写了那封最著名的信。在这封信中,除了表示他对她和阿伯拉尔的钦佩外,他还提及他们过去的交往,并期望他们在天国重聚:

那里,远离尘嚣,唯有宁静。

要对阿伯拉尔的行为、特性和成就作一概括性的判断是完全不可能的，所有这些的每个细节、每个方面一直是、至今仍然是人们争论的话题。的确，他是无论中世纪还是现代都最难做出评价的人物之一，正如一位法国历史学家所评论的，他是变幻无常的普罗透斯海神：他从我们的手中滑过，还没等我们描绘完他的形象，他又变了一副样子。如果说在安瑟尔姆那里，思想和灵魂的全部力量形成了一个光明和谐的整体，并且融合为一条指导和激发他一切行为的原则，那么，在阿伯拉尔那里，一切都是混乱的，其好与坏的性格和动机纠结在一起，直至风平浪静、日落西山。阿伯拉尔生来一表人才，风度翩翩（他自已和爱洛伊丝都这样说），讲话雄辩而富魅力，他在论战中既才华横溢，又大胆果敢，他在批判与评说中条理清晰，事事处处证明了他同时代人中一再提起的 *epitheton constans*（固定称号）：*subtilis*（精细）。因有这些天分，他自负、敏感、无节制、不安分、自我中心，从不怀疑自己的精神力量。他写道："我认为我自己是世界上所剩下来唯一真正的哲学家。"[①]弗赖辛的奥托补充说，他极为傲慢，极其自信，以至于他从不屈尊听从他任何老师的话。尽管他对前辈完全缺乏尊敬，（也许正因为这个原因）他对年轻人却极具吸引力。在那个时期的杰出人物（其中包括神学家和文学家）中，只有他没有什么朋友，而且，索尔兹伯里的约翰送给他的称号中也闪现出一丝嘲弄。然而，他走到哪里，哪里就有弟子麇集而来。丹尼尔的福尔奎斯（Fulques of Denil）有一 111
份长长的目录，记载着这些弟子所来自的国家，他们是未来的大

① *Historia calamitatum*. ed. J. Monfrin, 2nd edn. (Paris, 1962), p. 70.

师、主教和教皇，他们之中有伦巴第的彼得，也许还有雷切斯伯格的格霍(Gerhoh of Reichersberg)；索尔兹伯里的约翰、切莱斯廷二世(Celestine II)、切莱斯廷三世(Celestine III)、弗赖辛的奥托和默伦的罗伯特(Robert of Melun)肯定是在其中。一位独立的编年史家把他说成最著名的学校的大师，几乎基督教世界各地的文人们都麇集在该校。尊敬的彼得一言以蔽之："他以学富五车而著称于世，名扬四海。"[①]在他早期与爱洛伊丝的关系中，他自私自利，耽于色欲，却获得了她忘我的热情。在后来的岁月里，他以他自己在做修道院长、她做女修道院长时对她的照顾，大大弥补了他的自私，正如他在生命的最后一年里谦逊的仪态和单纯的信仰，使他看起来抹去了早年的傲慢与褊狭的印象。

直到前些年，所有关于阿伯拉尔的讨论还都集中在其被说成是异教的和理性主义的学说上。今天，由于对未出版的手稿的研究以及应用于其著作的批评方法，他可以被看做确实具有重要性的一个人物，他是一个具有超出寻常能力的逻辑学家、有创造力的思想家——能够创造有长久生命力的观念与方法。我们现在不仅有可能比以前更充分地掌握阿伯拉尔的所教和所想，我们也确实知道了，他在一生中总在不断地重写和重新思考他的著作，而且随着时间的推移，他的意见越来越正统，表述得越来越小心。

阿伯拉尔是个理性主义者吗？人们对此问题有不同的回答。80 年前，包括雷南(Renan)在内的十九世纪的理性主义者们在阿

---

① *Letters of Peter the Venerable*, ed. G. Constable, 2vols. (Cambridge, Mass., 1967), I, no. 115, p. 307.

伯拉尔那里看到了他们的启蒙的先兆，而且，那一时期的历史学家也同意他们这种看法。持这种意见的有夏尔·德·雷米扎(Charles de Rémusat)和维克多·库赞(Victor Cousin)，保守一点说，还可以加上后来的莫里斯·德·伍尔夫的观点："彼得·阿伯拉尔扩张了辩证法在神学问题上的权利，他基于理性主义的原则，建立了神学与哲学的关系。"[①]其他人甚至毫不犹豫地为阿伯拉尔推翻了安瑟尔姆的座右铭，他会说，"我理解，以便我可以相信。"然而，甚至在本世纪初，在阿伯拉尔的拥护者的名单中，还可以发现一些最为显赫的名字，其中有哈奈克(Harnack)和波尔塔 112
利耶。后者说道："至少在理论上，阿伯拉尔从未想要对信仰的秘密做出哲学的论证，他更不想声称自己是个理性主义者。"尽管表述各有不同，但这差不多是近来学者们——盖耶尔、什尼(Chenu)、格拉布曼、德·葛林克(de Ghelinck)、吉尔松——一致的意见，而且我们会同意吉尔松的判断：关于自由思想家阿伯拉尔的传说，现在已变成了历史古玩店的陈列品。[②]

事实上，阿伯拉尔绝不是个反对教会权威的叛逆者，也绝不是现代意义上的理性主义者。他在教学中绝没有坚持已受到指责的观点，即使到受到指责为止，他都会强烈抗议说，他被曲解了。与此类似，他从未想要以其辩证法去攻击、反驳或取代依传统而阐述的教会的教义。在这方面，他在其最后一篇论文《神学》中的一段话具有十分的重要性："在已经奠定了权威的基础之后，现在对我

① *Hist. Philosophie médiévale*(1 ed.)I 202.

② *La philosophie au moyen âge*(ed.1944),p.281.

们来说，要做的就是，在这个基础上建起理性的支柱。”[①]这无疑是对其纲领的真切表述，就像1140年他被定罪后在给爱洛伊丝的信里所写的那段著名而动人的话一样：“我决不会是个哲学家——如果这就意味着反对圣保罗的话；我也不会是个亚里士多德——如果这意味着把我与基督分开的话……我已把我的良心放在基督藉以建起其教会的奠基石上了……即使有暴风雨，我也不会动摇；即使狂风呼啸，我也不会胆怯……我栖息在那坚不可摧的基石之上。”[②]这些都不是一个深思熟虑的异教徒或公开申明的理性主义者所说的话。

事实上，有两个完全不同的问题：阿伯拉尔是想以辩证法来阐述关于信仰的教义，并用这种方法来确立这些教义或是使之失败吗？阿伯拉尔是不是事实上在其写作和教学中背离了教会的正统学说？

如同我们所见过的，假如需要用一个字来回答第一个问题，那答案就是“不”。然而，这样一个简单的答案不能满足这件事的复杂性。我们已经看到，安瑟尔姆尽管在倾向上无疑是正统的，却可能过高地估计了辩证法——严谨的逻辑论证——在解释，以及在某种意义上证明信仰的奥秘上所起的作用。阿伯拉尔了解安瑟尔姆的著作，而且，尽管他没提到安瑟尔姆的名言 *credo ut intellig-*
113 *am*（我相信以便理解），却肯定会附和它——尽管可能是在稍微更肤浅一点的层次上并更强调后一个词。但是，阿伯拉尔除了像他

① *Theologia 'Scholarium'* lib.2.(*PL* clxxviii 1039).
② *Ep. Ad Heloissam*, ep.17(*PL* clxxviii 375–8).

同代人一样相信辩证法是一切真理的主人之外，更为熟悉并且相信流行的 *Sprachlogik*（语言逻辑），即确信正因为人们可以找到词汇、术语和方法来绝对忠实地表达真理，所以，一切沉思以及实际上事物自身的表现的性质和方式，都必须遵从训练有素的辩证法家所使用的词汇和术语，并在某种意义上由它们来修正。*A fortiori*（更不必说），宗教真理的神学表达必须符合辩证法的实践，只有这样，对信仰的奥秘的任何讨论或解释才是可行的。这个假定可能是贝伦加尔与兰弗朗克争论的根源。它肯定是贝尔纳和拉波里的吉尔伯特之间误解的首要原因。对阿伯拉尔亦然。从他的天赋、他的选择和实践讲，他都是一个辩证法家，而且他差不多一直是一个辩证法家。信仰的教义对他来说并不是深不见底的源泉，不是用词语反映的启示的超自然真理。相反，可以说，它们是扔给基督教哲学家的许多命题或事实，他可以在这些命题或事实上施展其独创性，对它们，他可以不运用法则而运用逻辑和语法。我们也许可以在许多真诚的宗教学者对待信条的态度上找到现代与此类似的例子，这些学者对文本进行严格的“形式批判”，而根本不考虑过去年代的解释，对那些具有深奥和神圣意义的词语也没有任何清晰的思考，这种意义只能被一个人所掌握，他的心灵是与一种精神目的相协调的。

关于第二个问题，从技术上说，阿伯拉尔的许多表述无疑是非正统的。尽管他的对手特别是圣贝尔纳，也许在他们攻击的激烈性和怀疑的普遍上犯了错误，而且尽管最近的学术成果表明了，至少他的有些表述在上下文中具有一种正统的解释；还表明了，随着岁月的流逝，阿伯拉尔变得越来越尊重传统，而不是相反；然而，他关于三位一体、道成肉身和神的恩典的见解，按照传统标准来说，肯定是错误的，而且，如果按照逻辑的推演，就会有削弱基督教真理表达的危险。80 年前由波尔塔利耶列出的阿伯拉尔著作中的那些错误（至少也是怪异的）命题，不能用语词或逻辑性的解释来完全删除。然而，错误并非总是异端的。在每个时代的神学争论
114 中，在那些被指责为异端的人中，总是有两个派别，即那些事实上在攻击传统教义的人（不管他们是什么职业），以及那些我们可以说是天生就有那个问题的人（尽管他们有许多表白）。这就是阿尔弗雷德·卢瓦齐（Alfred Loisy）和弗里德里克·冯·胡格尔（Friedrech von Hügel）之间的区别，而且，阿伯拉尔属于其中的哪一派是不会有疑问的。

阿伯拉尔的天赋是多方面的，并在他所接触的一切事物上都给人们留下了深刻的印象。我们已经考虑过他对逻辑学的重要贡献，特别是他对共相问题的解答。在方法论上，他以其《是与否》开辟了一个新时代。这篇非凡的论文最早约成形于 1122 年，也许是阿伯拉尔对中世纪思想发展的贡献中最为著名的（尽管并不一定是最重要的）。它在过去的几十年中引起了许多场争论。该文以一段相对较短的序言解释了其目的，并提出了随后的讨论所需的规则，然后是引自圣经和教父们论述 158 个神学问题的一系列经文。经文是分成一组一组的，而且在每个问题上显然都是互相矛盾的。这一著作的精要在于陈说有条理的怀疑。正如阿伯拉尔所说："仔细的和经常的提问是智慧之钥"，或者，如他在同一段序言中所写的："我们由怀疑而提问，由提问而发觉真理。"

关于《是与否》在多大程度上是原创的，它在多大程度上是怀

疑主义的工具,以及它对经院方法的发展有何影响,人们的意见一直有分歧。长久以来一种普遍的意见是,该著作完全是原创的,是具有重大影响的创新,它在该领域的意义,就如同珍妮纺纱机或机械收割机的发明之于经济界。这种观点通常与另一种观点联系在一起,那种观点看中了阿伯拉尔是自由思想的第一位伟大倡导者,而这种观点被富尼埃(Fournier)和格拉布曼的研究令人信服地驳倒了。他们表明,把看来矛盾的典据并列,这在阿伯拉尔的时代已是教规文集编纂者一种通用的方法。这些编纂者不仅收集文本,而且为批评和协调制定规则。特别是康斯坦斯的伯诺尔德(Bernold of Constance)和沙尔特雷的伊伏(Ivo of Chartres)曾运用过这种方法,而且后者的《教令》(*Decretum*)和《帕诺米亚》(*Panormia*)就被证明曾为阿伯拉尔提供过他引自教父们的一些引文。

关于《是与否》的首要目的,有两种观点。在过去,很多人,包括哈奈克,都把它看成是试图通过表明其本质上的自相矛盾来破坏传统,以便给一种更为理性的探讨让路。另外一些人,其中包括 115
一些最伟大的中世纪思想史家,则拼命地反对这种观点,他们在《是与否》中只看到一种为解释和协调典据中的不一致之处和难点而做的训练。这种意见还得到了另外的支持:事实上,这部著作从没有为其对手所利用作为棍子来打击阿伯拉尔。这样一种观点很可能是承认,《是与否》是对那个时代纯粹的传统主义者的学说的一种反应,它是想要为辩证法开拓一片广阔的新领域,为此只举了少数几个例子。

至于该著作对各学校的影响,早期的史学家们的判断是概括性的,阿伯拉尔被拥戴为经院方法的创立者,德尼弗尔(Denifle)

在其早年甚至把该著作视为设问与辩论方法的基础。如我们见到的，所有的人现在都承认，借用是有利于阿伯拉尔的，其实辩论很早就已成为学校中标准的练习，索尔兹伯里的约翰在阿伯拉尔逝世后写作数年，没有把作为辩证法教师的显著地位给予阿伯拉尔，而是以新近介绍给人们的《论题篇》的形式，把这个位置给予了亚里士多德。简而言之，我们可以说，阿伯拉尔以《是与否》和他自己的实践，对神学的辩证法论述给予了强烈的促动；但是，辩论——论据、赞成与反对，判断和对论据的回应——的形式上与必要的技巧方面的演化，主要是发生在重新发现"新逻辑"、亚里士多德的《分析篇》、《论题篇》和《辩谬篇》之后的事。

在神学上，阿伯拉尔的主要成就是在别人只是做了断言或证明的地方讨论并解说了教义的全部领域，并勾画了教义领域的轮廓。的确，看来他是第一个使用 *theologia*（神学）这个拉丁词的人。目前流行的所有欧洲语言的这个词都是这个意思。这个词以前具有希腊教父和伪丹尼斯所熟悉的那种神秘的、或至少是关于上帝及其属性的专门知识的涵义。阿伯拉尔著作各个版本的篇幅和领域在不断扩展，这些著作因为加上了一篇关于基督教教义的"导言"或概论，而成为 *summa*（大全）（即典型的中世纪神学概览）的发展中重要的一环。

当阿伯拉尔这样"引导"学生走向神学时，如他自己告诉我们的，他碰上了一种真正的需要：对信仰的奥秘做出解说，而且他以一些经常是有独创性的观点做出了这种解释，这些观点力求合理。
116 阿伯拉尔在很多方面是个人文主义者，他以牺牲救赎为代价来强调道成肉身和基督上十字架的示范作用；他不看重原罪概念，认为它是一种惩罚，而不是污点；他认为恩典是一种帮助，而非能力的赋予。他反对一切墨守法规的解释，像那种认为基督的死或血是免除魔鬼声称对人类具有的权利的观点。他的三位一体神学是他在苏瓦松所犯的错误的主要部分，而且在桑斯仍然是一项指控。在他的三位一体神学中，主要的谴责是，对于来自罗色林的“三神论（tritheism）”的反应，他根据传统的“转让的圣俸（appropriations）”（圣父的“力量”，圣经的“智慧”和圣灵的“爱”）确立上帝之中的各种特性，因而既把它们降低为一个神的各个方面（撒伯里乌主义[Sabellianism]），也通过一种独占限制了神位的平等。他还受到进一步的谴责：他模糊了基督身上神性和人性的人格统一，因为他把人心当做某种假定的东西，可以说如同圣子身边的一件外衣。这，还有其他一些有问题的命题，构成了一整套给人深刻印象的错误意见，而且，尽管有些是由于错误的术语，有些是在同一著作后来的版本中被悄无声息地遗漏了——因为阿伯拉尔总是在重写他的论文（类似于以前和自那以后的其他讲稿那样），使之更为精确——但烟雾太浓，使得人们听不到救火的呼喊。在其他方面，最主要的指责是说阿伯拉尔在其体系中没有给信仰留出地盘。他不仅提出，古时的圣贤至少对三位一体和道成肉身还有一种发育不全的概念；而且他还提出，独力无助的理性可以大有助于显示基督教的奥秘，而且据说在他眼里，没有理性支持的信仰只不过是一种意见、一种假定（*existimatio*，*aestimatio*）。另外，一项对阿伯拉尔言论的仔细考察表明，他的真正意思往往比他使用生僻词汇可能表示的要更为正统。对希腊教父普遍一无所知，使十二世纪失去了教父们所发展出的一套细致的专用词汇。不仅如此，阿伯拉尔对于了解得非常不够的古人的哲学的过度赞誉，以及他把基督教的启示和道德仅仅看做自然理性和伦理学的顶峰、或可以说是其“成果”的倾向，使他太乐于从异教哲学中发现基督教教义的轮廓，甚至包括三位一体。最后，阿伯拉尔的思想就像在他之前的圣安瑟尔姆那样，缺乏明晰性，因为神学家们还未曾仔细地界
117 定信仰和理性的领域。阿伯拉尔无疑把理性的领域扩展得太大了。

在另一个重要的领域，伦理学的领域，阿伯拉尔注定要留下一个持久的印记。他在《认识你自己》中对道德问题的讨论表明，以他的创造性他可以作为经院道德神学的创建者之一。阿伯拉尔反对当时流行的观点，那种观点把道德上的善仅仅置于一个行为与上帝的法则相符合上，而且这种观点倾向于把原罪看成事实上的违法，即使是在不知道或误解的情况下（例如，在某些日子某种程度的禁食的义务）。阿伯拉尔则把善完全置于行为者的倾向和意愿上，不把原罪视为事实上的违法，而视为藐视立法者上帝。严格地来理解，这是一种开明的、有益健康的观点，至少对于聪明人是如此。它很快成为经院道德学家中的一种常识，不过形式有所修改：一个人在做最后决定时，应该选择这样的决定——在他看来这种决定是正确的，而通过这样做，他表现出一种善的行为，即使他已充分了解了法律或环境是什么情况，他也不会不这样做。阿伯拉尔并不想否认，完全善的行为，既在“实质上”，也在“形式上”善的行为，只有当良心的判断与上帝的法则协调一致，就是说既与道德的自然法则，也与上帝绝对的戒律协调一致的时候，才存在。在一种纯主观的意义上，他不会接受这样一种观点：不存在要么好要

么坏的事物，而是思考使然。[①] 但是，他至少向着被后来的中世纪思想家们发展了的立场前进了第一步。这样，他坚决强调自由意志完全蓄意的选择是邪恶行为的 *sine qua non*（必要条件），这种强调减轻了人类的无知和软弱，减轻了对过去过失的强化和蒙蔽的效果。在评论经文中“圣父，原谅他们吧，他们不知他们干了些什么”这一段时，阿伯拉尔倾向于免除使基督上十字架的人们的罪，他强调“他们不知道他们在做什么”，而不是需要宽恕的含糊不清的原罪。这对当时的敏感问题是一次冲击，这也是人们对他的指责之一。在另一个方面，他的见解缩小了上帝的法则的概念和特殊行为的绝对的伦理学之善的概念。阿伯拉尔以不可思议的准确性预先说出了十四世纪一些“唯意志论者”的意见，他提出，对于上帝就像对于人那样，善取决于自由的选择；他还提出，上帝可 118
能确立了不同于，甚至与希伯来法规和基督教启示相反的道德准则。

不论我们想如何看待他，而且人们对其生活及其部分著作已经有了很深的印象，认为它们是躁动不安的、自负空虚的、缺乏思想深度的，但作为教师和思想家，阿伯拉尔依然是中世纪思想史中最具影响力的五、六个人之一。作为一名具有无可比拟的吸引力的大师，他对提高当时学校的智力水平做出了很大贡献。他在巴黎度过了漫长的岁月，他比任何一个教师都做得更多，来保证该城作为学生生活中心的首要地位。他是辩证法的名家与斗士，他使

① 几乎用不着说，哈姆雷特（第二幕）并不是在表明伦理道德的相对性，而只是给出了关于丹麦生活的愉悦的不同意见的可能性。

该“学科”成为具有高级智力内容的训练。此外，他还创立了一种将有远大前程的认识论学说。他的时代的辩证法由于重新发现亚里士多德而过时；建立在这种辩证法之上的神学思考不仅震动了同时代人，而且未能吸引后人，这些都不是他的错。作为神学家，他是第一个将其论题作为一个整体来看待的，第一个为其弟子们设想一种概览或综合的可能性，因而在确定这种教学方法上扮演了一个重要的角色。最后，也可能是最重要的就是，他探讨神学和伦理学问题时，认为它们是可以阐明、可以解释并通过仔细的推理探讨来部分理解的问题，更进一步说，可以通过一种人文的、实际的，考虑到各种困难和人类的自然感受的态度而部分理解的问题。他力图解决信仰和良心的问题，但不是通过空喊抽象的原则，而是通过考虑日常经验中实际的环境来解决。阿伯拉尔因为两度受到谴责并受到一些著名对手的攻击而未成为一名广被引证的权威，但是他的思想观念在其弟子们的心灵中徘徊，而且其中的许多观念在经院哲学的黄金时代尽管不为人所承认，却还是显露了出来。我们很难再举出其他神学家的例子像这样经常而且是有理由地受到指责，却又对正统思想提供了这么多的方法和素材。然而，尽管有所有这一切，阿伯拉尔却并没有达到最高的成就。在逻辑学和辩证法方面，他来得太早，以致不能享有亚里士多德的全部遗产，而且他所研究的逻辑学很快就不再受欢迎了。在神学上，他既缺乏建设性的力量，又缺乏奥古斯丁、安瑟尔姆、波那文图拉和阿奎那所特有的那种精神洞察力的深度。他们丰富和深化了基督教奥秘的解说，而阿伯拉尔则仅仅能够在人类智慧和经验的较低层次
119 上做出解释和批判。在这个层次上，作为一名在 40 年的时间里以

其魔杖吸引了一大批学生的教师、大师，阿伯拉尔是无可比拟的；在与他的领域相接的领域中，他唯一的竞争者是明谷伟大的修道院长。

第11章　沙尔特雷学校和索尔兹伯里的约翰

阿伯拉尔学说的名声也许在确立巴黎作为思想中心的声誉中是一个重要的因素。我们后面会看到，这一名声是如何为圣维克多学校和伦巴第的彼得及其他人所增强的。然而，对于阿伯拉尔的同代人来说，至那时为止，巴黎看来还并非不可避免地要成为法兰西及欧洲的思想中心。我们记得，在中世纪，伦敦尽管有其财富和人口，有其在行政、财政、司法和社会资本等方面的重要性，却从未有过学人——如果我们除去十四世纪和十五世纪法律协会(Inns of Court)的年轻律师们的话。与此类似，在十二世纪前半期，法兰西的精神生活是以十几个总教堂所在城市为中心的。在这些城市中，占居头等重要地位的当属沙尔特雷。在50多年的时间里，沙尔特雷连续出现了数位无与伦比的大师，而且在其后的一个世纪里，在一个迅速改变的世界中，它长久地保存了它自己的教学与文化传统。

沙尔特雷是位于巴黎西南约50英里处的一座总教堂小城，我们已经知道，它在其主教富尔伯特治下开始出名。富尔伯特是欧里亚克的热尔贝的学生，后来成了贝伦加尔的老师。但是在十一世纪后半期，比起其一打竞争者来，沙尔特雷不再那么出名了。不过，沙尔特雷比其他地方更纯地保存了其文学的和人文主义的传统，这种传统与相应的对哲学的关注又因一系列著名的大师而得以发展。文字方面的训练引到了辩证法方向，这种辩证法一方面与亚里士多德著作的最新版本相并列，同时又是以波埃修斯和柏拉图的《蒂迈欧篇》为依据的，也还包括柏拉图主义和新柏拉图主义传统的其他标志。

看起来，尽管人们从未把一位住在沙尔特雷的英格兰人、巴斯 121
的阿德拉德（Adelard of Bath），与该世纪最初几十年的沙尔特雷学校联系在一起，但是我们在后面的一章里将会看到，他在中世纪的数学和自然科学史中却是一位重要人物。他是一位不停顿的旅行者，他在意大利南部和东地中海接触到阿拉伯和希腊的科学与思想。他在其论文《论同与异》（*De eodem et diverso*）中，也倡导在神学上运用推理和辩证法。在共相问题上（这个问题对他来说是与形而上学相关的），他试图把柏拉图和亚里士多德结合起来。共相，即属与种，内在于个别事物，可以被感官所认识，心灵可以从个别事物中抽象出属来，它们作为观念存在于上帝心中。

关于沙尔特雷的校长，首任校长是伯尔纳，他约在1119年到该校任校长，到1124年任名誉校长，约在1126年逝世。迄今为止，人们还没有发现和出版过他的完整著作，但是，索尔兹伯里的约翰留下不止一篇关于他的教学理论与方法的描述，其中著名的和经常被人引用的是（事实上并非源于伯尔纳）那个比喻：即把现代人比做坐在古人（巨人）肩膀上的矮子，他们可以看得比巨人更远，另外约翰还生动而吸引人地描述了他的文学教学风格，包括晚上的记忆练习、阅读和祈祷，以及早晨的背诵和作文。约翰引述了他关于学习的六个要诀：虚心，好问，安生，沉思，贫穷和离家；约翰认为伯尔纳是那个时代最完美的柏拉图主义者。作为一个柏拉图主义者，伯尔纳把理相和形式区分开来；前者是永恒的，后者反映前者，是自然用它们所说明的东西创造出来的。正是伯尔纳创造了“先天形式(native forms)(*formae nativae*)”这一名词。

拉波里的吉尔伯特接替了伯尔纳的沙尔特雷校长职位，这位教师当属那个世纪阿伯拉尔之后最杰出的思想家之列；作为教士，被不亚于其往昔弟子、索尔兹伯里的约翰的一个裁判者认为，是有资格与圣贝尔纳作全面比较的。拉波里的吉尔伯特事实上全部是那些时代中重新出现的一类杰出人物中的一个范例：他是那种在同时代人看来是一个时代最伟大的人，*nulli secundus*(独一无二)；但在后人的眼里，要做个属于一切时代的人，他却并不够格，
122 不论是由于缺乏天才，还是由于缺乏主要的美德。结果，这种人成了只有历史的重要性的人物。也许18世纪的伏尔泰和休谟与伯克(Burke)和约翰逊相比与此类似。吉尔伯特生于约1080年，他是沙尔特雷的伯尔纳的弟子，并在1126年继他之后任校长。1141年，他到巴黎，在那里，他教书，索尔兹伯里的约翰是其弟子之一；1142年成为普瓦捷(Poitiers)的主教；1154年，他在圣贝尔纳去世一年之后逝世。在历史上，他首先因受到明谷的主教的猛烈攻击而知名，该主教想要谴责他关于三位一体的学说，这样，他就成了马修·阿诺尔德(Matthew Arnold)的十四行诗中的圣徒的隐蔽的对手。在中世纪晚期，他作为 *Liber sex principiorum*(《论六范畴》)一书的作者而驰名，该书对亚里士多德未加考察的六个范畴，即活动(action)、情感(passion)、地点(place)、时间(time)、位置

(position)和习惯(habit)作了透彻的研究。这本书成了经典,大阿尔伯特和其他人对该书都有评论。直到中世纪末,该书一直都被当做教科书,那时,它获得声誉不只是由于印刷术,还由于它被译成了西塞罗风格的拉丁文。该书属吉尔伯特的作品,这最初是在阿尔伯特的时代明确下来的,而且直到我们这个时代,一直都为人们所接受,没有任何问题。然而,在最近几年,有人却令人信服地驳倒了这种看法。

拉波里的吉尔伯特作为早期经院方法的阐述者和实践者,以及作为有独创性的形而上学家,都是非凡的。无论是作为经院方法的阐述者,还是作为其实践者,他都随意地利用波埃修斯,他利用波埃修斯写了一篇详尽的评论;他还从波埃修斯那里得到了实体的两种意义——"是者('that which is')"和"使一事物是其所是者('that which makes a thing what it is')"——之间的区别。他像其老师伯尔纳那样,从亚里士多德和柏拉图那里接受了一些东西。像柏拉图一样,他是个坚定的唯心主义者,把作为范型的不变的理相与被造出来的形式——形式将其本性赋予个别事物——区别开来;但是在认知过程上,他又遵循亚里士多德关于抽象的理论。他与圣贝尔纳的冲突是因他将形而上学的理论运用于三位一体而引起的。尽管根据教父们和教会经久不变的传统,他承认上帝完全是个"单纯的"存有,然而他却认为,只是由于共同神性的"形式"(the 'form' of divinity common to all),三"位"才是一个上帝;而另一方面,正如"人性(humanity)"虽然构成了个别的人本身,却并非个别的人,所以尽管神的本质构成了上帝的每一格位,却并非上帝本身。针对这种观点,贝尔纳提出了他著名的声明:“神的实质、形式、本性、善、智慧、美德和力量都是真正的上帝。我们要把这铭刻于金石之上。”(Migne, *PL* clxxxv 590)。

我们在这里并不关心这场争论的神学含义,也不关心双方互
123 相的人身指责。撇开这些,迄今值得注意的事情是神学真理的辩证解释中方法的不确定性的另一个例子。上一段中对吉尔伯特的描述可能给人这样的印象:问题仅仅是由他把其关于理相的柏拉图主义学说以及其关于实体的波埃修斯主义学说转移到神学上而引起的。然而,看来这对普瓦捷的主教的理智状况不够公正。好一些的解释可能是,吉尔伯特就像阿伯拉尔,或许也像在他之前的贝伦加尔和罗色林那样,未能区分逻辑和形而上学,也未能区分物质的(physical)实在和先验的实在。根据这种观点,他会以一种在他那个时代是逻辑学家们共同的、而对我们来说却难于欣赏的方式认为,词和逻辑谓项及范畴在精神之外的实在中有它们确切的对应者。他们在这方面是极端的唯心主义者,就像后来邓斯·司各脱那样,只是方式有所不同。他们没有区分真实的和仅仅是逻辑的差别或关系。如果心灵只有通过把上帝的善与公正分开,把他的本性与三个格位分开才能思考上帝,那么,这些东西事实上就都是以某种形式分离开的。对于有这种观点的辩证法家,信仰的程式尽管得到真诚的遵守,然而,在辩证法上似乎却是不足的。他们和神学家们都还没能够清楚地划分单单人类理性就可以理解的真理,和超越理性的了解能力、而只能通过信仰或得到神启发的理智才能得到的真理,也没有能够明了,当把适用于前者的程式运用于后一种知识时就没有用了。作为一名神学家,贝尔纳的行动是真诚的,其基本判断也是正确的,但是却没能看到吉尔伯特卷入

了对他来说是真正理智上的难题。对于吉尔伯特来说，尽管他真诚地渴望维护正统，却不愿抛弃辩证方法，而这种辩证方法显然是给那些不长于此道者制造麻烦的，然而在他看来，这种方法对于任何有关这个问题的合乎理性的讨论都是有效的，而且实际上是必不可少的。

再回溯一些年，我们会注意到另外两个杰出的沙尔特雷人。孔什的威廉（William of Chonches，约1080年～约1154年）是沙尔特雷的伯尔纳的弟子，也是英格兰年轻的王子、后来的亨利二世的私人教师，索尔兹伯里的约翰一度也是他的弟子。他是个极端的柏拉图主义者，早期把圣灵认做世界灵魂。这一观点受到蒂耶里的威廉的攻击后，被他收回了。贝尔纳·西尔韦斯特里（Bernard Silvestris）或图尔的贝尔纳（不要把他与自1156年任沙尔特 124
雷校长的坎佩尔的主教[1159年～1167年]相混淆）继续了这种泛神论的学术趋向，这种倾向在相关的人的神学中没有什么对应者。他在朝向一种完全的哲学泛神论的路上走得很远，他认为，世界上的每一事物都从一个世界灵魂、从神的理性的流溢中得以发源。这样的观点尽管从很多方面来说是沙尔特雷思潮的产物，却并非该校典型的思想，在拉波里的吉尔伯特死后的一个多世纪里，它作为优雅文学和自然科学关注的焦点继续存在。

在此时沙尔特雷学校的杰出人物中，可以恰如其分地把那个时代最有造诣的学者和文体家、英格兰人索尔兹伯里的约翰包括在内，在以后的几个世纪中，看来是他体现了文学的和哲学的文化，我们在他的著作中可以看到这些方面极为丰富的内容。索尔兹伯里的约翰属于那种由于养尊处优而既代表、又为我们描绘了一个时代的高雅精神生活的人。他是十二世纪的伊拉斯谟(Erasmus)、约翰逊。在一个群英荟萃的时代,他与西北欧几乎所有的名流或相识,或为友;当文学界比以前或以后都大为扩展、在精神上更为整齐划一之时,他是个敏锐的观察家,是个有戒备但不怀恶意的批评家,并且是个文体大师,其文体清晰,妙语连珠,恰如其分地展示了一个健全、真诚、谨慎和有几分老练的心灵。

索尔兹伯里的约翰约1115年生于塞勒姆旧城(Old Sarum)。他从一位教区牧师那里接受了最初的教育,然后又到法兰西度过了12年,经常造访饱学之士。阿伯拉尔、默伦的罗伯特、孔什的威廉、沙尔特雷的蒂耶里、罗伯特·普伦和拉波里的吉尔伯特,还有其他许多人,都是他的老师。他丰富多样的通信表明,他与当时许多伟大的教士、红衣主教、主教和修道院长有愉快或友善的关系。从1148年起,他成了教廷的常客,并被引荐给1148年的兰斯会议,其时,拉波里的吉尔伯特的学说受到了非难,但没有受到谴责。早在1147年,他就已经拿着圣贝尔纳为他写给坎特伯雷大主教西奥博尔德(Theobald)的介绍信,成了其助理牧师和秘书,自那以后,大主教的大部分信件事实上就是他的作品,而且经常是他的构思。斯塔布斯(Stubbus)那样有说服力地描写的就是这些年,其时在坎特伯雷,在西奥博尔德周围有一批教会法规学者、神学家和文人,甚至于人们就一直称这些人为一所大学,也许称其为中世纪的
125 万灵学院较为合适。约翰总是罗马教廷的 *persona grata*(受欢迎的人),还是英格兰人教皇哈德良四世(Hadrian IV)的密友。正是约翰,在贝内文托(Benevento)得到教皇准许,把爱尔兰授予亨利二世,但是在国王的不满之下他神秘地失势了。也许亨利认为

他与罗马的关系太近，约翰也多少从其公开活动中退出了，这使他有时间写作。这些年中，他完成了两本最值得重视的著作，一本是《政治家指南》(*Policraticus*)，论述那些过上层生活的人的错误与弱点；另一本是《逻辑学讲解》(*Metalogicon*)，论述亚里士多德的逻辑学，广泛涉及当时学校中的思潮与人物，以及约翰自己的经验。这两本书都完成于大约1159年，并在当年题献和送给他的朋友及不久前的同事托马斯·贝克特(Thomas Becket)，当时托马斯·贝克特正作为校长和他的教师一起受困于图卢兹。西奥博尔德死后，约翰继续在坎特伯雷追随大主教托马斯，他是被派到教皇那里接受大主教披肩的人之一，在1163或1164年，他在托马斯之前被放逐。他主要是与他的朋友皮埃尔·德·塞勒(Pierre de Celle)度过这段流亡生活的。在此期间，他写了他的第三部重要著作《教廷史》(*Historia pontificalis*)。在随后的整整六年中，他的信件是了解大主教和国王之间斗争最有价值的资料来源之一。约翰始终如一地支持大主教，尽管他非常不同的思想和性格使他不能像他的主人一样急躁、激烈，有英雄般的自我牺牲精神。1170年11月29日，他出席了在其坎特伯雷的宅第中进行的骑士们与大主教的会谈，并很有特色地评论说，大主教是这些人中唯一看来想要为死而死的人。他可能只是在总教堂的谋杀之前不久才逃离的，但是从第一刻起，他就投入其全部精力为他的朋友维护其烈士和圣徒的称号。1176年，他被选为沙尔特雷的主教，这很大成分是考虑到他与圣托马斯的密切关系。他生命的最后四年就用来管理其教区，1180年去世。一个在思想史上作为 *anima naturaliter*

Carnotensis（卡尔诺[1]人的天然灵魂）而存在的人与沙尔特雷及其正在兴起的总教堂的这种官方联系之中，有着某种契合。

第一次认真注意索尔兹伯里的约翰的，是两位杰出的学者 R. L. 普勒（Poole）和 C. C. J. 韦布（Webb）。除了文章和摘要之外，他们还写了一本传记，为我们提供了精心编辑的他的一些著作。更近一些年的，有《教廷史》和在《纳尔逊（现为牛津）中世纪文献》（Nelson's Medieval Texts）中重新编辑的书信。尽管他以拉丁风格写成的著作之纯正与灵活是那个世纪的任何作家都无法相比
126 的，尽管每一页都反映出其作者冷静、文雅和批判性的观点以及敏锐的辨别力，但它们并不容易读。这部分地是因为，像所有中世纪的自由作品一样，它们都是非常散漫的，而且论题没有次序，也不引人入胜；部分地是因为，它们向我们介绍的那个世界很不像我们自己的这个世界，而且其观点比起圣贝尔纳较为单纯、更富感情、也更清教主义的观点来，对我们是更为陌生的；部分地也是因为，它们在非常多的地方论述哲学训练的一个过了时的方面的细节。然而，它们是关于人物与学说的资料宝库。*Policraticus*（或《政治家指南》）名义上是批评献媚者的追求，却发展为一篇政治思想著作，是中世纪英格兰的第一篇这种著作，其中陈述了理想君主的性格特点和责任，并且与暴君的行为形成对照。《逻辑学讲解》一书是对逻辑的辩护，特别是对亚里士多德的形式逻辑学说的辩护。没有逻辑，一切争论和所有的哲学都是笨拙的、“业余的”和徒劳的。但是，约翰尽管是个训练有素的信徒，却对那种津津乐道于索

---

[1] 即沙尔特雷。——译注

然无味和浅薄的争论，以及滥用辩证法以赚取钱财的行为表示痛惜。他在这本书中和在其他地方攻击了一类神职人员及其代表科尔尼菲齐乌斯(Cornificius)，此人至今身份不明，其研习纯粹出于功利目的。《教廷史》一书以一部不完整的手稿存留了下来，该书是想成为让布卢的西日贝尔(Sigebert of Gembloux)的编年史的续篇，它记述了至兰斯会议为止的教会史。约翰那时正在教廷，他的历史记述的内容一直到 1152 年，即犹金三世(Eugenius III)死前不久。书里充满了生动的人物速写、进入伟大事件之中的生活场景以及敏锐的判断。他对在兰斯的对手们——圣徒一样的改革者明谷的贝尔纳和博学而令人尊敬的大师和主教拉波里的吉尔伯特——的描绘，也许再好不过地显示了十二世纪人文教育精美的作品。

> 双方尽管旨趣不同，却都是罕见地博学，极为雄辩。那位修道院长如其著作所表明的，是一位卓越的传道士，我想，自从大格列高利以来，还没有人能与之相比。他有一种独具吸引力的风格，他深谙圣经，利用先知或使徒的话恰如其分地解说他必须说出的一切。他运用圣经确实极其自如，在讲话、布道或写信时几乎没有不运用圣经语言的。我不记得有任何人更贴切地符合于贺拉斯的描述：
>
> “如果你安排得巧妙，家喻户晓的字便会取得新义，表达 127
> 就能尽善尽美。”
>
> 然而，他对世俗学问所知甚少，在这方面，像人们通常所想的那样，主教在我们这个时代是无人可比的。他们每个人都有敏锐的头脑，并运用它来解释《圣经》，但修道院长在实际

问题方面更有经验、有能力。至于主教，尽管对圣经的词汇没有这般精通，然而，据多数人的看法，他对教会的博士希拉里(Hilary)、杰罗姆(Jerome)、奥古斯丁等，比贝尔纳更了解。他的学说在初学者们看来可能是晦涩的，但当他们有所进步时，这一学说就显得既更为坚实，又表达得更为精练。他把各种知识都当做有用的机会加以利用，知道所有这些知识放在一起可以彼此支持而组成一个整体。甚至在神学中，他也列举从诗人和哲学家那里得来的例子来说明词汇的性质。当他说得轻松自在时，他显得沉重；但当他受到反驳的刺激和论据的猛击时，他却又表现出他既能条理分明，又能满腹经纶。你们会希望他总是会被激怒，因而他的精神之火与力量可以照亮你们，并使你们也激动起来。很多人都试图在这二人各自的领域中模仿他们，但是我觉得没有一个人能与他们相提并论……人们对于贝尔纳就有各种不同的见解，对他纠缠像彼得·阿伯拉尔和吉尔伯特这样在学问上如此杰出的两个人，带着敌意使其中一个受谴责，并尽力去败坏另一个人的名誉这样的行为，人们的评判也是有变化的。但至于我自己，我无法相信，如此圣洁的人会缺乏对上帝的热情，或者说这样一位博学而有德行的主教会写出没有任何道理的东西——尽管许多人没能领会他的意思。因为他是个具有最敏锐的思想的人，他读过所有的书，据我估计，他用于读书和批判的时间差不多有60年，而且他对人文学科极为精通，在所有人文学科中，没有人能超过他，不，确切地说，人们认为，正是他超过了所有的人。而且，如我所想象的，他不再与修道院长和其他献身于神的人有分歧,因为现在他们都凝神瞩望着他们过去一直想要见到的真理。①

索尔兹伯里的约翰并不像大部分我们所回顾的那些人那样是一位职业哲学家或神学家。他作为行家,*jam rude donati*,能从外面以知识和有见地的批判来说话,支持他们,②就像昨天和前天格莱斯顿(Glastone)或阿斯奎斯(Asquith)支持职业的古典学者或柏拉图主义者。所以,索尔兹伯里的约翰可以批判他的时代,他所有著作的重任就是捍卫沙尔特雷的理想,捍卫其文学和哲学方面的教育;因为它可能是牛津的老"大师们"的学校,不是为了获取 128
财富或地位的一种准备,或作为学术研究的角落,而是为了基督教人文主义的完满生活。因此,在我们放下"英格兰学术的中心人物"这个所有的人都认为是这一时代欧洲文化最美丽的花朵的威尔特郡人,这个当沙尔特雷主教堂正在修建时任其主教的英格兰人之前,我们会注意到,所有写中世纪思想史的人所勾画的他的基本形象都是一致的:"他有一颗敏锐、高雅而并非强有力的心,它经过精心锤炼,如此丰富,如此成熟,经过如此细致的培育,当我们思考它时,其风采更使那整个时代的形象高大生辉。"③

① 约翰对贝尔纳和吉尔伯特的判断见《教廷史》,M. Chibnall 编辑(Nelson, Edinburgh, 1956; revised edition, Oxford Medieval Texts, 1986), pp. 26, 16 – 17. 译文是我的。

② 职业哲学家或神学家。——译注

③ 吉尔松的看法是我译自法文版的。读者可以在 *History of Christian Philosophy in the Middle Ages*(《中世纪基督教哲学史》)(London, 1955)第 153 页读到这段话他自己的译文。

按：沙尔特雷“学派(School)”的存在在 R. W. 萨森(Southern)教授的《中世纪人文主义及其他》(牛津，1970 年)(*Medieval Humanism and Other Studies*)一书中(第 61～85 页)受到了质疑。当然，他并不否认沙尔特雷有一所著名的主教学校，但是他主张，哲学和神学上的“沙尔特雷学派”主要是由 R. L. 普尔在《中世纪思想史解说》(*Illustrations of the History of Medieval Thought*)(1884 年，1920 年第二版)和阿贝·A. 克莱尔沃(Abbé A. Clerval)在《沙尔特雷学校》(*Les écoles de Chartres*)中制造出来的，他们想要在一系列的大师，特别是沙尔特雷的伯尔纳、孔什的威廉、沙尔特雷的蒂耶里和拉波里的吉尔伯特那里找到一种哲学和神学学说上的一致性。萨森指出，这一系列大师中的第一位，与其说是个思想家，倒不如说是个教师；其他几个人，不管他们与沙尔特雷有什么联系，都同样与巴黎有关系，而且，他们的思想在重要的方面都与那个时代多数教师的共同点没有不同。萨森的例子是对这个问题的一个有力的，而且可能是有根据的修正；但是，当问题在学者之中仍然是 *sub judice*(悬而未决)时，我还是迟疑不敢重写这一章，因为这样的重写会使一种不适当的批评性讨论在一小段描述中成为必须的。不管最终决定是什么，它都不会影响对相关大师们的思想的分析。

第12章 圣维克多学派和圣贝尔纳

十二世纪前半期，在巴黎兴起了一个有影响的思想派别，该派别有自己的表述方法，一方面，它完全不同于批判的、辩证的，并在某些方面非宗教的阿伯拉尔学派；另一方面，完全不同于文学的、人文主义的、柏拉图化的沙尔特雷学派。这一学派引人注目地显示了十二世纪前半期思潮的丰富与多样。这就是所谓的——也许不幸是所谓的——维克多的神秘主义学派。

位于塞纳河左岸的圣维克多奥古斯丁修道院起源于以香浦的威廉为首的一个小团体。香浦的威廉于1108年退休隐居。拉瓦尔丹的希尔德伯特（Hildebert of Lavardin）曾劝威廉重新授课，这个团体也曾拥有很多成员，并有很好的名声。15年或20年后，它达到了较高的知名度，这时，其中的一位年轻牧师休（Hugh）开始了其教师生涯（约1125年）。圣维克多的休及其继承人和弟子理查德（Richard）更多地吸引了他们同时代许多不太出名的学者的注意，而不大为现代学者所注意，这可能部分地是因为他们在十九世纪史学家的著作中有关神秘主义的记录中的名声，以及他们（就理查德来说）对于圣经和礼拜仪式的过分寓言式的处理。的确，直到不久之前，他们一直是两头落空：作为神学家中的神秘主义者，他们又是神秘主义者中的神学家，而且大多数研究中世纪思想的史学家关心的是其思维而非其神秘主义的内容，而近代研究神秘主义的史学家们却又倾向于避开思辨神学。直到最近，才时兴把神秘主义和经院哲学看成是互不相容的，看成一个反对另一
130 个。维克多学派被当作一个由两种只能孤立地研究的成分构成的混合体而被默默地忽视了。然而，维克多学派的同时代人和继承者们并没有这种错误的观念，并且颂扬休，因为作为一个伟大时代最伟大的人物之一，他确实值得颂扬。当然，如果一种关于要用伟大的标准来称赞所有人都称其伟大的那些人，那么休就完全有权获得这个称号。他同时代的人们认为他是“新的奥古斯丁”，他的判断对于圣托马斯来说是必须尊重的，它们具有权威的力量，*robur auctoritatis*（绝对权威）。最近的一个批评家是与他的同时代人相一致的：佩尔·德·葛林克描写他笔触的精细、其风格的清新，详细讲述他语气的温和，其准确的心理以及其思想的崇高，他对真理的思索反映在他判断的公正和表达的精确上。

把神秘主义者这个称呼给予休是一种误导，除非对这个词作仔细的界定。如果我们把神秘主义理解为一个像吕斯布鲁克（Ruysbroek）或十字架的约翰那样，以其对灵魂与上帝融合的描写而著称的人，那么，休就不是个神秘主义者。如果说这么称呼他是完全正确的，那只是因为对他来说，追求神的真理在本质上与追求美德有密切的关系；还因为他教导说，在美德之中成长起来的人变得更像上帝，因而也看得更清楚，“心地纯洁的人是有福的，因为他们将见到上帝。”休欢迎一切知识，而远不仇视理性与科学。他根据他作为初学者珍贵的个人经验写道：“学你所能学习的一切知识吧，你以后会发现，什么都不会没用的。”他还说：“人类的所有知

识都对研习神学者有用。”[1]这后一句话就其含义来说，是典型的中世纪语言，它也许就是现代人忽视休的理由，因为他的两条基本原理对我们所有人的思想方法来说都太陌生了，因而几乎阻止了我们去理解说出这两条原理的人的企图。这两条原理就是：一切文科学科和科学都可以从修道院的书中学到；一切自然知识都是通向神学的门径。

当时的作家们没有注意到休的早期生活和他的人格，他们告诉我们很多关于阿伯拉尔和圣贝尔纳的事。看来，萨克森（Saxony）的贵族世系的传说大概是不可靠的，即便他少年时代看来确实在萨克森的一所修道院待过几年。他可能出自法兰西北部或佛兰德斯（Flanders）一个地位低下的家庭。关于他在圣维克多的生活几乎没有记载了，他从没有在那里当过院长，但是有一个见证人对其临终教诲做的一份完整记述。他是当时自圣贝尔纳以后一些最著名人物的顾问，并与他们通信，但是，保存下来为数不多的他的 131
信件至今还未结集出版。另一方面，他的著作清楚地勾画了一个明晰的头脑和超凡脱俗却又温和保守的观点。

在经院哲学思想史中，休主要是因为其两部著作而具有重要性，一部相对短些，另一部是大部头。《讲授学》（*Didascalicon*）是涵盖整个教育领域的一个大纲。《基督教圣事论》（*De sacramentis christianae fidei*）是第一次大规模地真正全面审视神学的所有分支的尝试，因为几乎同时代的阿伯拉尔的《神学》只是很不充分的一部概要。《讲授学》成了后来论述教育与方法的作家们的 *lo-*

---

① Omnia disce,&c.’见 *Didascalicon* Ⅵ 3.

cus classicus（经典论据），该书值得注意是因为它包含了所有已知的人文学科和科学，包括标准的神学家课程表之内的辩证法。《基督教圣事论》重要，是因为它对神学教学的影响，该书还结合了阿伯拉尔的不同的方法，从而成为以后数百年间各种 *summae*（大全）的祖先。它重要也还因为它是安瑟尔姆的辩证法用法的扩展，而非阿伯拉尔用法的扩展。他运用逻辑和沉思来透视并确立学说，而不是建立起机巧的结论与推演的大厦。他的研究方法和他的风格中有不少奥古斯丁的色彩，而且，他会完全赞同安瑟尔姆的 *credo ut intelligam*（我相信，以便理解），但是，尽管他比安瑟尔姆更有条理、更"经院"，他也绝不是在后来的神学家们所赋予的那种意义上的"奥古斯丁主义的"，他对于解释认知过程的理智的神圣光照也一无所知。心灵通过抽象获取知识，事实上，心灵确实对呈现给它的一切存有和数学的本质一视同仁。就如同在对待一条线、一个平面、一个点时，心灵从所有偶然的、不完美的对象中抽象出来，然后运用理智的概念作为科学论证的根据。这种见解以及他关于共相的学说与阿伯拉尔的非常接近。所以，他证明个人的存在时利用了奥古斯丁主义的思想及思想者的直接感知，他的上帝存在的论证也是仿效奥古斯丁的，而在这些之中没有任何东西可以正确地称为神秘主义的。他把信仰描述为"以比意见更强，而没有直接知识那么强的确实性来赞同不可见的事物的意愿"，这后
132 来成了经典之论。[①] 只是在神学的较高层次上，休才成为一个"神

① 休对信仰的定义是：*Fides est certitudo quaetam animi de rebus absentibus supra opinionem et infra scientiam constituta*.（Migne，*PL* clxxvi 330）。

秘主义的"神学家，即使在这里，他的"神秘主义"也并不影响他的认识论。他并不主张把理智的神圣光照作为理智发生作用的认识论条件。他只是认为，掌握神学真理有三条逐渐趋向完美的道路：一是信仰，它在某些方面是盲目的；二是神学家更深一些的知识，神学家用其理智来探寻信仰所持有的真理的内容；最后是上帝赋予爱上帝的人的力量，使之能认识到并看穿信仰的奥秘，并随后将其展示给他人。这当然是基督教一般的教义，尽管并非总是被明确地这样断言，但这种观念不同于阿伯拉尔的观念，阿伯拉尔倾向于把理智看做探照灯，它能够发现一切真理，甚至发现只有由启示才能昭示的秘密。圣维克多的休倒宁可说："如果什么人遵从圣父的意志，他就会在其自身之内了解到"信仰所持有的真理"是什么意思"。在这里，他则完全汇入了由圣托马斯详尽阐述的最纯粹的传统学说之流中了。维克多学派的成分在阿奎那那里确实是非常大的。

休的继承人是一位在中世纪差不多同样著名的教师理查德，关于他的出身和生平，人们所知无几。据传说，他生为一个苏格兰人，他的整个成年生活都是在圣维克多度过的，他后来成为其院长，并于 1173 年逝世。其思想主线与休的相似是显而易见的，他就是休的弟子。但是，最近的研究在其著作中发现了一定程度的独创性，以及比休所表现出来的更强的思辨能力。特别是，他发展了安瑟尔姆的教义："充分而使人信服的论据"（*rationes necessariae*）可以作为信仰的奥秘而找到。他在经验中找到了一条上帝存在的主要论据：我们所经验的一切都有始有终，但必定有个存有其存在（existence）是自因的，否则什么东西都不会存在；一个是其自身存在的原因的存有必定是无始或无终的。与此类似，在三位一体的问题上（他在这个问题上投入了很多思想），他努力以“必要的论据”阐释其奥秘，显示了迄今为止在严格正统的神学家中无人能比的勇敢和敏锐，并且提出了一个关于“格位（person）”的定义，这个定义在用于神的格位时比波埃修斯的定义更令人满意。然而，包括只是最近才获得人们充分认识的其思想的创造性在内，圣维克多的理查德的声誉主要在于他的两部关于神秘主义神学的论文《玄思的恩典》（大著作）（*Benjamin Major*）和《灵魂玄思之先导》
133 （小著作）（*Benjamin Minor*）。它们在很长时间内一直是所有论述玄思的作家们的典范，甚至在那些以新的方言写作和教学的沉思者们的生活经验使这些作家的一些教导变得过时了之后，仍然是这样。对于但丁和其他许多人来说，“在沉思方面超乎于人的”[①]理查德正是基督教神秘主义的典型，但是，并非所有读他著作的人都会确信，他本人是个有广泛经验的神秘主义者。他具有一切学者所具有的对体系和分类的爱好，尽管他利用伪丹尼斯而对从奥古斯丁和格列高利那里传下来的传统做了新的廓清，提出了新的定义，而且他可能在没有充分意识到的情况下，通过引进沉思生活不可分割的一部分的爱，而不仅是知识，而有益地加强了狄奥尼修斯的体系。像休一样，理查德在其所有的宗教著作中反映出了奥古斯丁的观点和学说，他就是受其滋养的，但是在他的两部 *Benjamins* 中，他与其说是基督教精神生活的理论家，不如说是为有一定程度沉思生活的个人之心灵而写作的精神上的大师。在这

① *Paradiso* X，131－132.

里，以及在他对于从思考到沉思，再由沉思到迷狂这个上升过程的描写中，理查德清楚地显示了伪丹尼斯的有力影响，伪丹尼斯的著作甚至在那时还可以找到新的译本。然而，他却不再依样画葫芦了。尽管那最终的迷狂是狄奥尼修斯式的，他却把新柏拉图主义的超本质上帝（super-essential God）的概念完全修改为“一片乌云（cloud of darkness）”，与这片乌云的合一只可能是短暂的。对于理查德来说，这片乌云是在灵魂和造物以及无知之云之间的一种遗忘障碍，在这里，上帝放射出他的光芒：这是一个要在以后几个世纪中取得伟大胜利的观念。不仅如此，狄奥尼修斯的思想过程差不多完全变成了意志的、因而也是爱的工作，这对于基督教神秘主义神学来说，具有更重要的意义。理查德在这里至少显示出贝尔纳和西多学派（Cistercian school）的间接影响。当他通过把奥古斯丁传统转换成经院哲学语汇而赋予奥古斯丁传统以新生时，他就以强调爱之中的意志的首要性而赋予了这种传统的表达一种新特征。

在这个世纪的后半期，理查德之外的其他人致力于神秘主义神学。索尔兹伯里的约翰的朋友约翰内斯·萨拉塞努斯（Johannes Sarracenus）翻译出了狄奥尼修斯的新译本，后来广为人知。而圣维克多的一位牧师，后来成为韦尔切利（Vercelli）修道院长的托马斯·加卢斯（Thomas Gallus）（1246年逝世）写了一篇对其著作的评论，这篇评论对宗教作家们有广泛而深刻的影响。托马斯·加卢斯实际上不仅发展了沉思生活中的意志部分，而且预示了许 134
多后来为中世纪晚期神秘主义作家所采纳的学说，并使之变为基督教精神的共同遗产。

不可思议的是，在接近该世纪末时，圣维克多学派产生了一个性情率直，甚至是暴躁的反对辩证法的辩驳者，圣维克多的沃尔特（Walter of St Victor），他写了一本反对“法兰西的四位混乱大师”（*Contra quatuor labyrinthos Franciae*，1177～8）的小册子。这四位大师就是阿伯拉尔、拉波里的吉尔伯特、伦巴第的彼得和普瓦捷的彼得（Peter of Poitiers）。四人唯一共同的东西是人们假定他们在反对传统教条时都依赖亚里士多德。沃尔特对伦巴第的诅咒：“让你的语法跟你见鬼去吧！”（*Grammatica tua sit tibi in perditionem*）是众所周知且很有特性的。在沃尔特之前，有一批赞美诗和圣歌作者，是与休和理查德协调一致的，其中居首位的圣维克多的亚当，普遍认为他在其有限然而非常灵活的艺术形式方面是出类拔萃的。

在浏览十二世纪的各种思潮时，如果完全忽略了提及一个人的有生气的人格，将是不可原谅的。尽管确切地说，这个人从来不是学校的教师，却能够、而且是其同时代人中唯一能够淹没、（或者如果可以这样说的话）阻塞所有其他声音的人，而且他在中世纪的宗教思想与感情之网上，比那个世纪的任何人都更多地改变和塑造了宗教思想与感情的样式。一个最终比我们在前两章中提到的任何人都更广泛、更深刻地影响了其同时代人的人，竟然会远离一切知识，竟然会在某些方面确实对一切知识都抱有敌意，这初看起来毕竟是荒谬的。实际上，在很多方面，圣贝尔纳极度的精神上的清教主义的声誉是一种超级欺骗（即使是无意识的）的结果。历史学家和批评家们或者花了很大功夫表明，他们不同意贝尔纳对哲学家们的滔滔不绝（*verbosa loquacitas philosophorum*）和只能教人虚浮的处世之道（*scientia mundi quae docet vanitatem*）所作的攻击，并对之作了回应；或者花了很大功夫来赞美他的职业，而他唯一的学问是基督的十字架；但他们没有注意到，他们所面对的不仅是个博览群书、智力超人的思辨神学家，而且是一位一流的文学天才、中世纪最伟大的语言大师，这个时代中，只有他一个人具有与狄摩西尼（Demosthenes）、西塞罗和伯克同样的力量来带我们和他一起为其雄辩而快乐，为其艺术品位和辩证法的技巧而陶醉。在斗争最激烈的时候，拉波里的吉尔伯特也许会拒绝与对高级语 135
法所知无几的人进行争辩，但是，普通的对手发现，仅仅作为一个技有专长的人，贝尔纳比他强。的确，对于十二世纪早期广泛传播的文学文化，再没有比一个外省的小学校里出了个贝尔纳给人更深刻印象的见证的了。这里，我们不能指望哪怕最粗略地考虑“最后的教父”的著作（这样称呼是因为他是在重大神学问题上进行写作而不用辩证法资料的最后一人），但是我们必须永远牢记，他伟大的人格以及他尽人皆读的著作，不管它们是什么等级或次序，让我们说，在某种程度上就像所有受过教育的当代人都读波舒哀（Bossuet）和纽曼一样，在抑制理性主义辩证法的洪水方面，有一种极大的、可以说是无法估量的影响。

如同历史学家们开始意识到的，贝尔纳实际上甚至还不止是一个有技巧而且老练的语言大师，他的许多论文，甚至其《论赞美歌布道辞》的一大部分，都是由组织严密的论证构成的，而且，他的许多布道辞对他的听众来说，是一种很重的智力与精神的负担。此外，贝尔纳还从一个至今尚未能弄清的来源，学到了一种有用的、关于尼萨的格列高利和伪狄奥尼修斯的希腊神秘主义教义的知识。而同时，他提出神秘主义的联合是爱的联合和意志统一的联合，而不是知识的联合。这个概念很适合基督教传统和传统的禁欲主义教义。如果说它没有对圣维克多的理查德产生影响的话，它至少也对十四世纪的神秘主义作家有深刻的影响。事实上，即使人们根本不考虑其尊严与威望，贝尔纳也是个不平凡的对手。

他对阿伯拉尔和拉波里的吉尔伯特的攻击将永远是著名的和引起争论的话题。就阿伯拉尔来说，历史学家们强调两个人之间在观点、心理构成和“履历”上无法缩小的差别无疑是正确的，这种差别甚至比其他一些对手之间诸如波舒哀与费奈隆(Fénelon)、曼宁(Manning)和纽曼之间的差别还要显著。但是，在这两场争论中还有一种更为严重的和确实的差别。甚至阿伯拉尔在神学上无容置疑的不精确性，以及在较小程度上吉尔伯特在神学上的不精确性，都不是贝尔纳怀疑他们的根本原因。引起反感的公开的、在
136 某些方面是真正原因的，是两个人都使用了一个新概念，这个概念是关于语法和逻辑在应用于神学或伦理学问题时的功能的，而且被证明是过渡性的概念；以及两人都确信辩证法能够充分表达基督教启示的对象。也许我们在六七十年前许多自然科学家对待一切精神性实在的态度中可以找到类似的例子：他们想要以科学术语来表述它，要么就根本不表述。阿伯拉尔和吉尔伯特两人尽管是无意的，而且程度不同，实际上却都与理性主义很接近。他们认为，他们所运用的那种形式的辩证法有一种绝对的形而上学的价值，他们至少在实践中忽视了理性可以理解的真理和理性无法掌握的真理之间的鸿沟。可以说，他们的知识领域是从语法和逻辑向上构筑的；而对于贝尔纳来说，是从神的启示和信仰向下塑造的。

三、新大学——重新发现亚里士多德

第 13 章　大学的起源

中世纪拉丁文中 *universitas* 一词与研习的课程范围没有关系，它表示一个特定阶层的人的整个集聚或整体，实际上与现代词汇中"贸易联盟"中的"联盟"一词意思非常接近。在法律上，它几乎就是拉丁词 *collegium*[①] 的同义语；就社会的比较而言，它差不多与古英语中的 guild（行会）同义。*Universitas* 首先是既包括教师也包括学生的整体，然后很自然地就是指他们的自治行会和团体。这个词直到中世纪最后一个阶段之前都没有获得其地方性或教育上的含义。我们的"大学"（"university"）一词用最恰当的中世纪拉丁文来表示是 *studium generale*（总学馆），这里，*studium* 是指"学习上的设施"或有组织的学校；*generale* 与教授的学科无关，而与学生的来源有关，就像我们可能会说，是"一般的"或"国际的"。像在许多这样的演化中那样，一个纯粹中性的描述性词汇后来变成了专用术语。*Studium generale* 最初是陈述事实，并不提供法律上的定义，尽管最初的两所大学博洛尼亚和巴黎从一开始就是所有其他学校之上的第一所 *studia generalia*，但是这个名称并非不能用在其他学校上或被其他学校所采用。然而，在接近十

---

① 学会、社团、同志关系。——译注

二世纪末时，又有两个概念逐渐附加在这个词上了：这是一所至少有三个高等学院——神学、法学和医学——之一的学校；要有相当数量的教师在那里从事教学。从大约 1200 年以后，又有一个观念发展起来，即其执教许可的普遍有效性——*jus ubique docendi*（通用执教权）。这种特权就最初的大学来说，是一种自发的、约定
140 俗成的对事实的认可，后来就成了承认一所新大学时最重要的特征，颁发许可的权利属于教皇。

在整个中世纪晚期，医学、法律和神学是被承认为高等研究仅有的三个分支，而且，令现代人多少有些吃惊的是，在这些学院中组织的教学，是按上面的命令开始其学年的，而且使萨莱诺、博洛尼亚和巴黎分别成为名声的焦点。

尽管萨莱诺的名声持续了不到两个世纪，而且很快受到蒙彼利埃和博洛尼亚的挑战并随之黯然失色，我们还是必须首先来考虑它。虽然该校兴起的最终动力因应当在欧洲觉醒的神秘基础中去寻找，但还是有可能提出，为什么医学是最早出现的一种有组织的职业训练的科目，萨莱诺是其出现的地点。文艺复兴在任何情况下都是新兴的思想加工旧材料，这种情况在意大利南方和西西里是再多不过了，那里原是 *Magna Graecia*（大希腊），那里在整个“黑暗年代”曾一直与更为文明的东罗马帝国有联系，希腊、拉丁、犹太和阿拉伯四条文明之流在那里汇合。很可能罗马的，也就是希腊的医学实践传统在一个物质文明总是徘徊的地区就从未完全消失过，而且萨莱诺以其气候和春天而著名。那里，名医云集，从中渐渐滋生出一种教学的传统。就像有人恰当地说的那样，它在希波克拉底、盖伦和其他希腊医学经典的译本中得到了“表达”。

这些译本是非洲人康斯坦丁从阿拉伯文翻译过来的,康斯坦丁决不像拉什多尔认为的那样,是这样一种有影响的神话般的源头。在大约1100年,萨莱诺达到了其声誉的顶峰,即著名的*Regimen sanitatis Salerni*(萨莱诺盛世)时期,它在那时还没发展成为一所有组织的大学,人们没有正式承认它是一所大学,直到腓特烈二世(Frederick II)1231年发布谕令。在其早期,它从没有其他的学院,而且在十三世纪很快地衰落了。阿拉伯医学结合了诸如蒙彼利埃这样正在繁荣兴旺起来的大学中的其他医学院,把萨莱诺甩在了时代的后面,尽管它还一直惨淡经营,直到拿破仑一世对它和其他一些令人尊敬的千年王国信徒进行镇压为止。

另一方面,博洛尼亚不仅是第一所正式的大学,而且是第一所有两种类型或两派法律的大学,这两种法遍布整个欧洲。在开始谈其起源之前,也许最好简略地了解一下这两种法律:罗马法和教 141
会法。博洛尼亚就是这两者的代表。

罗马法是一切历史上的法律体系中最伟大的,也是罗马人民遗赠后人的心智事物中唯一的一大遗产,它是千余年(从公元前753年至公元300年)的漫长演进过程的产物,又花了250年来改进和编纂。大部分法律上的声明体现在最后的编纂中,而且,自那以后就以罗马法、后来以民法而为人所知。这是古代罗马习俗、明确的声明(既有共和的,也有元老院和帝国的)以及法院决定的混合体,还有附加的大量评论、解释和理论探讨,后者是帝国早期诸如帕皮尼安(Papinian)和乌尔比安(Ulpian)这样的大法学家的成果。这难于处理的、巨大的一堆材料于438年在西罗马帝国狄奥多西一世大帝治下草率成形。506年,阿拉里克二世(Alaric II)

在其《维希哥特罗马法》(*Lex Romana Visigothorum*),即所谓《阿拉里克摘要》(*Breviarium Alaricianum*)中对狄奥多西法典做了改编,以适应日耳曼的情况。根据后来和以前的标准,这是个不科学的和无知的摘要。从此以后,罗马法继续逐渐被淡化,同时,借用来的罗马的原则污染了北方的民间法。粗略地说起来,中世纪早期,即公元1000年之前,在意大利中部和北部以及法兰西南部的居民,遵从着各种或多或少主要是源于罗马、却又略有混合而为一的法律,从南方传到北方。卡洛林帝国北方及其后继诸国遵从习惯法,从技术上说不大完善,而且强烈地渗入了罗马的原则。这两个地区按照西欧人们熟悉的区分法,被描绘为 *pays du droit coutumier*(习惯法国家)和 *pays du droit écrit*(成文法国家)。然而,过去罗马所熟悉的个人而非国家或地区对于法典的责任在各处都是通例,尽管里昂的阿戈巴尔德(Agobard of Lyons)(850年逝世)评论说,假使五个人共聚一室,他们每个人可能都各有各的法律。"教士在各地都应服从罗马法"这一压倒性原则使得这种混合更为混乱。

同时,在东罗马帝国,由查士丁尼任命的委员们于533年完成了更进一步、也更科学得多的编纂。他们的劳动成果是四部汇编,即《法典》(*Code*),或者教令和政令集;《学说汇纂》(*Digest* 或
142 *Pandects*),这是一部内容充实的、所有罗马伟大的法学家们的学说和评论的选集;《法学阶梯》(*Institutiones*)或一般原则学生手册;以及《新法》(*Novellae*)或《正式法》(*Authenticum*),这是法典的补充条例。这些成了东罗马帝国以及忠于拜占庭的西罗马帝国的一些地区的统治性法律。但是,虽然查士丁尼把抄本送到罗马

和其他西方城市，在西罗马帝国它都绝没有取代狄奥多西法典。

可能在 1000 年前几个世纪，古代罗马法在意大利就不再被当做权威，不再从古代的版本来教授了，而且在形式上，尽管不是在其传承的完美性上，变得像习惯法或中世纪英国判例法那样了。然而，作为辩证法的一部分以及在修道院和学校中抄写的旧法典的片断，它在教育的“三艺”中仍有一席之地。地方自治的生活在意大利从未消亡，而且，在十一世纪的全面复兴中，当拉韦纳和博洛尼亚的罗马法学校以及米兰、维罗纳和帕维亚的伦巴第法学校开始兴盛起来时，在意大利北部，法律就成了适度的教育课程体系中的王冠。

这种变化为什么、何时以及如何发生，使得查士丁尼编纂法律的全部成果在意大利被当做权威的法律教科书接受下来，是不清楚的。过去的说法是，比萨人在 1135 年占领阿马尔菲(Amalfi)时发现了《学说汇纂》的抄本，洛泰尔三世(Lothair III)皇帝马上把它作为一部法典和一部教科书付诸施行。一种有些不大可能的说法是，接近十一世纪末，在罗马城于 1084 年被诺曼底人烧毁以后，罗马的法律学校解散了，逃亡的法学家们带走了一部抄本，这部抄本再加上博洛尼亚的一大批，就开始了复兴。看来真相是，查士丁尼的成果的再发现，是在各处普遍进行的返回那著名的和寓言中的过去权威文献的运动的一部分，这同一运动也使罗马天主教会的改革者们去寻找古代的教规和教令；使意大利的修道院的改革者们恢复了埃及沙漠中的修行；使早期的西多会遵守圣本尼迪克特教规。事实上，这是获取并遵从古代权威文献的重大运动的一部分。但是，看来可以肯定的是，只有一名教师是与这次复兴相联系的，这就是伟大的伊尔内留斯(Irnerius)，其盛年是从约1112年到1125年，在博洛尼亚。他可能是把查士丁尼的全部著作当做他的教科书、并使对这些著作的评论和注释标准化的第一人。他的笔记原来只是写在书边页角行间的评注，后来也成了正式的评论，
143 就像阿伯拉尔对圣保罗的评论那样。他采纳了一种在教会法学者圈子中已很熟悉的、对一种特定的意见提出一系列赞成或反对的经文的方法(《是与否》方法的前辈)，以及一种偶尔的、对一个含混可疑之点提出坚定决断的 *quaestio*(诘问)方法。在这个过程中，伊尔内留斯使对法律的研究、至少是对查士丁尼法的研究比以前科学了一些、专业化了一些，并使之稳固地和最终地确立为高等教育的一门学科，而不仅是“三艺”的一部分或附属。几乎同时，这就有了两方面实践上的成果：它为在整个欧洲大陆研究、普及和传播一部法典提供了既科学，又易于管理的基础；它大大增加了法律作为一种职业的前景，因而也增加了学习法律的学生数量。

几乎在同一时刻，在博洛尼亚，教会法规的编纂发生了一个不同的具体化过程。古代教会的法规，即宗教会议和教皇的纪律条规，在教皇基拉西乌斯一世(Gelasius I)和教皇何尔米斯达斯(Hormisdas)的时代，即公元500年前后不久，达到了高度的详尽与精致，其时，西方的上等生活处于崩溃的前夜，小丹尼斯(Denis the Little)(六世纪早期)曾编纂过这部法律。这部法和基于它的类似的法律汇编，在比罗马法所享有的条件更完整、更有效的条件下横贯中世纪早期，但是在九世纪中期，整套法典被一群教会的改革者的工作所污损。这些人可能在勒芒(Le Mans)附近工作，他们为了增强教皇的权力，以损害地方大主教为代价，制造了人们所

知的伪《教令集》和伪《牧师会法规》。在洛林和德意志南部出现了大量的法规集，帝国与教皇之间的争夺使天主教徒们寻求老的、原始的材料来支持他们的诉讼。在这个寻求过程中，许多完全真实的文献发掘了出来。但是，随之发生了相当大的混乱，因为新发现与法规集大为增加，甚至有很高天赋的沙尔特雷的伊伏（1115 年逝世），在其《帕诺米亚》（*Panormia*）中努力对法律做出一个概览，也没有完全成功。

较为伟大的人们未能做到的事由博洛尼亚的格拉提安（Gratian of Bologna）完成了，他是一位意大利的教会法教师，但是现在看来他并非也是卡马尔多利会（Camaldolese）的修士。拉什多尔 1890 年代把它描写成“最伟大的教科书之一，它出现在恰当的时间、恰当的地点，它使世界为之震惊”。[①] 这一判断对伦巴第的 144
彼得的著作还可以算是公正的评价，而对格拉提安的著作就不是完全适当的描述了。不管他倾向如何，这位博洛尼亚的学者写了一部教科书以及一部法典，而且由于他对其中包含的问题的论述，而成为法律科学一个分支的长长一系列杰出大师之父。

博洛尼亚大学起源的历史尽管与重新兴起的研习全部罗马法的情况密切联系在一起，却是以既有的意大利教育的特点为条件的。这就是，至少在罗马到阿尔卑斯山之间的大多数城市里，占支配地位的教育是地方性的和掌握在平民手里的。在教育内容上主要是语法和修辞，而且是出于撰写文件以及在法庭上辩护和判决的实际目的。城市生活在亚平宁半岛从未完全消亡，而且在十二

① H. Rashdall, *The Universities of Europe*, ed. Powicke and Emden, I. 127.

世纪一开始，各处的城市生活变得更为自由、更为活跃了，平民有了从事许多职业的机会，关键是要学习法律。而且，与好战的诺曼底和日耳曼贵族形成对照，意大利的城市贵族阶层一直总是有文化的。此时在那里，首先是由于在帝国与教皇的斗争中需要武器，然后是由于采用罗马法作为帝国的法典，便刺激了对法律知识需求的增长。采用罗马法使得到发源地来学习法律的意大利人数量增加，都来到了博洛尼亚。

我们也许会要问，为什么是博洛尼亚，而不是别的什么城市占据了头等重要的地位？兰弗朗克年轻的时候，帕维亚以其法律研究而闻名；稍后，是拉韦纳，拉韦纳与东方的联系已有很久，并且很密切，而且在拉韦纳，天主教徒彼得·达米安与帝国的法学家们有过一场争论。博洛尼亚的学校在意大利北部是最具有罗马风格的，事实上，它们主要是以其文学训练而著称，而且它们在这方面的专长在法律复兴之后还保持了很久，特别是那种在两个院系之间建立了一种联系的技巧，以及 *dictamen*（劝说文）或者经过细心调整的用于官方条令和公证人业务的文体。在讨论其名声的提高时，说明该城的位置也是很自然的。该城那时和现在一样，是意大利的十字路口，也是大多数来自日耳曼和奥地利以及许多来自法兰西和北方到罗马去的朝圣者的召集地之一。在中世纪早期，它是来自北方和南方、同样也来自东罗马帝国的潮流的汇合地，而它是个不大引人注目的地方，对于学生和流亡者来说，自然是很合适的。然而，使其名声提高的直接原因看来要归于来自罗马的法学家的涌入，更是由于伊尔内留斯的名声以及略晚些时候格拉提安的名声。自那以后，这个城市就成了 *Blonia docta*（博学的博洛尼亚),"学者之母",该城的硬币上印上了铭文 *Bononia docet*(博洛尼亚诲人)和 *Bononia mater studiorum*(博洛尼亚学问之母)。

大学的演进中的各阶段是不容易看出的。在十二世纪的早年间,博洛尼亚有三类学校:主教文字学校和市立文字学校,罗马法平民学校,以及修道院的教会法学校。其中的第二类,甚至在早期也是最重要的,它们完全不受主教和教会控制。这一事实以及更重要的情况——在北方,大多数学习法律的学生比正规的文科学生岁数要大得多,而且在许多情况下是有财力、有家室的人,是在为一种有利的职业作准备——都有助于影响大学所采取的形态。

这种结构最引人注目的特征是一个大学的方向以及学生对教师的控制。如果仔细地考察,这种结构变成了可以理解的,甚至是自然的发展结果。意大利在政治上分成许多小的区域,有许多迅速增长的公社,公民身份是一份昂贵的财产。几乎所有的法律教师或者生来就是博洛尼亚公民,或者有博洛尼亚的永久居留权。另一方面,大量的、绝大多数的学生都是成年的外邦人,没有任何身份或公民权,而且根据当时的观念,他们应服从他们各自国家的法律,因而他们关注于加强他们对于该城的地位,关注于保障受到本国人审判的权利。在一个各种行会正在形成的时代,博洛尼亚的学生们很自然地就会走到一起,形成民族团体或"大学"(universities)。在这方面,他们的首要目标是,确保不受该市法庭的审判以及对他们自己的法庭的义务;确保免除市政税并确保在市场上应得的权益;确保固定的住宿费、教室费和书费;并赢得管理教学和时间的权利。因此,他们把自己组织成为"同乡会"(nations),最初约有 20 个左右。后来,这些"同乡会"合并为两个较大的团体，又没有失去独立性，这两个较大的团体一个是 *Citramontani* 或意大利人，由托斯卡纳人和伦巴第人组成；另一个是 *Ultramontani*，由13个或更多的民族团体组成。最终，在十三世纪，这两大社团合并而形成了 *universitas scholarium*（学者共同体）。在那之前很久，这些同乡会就按照权威的《居住权法》（*Habita*）从皇帝那里得到了承认，所有伦巴第的学生都获得了正
146 式的居住权；皇帝也借此把他们置于自己的保护之下，并且规定，在任何反对学者的诉讼中，被告如果希望的话，可以在主教面前（如果他是个教士）或在其教师面前被传讯。后来，在教区长面前的传讯就成了惯例。总之，那些为求学而离家在外的人被认为应该有权反对市政当局。

组成大学的同乡会是由来自博洛尼亚之外的法学生构成的，而且只是这些人。这样，在学校里就还有三部分人：本地出生的法学生、其他系科的学生和教师，以及最重要的，法学教师。第一部分人最糟糕，他们没有任何讨价还价的权力来反对他们自己的市政官员，他们由于想要分享他们在学校中的特权而被迫服兵役，还要交税赋，而从大学当局那里听不到任何好话或坏话。第二部分人法官不许他们分享任何特权，他们最终建立了有他们自己的校长的大学，这是按照已有的法学生的大学来运行的第二种学生大学。至于教师，起先由于他们是博洛尼亚公民而被排除在这一组织之外。作为有居留权的公民和世俗之人，他们往往是结了婚的，而且跟家人在一起。他们的境况与教士、外国人、总在变换的巴黎的教师以及十二世纪中期北方的学校完全不同，而且在早期，由于反对学生们，他们增加了他们对该城的税额，以便得到市民的支

持，保持他们的团体是排外的，且限于公民之内。法学的两个部分最终各自建立了一所学者的学院，最初，学者的费用是通过集体向学生讨价而得到解决的，但是，后来市里发现，给那些最杰出的教师发固定工资以保证他们留下来是有利的。最初，学生大学也主张它在这方面的权力，并且被推选到教授职位，但是，后来市里取得了控制，而且一切教学最终都是由市里发工资的教授来担任。这一点比其他任何方面都更使博洛尼亚和意大利的大学作为一个群体同巴黎、牛津及其后辈区别开来。学者们不再以这种身份做教师了，教学工作完全落到了有薪水的教授手里，因此，指导之责从未像在巴黎和英格兰那样，从中心权力机构转向各学院。博洛尼亚的学者们的“大学”所保留下来的主要权利仅仅是考试权和授予博士学位的权利。学士学位是由学生大学的校长授予的。

在所有其他方面，教授们都绝对地、甚至羞辱地屈从于他们的 147
学生。他们得宣誓服从学生校长和学生制定的条例，这些条例对他们压迫深重，比如说，如果教授上课晚了一分钟或下课晚了一分钟，就要被罚款；而如果学生没有马上离开教室，他们自己就要被罚款。此外，如果教授逃避解释难点，或者如果他没有完成教学大纲，就会被罚款。他如果没得到校长的允许离开该城一天，如果他结婚，只是在想结婚的前一天才得到批准，也要被罚款。就该市来说，它参与了对教授们的控制，教授们被迫发誓不离开博洛尼亚去寻求赚钱更多或工作任务较轻的职位。如果我们要问，学生们在法律学校中是如何成功地取得并保住这种权力的，我们就会发现，答案有两层。一方面，是当时社会愿意接受自治体的建立，而且在许多其他行业中也可以看到，在一个城市或一个地区存在着一些团体或阶层，由他们自己的条例和官员来治理，诸如地中海的商业民族的阿方索公爵(alfonduke)和执政官。较低一层的答案是，(而且是特例)外国学生具有既对市里，又对学者们的有力武器，即威胁脱离或联合抵制一些个人。前一种是实实在在的，行使这种权力导致了一些退出的团体建立了帕多瓦大学和其他一些意大利的大学。实际上，该市也努力通过强迫居留宣誓和对试图脱离者施以惩罚来抓住学生，但是教廷干涉了，就像在情况多少有些不同的巴黎那样，以及像1217年洪诺留三世支持学生反对城市那样。

这就是十三世纪博洛尼亚形势的主要线索，这是一所法学生的大学，按其自己的条例管理着，由一位校长控制着(他总是一位教士，以便能够对教士行使司法权)，校长两年选举一次，具有民事和刑事司法权；大学有权授予学士学位，有权调整住宿、书本、教室、课时、教学大纲等的一切细节和价格。与此相对应，那里还有学者们的学院，这种学院对入院有控制，但是从未十分有效，因为他们这群人中较为著名的人是市里发薪水，而所有的人都与地方有牢固的联系。

最后，我们必须注意到，在博洛尼亚，法律大学与其他文科科
148 系，医学和神学科系之间绝对没有联系，其中最后一个在博洛尼亚实际上仅限于宗教界的学校。如已经论述的那样，这些其他的科系最终建立了他们自己的学生大学。

巴黎大学是从圣母院(Notre Dame)总教堂学校直接发展而来的。在阿伯拉尔的时代，在市内或附近有三所学校——总教堂的；斯台-热内维耶夫的由牧师会组织的教会的，阿伯拉尔在此任教；以及圣维克多修道院。到1200年，后者作为学校已不复存在，

斯台-热内维耶夫也在衰落之中。大学仅从总教堂学校发展起来。然而，首先是所有这三所学校在十二世纪早期的名声，以及阿伯拉尔令人眩目的人格，才吸引了大批学生来到巴黎。在阿伯拉尔的时代之前，巴黎在学术方面的知名度并不高于沙尔特雷、兰斯、拉昂，可能也不高于其他一些总教堂学校，只是跟它们差不多。到 1150 年，从一种宽松的标准来看，它是第一位的学校。一旦开始了，移民就继续下去了。巴黎在后来的岁月中是许多人所热爱的城市，甚至在十二世纪，它就像所有描写她的人都一致认为的那样，就是个生活令人惬意的地方，因为她有河，有花园和葡萄园，她比起北方的任何城市来，更美丽，更文明，更舒适，物质生活更充裕，社会更进步。法兰西的国王们懂得来自全世界的学生的经济与政治价值，并竭尽全力来鼓励他们住在这里。

巴黎的学校发展成为大学的过程是缓慢的。圣母院总教堂学校位于塞纳河中的一个岛上，这里是老城的中心，而且至今其名依旧。该校像所有总教堂学校一样，受控于主教的秘书，没有他的许可，任何人不得任教。在十二世纪前半期，这种垄断是主教秘书收入的一个来源，但是对学校的需要，以及教会的高层权威机构特别是教廷赋予学术的价值，都有助于防止向学术机构征税。早在 1138 年，伦敦的一次宗教会议就禁止在学校外为赚钱而耕作；在 1179 年的第三届拉特兰会议上，一位总教堂学校的校长就被禁止对执教许可证收费。在这次会议上还规定，对于合格的申请人，绝不能拒绝给予其执教许可证。尽管巴黎的主教秘书一度成功地抵制了免费发放许可证的义务，但是他无法拒绝给一个付了费的合格的人发放许可证，而且，免费许可证最终成为了通例。主教秘书 149

的控制和具有资格的人取得许可证的权利是巴黎的整个系统的两个基本点。

当这种权利得到承认，对于教育的要求继续增长时，在巴黎的学生和教师的数量就增长起来了。大多数学生进入了文科学校，这类学校那时只提供普通教育，这种教育也是学习神学、法律和医学所必需的准备。事实上，巴黎很快变成了一座学生城，是欧洲第一座这种城市。学生们充盈了环绕着总教堂的小岛，河左岸即后来的拉丁区遍布学生。然而，大学的演进还是缓慢的。最初，主教秘书不仅发放许可证，而且他本人还考察候选人，这是例行公事，对于创建行业公会毫无影响。然而，文科教师中开始出现了一种共同的感受，因为一个教师如果不遵从所属的学校，就不能教书；而且，就一个教师而言，正式进入教学活动，即所谓的"入学式"(inception)，是一项社会性的仪式，它标志准许一个新成员加入到这个团体中来。随着学生数量的增长，教师的数量也增长了，学位的价值以及与其他人的联系的价值也增长了，但是，教师公会组织的发展还是非常缓慢，迟至 1208 年，还没有任何条例，也没有首领。

巴黎学生的第一项特权是 1200 年由菲利普·奥古斯都授予的，这是巴黎的普罗弗斯(Provost of Paris)试图在一场争执中惩罚罪犯的结果。国王向所有学生保证，任何学生都在教会法庭受审，并免除没收其财产。10 年后，约 1210 年，英诺森三世(Innocent III)的一道训令批准向教师团体赔偿一位因违反条例而被驱逐的教师的损失。这表明，在那个时期，有条例和团体存在。英诺森三世的一道训令提供了进一步的证据，他自己一度是巴黎的教师，使这个团体能够选出一位代理人，以在那时还未决出胜负的与主教秘书的斗争中在罗马代表他们。

这场与主教秘书的斗争事关年轻的大学的生死，这场斗争就像这类争论经常的那样，导致了体制上的进步。主教秘书开始了与相当多的利益的斗争。他不仅可以同意或拒绝发放许可证，而且可以剥夺一位教师的许可证和一位学者的身份，他要求成为对学者们有直接管辖权的法官，并可以把他们开除教籍；他甚至要求发布对教士和学者的条令的权利。然而，大学也有一个立足点。 150
主教秘书不是大学的成员，也不能强迫教师们接受一个由主教秘书发放了许可证的人进入他们的团体。在这方面，以及在他们迫使新教师宣誓服从他们的条例的力量方面大学显示了其力量。在这种力量的较量中，胜利的可能是主教秘书，教廷要插进手来扭转局势。1212年，罗马有一桩悬而未决的上诉，主教秘书力图使教师们起誓服从他，如果他成功了，他事实上就会成为教师公会的首脑。英诺森三世介入了，阻止了宣誓，并要求主教秘书给所有由各个系科的教师们推荐的候选人发放许可证。1215年，另一位巴黎过去的教师、红衣使节寇松的罗伯特（Robert de Curzon）继续加强了这些条款，并承认大学有权制定自己的条例。随后的教区训令批准了这些权利。

与大学平行，出现了另一种组织，即同乡会组织。这些组织可能是对博洛尼亚的诸同乡会的刻意模仿，并在十三世纪上半期开始有了正式的组织。它们只是由文科教师构成的，而且有四个民族：法兰西（即法兰西岛［Ile de France］）、诺曼底、皮卡第（Picardy）和英格兰。每个同乡会都有其代理人作为首领，但是，最初他们没有共同的领袖。后来，在 1245 年，文学院有了一个领袖，是其系主任。同时，神学、教会法和医学的教师们正在组建各自独立的团体，这样就创建了四个组织，其中包括文科，这就成了人们所知道的各个学院。这样，到 1250 年，巴黎大学就是由四个互相区别的团体组成的联合社团，其中的一个又再分成四个同乡会，每个国家的国民都容纳在这四个团体之一之中。除了文学院之外，每个学院都由一个院长（Dean）来主持，而只是文学院有校长（Rector）。经过一些缓慢的、但时而激烈的发展阶段，这个校长逐渐发展成了大学的领导。评议总是在各学院内进行的，由学院投票，在文学院内是由各同乡会投票，在任何情况下都是多数取胜。

在争取自治的长期斗争中，有两度采取了颁布驱逐令的冒险措施。在 1229 年，这是为了反对巴黎的普罗弗斯的，其结果是格列高利九世的训令《科学奠基者》（*Parens scientiarum*），这个训令大大削弱了主教秘书的权力。1253 年，采取了同样的措施来反对男修道士，这些修道士想要把持大学的席位而又不服从大学的条例。在这个事件中，教廷站在男修道士们一边，而且最终的妥协实际上是他们的胜利。

151 尽管人们常说学院是一种特别英国式的机构，而且尽管欧洲唯一保存下来的大学之内的大陆学院是博洛尼亚的西班牙学院（Spanish college），中世纪的大学却很少没有学院的。甚至学生大学也追随时尚。然而，巴黎是学院之母。一开始它只是资助给学生的招待所或厅堂，起源于十二世纪最后十年，是受了男修道士和更老的宗教团体的大修习室的榜样的激励，这些因素诱发了

1257年在巴黎为世俗的神学家建立了一所学院——著名的索邦(Sorbonne),它是以圣路易的牧师罗伯特·德·索邦(Robert de Sorbon)命名的。

虽然博洛尼亚和巴黎的大学机构的组建起源是暗淡不清的,但当我们把博洛尼亚和巴黎的大学同牛津的大学比较时,这些大学早期的历史就是清楚明白的了。的确很奇怪,在这个国家编年史作家灿若星河的年代,其时,各种各样的宪章都有发布和保存,英格兰最值得注意的教师与学生的聚集居然会没留下多少蛛丝马迹。真正的历史消失得太干净了,因而有了生长神话的广阔土壤,这种神话从其真正的起源说是在中世纪,但是被十七世纪牛津的大古董家们强行培育起来,枝繁叶茂。这些古董家们还把牛津大学的建立归功于阿尔弗雷德大王(Alfred the Great),归功于查理曼,甚至归功于来自特洛伊(Troy)的流亡者,更近一些的说法试图把牛津大学说成是起源于一所修道院学校或教规学校,这种说法也同样不能使人信服。这既是因为在牛津没有这样一所学校的证据,也是因为当牛津大学正式公开出现时,有一位由教师们选出来的校长作为其首脑——即使他是代表主教的权威——那就是说,他是个既非出自修道院,也非出自主教团的官员。

1120年之前,牛津有一所学校,该校有约一百名教士。后来的红衣主教罗伯特·普伦1133年在那里教授圣经(即神学)。威尔士的杰拉尔德1187年至1188年在那里任校长。但是,有学校的不只是牛津一城,而且,尽管它地处英格兰中心、介于北安普敦和南安普敦之间的一个大十字路口,作为王家自治市的有利地位对它有利,但是并没有内在的理由表明,为什么是牛津,而不是埃克塞特或林肯会成为唯一的 *studium generale*（总学馆）。拉什多尔的意见认为，有单独一处提及英格兰学生在 1167 年贝克特之争期间被从巴黎驱逐，这件事意味着大批学生转移到了牛津。这种意见看来也不是完全令人信服的。1193 年之后与法兰西的战争是更重要的因素。

152 至于大学组织，一定数量的教师是何时开始存在的，这已是众所周知的了，而且威尔士的杰拉尔德在其他几处也提到了。在这些地方，他在解读其描述爱尔兰的《爱尔兰风物志》（*Topographia Hibernica*）时，对牛津各系的学生和学者描述了的功绩，时间是在 1187 年至 1188 年。在那里，他把牛津描述为英格兰学术最著名的中心。修道院长伯里的叁孙（Samson of Bury）1197 年在那里招待了各校的教师；大约在同时，马尔伯勒的托马斯在那里教授民法和教会法。1209 年，在处死学生导致被指为谋杀之后，据文多弗的罗杰（Roger of Wendover）说，数达 3000 的教士和学者分散到了巴黎和其他地方，学校被遗弃了，直到 1214 年，一份使节令才证明了学校教职员的清白，给他们以保护，将他们置于校长的管辖权之下，而校长"是林肯的大主教指派去管理学者们的"。这显然是对巴黎校长的模仿，而且牛津的官员是在一个没有总教堂的大学城里的总教堂高层人士。这种结果是巴黎的校长（chancellor）和博洛尼亚的校长（rector）的一种混合物，因为牛津的校长有对教师和学生的教会管辖权，然而，却绝不是大学的敌人。实际上，校长很快变成了教师公会选出的首领，因此也就与反对主教的大学是一致的，最终，他实际上变成了整个大学及其全部利益的首脑。主教甚至失去了受理上诉的司法权，来自校长的诉求回到了整个大学。因此,尽管牛津和效仿它的剑桥是建立在巴黎大学组建方式的基础上的,却在许多方面表现出引人注目的发展:牛津把学生分为北方人和南方人(*boreales et australes*)的分法不见了,认为学生大学会得到发展的任何希望也随之消失;而在教师中,各系科却合为一体了。因而教师们强大的自治大学出现了,这是英格兰人在几个世纪中所熟悉的唯一一类大学。就像在巴黎那样,学院迅速增长,尽管它们通常很小,而且大多数学生住在出租的宿舍或私人的门厅里。

剑桥的古董家们的想象力比他们的牛津对手更丰富,大学的起源被归因于西班牙的一位年代不明的亲王坎塔伯(Cantaber),也被归因于亚瑟王(King Arthur),其组建的年代被确定为531年。实际上,即使在1200年之前该城存在学校,大学的存在也要 153
归功于1209年那里的大批被遣散的牛津学生。我们也许仍会重复拉什多尔对不知情的告白:"我们不知是什么东西吸引他们到遥远的(就是说从牛津)沼泽之城。"从那时起,发展相当快,1225年已有人提到了一位校长,还有三个活跃的院系,包括一所繁荣兴旺的神学学校;到1260年,学院也很快出现了。一般来说,它与牛津十分相像,但是校长在从主教那里取得豁免时要慢一些,他来自伊利(Ely),考察剑桥毫无困难。

在十三世纪,大学的数量稳步增长,尤其是在法兰西、意大利和西班牙。在意大利,标准类型的大学见于维琴察(1204年)和帕多瓦(1222年),两者都是来自博洛尼亚的移民的结果。其中,帕多瓦是威尼斯的思想中心或"拉丁区",它成了最终超越其前辈的对手。两所大学都有在四位校长(rector)治下的四个同乡会的学生大学。完全反常的“人造物”见于那不勒斯，是1224年由腓特烈二世根据一项行政法令建立的，并且一直在王室的直接控制之下。罗马的教廷大学是1244年英诺森四世为提高红衣主教和其他人的思想而建立的，后来由于出现了佩克姆(Pecham)和阿奎那而生色。该大学是一项冒险的事业，它有神学院、民法和教会法学院，由教廷的宫廷主管作为校长来掌控。除了这两个例外之外，意大利的大学有一些共同的特点：它们都是一种类型，即博洛尼亚类型的，其最具特色的形式是，它们是“外国”学生的大学，这种特点在意大利半岛之内无处不在。这些大学主要教授法学和医学，甚至除此之外别的不教。它们一开始都是市立的，而且教授都由市里发薪水。比较而言，它们不大受教会利益的影响，因为它们与教会唯一的共同联系在于主教和副主教正式授予它们许可证。因为这些理由，也因为一些初看之下并不明显的原因，诸如它们对实际问题和法律问题的专注，而非对思辨与形而上学的论题的专注，使得意大利的大学至少在1150～1350年这个期间比起法兰西和英格兰的大学来，对神学和政治理论上的争论不那么感兴趣，因而也较少卷入这些争论。

154 在法兰西，撇开巴黎不说，在十三世纪，大学的创建尽管还不能说是洋洋大观，却也在稳步增长。在蒙彼利埃(蒙彼利埃尽管位于中世纪的阿拉贡王国，但与法兰西有紧密的联系)，早在1137年就有了一所著名的医学学校，它既受到萨莱诺的影响，也受到西班牙的阿拉伯及犹太医学传统的影响。蒙彼利埃有三所各自独立的大学：医学的、法学的和文科的。早在1220年，医学大学就有了一位校长，他是由主教和三位教师任命的，他是大学的成员，而主教自己保留了刑事及精神上的管辖权以及发放许可证的权利。这种安排引起了与牛津的比较和对照。从1200年起，蒙彼利埃就一直是北欧杰出的医学大学——尽管后来帕多瓦在阿尔卑斯山以南与之平起平坐了。

像卢瓦尔河谷及周围地区的其他学校一样，奥尔良以其人文研究久已闻名，但是后来成了中世纪法兰西教会最伟大的教会法学校，这归功于洪诺留三世1219年在巴黎禁止了对民法的研习之后从巴黎转移过来的人们。洪诺留的禁令对巴黎的教会法研习也发生了不利的影响。当法学家们作为较晚的移民到达奥尔良时，他们被列入 *scholasticus*（博学之士）一类，相当于巴黎的主教秘书（chancellor），主教秘书既是教师公会的首领，也是主教的代表。大学的组建方式是巴黎和博洛尼亚两种模式调和的产物，大学由博士们和十个学生同乡会的代理人来管理，同乡会选出一位负责人，这个人常常是一位博士。另外两所早期的大学也主要是法律大学：昂热（Anger）大学，1229年由巴黎来的移民建立，是一所伟大的民法学校，其组建方式与巴黎大学类似；图卢兹大学是第一所由教皇训令建立起来（1229～1233年）的大学，是想要作为阿尔比地区（*terra Albigensium*）正统观念的堡垒，大部分是法学的，也有一所神学院，掌握在多明我会（Dominicans）手里。

把法兰西的大学作为一个群体来看（巴黎大学除外），我们可以注意到，其中较老的是自发地从总教堂学校发展而来的，由教皇的训令提升到大学的地位，并有一套并非直接或只是依据博洛尼亚或巴黎的体制构建起来的体制。在这些大学中，内部的管理机构是在教师或博士们的手里，但是，学生们也由同乡会组织起来

了，同乡会最终要选举唯一的负责人，并通过代理人在管理机构中
155 分享权力。在多数情况下，主教比在巴黎有更大的权力，除了在蒙彼利埃之外，法律是各处主要的研习内容。

早期的西班牙大学有帕伦西亚(Palencia)(约1208～1209年，1300年前消失了)、萨拉曼卡(Salamanca)(约1227年)和巴利阿多利德(Valladolid)(13世纪晚期)。它们的建立或至少是它们得到承认以及它们的资本要归功于卡斯蒂莱和莱昂(Castile and Leon)的统治者，所以，它们不同于意大利的和北方的学校。这些统治者借助适应于他们政体、法权与财政的立法，把这些大学建成了社会机构。尽管从本质上说，它们更接近于博洛尼亚类型的大学而非巴黎类型的，它们却与总教堂或一个大教堂有密切的联系，而且是受教会基金资助的。葡萄牙的科英布拉(Coimbra)比西班牙的任何大学都要古老，是早期奥尔良那种自发生长类型的大学。

在"大学"出现和它的体制发展起来的同时，学位和预科制度的组织也发展起来。阿伯拉尔时代的大学是完全自由的，那时，一个人没有任何正式的资格就可以开始当教师，而且爱教什么就教什么，学生既没有义务一定要听老师的课，也没有义务通过一门课程的指导，也没有义务通过向任何正式的考官证实自己的能力来表明他们的资格。一个世纪后，巴黎的研习是作为已定了型的一系列法定的训练而出现的。这是一个渐进的过程，我们几乎没有任何关于这个过程的各个阶段的证据。因而，就我们眼下的目的(简要说明十三世纪智力生活的背景和条件)而言，对大学在成熟形态中的构架勾画出一个轮廓就足够了，这种成熟形态我们在阿奎那和波那文图拉出生前后在巴黎和其他地方都可以看到。

第14章　学习、学位和教科书 156

当大学外部的及共同的组织正在完善之时，还有一项平行的发展也在进行：规范学生的学习。这件事最初是个别教师自由安排的，也许因各个学校的习惯和传统而有某种差异。在这里，人们对于直到十三世纪上半期详尽而全面的条令和章程出现之前的渐进的发展又是所知无几。以下所作的概述将分别谈及法律和神学方面的课程。

在博洛尼亚，一段文科的前期教育被当做法律学习的先决条件，但是，由于没有几个法学家是本地人和当地文科学校过去的学生，当地的文科学校在博洛尼亚和其他的法律大学里，就没有像文科学校在巴黎那样的表现机会。而且在十三世纪，这些大学对于作为一种自主学科的哲学的发展没有什么贡献。在法律大学中，最重要的行为是入学。最初，这只是学生大学特有的，因为只是在他们之中，大学的成员资格是以开始学习一门课程为开端的，就像现在大多数大学里那样。上这门课时，每天有三节。第一节课从早七点到九点，是关于查士丁尼《法典》(*Codex*)或格拉提安的《教令》(*Decretum*)的"普通"讲座；第二节和第三节课从下午两点到四点以及从四点到五点半，都是"特别"课程，而且是关于其他部分的法律的。上课是在教师家里或教师租的教室里。内容包括读法律文本和拉丁文圣经注释，随后有对于看起来好像矛盾的法律的157 介绍，还有结论，以及对所涉及的一般性问题的陈述（称为 *brocard*）。辩论在大斋期进行。

经过五年的学习，由（学生）大学发给“学士”许可证，去攻读一个法律头衔。七年或八年的学习之后，博士们进行开业许可证的考试。最初，许可证只由博士们授予，但是在 1219 年，洪诺留三世发布法令：不要助长没有从博洛尼亚副主教那里得到许可证的博士学位。这是个划时代的决定，因为它把所有的大学都置于教会的监督之下，并且有助于弥合意大利大学和法兰西大学之间的差距。

而在博洛尼亚以及其他学生大学，文科学校是个无足轻重的附属品，在巴黎和牛津，它从一开始就很大，而且很快变得极其重要。不仅一个文科的学位对于获取学习更高学位的课程是绝对必需的，而且，很多人仅仅得了个文科学位就离开了大学去从事他们的职业了，而更多的人可能连一个学位也没拿到就离开了，只受了一点肤浅的教育。

在巴黎，文科课程在 1215 年寇松的罗伯特的法令把硕士学位所要阅读和学习的一套课程弄僵化之前肯定就已成型了。作为这类法令的第一个，罗伯特的法令在欧洲的教育中标志着一个时代。这套课程包括语法、逻辑和修辞学，再加上僵化了的旧“四艺”的残篇。到此时，语法仅仅是规则，对文献的仔细研究已经完全没有了。在逻辑方面，亚里士多德的旧逻辑与新逻辑和波菲利的《导论》一起，被当做“普通”课程来读。《伦理学》的各卷按照译本的面貌为人们所吸收，但是，如我们将看到的，亚里士多德更重要的哲学著作一度在巴黎受到禁止。在1215年，文科课程长达六年，接受教师许可证的年龄要求是20岁。在此之前，学生可以成为*baccalaureus*（这个词的来源不清，译成英语就是"bachelor"[①]），而且可以帮助一般阅读或"泛"读。六年之后，在12月进行非正式的"初试"，随后是在大斋期进行的"测定"（determination）。与学生大学形成对照，学士的等级是由教师在系里授予的。因为最终的许可证和教师资格在那里是通过系里的一次考试，而且候选人随后就被送到校长那里领取正式的许可证。相隔六个月之后，举行"入学式"。在傍晚有一场严肃的辩论（*vesperiae*），随后是第二天的就职辩论。新教师受誓词的约束，要在巴黎任教两年。 158

神学中的课程最初包括八年的学习，其中，前五年作为初级生，后三年作为神学学士，完成这套课程的最低年龄是34岁，这意味着，一个人14岁开始学习而且一切顺利，那么在开始（学习）神学之前，在文科学校有约六年的教学。这种安排在十七世纪为耶稣会指定的研习课程中仍然可以看到，而且依然遵循其主线。在巴黎和牛津，经过一段时间，神学课程被加长了，而且*baccalaureate*（学士学位）只有在经过对《圣经》四年的学习和两年对箴言的学习之后才能得到。在得到学士学位之后，还有两年关于《圣经》的、一年关于箴言的"粗略"讲座。约三、四年之后，由校长发给最后的许可证，然后再过一年，就是"新博士之夜"和就职演讲或辩论。所有这些都会使神学博士拖延至40岁，更大的影响是使这种极其漫长而复杂的训练只限于极少数人，这些人既要有志于从事

① 学士。——译注

学术，又要有足以支持他们为在教会中的高级职位做准备的财力。

在这种学校中，最基本的训练是教师的演讲或阅读（*lectio*）。起初，在神学中，这是阅读《圣经》和"普通注释"或简略注释，这些注释包括较旧的、在十二世纪形成的材料。再晚些时候，阅读由于加上了诸如拉波里的吉尔伯特和德茨的鲁佩特（Rupert of Deutz）的注释而变得复杂了，而且被每一位大师用一大堆语言学的、解释性的和比喻的注释弄得很详尽、复杂。明白质朴的"阅读"技巧逐渐采取了文学的形式，形成几种专门化了的形态，其中之一发展成为一种对圣经的连续但详尽的评论，另外一种则以论述一些具有神学重要性的特殊论点的小册子为开始，扩展成为对伦巴第的《箴言书》的评论，并最终发展成为十二世纪包含了整个神学领域的神学《大全》。

与 *lectio*（阅读）及其发展并列的是在每个系里都发展起来的 *quaestio*（提问）。最初，这是对具有法律、《圣经》或神学意义的难点的简单提问与回答，但是后来发展成为一种辩证法形式的 *disputatio*（辩驳）。在大学组织起来之前很久，这种辩驳很快就开始
159 具有一种专门的意义，并且被拉波里的吉尔伯特定义为一对矛盾的陈述，这两个陈述都有看起来有效的论据支持。*quaestio* 最初只是口头的练习，很快就开始有了文字形式，十三世纪神学家们的思想杰作与表达正是通过这种形式问世的。最初是由学生来第一个回答（*responsio*）问题，然后再由教师来解决（*determinatio*）。有两种主要类型的提问，一种是 *quaestio disputata*（辩驳式提问），这是在节日和庄严的日子举行的正式辩论，而且倾向于把一些人们熟悉但又是反复出现的难题作为其主题；另一种是"开放式

提问”或 *quaestio quodlibetalis*，是在基督降临节第二周和大斋期第四周与第五周举行。这种提问较为自由，有各种各样的辩论者，包括学生、教师和贵宾。什么问题都可以提，接下来就是答辩。因此，这些“公开提问”题材广泛，反映了当时一些“悬而未决”的问题，因而也是在一个特定时候的前沿问题的很有价值的目录。在文学院，相应的辩论被分为 *sophismata*（诡辩）和 *quodlibetales*（自由论辩）。

这样，在从圣安瑟尔姆去世到圣托马斯诞生之间这一个世纪的过程中，中世纪的大学就逐渐发展成熟了。以其最终的完善形态，它成为中世纪的几个世纪对欧洲文明所作的最重要的和独到的贡献之一，而且，它被证明是中世纪的过去留给现代的最有价值的遗产之一。因为“大学”在这个词现在流行的意义上，完全是中世纪的创造。在古代世界没有任何东西与之完全相同。在希腊曾有过对哲学的研究，既作为适合于个人的追求，后来又作为限于一定阶层的高等教育的一种途径，但是，哲学从未被公开承认为高等教育的诸多分支之一，或某些其他高等学术的准备。在罗马共和国和早期帝国的世界主义的世界中，雅典仍是一个很小阶层的人的一种精修学校，但是，这样的高等教育就像在小亚细亚，是演说家严格的专业训练；或者像在罗马那样，是法学家严格的专业训练。总之，没有一个把职业教育家的作用与文化阶层的保护者的作用，以及各种探索的指导者的作用结合起来的机构。如果我们把大学定义为教师和学生的一个组织起来与联合起来的团体，在这个团体中，一个教师团体遵循法定的大纲给学生以高级的指导，并用长长的、无孔不入的考试来考学生，然后才授予他们学位，这 160

个学位是对学业的一份公正的证明，那么，我们就可以说，这完全是中世纪的创造，它的所有基本方面完整无损地保存到了今天。

当欧洲教育体系的组织化和定型在整个十二世纪中前进之时，教师和学生们用作工具的书籍不可避免地也伴随着经历了一个发展和定型的过程。在这个过程中，意大利北部的法律学校是领先的，在意大利北部，在文科和神学的这个过程完成之前差不多半个世纪，学院教学的风格与结构就固定化了。这部分地是由于对律师的巨大实际需要，以及在法律中的技艺可以得到的奖赏；但是，这也是由于当神学仍然在孤立、隔绝的教师的照管之下的时候，法律研究的更为充分的发展和精致的性质。对查士丁尼及其后继者的整个法律体系的“发现”和搬用，为罗马的法学家提供了一部极好的课本，可以在课堂上注释和分析。教会法在技巧上也比神学有发展。在十一世纪后半期之前和之中完成的文集最初是为贯彻教皇的改革计划，后来包括了教会生活的所有方面。它在方法上和技巧上是比当时神学家们的著作更完美、更有条理的作品，只有安瑟尔姆的著作除外，事实上，安瑟尔姆的著作处于发展潮流之外，而且鲜有模仿者。但是，在罗马法专家有了《学说汇纂》时，教会法学家却只有一些个人为他们自己的目的而做的一些汇编。因而，路是向某种编纂敞开的，而且这个开端被博洛尼亚的一位无名学者格拉提安抓住了，直到最近，人们才相信他是卡马尔多利的一位僧侣，但这并不对。格拉提安的目的是帮助解决许多这样的问题：在这些问题上，两种或更多的权威见解看起来是互相矛盾的。这一直是很大一部分法律中困难的根源，这种情况尤其发生在教规中大量任意的、无联系的条规中，它们是由不同的权威在不同的时间、地点制定的，并且事实上混合了大量非权威的材料。要解决他们的问题，如我们已看到的，法学家们是第一个使用由阿伯拉尔以逻辑工具完善和补充的辩证方法的。格拉提安的伟大成就是编辑了一部全面的(即使编排得有些混乱)法律见解集，按问题和主题仔细地分门别类，并把《是与否》的辩证方法运用于它们， 161
在多数情况下，也对展示了批判和法律原则的有争议问题以及简略的讨论做出判断。[①]

像所有中世纪的汇编一样，有关格拉提安著作的原始材料的数量是很少的。他主要依据以前沃尔姆斯的伯查德(Burchard of Worms)、沙尔特雷的伊伏、卢卡的安瑟尔姆和其他人的搜集，甚至在他不依靠这些的时候，他也能够运用过去官方的声明和其他手头的原始材料。他的杰出之处在于其著作所涉及的范围，在于他的正确判断，最重要的是在于他检验和驾驭其材料的技巧。很少有教科书能有这样的成就。从教师和学生一开始使用它起，它一下就成了后人对之评论并从中引出讨论题目的“文本”。实际上，它很快失去了作为教科书的特性，并凭其自身的资格变成了权威，冠以格拉提安的《教令》之名，不止一代的整个一班评论家由之而得到“教令学家”之名。这还没完，因为罗马当局没有制定出任何官方的法典，《教令》就逐渐被学校、主教法庭，甚至罗马教廷当做了正式的法典。它成了十三世纪和十四世纪罗马教廷正式发布的所有其他教令所依附的核心，并值得注意地被冠以 *extravagantes*(迷失者)之名，而且在中世纪完结之前，它已默默地被接受

① 其题目是 *Concordia disordantium canonum*。

为基督教会法律的有效部分。这样,它经历了教皇制度的所有盛衰变迁,直到它最终大部分被吸收在1917年出版的《教会法典》之中。格拉提安的著作就这样经历了正好与成功的教科书通常所经历的相反的过程。通常,这样的作品要逐步修订并重写,最终,除了名字,它们最初的东西所剩无几。另一方面,《和谐》(*Concordia*)则失去了自身的名称和其起源的一切痕迹,然而在本质上还保持同一,并且从一部教科书的地位上升到权威文本的地位。

与此同时,在神学家们当中也产生了一种类似的、却更为缓慢的进步。十二世纪初,人们对于写作或教授神学应采取什么形式没有一致的意见。与安瑟尔姆自由灵活、辩证精巧的对话以及圣
162 贝尔纳和圣蒂耶里的威廉更为传统的文学论文并存的,是总教堂学校教师们的"箴言",或者基督教早期教会领袖和政务会的选集,还有更为系统和辩证地组织起来的阿伯拉尔的"神学"。前者在十二世纪三、四十年代的《箴言大全》(*Summae sententiarum*)中逐渐变得更为完整和有纲领;而圣维克多的休以另一种风格在他缓慢的、思辨的、精心制作的《论辩驳》(*De sacramentis*)中勾画了一幅神学的完整图画的轮廓。与休同时代的是阿伯拉尔在斯台-热内维耶夫山的继承人,英格兰人默伦的罗伯特,他是阿伯拉尔的弟子,也是休的弟子,还是索尔兹伯里的约翰的老师,在1148年的兰斯,人们把他与伦巴第的彼得联系起来,而与拉波里的吉尔伯特相对立。他离开巴黎到默伦去教书,最终在1163年回到英格兰当了赫勒福德(Hereford)的主教。他主要因其伟大的《箴言书》(*Liber Sententiarum*)而著名,这是一部涉及整个神学领域的说明、意见和决议的文集,以其教义的纯正及其推理的敏锐而出类拔萃。这

样，在巴黎就有两股有影响的潮流，一股来自阿伯拉尔的辩证《神学》(*Theologia*)，另一股则来自休方法论的、明晰的、崇高纯洁的《论辩驳》。他们在默伦的罗伯特的 *Summae* 和拉波里的吉尔伯特的学校里联合起来，产生了一种新的神学形态——*Summa*(大全)，它包括了教义的全部领域，并包含了 *auctoritas*(权威)和 *ratio*(理智)两个组成部分。对综合——一部教科书——的要求还没有解决，结果，常常发生这样的情况：一个作者只比别人做得好了一点儿，许多其他人就跃跃欲试。他的名字还保留着，而那些跟他差不多一样的人的名字却消逝了。在这里，变得出名并加入但丁的《天国篇》(*Paradiso*)和拉斐尔的"辩论"(*Disputa*)中的不朽行列的名字不是默伦的罗伯特，而是他的同时代人和主教同事伦巴第的彼得。

> 他与那可怜的寡妇一起，把他的财宝献给了神圣的教堂。①

伦巴第的彼得出生在伦巴第的诺瓦拉(Novara)附近，在兰斯学校和圣维克多的教士团受教育。他是圣维克多的休的学生，为贝尔纳所熟知，贝尔纳曾推荐他作大教堂牧师会成员。到1144年，他在巴黎总教堂学校执教，1159年他成为巴黎的主教，可能在随后的一年去世。在大约1140年，他写了一些对赞美诗的评论以及对圣保罗书的评论，这些评论成了很成功的手册。在这个过程

① 但丁，*Paradiso*，x.107－108。

163 中，他编制了一部选自圣经和教父的文集来说明他的观点。他这时把这些东西作为一部分材料用于他的杰作——四部《箴言书》之中，该书完成于约1155～1158年，分别论述①上帝；②造物，即创世和基督之前的世界史；③道成肉身和赎罪；④圣事和 *Novissima*（最后四事）即死亡、审判、地狱与天堂。他的方法是提出一个教义上的题目和问题，再提出来自圣经、宗教会议、教规和教父们的反对和支持这个题目的权威意见，然后再对这个问题下判断。对他思想来源的研究表明，如同人们预料的，奥古斯丁是他引证得最为频繁的，约有上千处，或全部个人引文的9/10。由于这看来很不平衡，我们就应该记住，奥古斯丁不仅是教父中著作最为浩繁的，而且是最为全面的。完全除开他论三位一体和恩典的伟大著作不谈，他在其著作的一些地方还涉及了基督教教义与实践的几乎所有问题。然而，奥古斯丁和在引证次序上紧随其后的两位：希拉里和安布罗斯（Ambrose）之间的差距是很大的，后两者有三、四十处引证。在拉丁教父和希腊教父之间也有类似的不均衡。克里索斯托（Chrysostom）是希腊教父中被引证得最多的，出现过约20处。奥里金出现过12次，卡帕多西亚（Cappadocia）的教父们就更少了。也有少数近代教师被引证，值得注意的有伦巴第的彼得自己的老师阿伯拉尔（从其 *Theolagia* 中引证的）和圣维克多的休，以及他的“对等者”和激励者格拉提安。一个有意思的人物是圣约翰·达马西奈（St John Damascene），他是一个预示了阿奎那的希腊人。他的著作在那之前不久刚被翻译成了拉丁文，而且伦巴第的彼得对这份新材料的运用是很有特性的。他的所有引证都是引自达马西奈的一节，而且这些引证都来自第一部翻译的一份特别的手稿，在巴黎可以找到这个译本。因而，伦巴第的彼得在访问罗马时就能够根据比萨的勃艮第(Burgundio of Pisa)的完整译本来检查他的文本。但是，他没有试图从中摘录任何章节来补充他最初有限的选集。

早期教会领袖著作的引证最终被证明(实际上可以有把握假定)不是依赖于对相关教父们的仔细阅读，而是依赖于以往的编纂，其中的一些编纂是可以验明的，还依赖于少数手头的手稿(诸如达马西奈的手稿)。通过这部著作，我们可以看到阿伯拉尔和圣维克多的休这两大思潮的影响。对于阿伯拉尔，伦巴第的彼得获 164
益于其贯彻始终的技巧，这种技巧是《是与否》的方法的一种改编；也获益于其用来调和权威之间的不同之处的标准。对于圣维克多的休，伦巴第的彼得获益于其对传统与 *auctoritas*(权威)的坚定尊崇，获益于其对绝对教条的爱，以及他对信仰要求的坚持。尽管阿伯拉尔的倾向看来是要抓住一个单独的事实或词，诸如三位一体的上帝或格位，在这个事实或词上编织一张辩证法的大网；但是，伦巴第的彼得首先关心的总是充分说明教会本身所相信的一切。他几乎从不把辩证法当做 *tour de force*(壮举)来运用，而且在纯哲学或思辨的问题上，他经常是宁可不作决断。然而，有时他又能表现出他是个驾驭基于新逻辑之上的复杂而完美无缺的辩证方法的大师。

伦巴第的彼得的成就就像格拉提安的一样，是直接和持久的，尽管其杰作的命运与《和谐》的命运不同。在 20 年中，他的原作被当做详尽的评论的基础，而且学生们很快就可以得到"删节"版和简编本了，有人可能会说这些版本是"伦巴第没有眼泪"，其中最成功的是由他的忠实弟子普瓦捷的彼得所作。他有他的敌人,因为他有特定的动机去攻击各种群体,这是由于他对辩证法的运用,由于他对拉波里的吉尔伯特的反复攻击,以及由于他对阿伯拉尔在道成肉身问题上的教导表示赞同。至少有两次,《箴言书》就像一个世纪后阿奎那的《大全》那样,差一点在反辩证法的人们或福罗拉的约阿希姆(Joachim of Flora)的支持者们的攻击下沉落。结果,他在1215年从第四届拉特兰会议的教父们那里得到了一个响当当的正统证明。这些教父们在解释三位一体说的信仰、反对福罗拉的约阿希姆时,引用了他的名字;在宣称他们相信"伦巴第的彼得",向他忏悔,而且说这就是传统的教义时,使用了他的说法。在整个十三世纪乃至以后,他的书成了在《圣经》之后关于神性(divinity)的教科书,并且在完成了其《圣经》课程 *baccalaureus biblicus*(圣经学士)之后,又开设了一门讲座课程,是关于《箴言书》的 *baccalaureus sententiarius*(箴言学士)。不仅所有年轻的神学家都以此为题作演讲,而且,不计其数的教师们都以某种像牛津的"大师们"写作关于柏拉图或亚里士多德的评论那样的方式写关于这个问题的评论,尽管数量上要多得多了。阿奎那的评论只是整个大军中最有名的而已。最近,不完全的统计表明,只是在英格兰,就有约200篇这样的评论;而另一种分法则表明,光是多明
165 我会会员写的这类评论就有150篇以上。所有重要的手稿资料图书馆都有伦巴第的彼得的著作条目。的确,除了《圣经》,在1150年至1500年之间,肯定没有一本书像这样如此频繁地被复制、被评论。圣托马斯的《大全》除了开始了与一个世纪的障碍进行的竞赛之外,并未能在三百年中代替伦巴第的彼得。只是在十六世纪,

卡耶坦·维克多利亚(Cajetan Victoria)和巴涅茨(Bañez)才确保了圣托马斯的著作的卓越教科书的地位,而且迟至十七世纪中期,神学家们依然在出版对《箴言书》的评论。

现代批评家们自然要试图给这种非凡成功的方案命名。他们在伦巴第的彼得明智的重要观点中部分地找到了它。他兴趣广泛,没有嗜好,少有癖性。他并非一贯正确,他的两三种见解如他的"嗣子说"倾向,以及他把上帝之爱(charity)等同于圣灵(Holy Ghost)的观点,很快就被抛弃了。它们倒没有引起丑闻,默默地得到了原谅,像一副可爱的面容上的赘疣。除此之外,他异乎寻常的流行,无疑在很大成分上是由于他幸运地处在一段很长的发展扩张时期的开始时刻。到那时为止,在神学家当中还没有像后来那样分成奥古斯丁派、亚里士多德派、托马斯派和司各脱派这样的"学派"。伦巴第的彼得身处发源之地,是所有学派共同的遗产。在他写作之时,所有的人都感到了需要某种这样的编纂,这种编纂概括了前经院教会(pre-scholastic Church)的学说,并迎合了学生数量的增长以及教学指导体系的迅速定形。许多人感到了这种需要,而且正在试探他们应对这种需要的途径,而伦巴第的彼得领先于他的同时代人找到了答案。这是个教科书的时代,我们可以从许多不同的领域和时代把伦巴第的彼得的成就、在他之后的文学史以及他的两位同时代人格拉提安和彼得·康麦斯特(Peter Comester),同一个世纪之前诸如帕尔格雷夫(Palgrave)的《英诗金库》(*Golden Treasury*)以及肯尼迪的《拉丁语法》(*Latin Grammar*)这样的著作做一下比较。一旦评注工作开始,就没有回头路。在现代社会,我们写我们的教科书;在中世纪,则是由评注来替代。

如果这种估计是正确的，那么，我们就可以评价伦巴第的彼得在经院哲学史上的重要性了。较早的一些批评家认为他是经院方法的创始人，这种判断丝毫经不起检验。如果有哪位思想家配得上经院哲学之父这个称号的话，那就是安瑟尔姆；如果哪个人要享有完善了辩证法技巧的荣誉的话，那就是阿伯拉尔和圣维克多的
166 休。伦巴第的彼得只是伟大的 *vulgarisateur*（推广者）。就算我们承认他的创造性成就，那进一步的问题，即关于他本人对以后的方法的影响的确切特点问题，就不好回答了。甚至像波那文图拉和阿奎那这样有能力、有创造性的头脑，都受到他对神学问题的安排与处理的很大影响，这一点是没有问题的；但是，要说没有那四部《箴言书》就不会有《神学大全》，那就太夸大其词了。如果没有伦巴第的彼得，就会有一个他的同时代人来填补他的位置，不会那么成功，也不会流行得那么久，但经院方法的发展不会受到多大影响。

十二世纪最后 30 年从整体上说，是一些次要人物的时代。有天赋的整个神学领域的阐述者代替了更为专门，而且有时是更为飘忽不定的天才人物。对伦巴第的彼得著作做了缩写的普瓦捷的彼得就是这类人物的一个典型。另外两位彼得以不那么引人注目的成就，在另外一些学术领域完成了伦巴第的彼得在神学中表明是可行的东西。食者彼得（Peter the Eater）（彼得鲁斯·康麦斯特［Petrus Comestor］说：他的饮食是书籍），从 1168 年到 1178 年（或 1179 年）是巴黎的校长，他写了一部《经院学说史》（*Historia scholastica*）或《旧约》与《新约》圣史，该书在几个世纪中一直是历

史手册。歌手彼得(Peter the Chanter),在圣母院任神学教师直到 1173 年,又从 1183 年起在唱诗班任领唱,1197 年去世。他著有一部关于圣礼和道德神学的大全,该书也同样流行。

这样,十二世纪的后几十年,法兰西和意大利充满着衰败、混乱和离心的情调,对于同时代的人来讲,特别是对于那些像布卢瓦的彼得(Peter of Blois)和威尔士的杰拉尔德那样从前一代幸存下来的人来说,这是一个在神学和文字方面都一样衰微和平庸的时代。索尔兹伯里的约翰所赞美的那种文化,就像阿伯拉尔、贝尔纳和拉波里的吉尔伯特的那些了不起的日子里的热情与冲突一样,一去不复返了。神学似乎变得更安全了,更沉闷了,也更缺乏个人色彩了。只有一位非常敏锐的观察者能够看出,在三个重要趋向中处在萌芽状态的两个将使十三世纪成为一个甚至更为卓越的世纪,因为十三世纪的学校和伟大人物要比十二世纪多,也更多样化。我们至此已考虑完大学的兴起了。亚里士多德的再发现将很快吸引住我们的注意力。男修道士的兴起以及他们对大学的影响是决不会被预见到的,但是,托钵僧制度的起源则在我们的视野范围之外。

167

第 15 章 重新发现亚里士多德

在学术复兴和辩证法活动在意大利和法兰西的学校中开始之后的一个多世纪中,逻辑和哲学教师可以使用的只是所谓的亚里士多德的"旧逻辑"所代表的古代思想的片断,以及相关的一批评注和论文,其中大部分还是波埃修斯所作。这在很大程度上说明,对于西北欧本地的天才们来说,这种贫乏的思想贮备在一百多年中足以养育一系列伟大的思想家,并使他们能够创作出具有坚实而永久价值的著作。在这一时期(结束于 1140 年至 1170 年之间),最有影响的教师无疑是波埃修斯,而对于那些目标更高的人来说(就像在沙尔特雷),柏拉图才是"哲学家"——不论对他的了解多么不完整。

在接近十二世纪中期时,一场大变革开始了,一个时代到来了,这个时代将持续一百余年,这就是古代希腊和晚近一些的阿拉伯及犹太思想与科学开始越来越多地为西方人所知的时代。这股新知识的潮流在不止一方面改变了欧洲的思想和生活,后面我们将介绍这一点。但是在哲学领域,主要的变革动力是亚里士多德的体系,这个体系一点一点地展现出来,直到人们可以看到其全貌,其作者也代替柏拉图而成为所有学校的"哲学家"。这个发现的过程 1100 年后不久就开始了,直到 1270 年才结束。它是由各方面一系列的学者差不多只是出于一种无偏见的对于知识的欲求，而从希腊文和阿拉伯文所做的一系列翻译产生的结果。我们有关这一活动的信息来源实际上在60年前还是一个 *terra incognita*（未知领域），最近才有人孜孜不倦地探索和开拓，尽管许多细节依然模糊不清，但是主要的轮廓已相当清楚了。看来，是两种情况造成了欧洲文化中的这一新现象。一方面，北方人向外挺进到了意大利南方，到了东方，特别是到了西班牙，这使他们接触到了迄今他们还不熟悉的文明的中心，这里面蕴藏着他们一无所知的过去的宝藏；另一方面，这种扩张正是这同一批人新的活力与才能的一部分，它在智力领域是通过一种新的好奇心和运用可能找到的知识与思想的任何新的辅助工具的能力表现出来的。 168

在十二世纪早期，至少有四个交流中心，西方学者是可以在那里作出发现的。首先是第一次十字军远征后不久的叙利亚。少数学者和文人随着第一次十字军到了诸如安条克这样的东方城市并住了下来，在那里，他们发现并翻译了从未游历过地中海的阿拉伯书籍。例如，人们了解到了一个波斯血统的人，安条克的斯蒂芬(Stephen of Antioch)，1114年在安条克翻译医学著作；人们还了解到，更晚一些时候，特里波利的菲利普(Philip of Tripoli)在安条克翻译伪亚里士多德的《秘密之秘密》(*Secretum secretorum*)，这是一部实用的格言、秘密的忠告和秘传的经验知识的文集，是想要为统治者作指导，并声称是由亚里士多德为其弟子亚历山大大帝所撰写的。这个令人惊异的和异国情调的混合物极受欢迎。已知的有二百部以上的手稿，而且，其想象力转化成了雕塑和彩绘玻璃。

其后，是君士坦丁堡。在该城，比萨人和威尼斯人在他们海滨的殖民地翻译希腊的著作。其中有两三个名字是值得注意的：威尼斯的詹姆斯(James of Venice)翻译了亚里士多德的全部逻辑学；贝加莫的摩西(Moses of Bergamo)是威尼斯集团(Venetian group)的一个成员，他搜集希腊的手稿(不幸失火而毁)，并做翻译，但没有保存下来；比萨的勃艮第翻译了克里索斯托、巴西尔(Basil)和约翰·达马西奈。人们很自然要问，在君士坦丁堡，纯粹的希腊文化一直流传而未中断，因而，初看起来它显然应该是对希腊哲学感兴趣的人的中心，却为何没有成为所有西方学者的麦加。答案是复杂的，而且解释了更大的问题，即贯穿于整个中世纪
169 的东西方之间的分裂，希腊人和拉丁人之间长久而痛苦的误解，这种误解使得社会与思想方面的密切关系不可能建立起来。此外，还必须补充两点：在西方学者中既缺乏明确的计划，他们绝没有一致同意说他们主要是在寻求哲学著作；他们也缺乏当时希腊人对于作为主要精神追求的哲学的兴趣。

第三个交流的舞台是诺曼底君主治下的西西里。这里汇聚了四个种族和四种语言：拉丁、希腊、阿拉伯和希伯来。比起西方基督教世界的任何地方来，这里的生活更为奢华与文明，思想上是更为好奇、更有接受能力的。因此，在罗杰二世国王(King Roger II)统治下的西西里是个最重要的中心。许多学者都到那里去旅行，如巴斯的阿德拉德；好几位多产的翻译家也在那里工作，其中有亨利库斯·阿里斯蒂普斯(Henricus Aristippus)，他在1156年是卡塔尼亚(Catania)的副主教，翻译了柏拉图的《美诺篇》和《斐多篇》，以及亚里士多德《天象学》的一部分；还有埃米尔或海军将

军犹金尼(Eugene the Emir or Admiral),他除了以另一个名字[1]作为一名重要的历史学家之外,还翻译了欧几里得和其他一些数学著作。然而,在翻译领域和其他领域都是一位先锋的哈斯金斯(Haskins)却不管西西里的翻译家们——他们拥有供翻译的希腊文本这一优势——的重要性,毫不犹豫地说:"明显的事实仍然是,西班牙的阿拉伯人是西欧新知识的主要来源。"[2]

在第四个活动的舞台西班牙,那里的环境正是君士坦丁堡的人们一直都缺乏的。如果亚里士多德在君士坦丁堡是一位被接受了、然而却被忽视的权威,那么在这里,他很久就一直是阿拉伯人、后来又是犹太人极感兴趣的对象,几乎是带着一种感情。如果在君士坦丁堡人们对西方的需求没有什么兴趣,那么在西班牙,在统治者和主教当中的气氛就是渴望最近的再征服。我们在后面将会看到一些关于亚里士多德著作阿拉伯文版的史前史的东西。这里,我们暂且来看一下第一代翻译家的工作。

西班牙北部的征服和基督教化是在 1031 年到 1085 年期间断断续续进行的,1031 年时科尔多瓦(Córdoba)的哈里发不再存在了;而 1085 年则是基督徒再次征服了托莱多。这一征服和基督教化使讲拉丁语的民族与阿拉伯人和犹太人的知识有了接触,而且占有了他们的许多藏书。除了欧里亚克的热尔贝之外,没有几个北方人在 1100 年之前到过西班牙去寻求学问。但是,从 1100 年

---

① 即雨果·法尔坎都斯(Hugo Falcandus),见 Evelyn Jamison 的《西西里的海军将军犹金尼》(*Admiral Eugenius of Sicily*)(British Academy 1957)。

② C.H.哈斯金斯,《中世纪科学研究》(*Studies in Medieval Science*)(Cambridge,Mass. 2nd edn. 1927),5。

170 以后，一股稳步的北方学者之潮进入了西班牙，寻找手稿来翻译，托莱多的大主教雷蒙德（Raymond）（1125年～1152年）建立了一所有点像翻译学校的机构。第一批和最著名的开拓者之一就是巴斯的阿德拉德，他的著作有一定数量保存了下来。他的人格可以一瞥而过，尽管哈斯金斯曾称其为“中世纪科学中最有意思、最重要的人物之一”。[①] 他生于巴斯，在其生命的终点，他也在那里隐退，他曾广泛游历西西里、叙利亚、巴勒斯坦和西班牙，并在1100年至1140年期间积极翻译与写作。在他早年的哲学论文中，志在追随柏拉图，他了解《蒂迈欧篇》；在认识论问题上，他试图调和“哲学家之王”与亚里士多德。他说，亚里士多德在使“共相”内在于个别上是正确的，个别可以为感官所感知；但是，柏拉图把个别置于上帝的心灵之中是对的，在那里，它们可以为“想象”（imagination）所感知。因此，个别和共相是被不同的精神能力所得悉的同一事物。由此而有其对话的题目：《论同一与不同》（*De eodem et diverso*）。他还写过其他许多著作，其中还有一篇关于驯鹰术的论文，以及一部题为《自然的问题》（*Quaestiones naturales*）的著作，这是一部值得重视的对自然与生物的观察文集。

在阿德拉德的同时代人之中还有卡林西亚的赫尔曼（Hermann of Carinthia）（约1090年～约1150年），他为西方挽救了托勒密的星座图；还有切斯特的罗伯特（Robert of Chester），他的主要译作之一是阿尔-花拉子密（Al-Khwarizmi）的《代数》。罗伯特和赫尔曼看来经常一起工作，二人都受雇于尊敬的彼得。彼得是

---

① 哈斯金斯，《中世纪的科学》（*Medieval Science*）42，cf also p. 20。

克吕尼的主教，他吸引他们在他组织的《可兰经》翻译工作中帮助他。然而，西班牙两位最多产的和最有影响的翻译家则活跃在稍晚一些时候，他们是多米尼克·贡迪萨尔沃（Dominic Gundisalvi），一个意大利人，后来成了塞哥维亚（Segovia）的副主教（全盛期在 1150 年），和克雷莫纳的杰拉德（Gerard of Cremona）。贡迪萨尔沃翻译了阿维森那的《形而上学》和阿维塞布朗（Avicebron）的《生命的源泉》，从而把大量爆炸性的材料抛到了西方的学校中，但这多半是后话了。据说，他的工作是在一名犹太人的帮助下完成的，那名犹太人把阿拉伯文逐字译成西班牙文，贡迪萨尔沃再译成拉丁文。克雷莫纳的杰拉德（1114 年～1187 年）是所有翻译家中最不知疲倦的。他在托莱多为了这唯一的目的学习了阿拉伯文，又致力于希腊文，据人们所知，他翻译了至少七十几部著作，其 171
中一些是亚里士多德的、欧几里得的和阿基米德的，以及各种风格的关于几何、代数和光学的书，此外，还有希波克拉底和盖伦的医学著作。

现在我们应该考虑一下这些翻译对西方的学校和思想家们的影响。由于他们首先感兴趣的是逻辑学，翻译家们很自然地就首先转向逻辑学著作，这些反过来又影响了各学校的思想与方法。如同人们所说的，至此为止，十一世纪和十二世纪早期的教师们从过去只继承了所谓的亚里士多德的“旧”逻辑，这主要是通过波埃修斯的翻译与评注。十二世纪中期的几十年是以“新”逻辑的到来为标志的，新逻辑使亚里士多德在这个问题上的著作完整了，包括：《前分析篇》、《后分析篇》、《论题篇》和《辩谬篇》。所有这些篇目都与命题的样式、所有形式的三段论，以及各种论证方法和检测一切种类的谬误的方法——不论是语言的、形式的，还是强词夺理的——有关。

亚里士多德的这些著作和其他一些著作的翻译一直是多方面研究和某些争论的对象。美国学者C.H.哈斯金斯、马丁·格拉布曼及其弟子与助手，还有更近一些的洛伦佐·米尼奥-帕卢埃罗(Lorenzo Minio-Paluello)，不仅揭示了那些后来变得流行的翻译，而且揭示了所有其他未发展起来的著作，这些著作因为这样那样一些原因未能得以流行，或听任其消失；同时，他们也调查了那个在思想史上同样重要的问题：各学校实际上"得到"亚里士多德的一部特定著作的时间，要比其译本在欧洲某个地方有可能得到的日期经常要晚得多。在这里，我们也只能像人们目前了解到的那样，给出一个这方面最简短的概要。人们是通过波埃修斯的翻译即所谓的 *versio communis*(通行译本)发现《论题篇》、《辩谬篇》的，可能还包括《前分析篇》；而《后分析篇》则出现于一系列的翻译中，其中包括一个波埃修斯的译本，因为希腊文的抄写错误而几乎不能使用，包括威尼斯的詹姆斯约在1130年所翻译的一个版本，其晦涩使其没有广泛流传，还有在托莱多和其他地方的翻译，最后是克雷莫纳的杰拉德在1187年之前所做的翻译，这个译本成了标准本。

关于"得到"的日期，我们知道，阿伯拉尔在其早期著作中只知道"旧"逻辑，但是在后来的著作中，他引用了《前分析篇》和《辩谬篇》。拉波里的吉尔伯特也知道《前分析篇》。1158年去世的弗赖
172 辛的奥托也知道整个的"新"逻辑，并将之引入日耳曼的学校。最后，是索尔兹伯里的约翰，他在约1159年特别讨论了整个新逻辑

的引介，并宣称，开发利用新逻辑对于任何未来的辩证法家都是绝对必要的。事实上，这在辩证逻辑的制定中是决定性的，在五十多年中，文科课程的理想目标很快就成了新生的大学中一切高等研习的必要准备。这样，整个中世纪乃至以后，"提问"和"辩驳"就成了一切教学与发现的基本形式。这些反过来又依赖于正确运用三段论，依赖于"新"逻辑在推翻错误论据和坚持切实有效的论证上的技巧。就像在圣托马斯的《大全》的"正文"中那样，三段论常为表面上从容而有说服力的论据所掩盖。此时三段论已十分普及，不但成了所有主张与批评的基础，而且成了钢铁的构架，可以无限扩展，可以支撑中世纪许许多多的思想大厦，如宇宙论、政治思想和神学思辨。三段论既需要记忆，又有类似哲学的论证，因而作为学术科目，极适合于当做一种训练，它有助于头脑的灵活，也能使思辨深入。当它一旦吸引住了教师与学生，就赶走了早年间年代久远的文字训练。现在学生都是尽快地去求助于逻辑，而不再要求文字风格和培养个人的自我表达方式；当学生掌握了逻辑，神学和法律就向有抱负的学子展现开其宽宏的景象。即使没有其他东西来代替"本笃会时代"修道院的文学文化，仅是逻辑作为自主的训练而兴起就足够了。

在思想史中，在亚里士多德的新逻辑的到来与人们得到其主要哲学著作之间，有一段时间的情况多少是有些模糊不清的。由于主要的翻译家总是在不停地工作，而亚里士多德在逻辑方面的论文对每一位教师、每一所学校都具有直接的和至关重要的意义，哲学著作和科学著作则无论对逻辑学家还是神学家都没有直接的意义，这中间的差距就比实际上要更为明显。他们最初只是向好奇的学者提出诉求，而且，直到巴黎的个别文科教师和神学家以及其他地方的神学家开始使用或误用他们的学说时，亚里士多德的173 思想才开始对学界发生影响。学界最初对亚里士多德的思想是抱有怀疑的，随后又贪婪地吸收它。十二世纪晚期的先行者们使用的差不多都是早期的译本，而下一代的学者则要求更高了，他们希望有译自希腊文的更精确的译本。最终，多明我会的翻译家摩尔贝克的威廉差不多完全满足了这一代学者的要求。

亚里士多德的自然科学著作《物理学》、《论天》、《论生成和消灭》和《天象学》，都是由克雷莫纳的杰拉德在1187年之前从阿拉伯文翻译过来的；差不多一个世纪之后，摩尔贝克的威廉又重新从希腊文翻译了一遍。最重要的哲学著作《论灵魂》、《形而上学》和《伦理学》则命运不同。威尼斯的詹姆斯在约1150年之前从希腊文翻译了前两部，但当时很少有人读。我们在下面将会看到，在十三世纪，《论灵魂》成了争论的焦点，但这主要是由于阿拉伯人对这部书的评注，以及阿拉伯人关于人类灵魂的学说。在亚里士多德的著作第一次出现之后一个世纪，它又被从希腊文翻译了过来，阿奎那对之作了重要的评注。《形而上学》的思想和语言都极为费解，有好几个译本。威尼斯的詹姆斯是第一个从希腊文翻译这本书的。但是，以前至少还有两个不能令人满意的译本，一个是十三世纪早期，由迈克尔·斯科特（Michael Scot）从阿拉伯文翻译的；另一个是摩尔贝克的威廉1272年之前从希腊文翻译的。《伦理学》坦诚地承认人的价值，因而是一部极其重要的著作，这部著作的历史特别复杂。最早的译本只包括第二卷和第三卷，是在十二世纪从希腊文翻译的。随后，十三世纪早期又有了第二个译本。

大约在 1240 年，日耳曼人赫尔曼(Herman the German)从阿拉伯文编制了第一卷至第十卷的概要；但是，第一部从希腊文翻译过来的完整译本，是罗伯特·格罗斯泰斯特(Robert Grosseteste)的译本，其年代大约是在 1250 年之前不久。最后，《家政学》和《修辞术》在十三世纪中期或晚期从希腊文译出。摩尔贝克的威廉在 1270 年之前翻译了《修辞术》的一个新译本，而且他在约 1260 年至 1264 年，以及 1278 年分别做出了《政治学》和《诗学》的 *translatio princeps*(最好的翻译)。

这样，把亚里士多德的全部著作引进西方，就是一个持续了一百多年的过程。第一股潮流是逻辑学著作，人们很容易、也很贪婪地就将其吸收下来了，因为它延长并完善了一种训练，这种训练已经用于亚里士多德的规范。第二股潮流是艰难而深奥的哲学著作，尽管其影响是划时代的，但是它们带来了更多的麻烦，也并不 174
那么容易吸收。最后，伦理学、政治学和文学方面的著作对欧洲展现了一位哲学家，他从纯粹自然主义的、现世的观点来看待人类生活。把亚里士多德的译文作为一个整体来看，它第一次给了西方思想家构筑一个完满而成熟体系的材料，但是，这一宏大的思想其基调、其先决条件都不是中世纪的，不是基督教的，而是古希腊的和非宗教的，虽然不能说是以理性主义为特性的。

175

第16章 阿拉伯哲学和犹太哲学

直到十二世纪末,西方思想只是在一个方向上自然地经过了各个阶段而发展的。在十一世纪的文艺复兴中,西方思想变得活跃起来,这是由于人们考察了长期以来在逻辑教科书中一直潜在地引发的逻辑问题,并就此进行辩论,而且在十二世纪,西方思想的智力资源增加的内容都是亚里士多德的逻辑著作,几乎没有例外,亚里士多德的逻辑论述详细阐述并澄清了已知并讨论过的问题。除了个别人受《蒂迈欧篇》的启发,尝试着遵循柏拉图的路线建立形而上学和宇宙论之外,差不多所有的纯哲学思想都保持在逻辑的范围之内,在西西里出现的分散的译自希腊文的译本,对改变思想潮流几乎没有什么影响。在接近十二世纪末时,那种熟悉的资源被过度开采,结果发生了某种程度的停顿。如果没有外部的影响使其感受到这一点,那会产生什么后果就无从知道了。事实上,亚里士多德全部著作的到来,改变并丰富了整个中世纪的精神生活。与亚里士多德著作一同来的,还有其他的著作以及冗长的评注,这些把西方人引到了阿拉伯思想和犹太思想的面前,这是一个完整的世界,西方人对其几乎还一无所知。结果,思想家和神学家们用了将近一个世纪,先是吸收和解释亚里士多德,然后又是考察和部分拒绝了阿拉伯、犹太和新柏拉图主义的思想,新柏拉图主义是随着亚里士多德著作的后一部分一同来的。这种新素材的渗透很快就成了一种入侵，它打断并深刻地改变了经院思想的进程。我们需要稍为仔细地研究一下这一入侵的各个阶段，以及其 176
后果的范围和持久性。但是，在此之前，有必要考虑一下亚里士多德传到中世纪欧洲来的渠道和媒介。假使哲人亚里士多德的著作是在一种完全"纯正"和"完美"的状态下被人们重新发现的，就像罗马法在约1100年、希腊文学在十五世纪那样，那么无疑，它们的影响即使不比罗马法、希腊文学更大，至少也是同样大的，不过，它的效果也可以不那么模糊，更容易区别于相反的体系。实际上，亚里士多德的著作不仅是以断简残篇个别零星地传到西方的，而且掺杂了许多其他内容，而当时人们认为这些东西是属于亚里士多德的。与之一同来的还有一些评注，这些评注常是极有价值的，但也时常有倾向性，甚至会把人引入歧途。

尽管我们知道，有些亚里士多德的著作直接来自拜占庭，或来自属拜占庭范围的西西里，不过，大多数是通过西班牙传到西方的，而且它们还有长长的、离奇的传说故事。自从四世纪以后，占据美索不达米亚的叙利亚人繁荣的基督教社会就接受了希腊的哲学和医学，那里由厄弗冷(Ephrem)开办的埃泽萨(Edessa)的学校是很有名的。489年，芝诺皇帝(Emperor Zeno)关闭了这些学校，因为它们受了聂斯脱利学说(Nestorianism)的毒害，教授们带着他们的哲学和科学到了波斯。在随后的一个世纪里，伊斯兰征服了整个波斯和叙利亚，巴格达开明的哈里发利用这些叙利亚人来为他们服务，这些叙利亚人就把亚里士多德、欧几里得、阿基米德、希波克拉底、盖伦以及许多其他人的学说传授给了阿拉伯人。

从750年到900年，是翻译家的伟大时代，主要是叙利亚的基督徒，他们把亚里士多德翻译成阿拉伯文，有时直接译自希腊文，但更多的是从叙利亚文转译的。对于后来的批评家、也许还包括后来的所有哲学家来说，不幸的是，有一定数量的非亚里士多德的著作被冠以亚里士多德之名译成阿拉伯文。其中有两部是新柏拉图主义的著作，它们注定要产生重大的影响，即所谓的《亚里士多德神学》，由普罗提诺的《九章集》中第四卷到第六卷构成，以及《论原因》，《论原因》出自普罗提诺的弟子普罗克鲁斯；另外还有阿弗罗狄西亚的亚历山大(Alexander of Aphrodisias)对亚里士多德所做的著名的漫步学派的评注。除了其他影响之外，亚里士多德受到的玷污还给了阿拉伯和犹太哲学家以理由，来尝试着把柏拉图和亚里士多德综合起来，的确，我们几乎可以说，这是强加给他们的命运。

177 阿拉伯思想家们除了长期从事从叙利亚和波斯、经过埃及，把亚里士多德的思想传播到西班牙的工作之外，他们还把他们自己的一份遗产给了拉丁人。人们经常说，阿拉伯人不是有创造性的思想家，他们也的确没有建立起一个全新的思想体系。然而，我们可以说，亚里士多德的体系在阿拉伯人手里经历了一种改变，即使没有那么彻底，也类似于柏拉图主义在新柏拉图主义者手中经历的那种变化，或亚里士多德本身于十三世纪在阿奎那手里经历的那种改变。当然，其中最著名的两、三位思想家解释了亚里士多德的学说，并将其扩充到了相当大的程度，除此之外，还增加了其他资料来源的成分，而这些成分后来被证明是难以理清的。

经过在巴格达把希腊著作翻译为阿拉伯文的一个世纪之后，

随之而来的是一个著名思想家的时代。我们不打算描述或者甚至概括一下他们的学说，但是，必须注意亚里士多德体系的主要变化，以及另外新增加的成分，这些思想家们是要为这些成分负责的。

第一个重要的名字是阿尔金迪（Alkindi），他生活在波斯，870年之后在巴格达去世。他详细探讨了亚里士多德在其《论灵魂》中描述的认识过程，亚里士多德的这一著作直到十三世纪才传到西方。亚里士多德把思想的过程解释成消极理智接受其自身之外事物的形式。他还提出过一种看法，不过他从未详细阐述过，他认为，积极理智有一种比消极理智要高级的本性，它实际上构成了它所理解的形式。希腊世界中最著名的亚里士多德评注家、后期柏拉图主义者阿弗罗狄西亚的亚历山大在二世纪时，把这种积极理智理解为一种精神性的存有，它区别于人类灵魂，并对其发生作用。阿尔金迪的观念更进一步，并把这种积极理智理解为单一的超人的理智，它作用于个别的消极理智，产生了人类的思想。这样，一个希腊人提出的一个观念，在将要养育出普罗提诺体系的氛围中，在波斯为人们所接受，成了阿拉伯思想中一个永久的成分。

第二个值得注意的名字是阿尔法拉比（Alfarabi），他可能是阿拉伯民族中最有独创性的头脑，他生活在巴格达并在那里去世（950年）。他因为做出了划时代的关于本质和存在之间的形而上学的区分而著名，这一区分为区分必然的存有和偶然的存有提供了形而上学的根据，也为那种上帝创造的、不仅发源于上帝，而且 178
因此也依赖于上帝的宇宙的概念提供了形而上学的根据。他研究了亚里士多德所做的关于一个事物的本性与其实际存在之间的逻辑区分，得出了其形而上学的结论，认为，本质概念不包括存在概念。他认为，存在是本质的偶性，它可以与之偶然相遇，亦可以背其而去。他还从阿尔金迪那里继承了单独的积极理智（*intellectus agens*）的概念，这种单独的积极理智在个别的人类心灵之外，而且永远以事物的形式启示人类的心灵。因而，阿尔法拉比就融合了亚里士多德和新柏拉图主义，这种融合与奥古斯丁所做的非常相似：奥古斯丁的本质概念以及感性知觉与独立的本质之间的关系，是亚里士多德主义的；心灵的光照和事物的形式是新柏拉图主义的。作为事物的存在的原因，上帝也是事物可理解性的原因，我们的观念或普遍概念就必然是真实的（true）。与此类似，人的最终目的，专注于上帝，就是亚里士多德主义的沉思生活和新柏拉图主义返回上帝两者的混合。阿尔法拉比本人是个 *sufi*（苏菲派泛神论神秘主义者）或神秘主义者，并且在他的体系里为一种启示（illumination）留有余地，这种启示要比所有的人按他们的标准所能得到的启示更高、更纯正。中世纪的世界对阿尔法拉比的著作和他所做的工作，不如对阿维森那那样熟悉，今天人们仍然不熟悉，但是其重要性也许与阿维森那是同样的。他对亚里士多德逻辑学的运用，以及他对亚里士多德形而上学和新柏拉图主义形而上学的调和，都为所有的后来人指明了道路。

在阿尔法拉比之后的，是所有阿拉伯人之中最著名的人物伊本·西拿（Ibn Sînâ），或者按照拉丁世界的叫法，阿维森那（980年～1037年）。阿维森那生于布哈拉（Bukhara），在伊斯法罕任教，在伊朗的哈马丹（Hamadan）逝世。从其孩提时代，他就是个学问上的奇才，年轻时写过一部百科全书，担任过许多公职，在社交生活中自由快乐，还是一位著名的医生。实际上，在医学理论与实践上，他是从盖伦到意大利文艺复兴之间这个时代中最有权威的；正是他，使自然气质和四元素（土、气、火、水）的混合这两方面之间的紧密联系的概念，及由之而来的对于健康与医疗的意义普遍流行开来。在思想史上，他属于登峰造极之列；至少在其影响上，他是一位划时代的思想家，在很大程度上确定了西方思想的方向，因为阿拉伯人和犹太人尽管有东方的特性，与东方有密切关系，却属于西方传统。阿维森那不仅是把亚里士多德的思想传到中世纪世界去的传播媒介，而且在逻辑学和形而上学的许多重要 179
问题上，在后来包括圣托马斯在内的所有亚里士多德主义者中成为经典的那种意义上，他都使人联想到了亚里士多德。他无所不包的头脑包容了全部思想领域，甚至超过了亚里士多德，包括了从逻辑学和物理学到形而上学和神秘主义。正是他，第一个区分了共相或 *genera*（属）的存在的三种方式：在上帝头脑中先于个别事物的出现（*ante res*）的方式；在存在着的个别事物中（*in rebus*）被赋予了偶性的方式；以及由思维着的头脑从事物中（*post res*）抽象出来的方式。正是他，第一次赋予亚里士多德对实在的两种感知以专门的表达方式："第一意向"（*intentio prima*），我们通过第一意向感知在我们头脑之外，*in rerum natura*（在自然事物中）存在的个别事物，通过第一意向，个别事物为我们的意识所接受，但是还没有成为理性的、科学的思考的对象。另一种是"第二意向"，我们通过第二意向把个别事物在我们的头脑中分解成本质、偶性、存在，等等，因而将其作为科学知识的对象。最后，正是他，指出了事物的本质可以从三个方面来考虑：从其自身，作为形而上学的专门对象;从我们的头脑,作为逻辑学的专门对象;从个别事物,作为科学的对象。这是对亚里士多德立场的阐述,这种立场通过把作为被理智的抽象所感知的存有的形而上的成分,同存在于、并活动于心灵之外的世界中的物质成分联系在一起,而把科学与哲学结合在一起了,并且有助于把演绎方法确立为科学知识的主要工具。

尽管阿维森那在许多方面追随阿尔法拉比,然而,他倾向于较为纯正地描述亚里士多德的思想,并倾向于抛弃新柏拉图主义所增加的内容。因而,他让“质料”作为事物的一种永恒的成分,而新柏拉图主义则把它看做精神的最后消失的痕迹。他把亚里士多德的质料和形式完全保留下来,作为一切自然存有的相互关联的成分;在一切事物都有“形体的形式”(*forma corporeitatis*)这样一种意义上,把这种学说扩展到每一层次的存有,随后的形式如“动物性”的形式、“人性”的形式,可以说,都置于“形体的形式”之上。这就是“形式的多重性”(plurality of forms)的开端,到十三世纪晚期,这个问题就成了一个激烈争论的问题。然而,阿维森那对极端的“形式质料说”(hylomorphism)并无责任,这种学说甚至把“质料”也归因于精神存有。另一方面,其上帝的特性在很大程度上是
180 普罗提诺的:是不变的存有,第一理智(First Intelligence)来自于他,从他流溢出下行的存有的等级序列,通过(亚里士多德的)天体(spheres)降到尘世。

在认识论上,阿维森那类似于阿尔法拉比,也可能他就是仿效阿尔法拉比的。个人的智力有能力接受感觉印象并将之分门别类,也有能力做出评价和实际的判断,这部分地是借助于对过去经验的记忆,部分地是依赖于天赋的直觉,但是,智力活动的最终作

用(心灵借助于它抽象出普遍形式,普遍形式是智力知识的对象,也是一切哲学和科学的基础),则是由于在个别的“可能的”或“消极的”理智之外的、单独的**积极理智**的启示,而且,这种积极理智是按个别理智可以接受的程度来显扬事物的本质和形式的。人类灵魂对于阿维森那来说,在实践上就相当于理智。就人类灵魂没有包容任何衰朽的成分,而且可以由神力保持存有而言,它是不死的。这种神力是唯一的必然存有,是宇宙第一的无原因的原因,是宇宙的创造者,这个宇宙与其创造者同为永恒的。这个存有,上帝,就是万物的统治者,尽管祂的统治是通过理智以及它所传递到的天体为媒介的。但是,阿维森那的宇宙就像亚里士多德的宇宙一样,是由必然性来统治的。尽管一切是者(all that is)都是善的,却没有上天对个体的关照;恶是缺乏或淡化善。在这样一个宇宙里不会有自由意志。作为一名虔诚的穆斯林,阿维森那在这个严格理性的体系上加上了先知的许诺、指令和启示,其中包括了个人不朽的学说。但是在他看来,哲学家保有把关于未来至福的粗俗概念转换为他自己的词语的权利。

这个宏大而完整的思想体系是阿拉伯天才的最高成就,在这个体系中,亚里士多德的框架用新柏拉图主义的成分来显扬,并使之灵活适应。这一体系还为自然宗教提供了基础,使伊斯兰积极的宗教学说可以置于这个基础之上。这个思想体系尽管也有一些成分诸如永恒宇宙与神的统治的必然特性,后来被证明是难于处理和无法吸收的,不过还是很值得向基督教哲学家们推荐。

在阿维森那死后不久,他的著作就传到了西班牙,在那之前,许多亚里士多德的著作已经传到了那里,后来,其余的亚里士多德

著作也传到了那里。尽管阿维森那本人笃信宗教，对东方神学中
181 的神秘主义成分抱着同情，但是他关于事物的理性大纲却受到伊斯兰教内保守神学家的攻击，他的学说在东方可能也渐渐相对地被人们遗忘了。然而在西方，理性与启示之间的冲突将要变得尖锐起来。

在西班牙南部复杂而高度文明的伊斯兰社会中，艺术、文学和精神追求比在拉丁世界的任何地区都受到更高尊崇，得到更大的发展。另一个伟大的名字出现了，堪与阿维森那媲美。伊本·鲁西德(Ibn Roshd)，或按照拉丁化的叫法，阿维罗依，是个阿拉伯人，1126 年生于科尔多瓦。他的父亲和祖父都是法学家和法官，他本人多才多艺，既是法官，又是天文学家，还是哈里发的私人医生。他的一生大部分是富裕显贵的，最后被当做异端，受到攻击，并于 1198 年在流放中去世。与阿尔法拉比和阿维森那相比，阿维罗依不是一位有独创性的思想家，他的杰出之处在于他的批判能力，他对亚里士多德所做的伟大评注显示了他的这种能力，并为他赢得了但丁的诗句；[①]他的杰出之处也在于他献身一项具有重要意义的事业——完整而正确地把亚里士多德呈现给世界。

他对亚里士多德无限赞美，甚至在充分考虑到闪米特人的修辞技巧的情况下，阿维罗依对亚里士多德的颂扬，也是一位大哲学家所曾给予另一位大哲学家的称颂中给人印象最为深刻的："我认为，(他写道)那个人是一个标尺，是一个典范，其本性生而就是用来表现人的终极完善的……亚里士多德的教导是至高无上的真

① *'Averrois che il gran commento feo'*. *Inferno* iv.,144.

理，因为他的头脑是人类头脑的最高表现。为此，有人曾恰当地说过，他是上苍创造出来并赐予我们的，我们就可以知道应该知道的一切。让我们赞美上帝吧，他使这个人卓尔不群，使其近乎达至人性尊严的最高境界。”[①]因此，阿维罗依的目的以及他的成就就在于清洗新柏拉图主义而使亚里士多德纯洁，甚至就像时下人们描述的那样，不惜以牺牲他体系中很少的宗教成分为代价。总的来说，他不仅是彻底的，而且是成功的，尽管在他大功告成时，还有一些新柏拉图主义的遗迹，诸如把第一推动者视同上帝，以及把亚里士多德的天体等级秩序理智化，然而，他接受了阿维森那关于永恒宇宙的学说。

然而，在心理学的一个重要问题上，阿维罗依则与其伟大的先人有重大的分别。阿维森那如我们所说过的，对阿弗罗狄西亚的亚历山大的亚里士多德做评注，他认为，人的可能理智或消极理智 182
本身是一个个别的和精神的存有，它可以与身体分离而存在，它受到一个单一的外部理智的启示，以便感知事物的形式。根据阿维罗依的观点，潜在理智（相当于阿维森那的可能理智或消极理智）本身在刚一接触到外在的、普遍的积极理智时，就得以存在了。当人活着的时候，它就跟他在一起；但是当他死去时，它就转化成普遍理智，就像一滴水融入大海。这样，就不仅排除了自由意志，而且也排除了个人的不朽。

尽管阿维罗依企图发现亚里士多德的本来面目，并且无条件

① 这段话是在阿维罗依对亚里士多的《论灵魂》的评注中，详见宇伯威格-盖耶尔，316～317。

地遵循他的教导，把他的教导视同正确的道理，但是阿维罗依肯定也想要成为、并希望人们认为他是个正统的穆斯林。同时，他并没有试图使理性服从启示，或使哲学服从信仰，他也没有试图调和它们互相抵触的要求，而是陈明、并在必要的时候承认它们的差别。他断言，真理有不同的程度或不同的深度，以解释上述差别。他主张，宗教对各种人都是必要的，先知和《可兰经》的启示是非常丰富的，所有的人都能在其中找到他们所需要的不同营养。他本人区分了三类信徒，第一类是普通人，没有文化，他只能满足于权威的和感情的理由，对于他来说，那是直白实在的启示。第二类是受过适当教育的人，是辩证法家和神学家，他们满足于或然的或有说服力的理由。最后一类是少数有很高智力的人，是哲学家，他们需要确确实实的证明。阿维罗依的这一学说注定会在其后的不止一个历史时刻中得到回应，它受到了各种各样的解释和辩护。有人称之为"双重真理论"。从历史上来说，它至少据认为是十三世纪巴黎的拉丁阿维罗依主义学说的来源，这一点是没有问题的；但是，我们根本不清楚阿维罗依是否像人们常说的那样，坚持说他遵从亚里士多德是有道理的，而对哈里发则只是嘴上说得好听。我们更不清楚他是否只是在外表上宣称信奉伊斯兰教以避免麻烦。阿维罗依的拉丁文译本的准确性也值得怀疑，这使解释的问题更困难了。但是，看来他决不会断言两个互不相容的主张都是正确的。他只是说，一个是理性的必然结论，另一个是一个人应该坚持的一
183 种申述，它是作为单纯的头脑可以理解的真理的唯一表述。

作为一个整体来看，这三个世纪里阿拉伯思想的成就，是要介绍并解释亚里士多德的整个学说，在某些重要的方面，还要发展

它，这就要消除许多(尽管不是全部)柏拉图的和新柏拉图主义的学说，而在公元初的几个世纪中，这些学说是跟亚里士多德的学说结合在一起的。这个过程的一个重要而又出人意料的结果，是强调(如果不是夸大的话)亚里士多德思想中的决定论的、非宗教的特点，也要消除自然神论的遗迹或神秘宗教的情调。阿维罗依通过"纯洁"亚里士多德和将其推举为真正思想的至高无上的大师，着力准备并促进完整的亚里士多德主义来到基督教思想家当中。

阿拉伯人思想方法的影响，并不是亚里士多德的著作在经由西班牙传到法兰西的路上受到的唯一影响。十一世纪和十二世纪也是犹太哲学的黄金时代，在科尔多瓦的哈里发治下的宜人气候中，这一哲学繁荣起来，尽管直到穆斯林的力量逐渐衰落时，它才结出了它最成熟的果实。在公元后的第一个千年中，犹太人曾与许多文化混合，有新柏拉图主义的、东方的、穆罕默德的，而且从这些文化中接受了很多东西，而成为他们的宇宙观的一部分。特别是旧约的上帝、耶和华，从无时不在的圣父的位置上退到了赞美诗和先知书中，与人是那么亲近；所有不同等级的天使介于人与上帝之间。波斯的半神(semi-divinities)和新柏拉图主义的流溢玷污了巴勒斯坦犹太教的天使军。我们并不关注犹太思想的长期演变，但是在十一世纪和十二世纪，两位犹太思想家在西班牙传给巴黎的遗产中加上了他们的一份。

其中第一位是萨洛蒙·伊本·加比罗尔(Salomon Ibn Gabirol)，一个马拉加(Malaga)的本地人(1021/2 年～1070 年)。经院学者们把他误认为一个阿拉伯人，并将其名字拉丁化为阿维塞布朗(Avicebron)或阿文塞布罗尔(Avencebrol)。他是一位诗人和道德家,也是一位哲学家。他的主要著作是《生命的源泉》(*Fons Vitae*),这是形而上学、宇宙论和宇宙起源说的一个混合物,还结合了亚里士多德、新柏拉图主义和犹太思想的成分。他在经院哲学史上是一个重要人物,因为他对当时西班牙的思想作了两点补充或创新。

184 首先,他也许是从阿维森那那里,采纳了一种透彻的质料和形式的理论。在这种理论中,不仅一系列特定的形式遮盖了基本的"体"的形式(*forma corporeitatis*),同样,用一个日常的比较,就像洋葱的一层层皮一样,这个"复数的形式"可能也决不是个新理论。与新柏拉图主义者和阿维森那不同,加比罗尔在其纲领中不得不为"天使"(即纯粹精神)找到一个位置,结果就把形式质料说也扩大到了精神上,"质料"成了精神的潜在性,"形式"是精神的现实性。其次,他用上帝的意志替代了理智的本原,即"心灵"(Mind)或"第一理智"(First Intelligence),而心灵或第一理智在新柏拉图主义和阿拉伯的思想家那里,是使宇宙开始存有并使之保持活力的力量。他几乎把上帝的意志拟人化,设想为上帝与造物的本质之间的中介。许多人很容易就会想象到,这对基督教的思想家们提出了比对阿拉伯哲人更高的要求。它更与圣经中所展示的上帝的概念相一致,而且它既维护了绝对自由,又维护了上帝万能的作用。这两种理论都将在十三世纪的思想体系中得到反映。

摩西·本·迈蒙或迈蒙尼德(Moses ben Maimon or Maimonides)则有更大的影响。他是一个法官的儿子,1135年生于科尔多瓦,并流亡到巴勒斯坦和开罗,1204年在那里去世。他是由阿拉伯人所解说的亚里士多德哲学培养起来的,是亚里士多德的忠实信徒。他教导说，亚里士多德是人类知识至高无上的大师，就像圣经是神的真理。由于他生活在饱学博览之辈当中，他像阿维罗依一样了解哲学与宗教之间显而易见的矛盾，以及由此带来的信徒中的思想难题；他最伟大的著作《迷途指津》是一部系统的巨著，试图使哲学服从于启示的宗教，同时，运用一切理性论证的办法来证明或支持启示的真理。他关于哲学在达至宗教奥秘上的局限的见解，几乎和圣托马斯的一模一样，圣托马斯事实上接受或详尽阐发了迈蒙尼德的许多自然神学观点及其对基督教教义的辩护。迈蒙尼德拒绝了阿维塞布朗极端的形式质料说，而接受了亚里士多德的形而上学主张，他还抛弃了“天使的”宇宙，而代之以关于天体及其智慧的新柏拉图主义化的亚里士多德理论。在心理学上，他接受了由亚历山大和阿拉伯人所解说的亚里士多德的主张：人只有消极理智，然而，它可以通过积极理智（*intellectus agens*）的现实化力量，获得并保留一种智力资源；积极理智是天体的第十 185
层、也是最低一层的统治者。因此，就个人而言，人不是不朽的，但是，每个人获取的知识都丰富了人们共同的理智，因而也是一种增进。这就从阿维罗依的学说有所前进，也是一种注定要对后代如孔德实证主义者们有吸引力的一种观点。另一方面，迈蒙尼德强调意志自由，并把道德上的、而非理智上的完善作为人类努力的目标。它被当作头等重要的东西，在中世纪，没有其他不同的体系与基督教哲学如此近似，阿奎那充分实现了这一点，他对迈蒙尼德极为尊崇。只是在关于通过一系列的纯粹精神而从上帝到人的精神生活的中介的学说上，以及在对个人不朽的否认上，他才与基督教正统学说发生冲突。

在那些伟大的阿拉伯和犹太思想家之后，还有一个值得注意的更具重要影响的人物，多米尼克·贡迪萨尔沃或冈萨雷斯(Gonsalez)，他是一个皈依的犹太人，成了塞哥维亚的副主教，并做了大量的翻译工作，此外，他还完全称得上是一位思想家和作家。他的短文常取格言的形式，很大程度上是以阿维森那和加比罗尔为依据的，并娴熟地将过去的各种学说汇编起来，专注于一个特殊的问题，如在《论世界起源》(*de processione mundi*)中，集中在创世问题上；在《论灵魂》(*de anima*)中，集中在心理学问题上；在《论灵魂不朽》(*de immortalitate animae*)中，集中在个人不朽的问题上。特别是最后这本小册子，清晰地阐明了自柏拉图《斐多篇》以来赞同灵魂不朽的所有论证，并被完整地吸收进十三世纪的思想之中。贡迪萨尔沃本人承认阿维森那和加比罗尔的单独的积极理智，显然没有意识到它与基督教教义不相容。此外，在他汇编的各种学科的一览表《论哲学的区分》(*de divisione philosophiae*)中，他是第一个明确地在旧的"四艺"上增添了新的亚里士多德的形而上学、物理学、政治学、家政学和伦理学的人。贡迪萨尔沃的著作来源于基督教，而且经常在同一手稿中还有同一作者的译文，这些著作扮演了阿拉伯和犹太思想的先行者和倡导者的角色，并有助于简单而自然地向西方引介阿拉伯和犹太思想。

所有这些伟大的古代思想，亚里士多德的、新柏拉图主义的、阿拉伯的和犹太的，都将注入西欧，特别是在1190年至1260年期间，注入巴黎和牛津，在过去，这整个运动屡屡被贴上"引介亚里士
186 多德"的标签。完整的亚里士多德确乎来了，而且从长远来看，这

也是一个重要事件，但是，其来到的方式以及将其传来的媒介，对于确定其影响的性质和程度，也起了很大作用。

187 # 第17章　灵魂问题与认识过程问题

一

在欧洲思想复兴的第一个世纪中(1050年～1150年),所有学校的教师们的兴趣和注意力,有五十多年的时间,都放在了共相问题上。这个问题是由波菲利和波埃修斯提出的,人们在不同的意义上争论和解答它,而没有达成任何一致的意见。阿伯拉尔运用亚里士多德的部分逻辑学以一种方式来回答它,但是缺乏亚里士多德其他著作中更完全的眼光。拉波里的吉尔伯特运用同一逻辑,又加上他猜想是柏拉图的形式学说,以另一种方式回答它。其后不久,这一特殊的问题不再引人注意了。过了一个多世纪,教师们的兴趣又集中在关于人的灵魂及其官能的问题上,这些教师当中有些人是那个时代最伟大的。我们在后面将考虑赋予了这一题目以重要性和尖锐性的历史环境。辩论延续了数十年,并且调子特别激昂,这是由于亚里士多德著作以及后来的思想家们对其所作的评注中包含的有争议的问题。因此,在试图叙述十三世纪的争论之前,最好简略地回顾一下这些争论在希腊哲学的黄金时代以及在后来的阿拉伯思辨中的沿革。

我们已经简略地看过柏拉图在这个问题上的看法。[①] 这些看法是对人类灵魂的高贵与能力所作的豪壮断言。他说，人类灵魂是人最高贵的部分，是其存有和个性的本质，是神圣的和永恒的；灵魂实际上是人本身，是真正的人，身体是仆从，是反抗者，是牢狱，是坟墓。柏拉图在其早期的对话中把灵魂描写成一个"单纯的"存有，基督徒可能会将其视为精神的同义词，它是自足自立的，在亚里士多德所使用的意义上，是一个"实体"(substance)。后来，他把灵魂说成是对身体的运用或指导，是对心猿意马、横冲直撞的驾驭。柏拉图认识到，在灵魂内有三部分：感觉部分、"精神"部分或自主(self-assertive)部分和理性成分。它们需要《理想国》中的三重教育体系。再往后，他谈及灵魂的最高部分——理性成分(τό λογιστικόν)时，认为它是灵魂的不朽部分，不过他从未从一种严谨的形而上学立场，或从一种可以称为科学的心理学的立场，讨论或分析过灵魂。在这方面，他仍然首先是个道德家、教育家和实用心理学家。至于认识过程，人的"智力活动"，是柏拉图关于形式的基本学说所关注的，也是为其所调适的。灵魂之内有对这些形式的"回忆"，而不论是在其具体化之前看到的，还是直觉地认识到的，以及由于它遇到了体现和反映形式或理相的感觉对象而引起的。

188

亚里士多德的学说实际上就像在他之前的柏拉图的学说那样，被古代和中世纪的思想家们认为是一个"封闭的"体系，是固定不变和首尾完整的。但是，最近对亚里士多德的研究成果恰如十

① 见前，原书页码，第 9、10 页。

九世纪的史学家们对柏拉图所作的研究成果一样，使人们现在认识到，在其长期的学术生涯中，他的思想是有发展变化的，尽管他始终保留了从柏拉图那里接受的学说中好几条重要原理，诸如个别灵魂的非物质性、精神的特性和神圣的特性(the spiritual and godlike quality)，以及其至上价值。在其早期对话中，灵魂是轻轻地附着于肉体的存有或“实体”；肉体是一种疾患，死亡即出自于它。然而，即使在这早期，亚里士多德也详细阐述了什么是他思想中贯彻一生的特有成分。人与所有其他生物的最大区别，以及他最高的能动性，就是“心灵”(Nûs)。但是在这一阶段，亚里士多德没有试图去分析理解的活动。然而，在其中年，哲学家开始了他一系列伟大的生物学研究，而且当经验的和感官的方法变得习以为
189 常时，他就面临着存有的等级以及在高等动物和人之间在行为、官能、形而上的组成成分上的相似性的迫切问题(柏拉图从未充分地考虑过这个问题)。“灵魂”被认为是至关重要的本性，是运动和感觉最终的内在根源，显然却不是只在人类之中可以找到的东西。换句话说，人与动物有相似的结构。但是，鉴于所有其他等级的生物彼此间的差别难以察觉，按照亚里士多德的意见，人就还有某种其他的特性，使其与所有其他生物区分开来，那就是他的理性或理智。在亚里士多德思想的这个阶段，他把动物和人同样对待，使“灵魂”成为确保一个人的所有官能和特性统一的最终的、形而上的完美。但是，在形而上学领域之外，他仍然认为灵魂和身体一起，是人的一个组成部分，甚至可以做身体的向导，而且他还拿工匠和他使用的工具做了个比喻。在这段中年时期，他认为，心灵(Mind)在理解的过程中既具有一种抽象的功能，也具有一种直觉

的功能。在他思想发展的这个阶段，就其可能被人们尝试性地再现而言，看来亚里士多德并未试图将其生物学的发现与其形而上学的直觉结合起来。把这个问题换一种说法，那就是，他在其各种著作里提出了一个二难推理，而又完全没有意识到其存在。

根本的困难在于，从形而上学上来讲，在一切有生物之中，灵魂都是形式，这种形式赋予聚集起来的官能和潜在性以完美，它们必须协调统一，以成为一个单一的“实体”。但是，如果是这样的话，从形而上学上来考虑，灵魂(psyche)对于所有可见的有生物就都是一样的了，是某种当实体完成并存在时就产生，当这个主体死去或被毁时就消失的东西。在这种关系中，可以给心灵(Nûs)找到什么位置呢？其全部目的与功能都是精神性的和非物质的，它本身是“单纯的”，因此，凭其本身必然是个“实体”，它显然不是赋予构成形而上的“质料”的一组成分以统一性的纯形式因素。

在亚里士多德学术工作的最后一个时期，他发展了其有关灵魂(Soul)和心灵(Mind)的学说。**灵魂**是现实性的本原，是自然有机体及其一切官能的基本的形而上的完美。另一方面，**心灵**既是个实体，又是不朽的，同时也履行理智推理官能的所有功能。上面简述的二难推理仍然没有解决。同时，亚里士多德对同样性质的理智问题进行了直接的攻击。由于完全抛弃了(至少是在这一段
上下文中)柏拉图的形式，以及一切对先天知识或回忆知识的求 190
助，亚里士多德通过以感性知觉为根据的类比，解释了理智的过程。由于感官对象刺激身体器官，器官保持了一种“印象”，这种印象仍有物质联系，于是，理智就从可理解的对象接受了它们的本质或根本原因，这些本质和根本原因也作为概念而接受下来，并作为

定义而表达出来。然而，这个类比在一个重要方面失败了。鉴于感觉对象直接在感官上“留下印象”，可理解的事物的本质、非物质的成分，就一定会从它所寓居的个别主体中分离、“抽象”出来。由于亚里士多德拒绝了柏拉图的形式，普遍概念凭其自身就不能存在了。换句话说，鉴于感性知觉是纯粹感受性的，智力活动就既要求一种主动的(抽象的)官能，又要求一种感受的官能。为了满足这一需要，亚里士多德引进了著名的“能动”理智，或者像后来人们所称的“建设性”理智。

亚里士多德也努力借助另一个类比来阐明其见解，这另一个类比将有一番很长的经历。正如在光的影响之下，灰暗的颜色变成现实的颜色，因而可以为视觉所接受；同样，隐藏在感觉对象中的潜在概念(the potential intelligibles)在积极理智的光芒之下也会变成现实的概念。然而，这个类比在这里又引起了一个困难。鉴于物理的光是一种完全不同于物体和感官的介质(agency)(在后来的经院哲学术语中，它是视觉的 *medium quo*［利用的中介］)，积极理智本身是接受理智的相关物，正如形式与质料相关。亚里士多德承认这一点，事实上他还强调它。他写道：“这个(积极)理智与另一个是分离的，而且是纯粹的(即没有任何潜能的)，从其自身的本质来说，就是现实性。”[①]还有：“一旦与身体分离，这个理智就是不朽的，甚至可以说是永恒的(*aidios*，即在肉体生命之前和之后都存在)。”[②]这样，亚里士多德就设定了积极理智是个

① 《论灵魂》430a 17－19。以下我主要是参考 F. Neureus, *L'évolution de la Psychologie d'Aristote*, Louvain, 1948。

② 《论灵魂》430a 22－23。

可以分离出去的存在，那就是说，他设定了一个实体。以前，他还曾把一个实体性的心灵设定为一个理智的本原。这两者是一致的吗？如果这样的话，那么看来，心灵/积极理智一定要么是一个完全在人类 *psyche* 之外的存有，要么它自身是一个柏拉图类型的 *psyche*，与一个实体结合起来。如果两者都不是，那么心灵与积极理智又有什么关系呢？我们在这里发现，我们自己被问题的症结绊住了，亚里士多德坦率地表明，这个问题就属于那种哲学家们所遇到的，既是最重要的，也是最令人困惑的问题。在他存留下来的 191
著作中，他没有明确回答这个问题，以后各个时代的思想家如果想要得出实际的结论的话，就被迫扩展其学说。

阿拉伯和中世纪的评注家们对亚里士多德著作中努斯（Nûs）与灵魂（Psyche）的关系不大注意，因而，直到现代学者仔细校对了《论灵魂》中所有有关章节之前，也没有人辩论这个问题。中世纪的思想家们更多地受到能动理智及其在理解过程中的地位问题的烦扰，并主要分成两派意见。一派意见认为，积极理智是人类理智的一个内在组成部分，这是圣托马斯深思熟虑的意见，好几位现代评论家附和这种观点，这种观点从哲学上讲，确实是最有辩护力的对亚里士多德的解释。然而，只有在我们能够克服或忽略好几处严重困难的情况下，我们才能在这种意义上理解亚里士多德。我们首先就会遇到一种反对的意见，认为这样解释一段关键性论述①，是与

① 即《论灵魂》430a 10－14："像在整个自然中一样，在所有种类的存有中都有一种潜在的本原，还存在着使它们存在的动因；就如同手艺之于其材料，同样的区别也一定存在于灵魂之中（ἐν τή ψυχη）。"这后几个字在这种解释中就有严格限定的意义："在灵魂之内"（within the soul）。

亚里士多德一段坚定的陈述背道而驰的，在那段陈述中，他把心灵和积极理智同等看待，并且断言，心灵从外面进入灵魂，而且与灵魂是“分离”的。① 此外，我们还遇到亚里士多德自己也承认的技术上的困难，即如何解释理智活动的积极成分和接受成分怎么能在一种官能中存在。由于这些困难，阿奎那之前的大多数古代和中世纪的思想家都认为，亚里士多德的能动理智是一种从外部偶遇灵魂或进入灵魂的施动者(agent)，尽管要使这种看法与亚里士多德自己在上面提到的那段关键的论述中的话相一致，他们就得求助于一种即便不是无法接受的，也是非同寻常的翻译。②

这种解释有两种主要的形式。一种是能动理智所理解的，作
192 用于个别灵魂的外在实体或力量：对于阿弗罗狄西亚的亚历山大来说，它是把被看做“质料”的人的灵魂现实化的神性力量；对于新柏拉图主义者来说，它是充盈着人类灵魂的神性的流溢；对于奥古斯丁来说，它是神圣的光，照亮了人类的官能，而人类的官能凭其自身之力只能具有低级形式的知识；对于阿维森那来说，它是灵魂实体(soul-substance)，将其形式的理智之光倾泻在人的灵魂上，人的灵魂能够为接受这光而做好准备。另一种解释是阿维罗依的

① 《论动物生成》736b 27－28：“我们唯一的解释就是心灵自身从外部进入，只有心灵自身(在理智的存有中)是神圣的，”亚里士多德还异乎寻常地强调补充说(736b 5－8)，“心灵何时、如何以及从何处进入是个最困难的问题，我们必须尽我们最大的努力来小心回答它。”

② “在灵魂中”(in the soul)这句话就得解释成“就灵魂来说”(in the case of the soul)，这与希腊文通常的用法是矛盾的。古斯利教授认为，亚里士多德的“积极理智”是第一推动者，是亚里士多德的上帝。这在现在的亚里士多德学者中差不多也是独一无二的。

解释，它允许人的灵魂有一种纯粹接受的功能，作为一种智力的、精神性的存有，凭其自身是不能存在的。对于他来说，外在的能动理智是唯一的灵魂——在这个词的完整意义上，个别的人类“灵魂”只有在受到能动理智启发的情况下，才能成为真实的和单独的。

前面的段落将已表明，关于人类灵魂性质和关于知识过程的重要问题必然是混乱的，这是由于缺乏精确性和由亚里士多德本人作出的决定性意见，特别是由于他未能调和关于灵魂的两种表面上是不相容的观点：灵魂仅仅作为一种形而上的“形式”，以及灵魂作为一种心灵实体凭其自身而存在。在结束这番回顾时，我们有理由可以根据对他的话所作的最有可能的解释，表明哲学家本人所作的关于灵魂性质的主要陈述，这些完全是从后来的思想家们的解释中概括出来的。于是，我们可以说：

> 第一，人，按其在存有的有生命世界里向我们表现的那样，是区别于所有其他存有的，由于人拥有理性的理智，我们就有关于所有其他存有的知识。这在本质上是非物质的、单纯的、不易败坏的和现实的。
>
> 第二，这种理智的存在(presence)不能由任何物质力量或生殖活动来说明。因此，看来其起源必须到人类之外去寻找，而且它以某种无法说明的方式进入人类，并与人类动物结合为一体，于是，它就使人的本性完满了，并支配人的本性。
>
> 第三，关于其自身，这个心灵是不朽的，但是，由于其自身不属于人类，看来其生存并不意味着个别人格的生存。

这种对人类心灵和灵魂的描述,尽管本身在结论上是令人迷惑不解的,但是正如我们马上就要看到的,它只需要一些重要的精确性和扩充,再加上一点儿辩证法,就能使它极好地作为基础,为基督教关于人类灵魂的性质、能力和命运的学说服务。实际上,要
193 去除亚里士多德观点中的一切模糊和不足之处所需要的,比一个人格的、有远见的神的概念多不了多少了。同时,也许尽管有些不便,亚里士多德的框架可以适合于其他宗教性的思想体系,如泛神论的、新柏拉图主义的或阿维罗依的 *Weltanschauung*(世界观)。我们在从亚里士多德自己所处的时代,到阿奎那和司各脱的时代西方世界(包括阿拉伯文明)的每一个心理学体系的背后,都可以找到亚里士多德在灵魂性质问题上和认识过程问题上所发表的见解,而且这些见解仍然对基督教思想发挥影响,这是亚里士多德作为一个有独创性的思想家之伟大的一种尺度。我们会怀疑,是否还有任何圣经之外的一连串的文字,像分散在亚里士多德著作中记载了他对于人类灵魂的本性和各种性质的直觉的少数不完整的句子那样,被人们这么仔细、这么殚精竭虑地检查过,讨论过。

二

我们现在应该考虑亚里士多德关于灵魂和智力活动过程的学说在古代世界和在中世纪阿拉伯思想家中的历史与命运,因为亚里士多德的这一学说正是通过他们,才第一次到达中世纪的西方。在所有古代的亚里士多德解说者中,最有影响的是阿弗罗狄西亚的亚历山大,在许多世纪中,他以卓越的"评注家"而知名,其全盛

期约在公元200年左右。他对亚里士多德的许多评注已经不存在了，但是他自己的《论灵魂》(*De anima*)被保存了下来，而且在中世纪常被传抄；同被传抄的还有同一著作的一部分，被冠以《论理智》(*De intellectu*)之名，流传得更为广泛。在古代世界中，他主要是以逻辑学家而知名，但是在思想史上，他是因为对亚里士多德的灵魂学说做了一番特殊的解释而成为重要人物的。亚历山大在人的概念上是一个唯物主义者，灵魂作为身体的形式，是会死的。人凭其自身只有一个"物质的"心灵——"物质的"，那就是说，从专业的意义上讲，它是具有潜在性的或接受性的。物质的心灵是被能动理智(*nûs poeticus*)激活的，一如它过去被光照亮，能动理智是个发光者，同时也是一种抽象能力。通过其活动，"物质的"心灵成了"拥有"理解力的心灵，*intellectus adeptus*(接受理智)。亚历山大把能动理智等同于亚里士多德的"来自外部的心灵"(*nûs thurathen*)，而这后者又等同于神性。因此，按照亚历山大的说 194
法，人及其理智是可朽的，理解力直接来自上帝的活动。

后来的一位亚里士多德的解说者特弥斯提乌斯(Themistius约317年～约388年)则从另一方面认为，"可能的"或"物质的"理智不是一种纯粹的潜能，而是"积极"理智的相关物，两者都在灵魂之内，并且都是不死的；当可能理智受到积极理智的作用时，就变成具有它自己不易腐朽的生命的"思辨"理智。这样，在古代世界的最后几个世纪中，就有了对亚里士多德谜一般的见解的两种解释或延伸。一种解释承认，需要一种外在力量，这种力量使人的心灵现实化，并使之能感知和掌握由感官所观察到的物质事物的非物质成分；这种外在力量是神力(divine power)，就像希腊思想所理解的神性(divinity)。另一种解释则认为,人的灵魂是知识和理解力自足的根源,但是没有解释这种能力是如何起源的。

两种观点之中,阿弗罗狄西亚的亚历山大的观点更有影响,它在这方面或那方面吸引了几乎所有后来的思想家,普罗提诺也没有排除在外,而且通过他,还吸引了奥古斯丁。然而,这两者,一般还有新柏拉图主义者,都是首先从柏拉图及其形式理论得到他们关于灵魂及其能力的学说的,尽管像运用于理解过程中的理智光照说的太阳与光的类比(这是柏拉图、亚里士多德都运用过的),使亚里士多德的原理,诸如积极或能动理智的学说,有可能"玷污"一种本质上是柏拉图主义的观点。比如,奥古斯丁的理智的神圣光照论尽管埋藏在一种本质上是柏拉图主义的理智论中,即使有可能追溯两位思想家之间的历史联系,还是马上使人想到阿弗罗狄西亚的神的能动理智,我们也将看到,许多中世纪的哲学家都是在这种意义上来理解奥古斯丁的图式的。

对亚里士多德的评注伴随着哲学家的著作走向东方,前面我们已描写过这段历程。公元 800 年后不久,亚历山大论灵魂的著作,既有完整的全书,也有缩写的版本,都在巴格达被翻译成了阿拉伯文,并成了整个一系列有同一题目或相似题目的论文的始祖。第一部是阿尔金迪(约 870 年)的著作,它后来的译本披着拉丁外衣,成了亚历山大的著作,西方人对它差不多与对其原本一样熟悉。阿尔金迪的用词与其前人略有不同,但是他对理智的区分显
195 然是以希腊评注家的区分为依据的,尽管他的灵魂概念是大不相同的,他是彻底唯灵论的,而亚历山大则是一个唯物主义者。对于阿尔金迪而言,能动理智是精神性的(其性质上并不明显地是神性

的），并且是同一个，尽管它对所有的人都起作用。这样，亚历山大的能动理智、对每个人的心灵都起作用的上帝，就被转变成为一种外在的理智，没有神的特性，作为一种适合于人类所有成员的有能力、有激活作用的理智而活动。这种观点做了一些修正之后，所有后来的阿拉伯哲学家都采纳了。这样，他们关于灵魂及其官能的学说，就是直接从阿弗罗狄西亚的亚历山大传下来的，尽管从一开始他们就使其有了“偏向”（slant），这种偏向最终改变了其整个形象。

阿尔金迪之后是阿尔法拉比（950 年逝世），其心理学和认识论体现了亚里士多德（亚历山大所理解的亚里士多德）和新柏拉图主义的混合。他在这个问题上的著作题为《论理智与理智对象》（*De intellectu et intellecto*），在这本著作中，人类的理智是非物质的和不可毁灭的，其本性和潜能是接受能动理智的作用。能动理智是一种外在的存有，在根据新柏拉图主义建立起来的体系中，它是纯粹理智的等级中最低的，它不断地把物质性的个别事物的概念形式辐射到物质世界和接受理智上，它就是物质性的个别事物的起因。因此，事物的形而上的形式，以及给予人类心灵以能力来理解这些形式的理智，有同一个根源，是纯粹理智中最低的那一种。人类的“接受”理智可以自己准备好来接受理智形式，或通过从物质性事物中抽象，或通过一种更高的、直觉的、神秘的认识。人类努力的目的在于与外在的能动理智合并。阿尔法拉比本人是个宗教色彩很深的泛神论神秘主义者，他给一个曾是纯粹思想的体系添进了宗教性的内容。

阿尔法拉比之后是阿维森那，他吸收了亚里士多德，也吸收了新柏拉图主义，努力把两个灵魂概念结合起来成为一个实体和一个形式，这样就接近于那种将为经院学者们所共有的学说。他非常详尽地从经验上描述了知识的各种等级和取得知识的方法，以及灵魂的各种能力，他首先把灵魂看做一种理智。总的来说，他的描述令人信服。灵魂作为一种推理的功能，对于所有的认识过程来说都是自足的，只有最高的那种除外，最高的那种认识过程，就是从个别事物中"抽象"出形式来。灵魂凭借着独立的、外在的能动理智的光(可以同自然的感性知觉中的阳光相比)，完成了这后一个从个别事物中抽象出形式的任务。它自己还可以准备好接受
196 这光。当灵魂-心灵被这种外在力量"现实化"了，它就在形而上学的意义上变成独立于身体之外的了。灵魂是发自最低的纯粹理智的辐射，纯粹理智组成了宇宙；灵魂本身又对其他辐射敏感，如来自外面的事物的形式的辐射。因而，阿维森那在这里像在其体系别的地方一样，既是亚里士多德的、也是普罗提诺的继承人。他从这两者那里接受了一个灵魂，当理智使这个灵魂完善了，它就成了一个非物质的、无法毁灭的存有。

阿维罗依在评论《论灵魂》时，在许多方面都与阿维森那一致，但是，他对灵魂的评价却与阿维森那不同。在其心理学上，他把亚历山大的学说和特弥斯提乌斯的学说结合起来，并省略了这两人学说中的某些成分。按照阿维罗依的观点，单个人的灵魂仅仅是一个感性的灵魂，由父母所生，并且是易腐坏的，它与肉体联合起来，它是肉体的形式，肉体死亡时它就消失了。在本质上不同于、并外在于人类的，是唯一的理智灵魂，它是不易腐坏的和不朽的，它之于人类就像理智之于亚里士多德的宇宙的每一天体，也就是

说，与它们接触并影响它们。当这种理智灵魂或“能动理智”与一种经过适当处置的人的想象力接触时，就对概念的真理(intelligible truth)“产生了一种接受能力”(这是吉尔松的说法)，阿维罗依称之为“可能”理智，而且它是特别反映在处于理解活动中的单个人身上的能动理智。阿维罗依自己做了一个类比：太阳以它的光照在各种可见物体上，每个物体在阳光照射它们时都接受阳光。因而，单个人的理智只有在它受到唯一的理智灵魂的启发时，才有现实性和个体性，而且即使在这时，其个体性也并不真的是其自身的个体性，而是能动理智的个体性。因而，个别的人类理智凭其自身没有存在，尽管其思想和智力上的成就在受到能动理智启发时，对丰富能动理智有帮助，实际上，思想和智力上的成就就是属于能动理智的，就像它们属于它们的起因。这就是著名的阿维罗依的一元心灵论(monopsychism)。他认为这是对亚里士多德的真确的解释，他作为哲学家而持这种观点，因而消除了人的个体性和不朽性，尽管作为一个穆斯林，他通过信仰把这两者当作一种神力而接受其存在。

另外一个名字也应当提到，即多米尼克·贡迪萨尔沃，他是意大利学者，成了塞哥维亚的副主教。贡迪萨尔沃本人写了一部《论灵魂》(*De anima*)，时间是在 1126 年至 1150 年期间，在这部著作中，他一般是遵从阿维森那的。灵魂既是实体也是形式，是上帝用“精神质料”(spiritual matter)制造出来的。其理智在认识的较高 197
层次上，是由能动理智，即上帝，使其现实化的。除了理智(其客体是形式)之外，灵魂还具有关于可理解的事物和关于上帝的智慧，借助于智慧，灵魂才有关于它自身的知识。这样，贡迪萨尔沃就把阿拉伯学说和基督教学说并列起来,而没有完全将两者合并。他的著作极为流行,进一步增加了业已存在的关于灵魂本性的混乱。

这一番扼要而过于简单化的概括至少可以表明了,在很大程度上变动不居的亚里士多德学说——亚历山大和特弥斯提乌斯从不同方面使其准确了——就像一段砧木,传诸后世,后继的思想家们在上面嫁接上他们各式各样的枝条。不管他们有何不同,他们在两个重要方面都效法亚里士多德。由于他们把注意力集中在亚里士多德关于纯心理学的见解上,他们在灵魂概念上倾向于忽略所有非理智的东西。因此,他们笔下的灵魂没有柏拉图的灵魂那样丰富的内容,更比不上基督教的灵魂。其次,部分是由于他们的这种忽略,以及他们对个体的"人格"和"生命力"(vital force)缺乏兴趣,在解释一个存有作为一个行为者将其作为潜能的自身现实化,其力量何来时,仍然感到困难,这个困难看来在亚里士多德是无法解决的。因此,那些追随亚历山大的人个个都感到有必要设定一种完全外在的力量,以将潜在的和"物质的"理智现实化,新柏拉图主义的体系,以其向理智等级的流溢,正好提供了一种解答。

十三世纪中期伟大的经院学者们大部分受奥古斯丁理智论超自然的神秘联想的滋养,此时面对着丰富的论述灵魂及其能力的著作,包括从贡迪萨尔沃和阿拉伯人一直回溯到亚里士多德的著作。他们的第一个冲动就是运用阿维森那的体系去阐明奥古斯丁的体系,使阿维森那的能动理智变成奥古斯丁的神圣光照。然后,当阿维罗依及其对亚里士多德的评注出现时,他们面临着新的困难。有些人采纳了阿拉伯哲学家对这个问题的解答,在他们之中的布拉班特的西格尔,至少在其早期,就是这样。其他人,主要是大阿尔伯特(Albert the Great)和阿奎那，在运用阿维森那和阿维罗依时，将他们自己置于纯粹的亚里士多德《论灵魂》的学说的基础上，而忽略了一些迹象：灵魂或能动理智是"从外部"进入人之内 198
的。特别是圣托马斯，在其《论灵魂》中，为属于亚里士多德传统的理智灵魂做了一番有条有理、能够站得住脚的辩护，尽管即使是他，也没有机会将其与基督教和奥古斯丁内涵丰富、多方面的精神存有的概念结合起来。在阿奎那之后，对亚里士多德的攻击使得人们的注意力从《论灵魂》上移开了，并导致了托马斯主义的解体，但是，认识论和心理学的问题成了十三世纪的学校氛围中一个重要的部分，它们处于邓斯·司各脱和奥康的威廉的思想前沿。

四、十三世纪的成就

第18章　十三世纪的哲学革命

亚里士多德哲学的伟大潮流被引进北欧的思想意识中，引发了革命，这一革命支配了十三世纪的西方思想史。这一革命的历史绝非简单直截的，至今我们也还未最终掌握其全部细节。过去，不论是关于这场革命的事态本身，还是关于引发革命的方式，都被过分简单化了。

首先，如同我们已看到的，亚里士多德并非唯一的来客。他的到来与研究亚里士多德的大浪潮有关，或者不如说被半淹没在这浪潮中，这是有一千多年历史的评注与批评的传统，从阿弗罗狄西亚的亚历山大，到多米尼克·贡迪萨尔沃。此外，阿拉伯和犹太思想浓厚的积淀为这些评注文字增添了趣味，并使之得到扩充。同时，由第二股、但完全独立的潮流——新传播开来的狄奥尼修斯的著作——所支持的纯粹新柏拉图主义的学说，又为亚里士多德附加了大量内容。十三世纪的教师们因而不仅面对着一大批古代著作的新版本，而且面对着对这些著作所作的详尽而富于才智的评注与批评。这些都要在适当的时候加以检验，不仅是因为对一个文本的一切批评都应当检验，而且也是为了消除任何基督教思想家都认为不能接受的内容。

这种具有最高思想价值的新材料大量涌入，引起了既有思想方式的混乱,也使之发生了革命。哲学材料零零碎碎、迁延日久的入侵更使这种动乱蔓延开来。亚里士多德本人的著作,除了逻辑学的以外,已经来到了有差不多一个世纪,与之一同来的还有多部
202 伪亚里士多德和新柏拉图主义的著作。阿维罗依的伟大评注在这个过程的一半时出现了,后来又来了译自希腊文的亚里士多德和新柏拉图主义著作更精确的新译本。结果,在巴黎和牛津,并且在男修道士们的学校之内,十三世纪成了一个空前的思想活跃与骚动的时代,包括迅速的变化和新的组合。无怪乎现代有关该世纪的历史编撰本身,由于其全景画面展示了比以往任何时候更多的细节,也更为深刻,应该已看到了相应的态度与重点的变化。

在1870年代至1880年代,当人们第一次深入细致地研究中世纪思想时,人们认为十三世纪见证了亚里士多德与阿拉伯思想和基督教蒙昧主义势力之间的斗争,在这场斗争中,基督教蒙昧主义最终被打败了。但是,在1880年代,弗兰茨·厄尔开拓性的划时代研究发现了另一种紧张关系,即托马斯主义的亚里士多德哲学与保守神学家们、主要是方济各会的奥古斯丁主义立场之间的紧张关系,托马斯主义最终取得了胜利。二十年之后,皮埃尔·曼多内(Pierre Mandonnet)强调了大阿尔伯特和托马斯·阿奎那在使亚里士多德适应基督教神学家时所做的联合工作的新颖之处,他还表明,最初,多明我会和方济各会在怀疑亚里士多德上是一致的,两会在哲学观点上的分裂,是由于保守派对阿奎那的攻击,这加速了争论各方的“思想流派”的形成。曼多内也是第一个把历史上的布拉班特的西格尔作为“拉丁阿维罗依主义者”的发起人和领袖展示出来的人,勒南曾简述过“拉丁阿维罗依主义者”,但是未能

理解他们。然而，曼多内接受了厄尔所描述的那种奥古斯丁哲学的一般模式，这种哲学受到了新的基督教亚里士多德体系的威胁。他也在西格尔和他的朋友们那里看到了对于起源于阿维罗依的"双重真理"的拥护。再晚近一些，费尔南德·凡·斯蒂恩伯根(Fernand van Steenberghen)再一次修正了那个形象。他表明了，奥古斯丁主义作为一个体系，是少数保守的思想家(他们多半是方济各会修士)对于阿奎那完整的亚里士多德纲领的反动。在圣托马斯之前，它近乎与西格尔的体系相一致，所有的神学家都曾在他们高兴的时候运用过亚里士多德，而在神学问题上则遵从奥古斯丁。现在，圣托马斯接受亚里士多德了，在必要之处做些修订，将其作为纯哲学问题上的基本权威。至于西格尔和他的朋友们，此时他们主要是作为完全的亚里士多德主义者而出现的，比阿奎那更严格地对亚里士多德本人的话负责，阿维罗依对他们的影 203
响减小了，西格尔的神学正统性得到了捍卫。另一方面，1270 年和 1277 年的大谴责一度被认为是保守派对托马斯主义徒劳的抵抗，而此时却被看做一个划时代的声明，大谴责在基督教亚里士多德主义上投下了永久的阴影，把神学家们的注意力引到了其他的兴趣上，并且一劳永逸地结束了哲学与神学的大综合。

下面我们将首先考虑十三世纪开始时学校的状况，然后考察"遏制"亚里士多德思想洪流的企图，最后关注一下 1250 年以前希腊和阿拉伯思想在巴黎和牛津的渗透。

从格拉提安和伦巴第的伟大教科书出版，到 1210 年巴黎首次禁止亚里士多德的著作，初看起来，这半个世纪好像是一段黑暗时期，没有什么重要发展或变化的迹象，也没有经历什么思想运动。在拉波里的吉尔伯特死后的六十多年里，西欧确实没有出现过一流的思想家或神学家，而且，尽管有关那个时代历史的丰富材料无疑还没有出版，不为人所知，也几乎不可能还有具有头等重要性的人物未被揭示出来。这个时期的著名人物如歌手彼得、里尔的阿兰（Alain of Lille）、寇松的罗伯特和斯蒂芬·兰顿（Stephen Langton），都在不同程度上具有传统的"《圣经》"神学家和"实证"神学家的特点，他们不大利用哲学，当然也没有完整的思想体系。然而，在这种传统和平庸的表面之下，整个文化都在发生改变，1210 年的世界不论在其制度形态，还是在其内心的精神方面，都与 1155 年非常之不同了。修道院的岁月结束了，大学的时代、学术的时代已经就位。

在所有变化的动力之中，最具影响力的是高等教育的成形，以及高等教育与两种主要的"博学职业（learned professions）"——法律和神学的密切关系。法律和神学在十二世纪的后半期，无论是在数量上，还是在社会重要性上，都大大增加了。在阿伯拉尔的时代，单个的教师就是一切：在某种习俗的限度内，他可以爱教什么就教什么，爱教多少就教多少；他的学生则对他教的能怎么理解就怎么理解，想怎么理解就怎么理解。教师常常改变上课的地点，
204 而学生们则更经常是坐在一连串的教师门下。没有正式的课程表，没有固定的考试或学位（尽管在这方面，法学家也许领先神学家 50 年），没有固定的教学大纲或教科书，没有规定的"学期"或学习期限。如果说法律这一行已经变成一个封闭的团体，那么哲学家和神学家的职业仍然是流动的。

到斯蒂芬·兰顿离开巴黎赴罗马和坎特伯雷时，一切都变了。高等教育已发展为一个体系，我们可以称其为现代高等教育的远祖。课时、学期、学科、讲授和学位马上都要固定下来和标准化了。法兰西各处的总教堂学校不再是具有同等重要性或至少始终是在变化的重要性的教育中心；巴黎成了唯一的中心城市，有从全法兰西吸引来的大量学生，更加之来自英格兰、低地国家和日耳曼的学生。所有那些希望以脑力劳动、非商业的服务谋生的人，都要经过这部教育机器，或至少得进入这部机器。中世纪教育体系和现代教育体系之间的一处重大区别在于，中世纪的大学教育开始的时间，在一个孩子一生中所处的阶段，仅比现代社会中预备学校毕业和上公立学校之间，或者按照旧式的城市学校的标准，低年级学校和高年级学校之间的那个时间要稍晚一些。对中世纪的孩子来说，教区牧师或本地文法学校和女修道院学校在他十四、五岁的时候将他引向大学。

这套课程体系的标准化产生了一种重要的文化影响，这种影响一直保持到十五世纪。鉴于在修道院和许多总教堂学校中，文字教育一直要进行到青春期或更晚，不仅先于、而且与更为专门的辩证法训练同时进行；在新世界中，一所文法学校所需要的一切就是在拉丁文语法、句法和作文方面的坚实基础。一旦取得了这些，学生就渴望开始文员的逻辑与辩证法训练，这种训练对于较有能力或更有抱负的学生来说，只是为医学、法律和神学的专业学习做准备。伯尔纳在沙尔特雷的文字教学被缩减为语言的逻辑方面的学习，即十二世纪和十三世纪的 *Sprachlogik*（语言逻辑）。此后，一直到十三世纪初，不仅文学，而且哲学也成了一种基本训练，要

205 尽快通过。这无疑是圣贝尔纳的时代到圣多明我的时代之间，人文主义和优雅的拉丁文学消失的主要原因。文字方面的训练在十二世纪早期，意味着一种欣赏和模仿拉丁文经典的能力，在十三世纪早期，则意味着比关于法庭和公证人的表格和表达方式如人们所称的 *dictamen*（劝说文）的知识强不了多少。对于大多数学生来说，逻辑取代了文学的地位。

除了其对文学人文主义的决定命运的影响之外，巴黎文科学校的系统化还对哲学研究有一种令人沮丧的影响。文科课程的初级特性既影响了学生，也影响了教师。学生渴望尽快完成它，以便开始专业训练，因而哲学至少对于多数文科学生来说，趋向于走文学的路子，成为一种逻辑学、逻辑原理和辩论的技能性教育。在大多数情况下，教师也认为他的职责是临时的。没有那么高天分的人从巴黎到了小一些的学校；对那些志存高远的人，可以用得上那句格言 *non est consenescendum in arbitus*“不要在文科学校里度过一生”。他们教几年的书，然后继续学习他们的神学硕士学位课程。实际上，这个时期在文科学校中没有任何东西可以使一个才智优秀的人满意。另外，既然文科教师们已经同神学家们完完全全地分开了，神学家们出于他们的显赫地位，就对地位比他们低的人总是投以猜疑的眼光。他们绝不能允许文科教师冒称他们掌握了任何哲学上的难题，像灵魂的不朽或宿命与意志自由的关系，这些问题对神学是一种冲击。因此，任何想要讨论极端重要的哲学问题的企图都受到劝阻。我们将会看到，神学家们猜疑的眼光可能首先就直接与禁止亚里士多德有关。

这就是亚里士多德著作初次渗透进来时巴黎各学校的情况：

仅限于逻辑学和形式辩证法(formal dialectic)的文科课程;坚持传统态度的教师们的神学学派,他们自己对哲学并没有多大兴趣,并决心把文科教师们限制在他们的领域的固定界线之内。用凡·斯蒂恩伯根的话来说,他们的作用就是训练头脑,而非满足它或供给它。

而最近的研究清楚地表明,到约 1200 年时,有大量的亚里士多德著作可供西方人使用,至少是有这种可能;在世纪交汇之际,巴黎文科学校中的教学趋向仍是模糊不清的。可以说,正是在晦暗之外,第一个事件出现了。

在 1210 年,桑斯的省宗教会议(巴黎主教是其成员)通过了一 206
项教令,反对许多异端分子,特别是反对迪南的大卫(David of Dinant)和贝内的阿莫里(Amaury de Bène)的著作及其支持者,教令接着说:"无论亚里士多德的自然哲学著作,还是其评注,在巴黎都不准公开或私下阅读,否则开除教籍。"[①]据此,人们会注意到,虽然贝内的阿莫里分明被谴责为异端分子,但是我们对其著作或它们与亚里士多德的关系却一无所知。另一方面,迪南的大卫既受到大阿尔伯特的谴责,也受到罗吉尔·培根的谴责,因为他在一种唯物主义和泛神论的意义上来运用并解释亚里士多德的著作。至于亚里士多德的著作,可能是《物理学》和《论灵魂》以及《形而上学》。在禁令中,*legantur*([被]阅读)一词具有"用作公开或私下教学的课本"的专门意义。私下阅读和使用亚里士多德是不禁止的,可以说,他没有被"列入禁书目录"。而且,禁令只适用于

① Denifle and Chatelain, *Chartularium Universitatis Parisiensis*, I70.

文科学校，并且只是本地的，当时罗马没有使之普遍化。神学家们可以、而且确实阅读并运用了亚里士多德的著作，其他大学的文科学校也是如此，如牛津和图卢兹。实际上在图卢兹（只是到1229年图卢兹大学才建立），在大学创办宣言中所宣称的优势之一，就是自由地利用其教师们所欣赏的亚里士多德。

五年之后，在1215年，当时是罗马教廷红衣使节的寇松的罗伯特（他是巴黎的一位老文科教师，并且是英诺森三世在巴黎时的同学）公布了一套有关大学的法规。他在这些法规中列出了教科书的书单，并颁布命令说，文科教师“不准讲授亚里士多德论形而上学和自然哲学的著作或这些著作的摘要；也不能涉及迪南的大卫或异端分子阿莫里或西班牙的莫里斯（Maurice of Spain）的学说”。[①] 这显然是以1210年的法令为依据的。人们仍然还记着两个异端分子，“摘要”可能是阿维森那所做的对亚里士多德的意译。至于西班牙的莫里斯，人们对他长期争论不休，因而未有定论，没人知道有叫这个名字的教师，曼多内提出，莫里奇（Mauricii）是莫里（Mauri）的误读，而且，“西班牙人莫尔（Spanish Moor）”就是阿维罗依。尽管他的说法没有任何证据，却也似乎有些道理，但也不过如此。

事情就这样平静下来，直到1231年。这一年的4月13日，格列高利九世颁布了教皇训令《科学奠基者》（*Parens scientiarum*），
207 这部训令一直被称为巴黎大学的大宪章。在该训令中，他训示道：“那些自然哲学之书，已有充分之理由为省宗教会议所禁，不经检

① Denifle and Chatelain, *op. cit.*, I 78－79.

验，未涤除谬见之嫌，不得在巴黎使用。”①一周之后，为赦免所有违犯 1210 年和 1215 年禁令的人做出了安排，4 月 23 日，教皇设立了一个三人委员会，来检查所禁书籍并对其进行删改，“以便在去除可疑内容之后，其余部分即刻可供研习之用，亦不违规”。该委员会是强有力的，其主席为巴黎杰出的神学家，欧克塞尔的威廉（William of Auxerre）；另一个成员是普罗万的斯蒂芬（Stephen of Provins），他是翻译家迈克尔·斯科特的朋友，他显然是作为亚里士多德专家而参加委员会的。结果，委员会从未做出报告，为什么，我们不知道。但是，同年欧克塞尔的威廉的死可能就足以作为其没有什么活动的原因了。14 年之后，英诺森四世把 1210 年和 1215 年的禁令的适用范围扩展到了图卢兹。

这些法令看来在巴黎的文科学者们中间是有效的，因为格拉布曼大人（Mgr Grabmann）在巴塞罗那发现了写于约 1230 年至 1240 年的一种“考试指南”，是为了应付巴黎的考试的。这一“指南”显示，在教授亚里士多德《伦理学》的同时，《形而上学》和关于自然哲学的著作却显然在教学大纲上没有份，当时对《伦理学》的评注表明，在“哲学家们”的研究结果和“神学家们”的研究结果之间，没有任何冲突的迹象。此外，这几十年中一直在文科学校讲课的那些人的保存下来的著作，差不多完全都是与逻辑学有关的，其余的是伦理学的评注。也有一个明显的例外，它有助于“证明规律”。这就是英格兰人罗吉尔·培根。他说，他在巴黎讲授亚里士多德的《物理学》和《形而上学》，普罗克鲁斯的《论原因》以及其他

① Denifle and Chatelain, *op. cit.*, I 138, 143.

著作。对亚里士多德的禁令如我们已经见到的,对牛津没有一点影响,亚里士多德的著作进入了牛津,成了人们讲授的主题、评注的对象。无疑,到1240年,教皇关于亚里士多德的禁令已失去了其紧迫性,巴黎的文科教师们很可能已感到法兰西赶上英格兰的时机到了。无论如何,形势于亚里士多德有利。1252年,《论灵魂》在巴黎被英格兰"同乡会"定为考试题目;1255年,所有流行的亚里士多德著作都被定为整个学院的考试题目。因此,有一件事
208 初看起来令人吃惊:在1263年1月19日,乌尔班四世在坚持格列高利九世的教皇训令《科学奠基者》的同时,竟然全文重印其禁令,禁止1210年在桑斯"被禁止的那些论自然的书"。[①] 人们对此有各种解释,曼多内从中看到教皇对于违反早先教令的行为的反应,不过这样一种行动看来既迟缓,又无效,而且无论如何都会被更强烈地表达出来。厄尔在经过长时间思考之后,提出了这样一种观点:这是要反对"拉丁阿维罗依主义"的最初表现。但是,有人可能会反对这种观点,强烈要求教皇采取更有效的措施,而不只是挖出30年前的旧教令而又不加任何评论。也许最好的解释是凡·斯蒂恩伯根所做的解释,这种解释非常简单,早先的学者都忽略了它。他解释说,教皇发布指示说,教皇训令《科学奠基者》要重新颁布(这是教廷一种通常的做法),法庭将其全文抄录,教会文书可能甚至都没明白亚里士多德(没有提到其名字)受到了格列高利九世的斥责。当然,到1250年至1260年,亚里士多德在许多方面都被当做基督的先驱、一位思想上的施洗者来对待。罗吉尔·培根可

① Denifle and Chatelain,. *op. cit.*,I 278.

以说，他此时被换了一种称呼，叫做“哲学家（the Philosopher）”，就像圣保罗被称为“使徒”一样。

与此同时，在那些从未阻碍过自由运用亚里士多德的神学家当中，出现了一种新的类型，即学院派的教师，在其教师生涯中，会写作一部综合性的手册或*Summa*（大全），包括了整个神学领域，并在或大或小的程度上运用哲学和辩证方法推演或解释其结论，由此向史学家解释他关于其同时代人和关于当时所辩论问题的观点。对于所有这些人来说，教会和圣经的传统（主要是像奥古斯丁所解释的这一传统）构成了他们思想的核心。他们利用积累起来并不断增加的哲学观念——新柏拉图主义的、阿拉伯的以及在越来越大的程度上亚里士多德的观念——来解释和发展这种传统。他们尽可能地试图使这些观念协调一致。

属于这一类型的第一个例子是三位教师：欧克塞尔的威廉（1231年逝世）、校长菲利普（Philip the Chancellor）（自1218年起任校长，1236年逝世）和奥弗涅的威廉（William of Auvergne）（1228年任巴黎主教，1249年逝世）。所有这三位教师都运用亚里士多德的、阿拉伯的和新柏拉图主义的新文献。奥弗涅的威廉还是一位具有相当独创性和能力的思想家，是他们之中的第一位，在十三世纪期间，努力去对基督教神学和哲学做出综合。他熟知阿 209
维森那并运用他，尽管他反对阿维森那关于世界的永恒性的学说，以及关于单独的积极理智的学说。然而，他最为称道的是加比罗尔和迈蒙尼德，他称加比罗尔为“所有哲学家中唯一最为杰出的”，他认为加比罗尔是一位基督徒。他把*Esse*（存在者）与*existentia*（存在自身）区别开来，用以证明上帝的绝对单纯性及其与所有其他存有的区别。在这方面，他是遵从阿维森那的，但是，他接受了加比罗尔关于上帝的意志作为创造力的学说，而避免了阿拉伯的命定论。在认识论上，他接受了亚里士多德的感知学说；但是关于智力活动，他又采用了奥古斯丁的光照论，将其理解为圣经为心灵展示的关于一切在心灵之外的事物的基本原理和观念。这样，他就完全抛弃了阿维森那关于单独的“施动理智”的学说，把灵魂理解为一个单一的、单纯的理智，被神圣的光照转化为活动(act)，一如视觉被日光转化为活动。与此类似，他遵从奥古斯丁，认为认识与科学的基本原理是从神的心灵之镜反映到人类的理智上的，这样，他就抛弃了亚里士多德对于抽象能力和经验作为知识来源的信赖。

在奥弗涅的威廉生命的最后一年，一个新时代在巴黎开始了，这是一场运动的结果，而这场运动就是最锐利的眼光也绝对无法预见。这就是两个最具影响的男修士会的出现，在他们来到巴黎大学和牛津大学后的几年内，又接着发生了一个事件，此后不久，又有一批最著名的教师转入他们的行列之中，在差不多一个世纪之中，还不断吸收了西北欧的许多最有才华的人士。结果，从1250年到1350年这100年间的十几个神学家中，历史学家们最容易想到的至多只要一两个名字，就会是修道院外教士。在同一时期，这十几个人中只有一两个是法兰西人，这部分地是由于同样的环境，部分地是由于巴黎独特的声誉，这种声誉吸引了所有有抱负、有才华的学生和教师。格列高利九世的教皇训令《科学奠基者》的首卷就引人注目地显示了该世纪前半期巴黎至高无上的地位。“巴黎，科学之母，一如文学之城基列西弗(Cariath Sepher)，光华灿烂。群贤毕至……深谋远虑之辈，神秘莫测，侃侃雄辩……以无价之宝配饰基督之配偶。”巴黎的这种显赫导致了这样的结果 210
（初看起来有些荒谬）：该世纪在奥弗涅的威廉死后，几乎所有巴黎伟大的神学家都是外国人，巴黎思想的法兰西特有性格消失了，直到热尔松（Gerson）的时代才又重现。

这些男修道士的到来，除了引起喧闹的争论之外，还导致了明确的思想派别的逐渐出现，他们彼此意见相左，针锋相对，并且靠 *esprit de corps*（团队精神）而谨慎地维持着。然而，这后一个结果直到该世纪最后的四分之一才显露出来。

两个第一流和最伟大的男修士团几乎是同时兴起的。尽管西班牙人圣多明我比圣方济各老得多，但是后者却在多明我为其追随者制定规章之前，就听到了他要过穷苦生活的召唤和布道。虽然“传道者”先于小兄弟会组成为修士团，但是在他们成立之初的十年中却在不同方面彼此互相影响。多明我从一开始就打算使其追随者们成为受过神学训练的教士，他们是以学习为其生活必不可少的特征的第一个宗教团体，在他们的规章中规定，如果斋戒和礼拜仪式与学习有冲突，那么个人可以免除斋戒和礼拜仪式。每所多明我会的女修道院事实上都是一所学校，并且按照规章，其成员中包含一位神学教师。每个省都要支持一个或更多的机构作为 *studia particularia*（分学馆），有希望的男修道士被送去；某些女修道院（通常是在大学城里，不过并非总是如此）则是 *studia generalia*（总学馆），来自整个教会的最有才华的年轻人都被送到那里。巴黎、牛津、剑桥、博洛尼亚和科隆都在其中。

尽管方济各会起初的使命是鼓吹苦行修道（即道德上的改

造)，而非宣传学说，其创建者曾表示他强烈反对书本学习，但也很快接受了“传道者”的许多目标和大部分体制，而且从约 1240 年起，两个团体——罗吉尔·培根的两个“学生团体”——在思想上是没有什么区别的，而且，另一些男修道士——加尔默罗会(Carmelites)和奥古斯丁会(Augustinians)——很快就被他们同化了。最初，甚至“传道者”也没有想要成为那个时代学术运动的一部分，但事情本身却比人的设想要强有力得多。在他们到巴黎之后的几年(“传道者”是 1217 年到那里的，小兄弟会 1219 年到巴黎郊外)，有一批最成功的世俗教师加入到他们之中。1225 年，英格兰学者
211 法弗舍姆的海默(Haymo of Faversham)和另外三位教师一起，在巴黎加入了小兄弟会。在 1231 年前后激动人心的环境下，圣翟尔斯的约翰(John of St Giles)做了多明我会的修道士。还有，在约 1235 年或 1236 年，正值盛年的巴黎最著名的教师、英格兰人黑尔斯的亚历山大(Alexander of Hales)，成了方济各会修道士。这些新成员还远非名人中的绝无仅有。比如在英格兰，两位最著名的小兄弟会修道士亚当·马什(Adam Marsh)和罗吉尔·培根都已是有地位的人，却加入了修士会，而且，每一位入会的教师都带来、并随后又吸引来许许多多的学生。男修道士们对学校确实是全面征服，在差不多一个世纪之中，不论是在英格兰，还是在法兰西，真正一流的神学家(因为当男修道士们到来时，格罗斯泰斯特是中年了)无一不是出自修士团的。

这种重心从世俗教师的大学向男修道士学校的突然转移，不可避免地产生了竞争和猜忌。从一开始，男修道士们就独断独行，

而且还要求在两个世界[①]中两全其美，而世俗教师们面对教皇的支持，无法拒绝他们的这种要求。修道士不仅拒绝参加 1229 年巴黎大学的大遣散，而且，多明我会趁机利用世俗教师的离开，向留下来的学生们开放他们自己的学校，克雷莫纳的罗兰（Roland of Cremona）就因而成了出自“传道者”的第一位主讲教师（regent master）。当两年之后，他以前的弟子圣翟尔斯的约翰加入了修会时，他位居第二，继续教学。与此类似，当黑尔斯的亚历山大成了一名小兄弟会的成员时，他继续在科德利埃（Cordeliers）任教。这两项改革都没有经过“校长”的同意，而且在 20 年的时间里，情况一直是这样，男修道士们在他们自己的先生们手下取得学位，而这些先生从未从校长那里得到过正式的任教许可。同时，两个修士会都派出他们最有才华的成员到巴黎任教，巴黎的教席只在适当的时候授给不过三、四个著名的人物，像波那文图拉、阿奎那、基尔沃德比（Kilwardby）和佩克姆。在不止一方面的对于男修道士们的敌意的爆发，打破了这种不稳定的休战。主教们对他们侵入传教、忏悔和指教领域感到不满，他们一如既往，得到了教皇的支持，有权自由行动。修道院外的牧师，不论是在大学之内，还是在大学之外的，一般都开始向男修道士们的权利挑战，来执行教士和牧师的任务，并坚持一种在理论上更高的贫穷，这事实上意味着一种隐居的研修生活。结果，大约在十三世纪中期，托钵僧成了巴黎两场争论的焦点。一场争论是关于特权的实际问题；另一场是关于天 212
职（vocation）的理论问题。男修道士们在大学的规章定型之前就

① 世俗的和宗教的。——译注

来到了巴黎，而且从一开始就对一切法规不加注意。他们的第一批先生从外面到他们这里来，他们继续在他们的女修道院任命教席，而没有向校长提出正式申请，也没有正式成为教师协会的成员。同时，他们坚持说，文科课程应该由他们的学科来构成，无论是在被接受为修道士之前，还是在修道会的学习班中，都应如此。在 1253 年到 1254 年，事情有了个结局，当时，男修道士拒绝服从大学的法令，该法令说，在学校和市政当局的争论解决之前，授课应当暂停。随后，男修道士们又拒绝宣誓服从大学。结果，多明我会被正式从大学中驱逐出去。他们向罗马申诉，教皇的裁决最终是对他们有利的。由于这场争论，波那文图拉和托马斯的教师头衔的公开宣布被推迟了，最后，由于教皇的命令，他们得到了承认。同时，一位世俗教师，圣阿默的威廉（William of Saint Amour）和其他一些人在讲坛上和小册子中对男修道士们进行了攻击，指责关于贫穷和行乞的理想，并且拒绝男修道士参与任何牧师工作的权利。这一攻击的结果之一，是从波那文图拉和托马斯那里得到了为男修道士们提供的详尽辩护，而圣阿默的书则在 1256 年受到了教皇的谴责。关于他们自己，这些争论对巴黎的精神生活没有什么直接的影响；不过值得记住的是，波那文图拉、阿尔伯特和托马斯给平静沉思的读者留下了印象的伟大著作，是在一个激烈、痛苦甚至是殊死争论的中心写成的，这时（至少对阿奎那是如此），其学术生涯、其男修道士的地位以及他作为一名正统教师的个人的完整，都处在危险之中。

第19章 巴黎的方济各会学校

“传道者”会的男修道士们1217年来到巴黎，小兄弟会的男修道士们1219年来到巴黎，前者主要是来学习神学，后者是来宣扬苦修。到头来，两者都留下来教书了，而且很难说在以后的一百年中，其中谁是抢夺者，谁是被抢夺的，这就像大学与男修道士之间的那种关系。两个修士会都吸收了一些大师，这些大师在重新开始他们在修道院的教学时，就轮到他们吸引同行回头下海了，而他们就是从那里被人吸引来的。在其余的人中，法弗舍姆的海默、黑尔斯的亚历山大、亚当·马什和罗吉尔·培根到了方济各会，他们都是英格兰人；圣翟尔斯的约翰(John of St Giles)、罗伯特·培根(Robert Bacon)和理查德·菲沙克(Richard Fishacre)到了多明我会。

就我们目前的意图来说，黑尔斯的亚历山大是最重要的。这不仅在于他本人是一位杰出的教师，更特别的是在于，他是巴黎方济各会修女院的第一位主讲教师，是拉罗谢尔的约翰(John de la Rochelle)和波那文图拉的老师，最后，他还是一位创始人和一个源泉，50年后，佩克姆追溯方济各会特有的学说，或者如他们所说，奥古斯丁学派的根源，就追溯到亚历山大这里。他伟大的《大全》如我们所说的，是出自多人之手的一部汇编，罗吉尔·培根尖刻地说它“比一匹马还重，然而还不是他的”。[①] 但是拉罗谢尔的约翰和其他人所作的增补确证了它有权被认为是方济各会最初的教科书。亚历山大检验了当时可以得到的所有亚里士多德著作，不过他也吸收利用奥古斯丁和维克多的新柏拉图主义学说。他从阿维塞布朗那里接受了“精神质料”的学说，也许是通过奥弗涅的威廉，从安瑟尔姆那里接受了其关于上帝存在的“本体论”证明。
214 实际上，亚历山大没有体系，只有对各种学说的“综合”，也没有彻底地利用亚里士多德。另一方面，拉罗谢尔的约翰虽然是他的弟子和继承者，却有个人的观点，特别是在灵魂问题和认识过程问题上。在后一问题上，他采纳了亚里士多德的对知识的较低形式的抽象的学说，为此，人运用属于他自己的“能动理智”。对于最高真理和那些超出人性能力之外的事物来说，上帝是“能动理智”，奥古斯丁的神圣光照就介入了。

年轻的男修道士自认是这两位老师的弟子，其天才和成就却超过了他们。在波那文图拉（托斯卡那的巴格诺里亚的乔瓦尼·菲丹萨[Giovanni Fidanza of Bagnorea in Tuscany]）这里，我们到达了中世纪神学的双高峰之一。在但丁的《天国篇》和拉斐尔的“辩论”中，他都是和圣托马斯不相上下的塞拉弗博士（Seraphic Doctor）。实际上，诗人把这两位修士表现为他们各自的宗教派别和基督教神学的代表。他们各自都称颂对方教派的创立者及其精神。不管历史上他们之间的关系究竟如何，比他们都年轻的同代人但丁歌颂他们，以天才的先知的眼光看出了这两位伟大学者

① *Opera inedita*, ed. J. Brewer (Rolls Series 15), p. 326.

的卓越与持久的重要性，就像柏拉图和亚里士多德一样，直到七个世纪之后，这两位伟大的学者在他们领导地位和他们体系的竞争上，仍然是至高无上的。

两者之中，初看起来人们对波那文图拉了解得更清楚一些。他的大部分生活与活动以及他的同时代人对他的看法，人们都已知道，至少他的一些著作是既很有个人风格，又极有文学魅力的。此外，比起圣托马斯来，他与政府和行政当局的许多行为有更多的关系。据说，当他还是个孩子的时候，曾被圣方济各治愈，就上了巴黎的文科学校，刚刚成年又成了一名修士，其时，他听了黑尔斯的亚历山大或者是帕尔马的约翰(John of Parma)的课；又作为"《圣经》学士"(1248 年)和"箴言学士"(1250 年)从事教学，他以这个资格写出了他伟大的《〈箴言书〉评注》。他继而在 1253 年成了神学教师，并在巴黎执方济各教席。但是，拖延到 1257 年 8 月，他才正式从大学接受硕士学位，这是因为院外教士和托钵僧之间有争论。他是和圣托马斯一起取得这一学位的。此前不久，1257 年 2 月，他在 40 岁左右被提名并当选为圣方济各会的教长，自那以后，多忙于修会的事务。1273 年，他被格列高利十世任命为阿尔 215
巴诺红衣主教，格里高利十世的职位还要归功于波那文图拉的推荐。1274 年，在里昂会议期间，波那文图拉在里昂逝世。

波那文图拉以他的大部分生活来看，是个公众人物。关于他天使般纯洁的生活，所有人的意见都是一致的，他和蔼可亲，才智超群，他所有的著作都给人以头脑清晰、思想敏捷的印象，这些著作还显示出一贯性、概念的力量以及具有伟大构思的制作，只有圣安瑟尔姆和圣托马斯可与之媲美；这些著作还显示了一种建立一座具有许多部分、而又和谐完美的神学大厦的能力，他的这种能力仅次于圣托马斯。然而，如果更仔细地考虑的话，他就不像前面刚提到的另两位圣洁的学者那样容易理解了。实际上，由于他在一次危机中娴熟的调控，由于他在纳博讷(Narbonne)牧师会所做的规章工作，由于他对《教规》的评注和他写的圣方济各的《传记》，以及无疑，他对 *via media*(中庸之道)的富于智慧的描述(事实上，这一描述还有一个例子，在呼唤神圣时，所有的人都会承认，这个例子在使方济各会的理想适合于一个大修会方面比任何其他力量都起了更大的作用)，他确实赢得了其修会第二缔造者的称号。许多人也许会说，他用智力上的修行来代替体力劳动与粗茶淡饭的苦修的纲领性计划，是天才的、有益的灵感。然而，另一些人则会感到《教规》和波那文图拉所讲述的方济各的《传记》隐匿了方济各本人的预言、理想和个人的命令，而且还不时与这些相矛盾；他们还会感到，波那文图拉对待他自己圣洁的前辈帕尔马的约翰以及一些保守的修士太苛刻；并感到他行使其权威的方式缔造者是不会赞成的。

波那文图拉的著作与思想无论如何还是具有一种迄今在各学派中所不了解的丰富性、内聚力和成熟性的。也许，在《〈箴言书〉评注》和短篇的《心向上帝的旅程》(*Itinerarium mentis ad Deum*)中，这些特性是看得最清楚的，但是在各处都有表现，而且都带有天才的特征。《评注》的作者还在年轻的时候，就立志要有非凡的成就。波那文图拉运用非基督教哲学这一特点，清楚地反映了他神学研究的早期阶段，他的观点与阿奎那的观点形成了强烈的对照(并不是说与之矛盾)，以致在新经院哲学复兴的早期，他都被忽略了；而且对于大多数现代世界的非天主教读者来说，他的观点即使不是令人厌恶的，也是格格不入的。然而，说得更近一些，他今日的同行巧妙的辩护以及吉尔松对他思想抱有同情的描述，成功 216
地调整了天平。不管对他的声誉是幸运还是不幸，波那文图拉在早年就被无可挽回地从其在巴黎的教席上召回了，而又正值那个时代整个的思想气候因大阿尔伯特、托马斯·阿奎那和布拉班特的西格尔的著作而将要改变之际。他在有生之年经历了这场革命的很大一部分，并且表示了他不赞成他所见到的许多东西。关于他的知识程度以及对新方法的非难出现过一场争论，至今还没结束。争论双方为首的是很好的一对，他们是 M. 吉尔松和律修会修士 F. 凡·斯蒂恩伯根。这就是明智的人们之间争论的方式，双方之间的距离比原先小了，但是差异依然存在，在本章的后面我们将会看到这一点。

在一种非常真实的意义上（如果不是在历史上或精神上完整的意义上的话），波那文图拉是圣方济各的忠实追随者。他是一位神学家，而且在思维和精神上也成了圣奥古斯丁的门徒。圣奥古斯丁思想的两个根本的和特有的标志是：第一，他全力关注人的灵魂与上帝（他自己的灵魂卓然昭著）；第二，他关于整个人类生活的观点，包括个人生活和社会生活，他认为，这是一个由神计划的、由神帮助的，朝向上帝之显现的进程。在这两方面，波那文图拉都是忠实门徒。他所全神贯注地关心的有两点——实际上，这两点是结合在一起的——洞悉神所揭示的奥秘，特别是上帝自身的奥秘；作为神学家，还要描述个人的灵魂走向与上帝合一的进程。他的全部工作即使不是明确地，也是含蓄地为了那些像他自己一样，在生活中没有其他兴趣和目的的人们，以及那些与他有共同信仰、设想和愿望的人们写作和思考。他是一位修士，一位忠诚的宗教徒，为他自己和他的那些兄弟们的灵魂而研习神学，撰写神学著作。当哲学，特别是异教哲学有助于达到这一目的时，他就运用哲学；但是，异教哲学家最多也只有非常有限的权威和价值，因为他不知道信仰的真理，也没有上帝的直接帮助，因此他一定是经常犯错误的。此外，没有信仰的知识实质上是没有价值的。与奥古斯丁和阿奎那比起来，波那文图拉的兴趣面很窄（尽管并不肤浅）。奥古斯丁是一位牧师教师（pastoral teacher），一位辩论高手，一位历史哲学家，也是一位对其他事物有强烈兴趣的个人。阿奎那尽管也与波那文图拉有同样的、差不多完全是神学的目标，但也广泛关注一切影响人的宗教或受到宗教影响的人类活动，如法律、政治、公
217 民的美德、作为一名基督徒生活一部分的一切目的和追求，不管这基督徒是主教、信徒，还是俗人；是教皇，还是国王；是活跃的，还是沉思的。正是波那文图拉专注于唯一重要的实在这一点，使得今天的史学家们难于读懂他。在关于修士生活的问题上，他既可以是满腹经纶的，也可以是极其现实和实用的，我们在他的《法规评注》的一些部分中，或者在他为不外借图书而罗列出的理由中，可以看到这种情形，吉尔松注意到了这一点。但是，在兴趣与追求上，在普通人生活的美德与罪恶上，他就不那么清楚了。世界被看做对上帝的反映，人生则是朝向令人神迷的上帝显现的进程。

然而，波那文图拉远不仅仅是一位禁欲主义或神秘主义的神学家，他是一位知识分子，而且并非微不足道的知识分子。从奥弗涅的威廉或黑尔斯的亚历山大那里，到波那文图拉这里，等于从一

种气候到了另一种。读者马上就意识到他在倾听的这个人有清楚的纲目,又有能够把所有题目都安排好、讲解清的头脑。他在这方面的成就如同阿奎那的一样值得注意。他使他学说的各个部分都协调一致,来解释上帝、创世、天使、灵魂及其本性、知识与美德、圣灵的恩典和赠予、灵魂的进程及其与上帝的合一,一个极为明晰和有创造力的头脑看到了这一切。他的综合是思想与教义的第一个伟大综合。人们常说,我们得到的只是一个体系的一个片断,一位年轻教师的草稿;如果波那文图拉没有在年仅40岁时就被从巴黎夺走,去统治一个伟大的修会,他很可能会留给我们一整套神学著作,甚至一整套哲学著作,跟圣托马斯的著作一样完满。人们问,如果阿奎那在写完《〈箴言书〉评注》之后不久就死了,那么我们会在何处?这种论点是有力量的,而且,如果波那文图拉一直在学术界,他无疑会写出不止一部神学杰作。然而很清楚,他聪颖早慧,乃至甚于托马斯;而另一方面,要说他当选高位结束了他作为神学家的公众生涯,也根本不对。像《创世六天宣讲篇》(*Hexaęmeron*)这样的著作和其他一些宗教会议,以及《心向上帝的旅程》本身,都扩展和深化了他的《〈箴言书〉评注》中的学说。直到他生命的最后一年,他还在布道,而没有一丝一毫改变观点的迹象。

当巴黎所有的教师都把奥古斯丁看做神学中至高无上的大师,当他们在出现需要的时候都采纳了部分亚里士多德哲学和阿拉伯哲学之时,波那文图拉第一个公开声明,他是遵从奥古斯丁的思想与神学的。在这方面,他与安瑟尔姆完全不同,安瑟尔姆声明 218
他在一切问题上都遵从奥古斯丁,但是却没有接受奥古斯丁最有特色的认识论的任何迹象。波那文图拉根据奥古斯丁三个最重要的学说建立了他的体系,这三个学说就是:光的形而上学,理智的神圣光照论以及种质论(*rationes seminales*)。其中前两个源于新柏拉图主义,第三个是柏拉图的一个提法,后来被斯多葛派扩充了。光的形而上学是奥古斯丁继普罗提诺之后勾画出轮廓,又在另一条发展路线上为阿尔法拉比、阿维森那和伪亚里士多德的《论原因》(*Liber de causis*)所采纳。波那文图拉可能是从黑尔斯的亚历山大那里了解到它的。对于波那文图拉来说,光是一切可见物体最终的形而上的组成要素,它是 *forma substantialis corporeitatis*(物体的形式),存有在等级上和比例上依其分有光的多少而不同。种质说是奥古斯丁的一个关键学说,关于这种学说,波那文图拉认为,它对于说明形式上和实质上的变化,是一种形而上学的必需。只有对于这种或那种"形式"的适合性的存在(the presence of an aptitude for this or that 'form'),才能解释第二位的力量(相对于创造者上帝)如何能把一种实体变成另一种。据他的意见,一种"在质料的潜在性中"的名义上的前存在(pre - existence)是不够的。最后,也是最有特性的,是波那文图拉关于认识过程的学说。他在这里接受了一种方法上的二元论,其历史一直可以追溯到普罗提诺。在感性知觉层次上,他接受了亚里士多德关于抽象的理论,感觉对象通过抽象而得以"净化",以进入理智。在下一阶段,与阿拉伯人相反,他认为,能动理智和可能理智都是灵魂的功能,在他看来,可能理智能够把能动理智呈现给它的可理解的形式当做真实的来接受。如果问题仅仅是理解,那么,这对我们关于事物的认识就足够了;但是,通过第三种过程,心灵能够认识凭借生来的光(innate light)而理解的一个事物的真理(即其与现实的一致)，这种生来的光是对神的观念的反映，这种光提供真理的标准和尺度(*regula veritatis*)。就像对于奥古斯丁那样，对于波那文图拉来说，应该可以在真理永恒不变的本性中找到这种神圣之光的必要性，作为一切被创造出来的事物与力量的可变性的对立物；我们只能凭借 *rationes aeternae*(永恒理性)、神的观念的光照来理解这种真理。因此，我们有两种知识：关于事物的不确定的知识和关于可理解的真理的确定知识。在这里，我们可以看到在奥古斯丁背后的柏拉图对"意见"和"知识"所作的区分。与此类似，219 在实践领域，我们可以对我们自己的力量做出实际的判断，但是，对正确与错误的最终判断，以及对良知的确信，则一定出自神圣的光照。

除了这些重要学说之外，波那文图拉还有其他一些学说是在新柏拉图主义和奥古斯丁那里就有预示的。其中之一就是形式的多重性学说(multiplicity of forms)。对于圣波那文图拉来说，形式并非像对圣托马斯那样，是一种动力，这种动力同时又是一种限制。对波那文图拉来说，形式是一个存有的完善，它使其有可能有进一步实质性的完善。另一个学说是"精神质料"学说，据分析，这种"精神质料"与一个精神性的存有中的潜在因素的意思差不多。像许多人一样，在我们看来，中世纪的神学家们过于关注对天使一类的存有的思考，这是奇怪的、不真实的，而这个问题对于那些坚信另一种精神性存有——人的灵魂——的真实性的人来说，具有至关重要的意义，因为在"天使"那里，无形的精神存有可以被分离出来并加以讨论，而没有物质躯体带来的麻烦。不仅如此，这种讨论在人类的个体性问题上还有一种特殊意义。如果一个天使或一个人的灵魂没有“质料”，没有潜在的形而上的构成要素，而与所有其他的精神或某些其他的精神共有这种要素，那么，又如何区分个体呢？圣托马斯想要回答说，每个天使单独就是一个种(species)；每个人的灵魂在身体与灵魂结合起来时是依其身体而个体化的，当两者分离时，又是依其与身体的关系而个体化的。对许多人来说，这些说法看起来是托马斯的心理学中最弱的成分，而且，新柏拉图主义和奥古斯丁关于灵魂及其能力的学说，无疑比亚里士多德的更容易与基督教的学说和实践相容。

人们经常把波那文图拉描绘成一个神秘主义者。如果这样说是指，在最完全的神学意义上，他本人是个经验神秘主义者，而且这影响了他的学说和表述方法，那么唯一的答复是，他在他的著作中从未声称过这一点，或提出有关这种经验的明确证据。另一方面，如果这指的是圣波那文图拉把神秘的经验看做所有基督徒必定渴求的上帝显现的一种预兆，并将之看做给予尘世上的某些灵魂的；还指的是在他为信徒们写作，并认为神学是神圣生活中首要的学问时，在其学说中包括了许多现在可以称为“神秘主义的”、区别于“教条主义的”神学的内容，那么，是可以这样称呼他的，尽管称呼他为一位神秘主义的神学家，可能比称呼他为神秘主义者要
220 好。当然，他在《心向上帝的旅程》中教导说，人类灵魂向着上帝的进程的目的和顶峰是与上帝合一的爱的极乐，就像在圣方济各的《传记》中例举的那样。在他对这一进程的最后几个阶段的描述中，波那文图拉使用了伪丹尼斯和圣维克多的理查德的语言，而且，心与灵魂上升到上帝那里是在新柏拉图主义的上升阶段之后。因而我们再一次见到了普罗提诺、奥古斯丁、圣维克多学校的教师

们的读者以及所有那些运用新柏拉图主义术语的人的读者们所面对的问题：在经典神秘主义作家和神学家赋予那段话的意义上，这种经验在多大程度上被描述为一种完全神秘的、超自然的经验？作者是在谈论得自他自己的生活的东西吗？还是并没有超过神秘主义神学的专家所可能做的——尽管可能会更生动些？在《心向上帝的旅程》中，就像在许多新柏拉图主义的著作中一样，一定有与圣方济各和蒙特·拉·维尔纳没有什么关系的思想上的尝试和纲领上的进展。

近些年来，人们常问：圣波那文图拉在多大程度上与圣托马斯观点一致？或者从问题的另一方面来说：圣波那文图拉在多大程度上对亚里士多德以及对一般的哲学抱有敌意？

当一批著名的方济各会学者接受了所谓的圣波那文图拉著作的夸拉奇批评版(1882～1902年)时，利奥十三世复活托马斯主义的呼声犹在他们耳边，因此倾向于采取一种"和睦"政策，来调和波那文图拉和托马斯之间所有明显的差别。然而，没过多久，多明我会伟大的历史学家诸如丹尼弗尔和曼多内就发现，他们自己不得不屈服于圣托马斯思想的革命性质，以及由之而来的他与波那文图拉之间的差别。新一代的方济各会作家诸如埃弗瑞姆·隆普瑞(Ephrem Lonpré)，远不是消除那些差别，而是以它们自豪，并且在波那文图拉看来不同于圣托马斯时，捍卫波那文图拉的立场。M.吉尔松在其对波那文图拉哲学的研究中，对这场争论有一种不同的观点。他认为，波那文图拉是亚里士多德和一切人类思想或科学的死敌；他也运用当时人们接受的波那文图拉和阿尔伯特的生平年表，来表示前者在运用亚里士多德的思想与方法方面，与后者是直接对立的。费尔南德·凡·斯蒂恩伯根接受了这后一种观点，他毫无困难地表明，因为波那文图拉的主要著作是在圣阿尔伯特系统阐述其亚里士多德主义的立场之前完成的，所以不能说圣
221 波那文图拉“拒绝遵从阿尔伯特”。然后，他又继续再度突出了这两者根本上的一致，并且否认波那文图拉对亚里士多德的敌意并不像吉尔松所说的那样彻底。事实上，波那文图拉的立场就像圣托马斯的立场一样，可以说是受新柏拉图主义影响的亚里士多德主义的立场。

虽然很清楚，凡·斯蒂恩伯根在不止一个历史问题上，也还可能在一些哲学问题上成功地修正了吉尔松，许多读者还是会感到，吉尔松对波那文图拉所作的全面评价比其来自卢汶的批评者所作的评价更有效，至少在其早期著作里是如此。毫无疑问，波那文图拉对亚里士多德运用自如，不仅将其作为逻辑学与辩证法至高无上的大师，而且作为将许多基本概念和专业术语传播开来的哲学家，这些概念和术语有：质料与形式，潜能与活动，积极理智与“可能”理智，等等，因而，他的思想中实际上浸透了亚里士多德的思想。然而，对普罗提诺以后的差不多每一位伟大的思想家我们都可以这样说。亚里士多德的逻辑学是直到今天的所有哲学家的共同遗产，他的一些形而上学的基本概念也同样是共同财富。把阿奎那同波那文图拉区别开的，是对人类理智活动的态度。波那文图拉最著名的著作《心向上帝的旅程》这一名称，可以说概括了其思想的全部视野。对于他来说，一切学说的目的在于用心灵、意志和灵魂去接近上帝。哲学、信仰、沉思和入迷是这位基督教博士自己所走，并教给别人也走的旅程的各个阶段。因此，一切学说、一

切知识都是有活力的、前进的、有目的的。哲学乃至神学的一切概念作为纯粹理智的训练，与他的心灵是完全不相容的，*a fortiori*（更不必说）那种主张：哲学是能够满足基督徒的心灵的，或者无论在什么意义上，它本身就是目的。对于波那文图拉来说，哲学总是受神学支配的，是神学的一种附属品、一种工具。在这方面，他与神学家圣托马斯没有多大区别。但是，托马斯在神学之下或之后，乃至在其神秘主义神学之后，精心创立了一个纯哲学的体系，而波那文图拉在这方面则无所建树；波那文图拉倾向于选取适合他神学观念的哲学见解，而托马斯则修改和扩展其哲学，以便与其对基督教学说的陈述和谐一致。波那文图拉运用神学论证来翦除那些与其观点不同的人，并运用其他更具有基督教解说意义的思想家来代替亚里士多德；而托马斯则在人类理智的基础上与其对手对 222
话，并为其立场提出理性的论证。

的确，尽管波那文图拉可以运用亚里士多德的技巧，尽管他的体系分解开来看似乎是亚里士多德和其他思想家思想因素的混合体，但是这样一种印象事实上却是一种错觉。波那文图拉可以使用亚里士多德的术语，他却从未接受亚里士多德的思想与精神。他的形式并非亚里士多德的形式，他没有希腊人经验的和常识的人文主义。在其所有著作中，他只是保持在对他来说是真正思想的层面上，而且在这一层面上，没有什么东西、乃至根本没有任何东西是亚里士多德的。灵魂和肉体都是在形式上完整的实体，灵魂的精神本性对此并无妨碍，因为精神实体就像物质实体一样，是由质料和形式构成的。然而，这两种实体又能合而为一，因为根据形式的多重性学说，高级形式可以影响并“包括”或者吸收低级形式，在这个例子中，灵魂成为肉体的形式，而肉体仍然保有其自身的物质性、动物性以及其他的形式。这种形而上的结合是由肉体和灵魂对彼此的欲望（*appetitus*）引起的，灵魂完善肉体，并使之具有生命。由于灵魂及其能力组成了一个自足的统一体，外在的物体对灵魂或其能力就不会有直接的影响，感性知觉就是一种纯粹肉体的功能。然而，与肉体合而为一的灵魂可以记住外界物体施加于感官的作用，并对之做出判断，这样，就开始了认识的过程。至于我们对上帝的认识，祂不仅本身比我们更真实，而且比我们自己更接近于我们，更在我们近前。因此，祂比任何其他的存有都更直接地能让我们感觉得到，从逻辑上说，祂是我们第一个应该知道的。对一个是其自身的根源的存有（an ens a se）一无所知，也就无法知道任何其他种类的存有。这种对上帝的知识是与生俱来的，而对外部存有的知识则是从外面来到灵魂中的，而且直接借助于对肉体感官经验的判断。

M.艾蒂安·吉尔松在其对波那文图拉思想的伟大研究中最为辉煌的章节之一里，为我们离析出波那文图拉与圣托马斯之间三点主要的哲学差别。[①] 这些差别都是细微之处，却意味深长。他引证阿奎那的话（他在这里就像在别处一样，在谈及其对手时不
223 提名字）："在三个问题上可以看到我们观点的不同，即：在使形式产生的问题上，在获得美德的问题上，以及在获取知识的问题上。"随后他继续说道：

① *La philosophie de St. Bonaventure*（《圣波那文图拉的哲学》）（ed. 1945），pp.412～413.

"托马斯主义的'形式'产生了一种质料中的形式，它将该形式强加于从属于它的质料。波那文图拉的形式在质料之内唤起了已经包容在该质料之内的一种潜在形式的生命力。托马斯主义的理智从感觉印象中构成可理解之物，并创立了其基本原则，这些原则反过来又是工具，理智借助于它们建立起了整个知识大厦。波那文图拉的理智在其自身之内找到可理解之物，它没有从感性知觉中构造出可理解之物来，但是从在它之内的'一'中得到了，这个'一'比其自身的内在生活更'内在'。托马斯主义的意志获取了'自然的'美德，这些美德的发展作为自然的发展，归功于训练与习性；波那文图拉的意志则等待恩典降临到这些自然的美德上，以便使它们作为自然的美德而完满。"在另一页上，他写道："圣波那文图拉一开始就把整个形而上学分解为三个基本问题：流溢(emanation)、典范(exemplarism)和通过启发返回上帝。"

然而，波那文图拉标志着思辨神学演进中的一个时代，因为他第一个把整个基督教学说熔铸为一个整体，这个体系即使严格地说不是一个哲学体系，至少也是个模型，一种观点的模型，一种*Weltanschauung*(世界观)，在神学中就是奥古斯丁的世界观；在哲学中，在很大程度上，就是基督教新柏拉图主义的世界观。

波那文图拉在思想史上的意义主要来自于他自己和他的著作的两种特性。他具有那种建立一个具有内在一致性的体系的能力(他也是第一个显示出这种能力的人)，这种体系尽管有可以称为机械论的毛病，却是个有逻辑的、综合性的整体，可以作为一个体系向他人描述和教授，而且，只有那些准备并能够否认和反驳传统遗产中一些最神圣的基本原理的人才会攻击这种体系。除此之外，波那文图拉不仅享有著名学者和教师的个人声誉，而且还享有教会一流政治家的声誉，更重要的是其圣徒的声誉。所有这些，都赋予他的思想以威望，一种个人的优长，这是各学校中还没有人曾享有过的。实际上，他是从四世纪到十三世纪长长一系列思想家中的最后一位，也是最著名的一位。他认为，一切形式的知识和学说都从属于神学，而且只是在这种辅助的功能上才是有用的；他还
224 认为，从文学向哲学的进步和从哲学向《圣经》的进步，是基督教智慧成长中的各阶段，基督教智慧也是基督教的美德。这种早期基督教之后期和修道院年代之早期的思想，在兰弗朗克和贝尔纳之间达到了其顶点。波那文图拉的眼光在某种意义上是一种新的眼光，哲学取代了文学的地位，思辨神学（部分地）取代了《圣经》的地位。但是它基本上还是传统的立场，是作为个人修行的反求诸己的对神学的研习。随着大学的发展和受过教育而且经济上独立的基督徒人口的增加，这样一种目标、这样一种理想将变成过时的，而且在很多方面受到不信教者的包围。神学现在是一门科学，人们既需要辩护士，也需要宣传家，来捍卫信仰，来解说信仰。从某些方面来说，波那文图拉是一个章节的终结；在另一方面来说，他又是一个开端，是一个源泉。我们还可以再补充一点：波那文图拉的思想倾向与奥古斯丁主义关于**智慧**的概念有一种自然的和谐，它可以把它所触及的一切提高到神学的、精神的，乃至神秘的层次。这种思想倾向在介绍一种神学和基督徒生活的观点上大获成功，这种观点对许多人过去有、现在仍有很强的吸引力。我们在他

那里就可以找到奥古斯丁主义关于基督教智慧和关于基督徒献身于追求关于上帝知识的观点，表述这些观点的措词是中世纪思想可以接受的，也许在某种程度上也可以为现代世界，乃至一切时代的某些思想所接受。

波那文图拉作为一个伟大的宗教团体的成员和领袖在学术上和行政上的卓越表现，有助于使他成为一个学派（school）的非正式的创始人。在他的弟子中，特别有两位，传播了他的理想。约翰·佩克姆，一个英格兰人（约1225年～1292年）接受了其学说的一切特征，并特别把重点放在形式的多重性上。作为巴黎的主讲教师，后来作为坎特伯雷大主教，他要表明和捍卫波那文图拉的立场（他将这种立场视同传统），来反对基督教亚里士多德主义的攻击。他的同时代人阿夸斯帕尔塔的马修（Matthew of Aquasparta）（约1237年～1302年），一个意大利人，也同样杰出，可能还更有才华。他继承了佩克姆在罗马教廷的职位，并成为红衣主教以及卜尼法斯八世（Boniface VIII）的支持者，他就以这种身份出现在《神曲》中。他发展了波那文图拉的学说，特别是他认为，心灵依靠个别的（即不是普遍的）可理解的“种”而有了关于个别存有的直接的知识。

那群忠实的门徒之后是一系列方济各会教师，这批教师听任
波那文图拉的学说受到程度或大或小的污损。这样，英格兰人罗 225
杰·马斯顿（Roger Marston）把能动理智等同于上帝（这是追随阿维森那），以此来解释神圣的光照，而在某种程度上又服从亚里士多德，把一种“印象”放置在出于神圣的光的心灵之上。米德尔

顿的理查德(Richard of Middleton)(盛期在1280年代)在主张关于个别存有的理智知识的同时,也把亚里士多德的认识论作为普遍的形式质料说的理论接受下来。一般来说,特别是在英格兰,波那文图拉的统治是短暂的,邓斯·司各脱在牛津的氛围中成熟起来,将要找到出路,为按他的规则来对形而上学的实在做出新的解释做准备。

第20章 大阿尔伯特 226

多明我会的神学家们在巴黎任教的最初几十年中，没有显示出可以将他们同世俗人士或方济各会修士区别开来的特性。他们的1228年章程曾禁止他们“研习异教徒和哲学家的著作，尽管他们可以浏览它们”。[①] 而且，虽然他们第一位巴黎的教师，克雷莫纳的罗兰(1229年～1231年)对亚里士多德有广泛的了解，还有他们的百科全书作家，博韦的樊尚(Vincent of Beauvais)(1264年逝世)，大量利用了希腊和阿拉伯的作家，他们的大部分神学家在1250年之前却还是对亚里士多德表示怀疑，类似于保守的方济各会的态度。该世纪中期他们最著名的教师，英格兰人罗伯特·基尔沃德比(Robert Kilwardby)(1261年～1272年任修道院长、教区大主教，1272年或1273年至1278年任坎特伯雷大主教，1279年任红衣主教并逝世)是一个保守的折衷主义者，他坚持种质倾向说，而且如我们将要看到的，还反对亚里士多德关于存有(包括人)之中的形式的统一性学说。阿尔伯特本人对那些具有他自己的习性，想要尽一切可能来反对哲学的人会写道：“像没有理性的野兽一样，在他们一无所知的问题上亵渎神明。”这语言可能是罗吉

① Denifle and Chatelain, *Chartularium Universitatis Parisiensis* I, 112.

尔·培根的，而且它提醒我们，尽管当时两位最活跃的思想家彼此旨趣迥异，但事实上都意识到他们时代的关键问题，也都意识到一切革新者都会遇到的反对。然而，即使说在多明我会早期的思想中没有什么有创见的东西，也有一种外在环境和一种精神态度使
227 传道士们甚至在其早期就显示出他们的特点：他们整个的 *raison d'être*（存在的目的）就是学习和传播神学。为了这一目的，他们是第一个完善他们修会内的高等教育体系的；而且从早期开始，他们就有一种概念，认为一切知识构成了可以认识的真理。甚至在保守的基尔沃德比的著作里也可以看到这种观点。新亚里士多德主义对于方济各会的佩克姆来说，是渎神的和非传统的，而对基尔沃德比来说，则是彻头彻尾的谎言。

对于大阿尔伯特的生平，像他同时代的几位学校中最著名的人物的生平一样，人们所知的很不完全。尽管我们相当清楚地了解他晚期的生活经历，但是他早年生活和一些著作的年代仍是有争议的。关于他的出生年代就有两种说法互不相让：1193 年和 1206 或 1207 年。尽管后一日期的证据看来更充足，而另一些迹象则让人感到，当他 1280 年逝世时，已经垂垂老矣，不止是 73 岁。不管怎么样，已经证实的是，他很可能是霍亨斯陶芬（Hohenstaufen）的一位 *ministerialis*（行政官员）的儿子。1223 年，他在博洛尼亚和帕多瓦学习过几个月，并在同年加入多明我会，在萨克森的约尔丹（Jordan of Saxony）手下见习。罗吉尔·培根对大阿尔伯特有一种特殊的敌意，因而正确地指出大阿尔伯特从未学完一门文科课程。他不得不为自己建立其哲学。在 1220 年代和 1230 年代，他被派到科隆学习和在日耳曼教授神学，然后，在 1240 年

代，又到巴黎，1245年成了主讲教师。正是在这个时期，圣托马斯成了他的学生，而且在他回科隆建立一所 *studium generale*（总学馆）时，还带着托马斯（1248年～1252年）。从1254年到1257年，他是日耳曼教区首席主教。1260年，他被任命为拉蒂斯邦（Ratisbon）（即雷根斯堡［Regensburg］）主教，1262年他辞去这一职务。他的余生主要是在科隆，1280年，他在那里逝世。在他的最后几年中，他的能力减弱了。

阿尔伯特著述甚丰，1890年～1899年巴黎版有38卷。著作年代有许多还是悬而未决的，而且这一问题还有几分重要性，因为在确定他论述亚里士多德著作的日期上，十年的误差会改变整个拉丁亚里士多德主义的历史和整个1266年～1277年论战的历史。曼多内把对亚里士多德的评注定在1245年至1246年，那就意味着波那文图拉有可能知道这些评注，然而却在其著作中弃之不顾。佩尔斯特（Pelster）则把它们定在1256年至1270年，现今学术界倾向于接受这种说法，这种说法的潜台词是，巴黎的极端亚 228
里士多德主义在感受到阿尔伯特的影响力之前就已经开始了。如果我们接受这种观点，阿尔伯特的文字活动将分为四个时期，第一时期是科隆和巴黎，1228年～1248年，致力于神学；第二时期是科隆，1248年～1254年，致力于狄奥尼修斯的著作和亚里士多德的《伦理学》；第三时期是亚里士多德时期，1254年～1270年，致力于亚里士多德的哲学和科学著作；第四时期，返回神学，1270年～约1275年，其时，阿尔伯特写了他的《神学大全》，置阿奎那的《神学大全》于不顾。

如果说我们对阿尔伯特的生平除了一些行政上的细节所知不

多的话，他思想上的特性与情趣在其著作中却是鲜明地表现出来，其中包括了许多他个人的情况和自传性的细节。他给我们留下了很清楚的印象：他是个魁伟、坦率、大胆而又充满热情的人，而他的著作则显示出他完完全全地具有条顿人那种对吸收知识的勤奋与热情。在他的时代，他以“大”阿尔伯特而闻名，主要是由于他看起来无所不知和多产，甚至在神学家当中也是引人注目的。他的同时代人把他主要看做一位饱学之士，一位科学的百科全书式的作家，一位 *doctor universalis*（万能博士），他的著作具有权威性，论及一切事物。对于我们来说，他的重要性在于，他是标志着一个时代的思想家，与其说是由于他思想的创造性，不如说是由于他对正常的人类知识的界定和坚定不移的认识，其中特别是对哲学。他把哲学看做一种有效的和有用的对于真理的洞察，因而也就是一种在其自己的范围内自主的关于价值的训规。到那时为止，对于西方基督教思想家而言，真正的哲学一直是通过沉思冥想而显扬的旧约和新约中神的信息，这是运用异教徒枯竭而且大半是错误的智慧，在人类的水平上，帮助领会，予以解释。此时，阿尔伯特就像阿拉伯人和犹太人那样，把哲学作为自然水平上的真理的美景而接受下来。它在某种人们一致同意的限度内是有效的，因而，就是为其自身的缘故也应该寻求它，把它作为赋予人的关于造物的知识的一部分，作为人生而具有的权利和传承。这种知识的向导及宝库是亚里士多德，阿尔伯特在其鼎盛时期给他自己提出了这样的任务：向西方世界展示完整的亚里士多德，他把这个任务一直进行到底。他的目标是编辑亚里士多德的著作并加上阿维森那式的连续评注，这种评注应该半是资料性的，半是批评性的。同时，删除阿拉伯人和犹太人所附加的与基督教情感或传统相矛盾的内容。此外，阿尔伯特还加上了他能够搜集到的所有同类的资料，包括他自己的观察，还有一些做得很仔细的关于鸟类以及关于莱茵兰地区动物的方言名称用法的笔记。对于阿尔伯特早在去世前很 229
久就在其同时代人中所取得的地位，罗吉尔·培根是个有价值的见证人，他不惜攻击阿尔伯特。他说："在学校里，人们就像引用亚里士多德、阿维森那和阿维罗依一样引证他，而且他还在世时，就算作一位权威了，跟别人不一样。"他还说："尽管他还在世，他在巴黎就获得了博士的头衔，在学校中被人当做一位权威来引用。"①

阿尔伯特的同时代人对其重要性的估计没有错。他的设想惊人，而且他基本上完成了这一设想，展示了他的博学多才；他谙熟阿拉伯、犹太和一些新柏拉图主义的作家，然而在接受他们的思想时，又能有所选择，做出个人的决断。无怪乎斯特拉斯堡的乌尔里希(Ulrich of Strasbourg)会称他为他那个时代的奇才和奇迹。②在介绍和解释亚里士多德时，可以说他也依然不能脱离他的背景，就像判断他的人一样。阿尔伯特绝不是亚里士多德的奴隶，因为亚里士多德不是基督徒，他是会犯错误的。

在过去的 80 年中，历史学家对阿尔伯特的评价有过两次变化。在十九世纪，人们认为他是伟大的百科全书式的事实收集者。曼多内和另一些多明我会修士成功地扩展了这一观点，并努力表明，他也是第一位始终如一的亚里士多德主义者，他不仅是托马斯

① *Opera inedita* ed.J. Brewer(Rolls Seriesis), p.30,327.

② 转引自格拉布曼 *Zeitschrift f. katholisch Theologie*(1905), p.91。

的老师，而且与托马斯共同创立了“阿尔伯特-托马斯综合法”（这个名称多少有点烦琐）。有人曾公正地说，这既言过其实，又有所不足。说言过其实，是因为他远非纯粹而始终如一的亚里士多德主义者，而且在这方面，布拉班特的西格尔可能要先于他好几年；说有所不足，是因为他善于接受而又显示天才的头脑搜集起了一大批观念，使他能够把其中的许多赠送给在托马斯主义者之外的另外两批人，即斯特拉斯堡的托马斯传统的神学家，和弗赖堡的狄特里希(Dietrich of Freiburg)领导的新柏拉图主义者。

同时，我们应该记住，阿尔伯特自己并没有试图创立一个体系或做出一种综合。他根据一切可能的材料来解说亚里士多德的全部著作，但是，在他自己的著作中，他既不是一个始终如一的亚里士多德主义者，也不是一个首尾完全一致的思想家。尽管他反对并直接攻击阿维罗依的一元心灵论，他却在人的形式的单一性问题上表现出犹豫不决，他似乎承认了一种肉体形式和某种“精神质
230 料”。尽管他把亚里士多德当做（用但丁的说法）“科学知识的大师”，他却理解和运用了新柏拉图主义的学说。在神学上，他还大大发展了关于圣灵的馈赠的传统学说。他关于共相和认识过程的学说完全是亚里士多德的，但是，他的许多关于灵魂性质的教导却是柏拉图的。他说：“一个人只要了解柏拉图和亚里士多德，他就可以成为一个完美的哲学家。如果我们考虑灵魂本身，我们就是遵从柏拉图；如果我们把灵魂认作身体的生命本源，我们就与亚里士多德相一致。”[①]他在许许多多方面都是有远见的，然而，却不止

① Alberti Magni, *Opera* ed. Borgnet vol xxxv, p. 16, 34. Cf. Gilson *History of Christian Philosophy*(《基督教哲学史》)283 and notes.

一次令人痛惜地丧失了对周围环境的机敏，比如在拉丁阿维罗依主义的危机时，他本可以重新出版反对阿维罗依的小册子，这小册子与正在热烈争论的问题无关。几年之后，他为圣托马斯所作的辩护也完全未能抓住形势的真正需要。

然而，阿尔伯特依然是个伟大而重要的人物。除了他极其丰富的学术遗产，他百科全书般的信息资料，他对亚里士多德的解说，他对新柏拉图主义的意义的理解，甚至于他对圣托马斯的推动与指导这些之外，首要的是他接受了自然哲学，他是在这个词传统的和最宽泛的意义上接受的，作为基督教宇宙观无可逃避的、必然的基础。奥古斯丁的纯粹神学的概念保持了八百年的统治，即将受到一种观念的挑战，这种观念是、或可能是纯粹自然主义的。尽管阿尔伯特完整地保持着基督教关于灵魂之天赋的、超自然的生命的一切教导，他也承认，**大自然**的王国（其中包括人）是思维训练首要的、有效的和自主的场所，是人的官能所掌握的，这些官能是**自然之神**在人被创造出来时赋予人的，作为其天生才能的一部分。

231

第21章　圣托马斯·阿奎那

在现代社会中，人们一致同意圣托马斯·阿奎那是经院哲学家中的巨匠，不仅是 *doctor angelicus*（天使博士），而且就像在他死后不久就被拥戴的那样，还是 *doctor communis*（共同博士）。对于纯正的托马斯主义者来说，就像对许多其他人一样，他是以权威的理性之声的面目出现的，他作为 *philosophia perennis*（永恒哲学）在中世纪最伟大的代表，解说并捍卫传统。这种哲学的思想方法是常古常新的。

一个人如果刚刚接触阿奎那而又不熟悉中世纪神学的语言和所专注的问题，或者只读过古代或现代哲学，也许就会对其著作的形式感到沮丧。他不会找到对话或散文作家那种文字的魅力。这位伟大的博士义无反顾地考究大大小小的事物，在绝大多数情况下，遵循着一个不变的程序：提出异议、解答、论证，在那些看似细琐或无用的论点以及关于存在的最高问题之间，没有重点，没有突出之处，没有区别。所有问题都是由一种个人的主张来解决，在实质性的和关乎共同信念的问题与仅只是一种可能性和一种意见的问题之间，没有多少明显的区别。正是这种明显的缺乏分别使许多今日的读者反感或迷惑。我们也应该承认，圣托马斯的一些赞扬者和追随者由于没能认清，也没能向他人传达这位大师的精神与学说的基本特征，因而在实际上损害了圣托马斯。刻板的、并非精神上的托马斯主义者最不适宜指导人们认识圣托马斯。

因为他的伟大是实实在在的，他的同时代人和后来人的评价都不是错误的。当我们带着赞同的倾向和善于接受的心绪来不断 232
阅读那两部伟大的"大全"时，其形象就逐渐展开了，主要的思想原则就再现出来，并像利刃一样，用来把真理同其他的一切分开。我们可以期望找到思想与表达上的正确与清晰，而且绝不会失望，这是令人激动的，因为它使我们感到，帷幕已经揭开，纯净的理性和现实之光流入我们的心田。

作为一位专门方法的大师，阿奎那特别的伟大之处在于，他把推理的无畏力量与毫无个人偏见结合了起来，还在于他能认识到并展现出和谐与秩序的能力，他在宇宙中认识到和谐与秩序，在他自己的思想中把它们展现出来。他的这种能力在世界上的伟大哲学家中是无与伦比的。人们曾把他的两部"大全"比作整个中世纪的结构和陈设，就像其同时代的索尔兹伯里大教堂这样的建筑的结构和陈设一样。那种构思，那种对称性，那种庄严以及那种美，都出自阿奎那的天才，高耸入云的建筑则奠基于亚里士多德的主要著作之上。

对于现代社会来说，圣托马斯与所有其他经院学者都不同。不仅所有的人都认为他是一个具有重要性的人物，一个与但丁比肩而立的中世纪最高天才的代表，而且，自从他在世以来，并且莫过于今日，他对于一大批有思想的人来说，一直是一位大师。在过去的80年中，他就作为这样一个人完全从经院的体系中摆脱出来了。这给历史学家造成了困难。托马斯主义，这个哲学-神学体系源于圣托马斯的著作，而且它本身分成了可以称为其必要的组成部分和其折衷主义的部分，它完全可以是一种逻辑的和合理的衍生物。但是，我们在阿奎那的著作中并非在所有方面都能找到它，也并非肯定能找到。仅此就令历史学家感兴趣。哲学家和神学家中罕有历史学家，他们倾向于把圣托马斯的著作当做一部独一无二的、永恒的教科书，就像一部字典，通过编辑所做的详尽索引，人们可以从中引出想要的答案。只是在过去60年中，很大程度上是由于马丁·格拉布曼的工作，人们才把圣托马斯的著作历史地看做受各种地方的、智力的和年代的条件制约的一系列著作，并且看做一个随时准备因面对新信息和正确的批评而修改意见和论据的头脑的著作。尽管阿奎那的著作出示的关于变革和发展的
233 证据确实比柏拉图或罗素的著作少得多，但是它们并非铁板一块，在《箴言书》和《神学大全》第二部之间是有差距的，那些研究他的思想（比如关于世界永恒性的思想或纯洁无瑕概念）的人会发现其思想是有变化的，而且有时却又重新回到其起点。我们在这里只关心历史上的阿奎那，他的重要性表现在两项主要的成就上。他把亚里士多德的哲学原理与传统的思辨神学结合起来，他还通过改造和重新思考已有的材料和老问题，创立了一种全新的和有独创性的基督教哲学。

作为阿尔伯特的追随者（阿尔伯特超过了自己的老师），阿奎那承认人的理性是在人的自然经验范围内获得真理的一种可以胜任而自足的工具，他这样做，不仅给予抽象的思想、而且给予一切科学知识以基督教世界中的公民权。他接受亚里士多德体系的主要路线作为他自己对可见宇宙的解释的基础，而且，这种接受并不

排除亚里士多德在伦理学和政治学方面的教导。圣托马斯通过这些,而且没有充分认识到一切后果,把人类社会活动的所有天然价值都接纳进基督教的范围之内,还含蓄地接纳了许许多多其他的活动,如艺术。实际上,他让所有这些活动都服从于人的超自然的使命,而且所有这些活动都被基督教超自然的行为目的提到一种更高的能力;但是,它们有它们自己的现实与价值,它们不是纯粹的影子和虚空。

阿奎那不仅采纳了亚里士多德,并为之"施洗",或使之"基督教化",实际上,他毫不犹豫地扩展了他的思想,填补其中的空白,对其进行解说,使之与基督教的学说一致。他还从别的地方选取了许多成分。但是,他做的还不止这些。假如亚里士多德能活过来读《反异教大全》(*Summa contra Gentiles*)的话,他很难将这种思想认作他的思想。因为实际上,阿奎那把亚里士多德的体系倒过来了,或者更仔细一点说,阿奎那构造了一个神性的概念,来补充亚里士多德缺乏的更高的形而上学,这个概念部分地是从犹太-基督教的启示中吸取的,而且这个概念在用托马斯主义的词汇提出时,体现了柏拉图主义的形而上学中一切最有价值的东西。虽然经验主义者亚里士多德极其仔细地依存有的宇宙向感官和理智所显示的那样来考虑它,并且在其《形而上学》中探索实体的筋脉,但是当他进而考虑心灵与灵魂时,他却含混不清了;在他把视线朝向万物的第一推动力时,他踌躇不前了。他的上帝是一个影子,是一种看不见、不可知、不予关注的力量,而理性必然给予宇宙以最 234
高的统一。在亚里士多德的体系中,实在,存在的实在是日常经验世界中最强大的。所注视的越高,其现实性越弱。另一方面,对于托马斯主义来说，无限丰富、有活力的、存在的实在是上帝，祂是一切存有、善和真理的创造者和源泉，以力量和本质呈现在一切存有中，掌握着、指导着和关注着宇宙的各个部分，尽管祂作为唯一独立存在的存有、无因之因、*ens a se*（源于自身的存有）（只有在它之中，本质和存在是同一的），取代了柏拉图作为“一”的形式和范型，属于这个“一”的存有都是被创造出来的存有，其本质都是由其上帝赋予的存在得以完善的，是一种反映和（按照其作为造物的样式）参与者。仅仅是在较低的层次上，才能见到亚里士多德的存有的宇宙，但是，阿奎那借助由希腊人首先提出来的关于原因、理性和秩序的统一原则，把关于实在的两种观点融合起来了。

托马斯是贵族阿奎诺大家族中的一个小儿子，而且通过其母亲与腓特烈二世皇帝有联系，他于1224年或1225年出生在卡西诺（Cassino）河上游宽阔的河谷中的罗卡塞卡（Roccasecca）城堡。关于他的生平，就像莎士比亚的一样，我们的所知惊人地少。他个人的信件（如果他写过的话）没有保存下来。在他卷帙浩繁的著作中，既没有一点个人的回忆，也没有表达一点个人的爱好和感受——如果我们把在其后期的一部著作中罕见的不赞成什么的字眼排除在外的话。而且更为奇怪的是，他是他那个时代最伟大的思想家和神学家，所有认识他的人都认为他是一位圣徒，却没有可以胜任的传记作者。

托马斯的父母在1230年或1231年送他到蒙特-卡西诺的修道院做修童，无疑，其父母是想要他过修道士的生活，也许还想要他做修道院长。不管怎么说，他失去了许多人会认为是童年最美好记忆的东西，尽管他一生一直与其家庭保持着密切的联系。1239 年，弗里德里克二世把许多僧侣从卡西诺赶了出去，托马斯成了新建立的那不勒斯大学的一名学生，在那里，他因一位亚里士多德思想的信徒教过他而为人所知。1244 年，他做了多明我会的修道士，而且要到巴黎去。但是，他的家庭像 32 年前干涉阿西西的圣克莱尔（St Clare of Assisi）那样出面干涉了，他被禁闭了一年。当他被放出来后，他就去了巴黎和科隆。在巴黎，他可能曾做过圣阿尔伯特的学生；在科隆，从 1248 年起，他肯定是阿尔伯特的学生。从 1252 年到 1256 年，他作为学士在巴黎任教。1256 年，他取得硕士学位，但是却不能当教师了，因为托钵僧与大学之间正在闹冲突——尽管他从 1256 年到 1259 年在多明我会任主讲教 235
师。1257 年，由于教皇的命令，他和圣波那文图拉一起得到了学位。从 1259 年到 1268 年，他在意大利，一面教学和写作，一面又跟随教廷到阿纳尼（Anagni）、奥尔维耶托（Orvieto）、维泰博（Viterbo）和罗马。圣阿尔伯特有一部分时间和他在一起。他还与另一位在一起的传教士、希腊学者摩尔贝克的威廉建立了友谊，他对威廉翻译的亚里士多德感兴趣。1269 年 1 月，他返回巴黎再度任主讲教师，而且很快成了跟他进行争论的保守神学家们反感的危险人物，同时，他还忙于攻击西格尔及其友人。这些年中，他写下了大量著作。1272 年，他被叫走，离开了巴黎，也许是因为反对他的呼声增高。他在那不勒斯大学组织研究活动，1274 年 3 月 7 日，在他赴里昂会议的路上，逝世于福萨诺瓦的西多会修道院，终年 48 岁或 49 岁。人们对他个人的详情所知不多，只知道他身材肥胖，沉默寡言，人称“哑牛”。有一则著名的轶闻说，他甚至在陪伴圣路易斯时也在思辨。其他一些传闻则讲述其在辩论时的率直和温文尔雅，甚至在人向他挑衅时也是如此。1264 年编制的圣体节仪式和弥撒无疑是最值得赞美的礼仪，它们不仅表明他是一位严格的神学家和特别幸运的圣经编辑者，而且表明他是一位韵律大师：赞美诗《我崇敬你》(*Adoro Te*)(如果是他的作品的话)有很深的感情色彩，它更近乎于一部伟大的诗作。

与所有伟大的经院哲学家一样，阿奎那是一位孜孜不倦的多产作家，而且其每一篇文章，不管多短，都带有他富于洞察力的天资的印记。细心的现代批评曾显示，他很乐于并经常经过反思而修正他的见解，而且他把批评的方法运用于他的权威著作，如果他确信一个文本——诸如伪奥古斯丁的《论精神与灵魂》(*De spiritu et anima*)——不具权威性，就抛弃它。尽管他的许多短篇著作像《论存在与本质》(*De ente et essentia*)、《论真理》(*De veritate*)和《论理智的统一性》(*De unitate intellectus*)，表明了他所有的优秀品质都到了一种显赫的程度，但是，占据最重要地位的还应该是他的三部大著作：早期的《〈箴言书〉评注》(1252 年～1257 年)、《反异教大全》(约 1258 年或 1259 年～1264 年，可能是为西班牙多明我会的争论者之用而写的)，以及《神学大全》第一部和第二部(1266 年～1272 年)，还有第三部(1272 年～1273 年)。该著作到他去世还没写完。在这些著作中，《〈箴言书〉评注》值得注意之处是它显示了他早期思想发展的各个阶段，其思想的主线已经划定。《反异教大全》是一部成熟之作，因其形而上学见解的充分发展而具有特
236 殊的重要性，自然宗教的和为教义辩护的论据都得到了强有力的发展，并且受到了比在《神学大全》中可能受到的更为细致的批评。

然而,最后一部著作却总被认为是他的杰作,是一部认识体系论、逻辑思想的杰作,其见解深刻而温和,其中几乎涉及了神学和道德的每一个问题。

作为世界上最伟大的思想家之一的阿奎那,赋予其以个性的特质也许是其敏锐的洞察力,它不是源于思想的贫乏或淡化,而是来自对于照在一片观念的景观之上的光的驾驭与传播;以及他对比例的感觉,还有他建筑一座宏伟大厦的能力,这座大厦是完美的,而且是以少数几条简单而又意味深长的指导原则为指南的。这里不是试图审视其思想体系的地方。已经有一些很好的研究,尽管没有单独一项可以说是完完全全令人满意的。作为历史学家,我们只是粗略地看一看几个最重要的观念和特征。

圣托马斯追随其老师阿尔伯特,把理性的领域和启示的领域、自然领域和超自然领域断然分开。而另一方面,这就承认了人的理性在其自身的领域内的自主性,也严格限制了其权能。纯粹神秘的事物如三位一体和道成肉身,不再是可以证明、可以理解的,或者甚至是可以充分解释的。根据 *nihil est in intellectu, nisi prius fuerit in sensu*(心灵不能感知任何未曾先被感官感知之物)的原理,人的心灵现在因其与外部世界的接触而受到了限制。对第一因(the First Cause)的证明是从观察外部现实,而非通过灵魂对其自身或对上帝的存在的直接意识得到的。关于真理的知识是来自与外部现实的接触,而非来自神圣的光照或与神的观念的接触。这与阿奎那的一个关键命题是协调一致的,这个命题是 *quicquid recipitur, secundum modum recipientis recipitur*(凡被接受者,皆依接受者之存有方式而被接受)。在认识论中,这个命

题变成了 *cognitum est in cognoscente per modum cognoscentis*（凡被知者，皆依知者之存有方式而在其心灵之中）。[1] 上帝是由其劳作而非在其自身之中而为人所知的。但是，很可能在传统的方济各派神学家们看来，这是对宗教思想的消解。然而，它把一种新的尊严赋予了人的理性，因为它对人们共同确信的一点提供了
237 哲学上的支持，这一点就是：我们的知识直接或间接地来自于我们周围的存有的宇宙，而且在我们的感官和理性正常发挥作用时，无论是我们的感官，还是我们的理性，都不会欺骗我们。换句话说，人的心灵的活动就像纯粹物质的或机械的活动一样，是宇宙的动力中的一个因素。在其范围限度之内，人的理性是一种足够精确的工具，来理解物质世界及其周围的精神中的一切真理。因而，阿奎那坚决反对任何"双重真理"，以及柏拉图关于世界只是真实实在的影子和符号的概念。理性的领域和启示的领域分开了，神学与哲学、信仰与自然知识之间的界限变得截然分明了。真理只有一个，但是却有无助的人类心灵不能达到的真理王国；真理只有一个，当我们看到它时，我们能够辨认它。因此，对同一个命题一个人不可能既有信念又有自然的确定性，信念和自然的确定性更不可能互相对立。此外，一切存有、因而一切真理都来自一个单独的根源，因而，在各部分之间有一种秩序与和谐。用阿奎那那句著名的、最有特色的话说就是："恩典并不摧毁自然，而是使之完美。"[2]

① "凡被接受者，皆依接受者之存有方式而被接受"，比如说，钟声在一只动物听起来只是一种声音，而在人听起来则是时间的信号。"凡被知者，皆依知者之存有方式而在其心灵之中。"

② *Gratia non tollit sed perficit naturam*.（《神学大全》1 8ad 2，还有其他地方。）

然而，尽管阿奎那遵从亚里士多德，他也以新的直觉和原则超越了亚里士多德，比如所有存有、包括人的形式的统一性，以及本质和存在之间的差别的原则。从他的两个同时代人的话里我们可以清楚地看到，这些原则在其同时代人看来是多么新颖。其中之一是古列莫·达·托科(Guglielmo da Tocco)，他是这位圣徒最早、也是最可信的传记作家，阿奎那在那不勒斯的最后一年，他与阿奎那一同生活。他写道："在他的演讲中，他提出了新的论点，并发现了一种新的而且清楚的论证方式，提出了新的理由，所以，听他教授这些新学说，并用这些新理由释疑的人，没有一个会怀疑，上帝要以一种新的光来照他……他得到了新的灵感，因而会毫不犹豫地教授和写作新的东西。"[①]约翰·佩克姆，方济各会的坎特伯雷大主教，曾在巴黎他的修会任主讲教师(跟圣托马斯是对等的)，他同样确信阿奎那的新颖性，尽管不那么倾向于将之归因于神的启示。[②]

这些新学说之一无容置疑是其关于存有的形而上学。贯穿他 238
整个体系的首要观念是，一切有限的存有都是由行为和潜能、本质和存在构成的。存在使本质的潜能成为行为，但是存在本身却受这种潜能的局限。本质和存在之间的这种区别是至关重要的，是托马斯主义的"口令"。这是因为只有上帝是独立存在的存有，在祂的本质与存在之间没有区别，祂是完美无缺的，我们最终是从偶

① *Acta Sanctorum*, March i, 663. Vita S. Thomae c. 3.

② 佩克姆 *Registrum Epistolarum*, ed. C. T. Martin(Rolls Series 77) III901, ep. dcxlv. 'Quae sit... solidor et sanior doctrina, vel Bonaventurae... vel illa novella quasi tota contraria.'

然的存有推断出上帝的存在的。我们所经验过的一切事物都不是自因的存有，都不是个 *ens a se*①，因而，它必定依赖于一个原因，而那个原因是因其自身而存在的。换句话说，"一个偶然的、无原因的存有"是一种矛盾的说法。这种关于存在的概念也使上帝的本性清楚地显示出来。独立存在的存有在一切创造出来的自然物之上，因此，它就是超自然的存有，是任何创造出来的或可以创造出来的智力所不可企及的。因此，上帝在本质上是超验的，尽管祂按其本性也是无所不在的力和存在（power and presence）。但是，如果上帝是一个超自然的存有，那我们怎么能借助自然之力而认识祂呢？

阿奎那以其意义深远的关于相似性的学说回答了这个问题，这一学说也依赖于本质与存在之间的区别。造物如存有、真、善、美等等的性质或完满，在上帝那里不仅实质上是创造力的源泉，而且，如专门术语表示的，*formaliter eminenter*（形式上卓越地）是创造力的源泉，那就是说，它们真的出现在上帝那里，但却是以一种人类心灵无法想象、无法表达的方式，有人可能会说，这种方式是超出人类心灵限度之外的。比如，我们不是在单义上（univocally）断言善是上帝和我们自己的属性，人并不像上帝一样善；也不只是在多义上（equivocally）（一个词有多种不同的意义）这样断言，而是以类推的方式这样断言。这样，阿奎那既避免了不可知论，又避免了拟人说。

---

① *Ens a se* ＝"是其自身原因和起源的存有"（'a being which is its own cause and origin'）.

的确，如果我们从一种观点来考虑的话，阿奎那的思想几乎总是介于两个极端的中间，尽管这个中间不是两个极端之间的折衷，却是一个俯瞰它们的顶点。因此，阿奎那在所有形而上学的争论（这种争论在古希腊被赫拉克利特的流变学说和巴门尼德静止的一元论典型化了）中最古老的问题上，采用了“变成（becoming）”的哲学、潜能和行动的哲学、不确定的质料和确定的形式的哲学、本质和存在的哲学。我们将看到，他的认识论是一种温和的实在论，介于柏拉图和唯名论之间。在另一领域，他又介于机械论和物力论的分析之间；宇宙既不是冲撞和挤压的原子的总和，也不是非 239
物质的活力的总和，而是两者的混合物，以活力作为形式，在植物、动物和理性的形态中逐渐变得越来越重要。为了反驳唯物论，阿奎那制定了他的原则：形式、活力决定一切，行动之后是存在（*agere*[①] *sequitur esse*）。最后，在伦理学的大争论中，他的立场介于决定论和道德上的不可知论之间。意志是由善决定的，它不能选择恶，但是它并非由个别善的事物或构想决定的，它可以依照理性的命令来选择，不过其选择实际上或看起来总是善的。

圣托马斯的知识论就是表述得更为明确的亚里士多德的知识论。心灵是一块 *tabula rasa*（白板）。外部事物刺激感官，感官将个别的对象呈现给心灵，心灵又剥去了一切个别的和偶然的东西，抓住了本质或本性。我们看见史密斯，在其身上识别出了人性

① *Agere* 在拉丁文中是一个意思较多的基本动词，含有发动动作之意，如驱赶、推、拖、引领、追赶、使出、使生等；有行动之意，如成就、办理、操作等；有言行之意，如表演、辩护等；有生活度日之意，等等。很难用一个相应的中文词来确切地翻译。这里做出一点说明，以帮助读者理解。——译注

(manhood)——有理性的动物这一本性,即人。由心灵抽象出来的个体的本质,在某种程度上没有它在这个个体自身之中那样真实,因为它只有在个体中才凭其自身的资格充分地存在。但是,在另一种意义上,这种本质是更为真实的,因为对于阿奎那来说,就像对于新柏拉图主义者一样,非物质的存有,精神和思想,比有形的、物质性的存有更为真实,它是一种更高形式的存有,而且从逻辑上说,先于任何有形物。通过达到本质,我们就达到了一个存有的形式因(formal cause),以精神的观念这样一种理性的形态出现的表达方式,这种精神的观念最终是其构成成分。

我们曾经提到阿奎那全盘接受亚里士多德,这导致他断言了,或者倒不如说假定了被称为理智的第一性的东西。贯穿于宇宙之中的理性和秩序反映了上帝不变的心灵(mind)和法则。由此而有了著名的关于各种不同法则的学说。正如对于人类来说,不知道一个事物就不能意欲它(*nil volitum quin praecognitum*),因而,理性具有自由的本质,这样,对于上帝来说,是祂的知识,祂不可改变的法则,在逻辑上先于祂的命令。因而,阿奎那就像在他之前的阿维森那和亚里士多德一样,对决定论有很强的偏爱,而且,在所有神学争论中最激烈的一场争论里,他的解释者,伟大的巴涅茨被谴责为近乎加尔文主义。

然而,阿奎那对亚里士多德的接受尽管彻底而且有划时代的意义,却既不是不加批判的,也不是绝对的。他几乎整个接受了亚里士多德的形而上学,但只是有保留地接受了其世界秩序,而且他反复宣称,亚里士多德不适合于基督教生活的所有高标准。与此
240 类似,他一方面从犹太人迈蒙尼德那里整体接过他的大部分自然

神学，另一方面，他只部分地（而且还有谨慎的保留）接受了迈蒙尼德和其他犹太人及新柏拉图主义者关于神明或天使带来的天界信息的学说，他并且坚定地拒绝了阿维森那所断定的一系列创造因(creative causes)，以及新柏拉图主义的流溢说。同时，阿奎那从非亚里士多德的思想来源所接受的东西，远比初看之下所显示出来的要多。因此，柏拉图的观念以它们那种人们熟悉的形式从认识论和形而上学中被坚决地消除了，却保留（用柏拉图的话说）“在天国里”，奥古斯丁曾在那里把它们看做永恒的、典范的、创生的观念，它们是在我们所称的“上帝的心灵(the mind of God)”之中。此外，如我们所见，托马斯主义关于本质和存在的学说设想了这些观念的“典范”和供人分享的功能。与此类似，在伦理学中，跟亚里士多德日常美德一起的，还有四种基本美德，它们取自柏拉图和普罗提诺对一切美德的详细分类，分为三个层次：日常生活的美德、对美德的精通，以及美德的完美境界。阿奎那思想中的这许多含义和暗示是很重要的，它们使他的思想丰富而灵活，如果没有它们，其思想将会是另一副面目。

阿奎那实际上运用了许多最终是来自于柏拉图的思想方法，因此，我们可以说他成功地融合了柏拉图学派和亚里士多德学派，这是他的许多前人和同时代人想要尝试的。然而，他并不是通过综合，而是通过运用柏拉图主义的因素，主要是形而上学中高层次的因素来做到这些的。这样，他通过运用“所有造物都分有存有，尽管程度不同”的原理，通过运用典范说（按照这种学说，造物反映创造者），通过其关于形而上学的构成的学说，以及通过其对上帝自足存有的断言，他使上帝成为一个多种存有的宇宙之中心和原因;在伦理学中,成为每个人的灵魂的创造者、立法者和天父;因而可以说就把重点放在了存有的顶点,并揭示了一个辐射的中心、一条活的原则和一个最终的目标,在那里,亚里士多德只表明了一条抽象的基本原理。这样,他就把所有合乎柏拉图唯心主义、来世(otherworldliness)和爱的精神的东西添加在亚里士多德常识的、理性的经验主义之上。

在这些得自以往思想家的丰富思想资源,以及许多尚未完全列出的、托马斯由之获益匪浅的其直接前辈和老师之上,还应该加上另一个丰富的思想资源——旧约和新约中上帝的自我展示。这种展示实际上并非哲学,但是,如同吉尔松细致表明的,它对所有
241 哲学家都必须面对的几个问题给予了清楚而朴素的回答;它把注意力放在哲学家们可能忽略的其他一些问题的极端重要性上;它将许多结论判定为错误,而每一时代都有一些思想家容易做出这些结论。在所有这些方面,在一个深受基督教影响的头脑中,基督教一定向哲学家展示了一种在许多方面都不同于柏拉图和亚里士多德的宇宙观。这种宇宙观以及它所支持的直觉知识和公理是否比纯粹自然的观点更完满、更真确,人们对这个问题当然绝不会达成普遍一致的看法,但是,毋庸置疑,它是一个哲学体系中的一个基本组成成分,而不仅是表面问题。

阿奎那思想的所有这些成分形成了基督教所曾见过的第一个有独创性的体系——既不是柏拉图主义,也不是亚里士多德主义、奥古斯丁主义,而是托马斯主义。从此以后,这种对现实宇宙的描述不仅可以被认为是思想者不断变化的观点中的一个阶段,以及十三世纪精神生活的一种现象,而且可以被认为是一个体系,人们

可以回过头来研究它，采用它和修正它。人们依然都相信，阿奎那的学说除了是最完整的和条理清楚的，以及在许多人看来是中世纪在理智上最令人满意的体系之外，还是最有特色和最有影响的，不过这是一种错误。这种信念由于阿奎那对中世纪唯一至高无上的诗人所发生的重大影响（尽管常有误传），而被大大强化了。但丁谙熟阿奎那的《大全》，可以将其运用于任何他所希望的境况，但他是一个纯粹托马斯主义者的程度甚至还不如托马斯是一个纯粹亚里士多德主义者的程度。此外，但丁是为自己讲话，而非为他的世界。当他开始写作时，更进一步说，当他去世时，学术环境与他出生时相比已经发生了变化。从 1290 年到十六世纪早期，托马斯主义只是欧洲思想模式中的一个派别，有时还只是一个小派别。只是随着反宗教改革，更进一步是随着十九世纪的历史，阿奎那的思想才开始被认为在某些方面是天主教哲学的同义语。如吉尔松在其对阿奎那的评论末尾极恰当的说法所说，在十三世纪，“圣托马斯因其年龄不会完全在欢呼声中得到承认，但是时间对他有利：‘这必为后代的人记下，将来受造的民要赞美耶和华。’”[①]

前面的意见实际上作为现代对圣托马斯的描述的整体趋向，242
强调了他作为哲学家的重要性，而有损于，至少是减弱了其更为广泛的声誉，我们不应该忘记，圣托马斯还是、实际上主要是一位伟大的神学家。尽管他忠实于他自己的原则，运用哲学论证来捍卫和解释关于一些信念的最为难解的秘密，这些信念有像三位一体、

① 《圣经·诗篇》（中译本）第 102 篇。101（Vulgate），v. 19. “Scribantur haec in generatione altera，et populas qui creabitur laudabit Dominum.”

神性与人性在道成肉身中的合一，以及在赐福礼中的真正显现，而他的方法后来被人用于恩典和宿命问题，《大全》的细心读者开始意识到了这位哲学家的其他一些才能，他具有广泛而生动的知识，对圣经的运用非同寻常地恰如其分，完全不同于贝尔纳对圣经的运用，但同样给人以深刻的印象；他还具有人们意想不到的对酒神思想因素的宽容；他的表达也很清晰，使许多篇关于三位一体的文章成为无与伦比的对基督教信仰的精确陈述。那些写圣托马斯的人常以他在基督圣体节仪式上的赞美诗为证据，说明天使博士把热情与他的形而上学结合起来了。甚至其同情者拉什多尔都会写下"托马斯冷静、理性主义的正统观念"。[①] 的确，圣托马斯避免华丽的虔诚辞藻，而且他的话表面上也不像圣波那文图拉的那样热忱。但是，静水流深，而且，如果他在那些合理的论据足以应付的问题上使用冷静的人类理性的语言，他也不因此就不指望更高的、完全超自然的光，来指引净化了的心灵走向更高的真理。按一位现代著名的托马斯主义者的话说，他区分知识的各种程度只是毫不混淆地把它们统一起来。[②] 我们谈及各学派的辩证法的枯燥，但是，对圣托马斯来说，有一种比辩证法更为完美的知识。我们来听一听他是怎么谈智慧，这一圣灵最贵重的馈赠的：

> 智慧，顾名思义，意味着极其丰富的知识，它可以使人对

---

① *The Universities of Europe in the Middle Ages*(《中世纪欧洲的大学》)，ed. Powicke and Emden. III，260.

② *Distinguer pour unir*(巴黎，1932年)是雅克・马里坦伟大著作的标题，其英译本的标题是 *The Degrees of Knowledge*(《知识的等级》)(伦敦，1937年，1959年)。

> 一切事物做出判断，因为每个人都可以对他充分了解的事物做出正确的判断。一些人通过学习和研究，再加上天生的聪明伶俐而获得这样丰富的知识。这就是智慧，亚里士多德认为它是智力的优长之一。但是，另一些人有智慧则是因为他们与上帝的事业有密切的联系，这也就是使徒所说的，“崇高
> 使纯洁之人可以判断一切事物。”智慧的馈赠给予一个人这种 243
> 杰出的知识，因为他与上帝合而为一了，而且只有通过爱才能达到这种合一，因为“依恋上帝之人与上帝同心”。因此，智慧的馈赠使人能对启示的真理有神一般的明察，单纯的信仰以一种人类的方式持这种真理，就好像它被掩盖起来了一样。[①]

在阿奎那的全部著作中，包含有这些话的那几页也许是最有说服力的，尽管它们并非出现在高潮之处，而且在形式的安排上，没有表现出与那部巨著中的任何其他一页有什么不同。当我们读到它们时，我们感到，他是在谈论他所了解的事物；我们也能懂得，为什么他在去世前几个月停止了神学的学术工作；而且，当他仅仅在去世前几天时说，他所写的关于神圣事物的一切东西，与他此时以另一种更直接、更可靠的眼光所欣赏的真理相比，不过是垃圾，我们能够相信他。

---

① *Commentary on Book III of the Sentences*（《〈箴言书〉第三卷评注》），D. 35, q. 2. art. 1.

244

第22章 布拉班特的西格尔和文学院

现在,我们已简略地考虑过思想与神学的两个第一流的综合或体系:波那文图拉保守的、“神学的”和精神上的描述;以及阿奎那更为透彻的哲学的和理智的体系,它是建立在阿尔伯特的直觉上的,并将其扩展了。在前者中,对亚里士多德思想的运用只是部分的和偶尔的;而在后者中,这种运用尽管不是唯一的,却是基本的哲学因素,但是,亚里士多德学说中与基督教不相容的部分要么被排除了,要么以一种符合于传统教义的方式做了延伸和解释。第三位思想领袖现在就要出场了,他尽管很有天分,却几乎不能与前面提到的三位相提并论,然而,他却注定要在加剧对抗和使流行的观点(至此还是在个别教师单一的指导下自由行动)同这样那样的权威发生冲突方面,比任何人都更胜一筹。尽管要把在巴黎见证了方济各会迁延日久的出生痛苦、方济各会修士们与多明我会修士们之间的对抗、托钵僧同大学之间的争吵,以及男修道士和主教之间的争吵的那几十年描绘成和谐平静的,是荒谬可笑的,然而,至此时为止,在有关思想的问题上,在学术界,人们在传统的正统教义范围内,确实还有选择自己的道路并循此道路达到其目的的自由。很快,严格的思想“派别”出现了,各种权威都谴责一切背离的偏向，或向之发起挑战。见解的状况的改变，其直接原因是在巴黎出现了一个团体，人称完整的、激进的和非正统的亚里士多德主义者，其领袖是布拉班特的西格尔和达契亚的波埃修斯（Boethius of Dacia）。

重新发现这一学派及其第一位和最著名的代表者，是在过去 245 的 150 年中数位著名学者的成就，他们是勒南、奥罗、曼多内、伯姆柯（Baeumker）、格拉布曼和凡·斯蒂恩伯根。这一发现还是中世纪思想领域中最引人注目的"历史修正"之一。勒南在其论述阿维罗依主义的开拓性著作中，成了正确评价甚至夸大阿维罗依主义重要性的第一人。但是，对这一学派历史的研究由于人们将其旗手、布拉班特的西格尔与一位年轻一些的同时代人、托马斯主义者库尔特雷的西格尔（Siger of Courtrai）相混淆而受到阻碍。奥罗和曼多内打破了这种混淆，而且，曼多内还能够大致勾画出那位有权威的西格尔的生平。随后，格拉布曼和其他一些人对其一些著作的发现与批评，使其学说有了可靠的证据。在过去 50 年中，凡·斯蒂恩伯根以其发表的文字和对后来的著作的鉴别，并通过对西格尔思想的整个特性做出的判断，对其重要性做出了一种新的解释。曼多内及其追随者把西格尔看做阿维罗依的追随者，"双重真理"的一位不真诚的赞扬者，以及一位异端的亚里士多德主义者；而凡·斯蒂恩伯根则把西格尔看做一位完整的亚里士多德主义的支持者，绝不接受阿维罗依的学说，一位真诚的基督徒，面对真正的思想上的难题。近些年来，关于这些问题的辩论一直在继续，吉尔松和凡·斯蒂恩伯根各代表一方。斯蒂恩伯根在一大批小问题上肯定抓住了其对手，而且以某种确定性证实了西格尔的生平及其思想内容。另一方面，吉尔松看来成功地表明了阿维罗依在那些激烈争论的年月之前、之中深入的影响，而且，直到西格尔著作的真本及年代得到了完全的证实，进一步的讨论才变得没有什么意义了，特别是在那种需要对其周围的看法作一番分析的问题上，就更是如此。如吉尔松所说，这一辩论将由历史的发现、而非辩证法的胜利来平息。

在讲述巴黎的危机之前，应该看一看那里的一系列事件，以及各学校中领导人物的动向。到该世纪中期为止，在研习亚里士多德全部哲学著作的同时，也有了阿维罗依著作的完整拉丁译本。而再早 50 年，文科教师们的教学仅限于语法、逻辑和辩证法，所有开发利用新来的思想资源的尝试，或阐述“自然”神学问题的尝试，
246 都受到过神学家们竭力的抵制；而现在，有了亚里士多德的完整体系，随之而来的还有大量附属的文献，而且，实际上亚里士多德的体系还是强制性的教学内容，文科教师们便有了可供一生来思考的问题，可以提供材料以满足绝顶聪明之辈。此外，各种情况结合起来，给巴黎的精神生活留下了某种需要填补的空缺。1248 年，阿尔伯特离开巴黎去科隆，还没有开始对亚里士多德做评注；两年之后，波那文图拉开始以传统的方式写作其《〈箴言书〉评注》；再过两年，就轮到了阿奎那。这两部著作给人一种印象：它们是在一种平和无争的氛围中写就的。几年之内，阿尔伯特在科隆开始了他解释与评论亚里士多德的伟业；而托马斯从 1258 年起，在《反异教大全》中完全以亚里士多德为依据，对神学和哲学进行了重要的综合。同时，波那文图拉因被选为方济各会总会长（1257 年 2 月）而被学校开除。两年之后，托马斯被召到意大利。这样，三位伟大的

神学家就从巴黎的舞台上消失了，也没有一流的人物在那里代替他们，其时，亚里士多德的思想激活了各个派别。尽管亚里士多德的学说在许多方面都是条理清晰的，甚至是不证自明的，而在许多问题上却也是模棱两可和零碎片断的。即使在今天，当我们有了亚里士多德及其前人著作的原本，又有了五个世纪对其所做的仔细阐释，其中依然有困难和脱漏之处，而且，其中最值得注意的，恰恰在于两三个对于所有宗教思想家们来说都是具有实质意义的问题——上帝的存在和上帝的本性，以及我们对祂的认识，人类灵魂的个体性和不朽性以及自由意志的本性。巴黎的文科学者们还没有充分了解到亚里士多德的沉默的范围，他们在填补这些空白时并非没有得到帮助，他们不仅有了阿维森那的著作，也有了阿维罗依伟大的评注，阿维罗依本人注意到了一些难点，并且通过在一种非宗教的意义上解释亚里士多德的文本来解决这些困难。文科教师们不是修道士或神父，没有受过神学训练，从理论上说，他们没有资格教授与神学相冲突的哲学。然而在实践中，当大量纯哲学的小册子向他们做出阐发时，这些渴求材料的文科学者们必须要更多地掌握形而上学、心理学和宇宙论的每个领域，而同时强调他 247
们仍只作哲学家的意图。这种要求很快带上了一种新的特殊色彩。

西格尔，人们称他是“布拉班特的”西格尔（1284 年去世），在约 1260 年开始其文学院的生涯。1266 年，他以一个煽动骚乱和内讧者首次见诸记录，而且，从他最初的著作看来，他似乎是个亚里士多德的信徒——*au pied de la lettre*（按字面上来理解）。波那文图拉在 1267 年和 1268 年大斋期关于十诫和圣灵的赠予的宗教会议上，对文科学者中危险的异端倾向进行了攻击，他提到的错误理论中，有好几条就出自西格尔的著作，如世界的永恒性、人类理智的统一，即一切人共有的一个理智的存在。1269 年初，圣托马斯回到巴黎，接下来是一段多产的时期，而且，按我们的目的来说，在他的《论理智的同一性》(*De unitate intellectus*)(1270 年)中达到了顶点。[①] 在同年 12 月 10 日，神学院(此时已经彻底改变了)设法使巴黎主教艾蒂安·唐庇埃(Etienne Tempier)谴责了文科学者们令人反感的学说。艾蒂安·唐庇埃本人后来也成了神学院的一员。在这一行动中，唐庇埃谴责了 13 条宣扬人类理智统一、意志决定论、世界永恒性、灵魂可朽性、上帝完全独立于一切关于宇宙的知识之外，以及否认天意的主张。

这一谴责在学院内只取得了表面上的效果。西格尔自己服从了这一谴责，而且看来是受了这一谴责及圣托马斯反对一元心灵论的论据的影响，并且在这个问题和其他问题上修改了他极端的学说。其他人则否认他们曾打算反对正统学说。有的人甚至可能重施他们过去认为是阿维罗依的策略，并坚持主张哲学真理可以与相反的神学真理并立而存。同时，在 1269 年和 1270 年，阿奎那曾受到保守的神学家特别是方济各会修道士中的对手强硬的压力，因为他们认为，他所坚持的关于灵魂和世界永恒性的学说，与受到唐庇埃谴责的那些没有区别。在西格尔和阿奎那二人公布了
248 他们关于世界起源的观点之后，阿奎那于 1272 年离开了巴黎，再

① “心灵一元论”和“理智同一性”在这一时期差不多是同义语，这是由于亚里士多德在其著作的许多章节中把 Nûs 用作灵魂的同义语。这种用法传给了阿拉伯和中世纪的亚里士多德评注家们。

也没回来。而波那文图拉在 1273 年第三系列关于创世的一周的宗教会议上，有说服力而又并不过分地痛斥了哲学的危险，尤其是亚里士多德的危险。他和阿奎那都没有看到事情的结局，他们都在 1274 年去世。与此同时，各方继续进行他们的活动，文学院中继续着鼓动与分化，神学家们继续着他们的攻击。在这些年中，个人主义者、罗马的吉莱斯（Giles of Rome）发表了《哲学的种种错误》（*Errores philosophorum*）（约 1270 年），莱西奈的吉莱斯（Giles de Lessines）（他是一位传教士，圣托马斯的弟子）咨询了在科隆的阿尔伯特，阿尔伯特的咨询使人想起古老预言的回答，凡·斯蒂恩伯根把这种回答刻划成"完全不合时宜的"。在此期间，当西格尔继续写作时（尽管他成了一场真正的思想斗争的牺牲品，看起来却很想保持在基督教的正统教义范围之内），他的同盟者，达契亚的波埃修斯开始引起人们的注意。他主要的研究领域是伦理学，在首先由格拉布曼出版的两部短著作中，特别是在他的《论至善》（*De summo bono*）中，他试图证实，人的最高幸福是通过本原（First Principle）的自然理性所作的哲学沉思，心灵从其周围事物的多样性中上升到这一本原。这就像西格尔在另一领域中所做的那样，显然是以一种纯正简明的方式来介绍亚里士多德的学说，但是，现代学者们在这里就像对西格尔一样，对于其中潜在的含义有了意见分歧。一些人赞同曼多内的观点，认为在其论述中是以一种纯粹的形式出现的十足的理性主义，超越了意大利文艺复兴中的一切，并预示了封特奈尔（Fontenelle）和启蒙时代。另一些人则认为，波埃修斯只是在讨论自然的至福，并且从他的视野之内排除了一切对超自然生活的关注，而这种超自然的生活对于一个基督徒来说，在现行体制下，是与自然生活不可分割地联系在一起的，正如阿奎那讨论人性的力量本身，而不考虑其目前堕落、受伤害的状况，原罪和实际的罪恶的结果。还有一些人会同意吉尔松的意见，认为在波埃修斯对哲学至福的叙述中，有一种未受怀旧的宗教情绪感染的对于表达的热情，这种热情与那种说作者作为个人是一个热情的基督徒的推测是很难和谐一致的。

不管这两位领袖人物的个人立场如何，看来肯定的是，除了文学院领导人物中的派系斗争之外，文学院中还流行大量成问题的
249 学说和自然主义的批评。教皇约翰二十一世作为西班牙的彼得，以前曾在文学院任教 30 年，他听到了这些问题，并指示巴黎主教做调查。唐庇埃以异乎寻常的（并不是说不适当的）速度采取了行动，并改进了他的指示，他搜集各方面的抱怨，仅仅在三周之后，正好在阿奎那逝世三周年纪念日，发布了一个 219 个命题的单子，大部分取自于文科教师的教学内容，以一道禁令作为其教令的序言，该禁令禁止把双重真理作为逃避的漏洞。受到谴责的论题是一个混合体，其中有阿维森那、阿维罗依、亚里士多德、阿奎那以及谦恭之好的规则（the rules of the Love of Courtesy），唯一表面上的共同因素是一种排斥或蔑视宗教的自然主义倾向。一些命题在伏尔泰时的法国或皮斯托亚会议（Synod of Pistoia）时的意大利确乎已经有了，它们包括："神学是基于神话的（*quod sermones theologi fundati sunt in fabulis*）"，"宗教是启蒙教育的障碍（*quod lex Christiana impedit addiscere*）"，"最高的职业莫过于哲学家（*quod non est excellentior status quam vacare philosophiae*）"，以及"除此生的幸福外，再无其他幸福（*quod felicitas habetur in ista*

vita, *non in alia*)”。对于未来而言，更重要的是对那些似乎是要限制上帝的自由或其直接与个人接触的能力的各式各样的阿维罗依主义或亚里士多德主义命题的谴责，下一代的神学家正是在出自这些命题及类似命题的反应中，吹捧并最终损坏了上帝行动的自由的概念，并反对托马斯主义关于受其本性的“法则”约束的上帝的学说。我们在后面将要论述对某些被认为是阿奎那的命题的谴责。

不管我们对唐庇埃的行动作何想法（教皇没有表示不赞成），这第二次谴责结束了西格尔的事业。由于受到宗教法庭法官西蒙·杜·瓦尔（Simon du Val）的通缉，西格尔在 1276 年离开法兰西去了意大利，在意大利，他向罗马教廷申诉，希望得到宽大处理。下一任教皇尼古拉三世（Nicholas III）赦免了西格尔的异端罪名，但是仍将其软禁在教廷，不料在 1284 年年底前某个时候，他发了疯的秘书将他谋杀了。西格尔在生活中是个谜一样的人物，他的死也这样如谜一般，甚至超出了坟墓之外，因为但丁的一首著名诗篇中有一小段关于他的文字。在(《神曲》)天堂篇中，在最伟大的神学家当中，在阿奎那本人旁边，在神秘主义者丹尼斯、百科全书作家伊西多尔、尊敬的比德和圣维克多的理查德旁边，有另一个光华四射的英杰，那就是西格尔，“他陷入深深的沉思，自忖赴死的步 250
履太慢”，西格尔“在麦草街（巴黎文科学者们聚居之处）演讲时讲出了无懈可击的真理，招致嫉妒的对手仇恨”。[①] 是谁这样说？那正是圣托马斯本人。那么，但丁是一个阿维罗依主义者吗？要么

① 《神曲·天堂篇》，10，134～138。

还是西格尔像有些人一直认为的那样，在他最后的岁月里皈依了托马斯主义？抑或但丁如凡·斯蒂恩伯根所认为的，是在寻求一位纯哲学的巨匠，与神学家并立？

西格尔在同时代人中声誉很高，至少有一次被他的神学家同事加上了“伟大的”头衔。这在多大程度上可以得到证明，只有到他的全部著作都发掘出来并得到证实时才能判定。那些现在很容易找到的印刷出来的西格尔著作，显示出他是个敏锐而坚定的人，尽管没有创造性思想或高翔于辩证法之上的大智慧的伟大力量。其学说的特性在于坚持纯粹哲学(即自然哲学)的自主性和价值，以及对于人们认为是真正的亚里士多德学说的依从。他志在做一名纯粹的亚里士多德主义者，而且实际上他是一名忠实的评注家，根据漫步学派的原则填补上了脱漏之处，未受经验或宗教学说的影响。他还受到了普罗克鲁斯、阿维森那和阿维罗依的影响，后来也受到阿尔伯特和托马斯的影响，他认为这些人都是哲学巨匠。他毫不犹豫地给亚里士多德加上了一个取自普罗克鲁斯的最高存在和第一因，以及新柏拉图主义关于通过中介创世的学说。

在有关西格尔的三个重要问题上，现代学者们一直有不同意见，至今也还没有完全一致。他是一个阿维罗依主义者吗？他和他的朋友们是否真诚地坚持，他们的目的只是在学术上介绍纯正的亚里士多德？他和他们公开赞扬过“双重真理论”吗？

在第一个问题上，从勒南那时到凡·斯蒂恩伯根开始从事研究，人们就普遍同意将拉丁阿维罗依主义之名冠以其体系。凡·斯蒂恩伯根详细地论证了西格尔从未被其同时代人称作或认为是阿维罗依主义者，这个名称事实上直到他死后才流行开来；他还论证了，尽管西格尔一度持阿维罗依主义特有的学说，即人类灵魂统一论或者“一元心灵论”，这一学说却在圣托马斯的论据的压力下，做了很大修正。凡·斯蒂恩伯根廓清了对西格尔完整的阿维罗依主义的指控，在这个问题上，他可能是成功的，而且，如果要给他贴上个标签的话，“完整的和异端的亚里士多德主义”也许更准确。251
但是，斯蒂恩伯根未能完全否证，在巴黎，人们确信阿维罗依主义学说是个公敌；他也未能完全否证，由于这种确信，神学院在催促两次谴责上的活动。

至于西格尔的真诚，由于如目前所知，他的所有活动都兼有真诚和虚伪，我们无法做出确定的判断。我们只能说，西格尔明确断言，他寻求的是亚里士多德的思想而非真理。圣托马斯反驳了这句名言，他说，哲学的目的并非了解人们想些什么，而是真理何在。即使关于亚里士多德的一些结论确实与基督教学说背道而驰（看来显然是这样），西格尔也没有试图去解释或消除差异。他把亚里士多德的见解作为自然层次上的 *necessarium*（必然性）（也就是说，如果有人按照逻辑推导下去的话，就是不可避免的）来陈述，尽管与信仰的断言是矛盾的。仅此而言是正确的。至于“双重真理”学说，据曼多内和许多其他人的观点，他接受这种观点是为了逃避谴责；凡·斯蒂恩伯根令人信服地论证了，现存的西格尔著作中都没有包含这种学说的语句或教条。一个陈述对于自然理性来说，看来是必然的，其反命题则是通过启示而为人所知。作为基督徒，他接受后者。他的所有追随者是否同样明确和始终如一是另一个问题，但是，唐庇埃所作的对双重真理的预防性谴责则是推定的证据，至少有些人想利用这种说法。也许还可以补充一点：看来凡·

斯蒂恩伯根有时把西格尔的真诚性问题过分简单化了。当否认会招致灾难时，表白基督教的正统性，并不必然意味着全心全意地相信，或纯粹是虚伪。这可能是一个人出于实际的决定，他既没有很深的宗教信念，也没有任何内在的压力来抛弃其教会成员的地位。凡·斯蒂恩伯根还有进一步的说法，说西格尔及其朋友们由于追随亚里士多德，而不是由于追随阿维罗依对亚里士多德的解释，而陷入困境；斯蒂恩伯根还说，即使没有阿维罗依，西格尔也会从仔细阅读亚里士多德一人的著作而得出所有他那些异端的结论。至于他的这些说法，可能还继续会有意见分歧。在外人看来，很难想象亚里士多德的真正文本会导致这样极端的结论，就像很难想象阿维罗依的许多异端观点对于喜欢批评和革命的人不会有任何影响。

第 23 章 十三世纪的英格兰 252

现在，我们要回过头来考虑英格兰在大学蓬勃发展的第一个世纪中的情景。直到很晚近的时候，思想史家给英格兰的待遇一直都不大好。大多数思想史家一直是大陆国家的学者，他们的兴趣长期放在巴黎的大人物身上，诸如阿奎那和波那文图拉，以及他们的前人与后人，而难得一见的英格兰学者如 A. G. 利特尔(Little)，则往往特立独行，与英格兰和大陆的运动鲜有关联。自从 1940 年代后期，贝利尔·斯迈利博士(Dr. Beryl Smalley)和布道兄弟会的丹尼尔·卡卢斯修士(Fr. Daniel Callus O. P.)帮助人们把注意力放到了英格兰学术界，而且(同样重要的是)，大陆学者也开始吸取他们的结论，但是，在对司各脱之前牛津的思想作出公正的评价之前，还需要专家进一步详尽的研究。

事实上，对英格兰在十二和十三世纪精神生活中所占据的部分考察得越周详，它也就越突显出来。这一时期巴黎在欧洲无可争议的首要地位，容易掩盖牛津和出自英格兰的人物的真正重要性。大陆学者常常无意之间传达了这样一种印象：巴黎在精神方面的成就，在某种意义上就是法兰西的成就；而巴黎大学在各方面都是充分国际化的，而且考察表明，法兰西出身的杰出教师的数量惊人地少。另一方面，英格兰除了为巴黎的教师队伍作了超额的

贡献外，还是欧洲唯一具有一所可以认为在各方面都是与巴黎相
253 匹敌的文科和神学学校的地区。实际上，在任何一份包括十数人的在1200年～1350年期间最具影响的教师名单上，人们都会发现英格兰人的名字总是比其他任何国家的人都多。所有这样的名单中，都不会少了黑尔斯的亚历山大、罗伯特·格罗斯泰斯特、罗吉尔·培根、邓斯·司各脱、奥康的威廉和托马斯·布拉德沃丁(Thomas Bradwardine)；而意大利只贡献了两位最伟大的：圣波那文图拉和圣托马斯；法兰西则很难找到一个可与奥弗涅的威廉相配的人。甚至在其次的十数人名单中，斯蒂芬·兰顿、亚当·马什、约克郡的托马斯(Thomas of York)、罗伯特·基尔沃德比和约翰·佩克姆都不会是一个位置的唯一一个英格兰竞争者。

不仅如此，英格兰从很早起就有其自己的思想传统，这种传统在整个十二世纪和十三世纪稳步发展，到十四世纪，占据了支配地位。直到1280年为止，总是有一些英格兰思想家像黑尔斯的亚历山大、基尔沃德比和佩克姆，完全进入了大陆思想的潮流；而从那时以后，由于司各脱、奥康以及默顿学派的数学家们，正是英格兰把她的方法和学说输到了欧洲。一般来说，而且在整个十三世纪，巴黎依然是神学和纯哲学的女主人，在这一领域中的多数英格兰人都在海外度过了即使不是他们工作生涯的全部时光的话，也是大部分时光。英格兰的专长在逻辑、数学和科学，在这里，牛津在不止一个世纪的时间中，占据了一个独特的地位。

从十二世纪一开始，在英格兰就有过一系列学者对数学和自然科学感兴趣。尽管人数很少，他们却构成了一个真正的思想上的系列，正在兴起的牛津大学成了他们的中心。他们之中的第一

位，也可能是其中最有创见的，是巴斯的阿德拉德（盛年在 1116 年～1162 年），他是一位先驱，曾向南旅行到意大利和叙利亚，以寻求希腊和阿拉伯的科学与思想，他为西方翻译了这两种文明中的好几部经典。阿德拉德是多才多艺的饱学之士，作为哲学家，我们见过他。在其《论同一性与差异性》（*De eodem et diverso*）中，他试图在共相问题和认识论上把柏拉图和亚里士多德结合起来，而就他能掌握柏拉图的思想来说，他首先还是一个柏拉图主义的实在论者。在另一领域，他因从阿拉伯文翻译了欧几里得的《几何原本》而为人所熟知。在又一个领域里，他写过论述星盘的杰出文章，翻译了花拉子密天文表（Khorasmian astronomical tables）、阿尔-花拉子密的著作（从此，“阿拉伯数字系统”就等于十进位的数字体系），还在他的《自然的问题》（*Quaestiones naturals*）中论述了各种生物学和物理学的问题。在他看来，阿拉伯人对希腊人作了改进。在他向阿拉伯人学习时，他规劝他的侄子要遵从理性，反 254
对权威，要寻求自然的原因，而不要轻易接受一种超自然的解释。这样的章节理所当然地吸引了人们的注意力。但是，我们应该记住，阿德拉德是在进行自然科学的写作，而非神学。他的一位早一些的同时代人瓦尔彻（Walcher），莫尔文的修道院长（1125 年去世），曾献身天文观测并使用过星盘。还有一位年轻一些的凯顿（或切斯特）的罗伯特（Rogert of Ketton [or Chester]），他是西班牙的第一批翻译家之一，在西班牙成了潘普洛纳的副主教，翻译了花拉子密的代数学和他的一部表格集的修订本。赫勒福德的罗杰（Roger of Hereford）（盛期在 1178 年～1195 年）坚持了这一天文学传统，莫利的丹尼尔（Daniel of Morley）（盛年约在 1180 年）

也是这样；而塞尔舍尔的阿尔弗雷德（Alfred of Sareshel）（盛期1200年）则评注亚里士多德的《天象学》，并且对心理学特别感兴趣。人们是在英格兰而非巴黎了解到并读到所有这些人的著作和翻译的，而阿拉伯和犹太哲学著作的早期译本则是最早在巴黎"得到"的。

牛津在1200年之后不久成为一所有组织的文科与神学学校。那里的亚里士多德研究有一个超过巴黎的有利条件，因为反对为教学目的使用亚里士多德的物理学和形而上学著作的新译本和新评注的禁令影响不了其文学院，因此，由约翰·布伦德（John Blund）在该世纪早期开始的对亚里士多德的吸收和理解，持续成长和发展了约60年。这种早期的对亚里士多德的运用，再加上前面提到的数学和科学的传统，赋予其后两个世纪中牛津和英格兰的思想兴趣一种永久的和独特的"倾向"。这种倾向没有马上遇到竞争者，因为在牛津没有对所有那些思维训练做思辨的、辩证的研究的传统那些训练是诸如阿伯拉尔、维克多学派的人们和其他人特别在巴黎曾长期进行的。早期牛津学校的氛围倒不如说类似沙尔特雷，只是在实证科学方面兴趣更大一些。假使牛津的演进像在该世纪开始的二十年那样继续下去的话，这些特点可能会使英格兰各大学在精神上完全不同于法兰西的大学。然而，修道士的到来大大改变了纯粹本土的成长。他们不仅像在巴黎那样，在这里吸引了这个国家差不多所有思想最敏锐的人，而且他们的国际性给英格兰带来了可观的一批巴黎的材料与方法，结果，两股潮流
255 并行涌入牛津，而从未完全混合。修道士们的首要兴趣在神学，他们将神学而非哲学或数学视为他们成就的顶峰。此外，牛津和巴

黎之间主讲教师的经常交换，有助于使教学依巴黎的模式标准化。因此，基尔沃德比和佩克姆在返回英格兰任教或管理前，就是巴黎的主讲教师。在后来的一些年，邓斯·司各脱和其他一些从牛津到巴黎的人，就成了欧洲传统、而非牛津传统的代表。世俗教师如十三世纪的格罗斯泰斯特和十四世纪的布拉德沃丁及其他默顿学派学者，在当时都是以神学家和数学家、科学家而为人所知，这也许是很有意义的。罗吉尔·培根尽管是一位修道士，却也不例外，因为他的许多科学及实验工作，都是在他成为方济各会修士之前完成的，他的兴趣也是在此前形成的。当他成了一名修道士，他还尝试继续他心爱的探索，结果这种尝试只给他带来麻烦和挫折。

我们充分了解的第一位伟大的牛津教师罗伯特·格罗斯泰斯特，在很多方面是那个时代最高尚的英格兰人，他在牛津留下了他个性的印记，而没有一个人曾在巴黎留下过这样的印记。最近的所有研究都进一步肯定和证实了其同时代人对他的尊敬。如果说现在人们只知其名，却认为波那文图拉、阿奎那和司各脱依然是有影响的思想大师，这部分地是因为他刚好生活在亚里士多德与基督教思想结合的前夜，但更多地是因为，他的主要工作都是在那些他能够点亮火炬并将之传下去，但他自己却不能成为一片永远燃烧的火焰的领域。

格罗斯泰斯特约 1170 年生于萨福克的贝里-圣埃德蒙兹(Bury St Edmunds in Suffolk)附近，从 1225 年起，在牛津任教，最初是在大学的世俗学院，从约 1230 年起，在城外新建的方济各会社区。1232 年，他放弃了他莱切斯特(Leicester)副主教的职务，他取得这个职务是在 1229 年，为的是更严格地遵循方济各会的生活方式。他的主要兴趣从科学转向了神学。从1235年起,到1253年他去世为止,他是林肯的主教,因而也是牛津的主教。他这18年的生涯是属于英格兰和教皇的历史的。作为神学家,格罗斯泰斯特不属于较老的彼得·坎姆斯特和斯蒂芬·兰顿学派,他有自己阅读《圣经》及其主要评注者的方法。他是第一位吸收了大部分亚里士多德著作的英格兰人,也是第一位为欧洲完整翻译了《伦理学》的人。他最杰出的方面之一是谙熟希腊,除亚里士多德
256 之外,他还翻译了伪丹尼斯和大马士革的圣约翰的著作,甚至在林肯,他还继续他的翻译工作。他还提倡神学家要有多种语言的知识。尽管他对亚里士多德、丹尼斯和奥古斯丁的兴趣使其思想带有强烈的新柏拉图主义味道,他仍然接受了奥古斯丁神圣观念光照理智的学说。他的新柏拉图主义不仅表现在他的抽象哲学中,而且表现在他的宇宙论和本体论中。他坚信并向人们解说"光的形而上学(light-metaphysic)"。他认为,光既是物体首要的形而上成分,又是一切存有的发生动力。神圣之光和理智之光对我们来说,不过是用物理名词作类比,而对格罗斯泰斯特来说,则是同一实体的不同表现形式。因此,对于他来说,在形而上学和物理学之间没有不可逾越的鸿沟,对其同时代彻底的亚里士多德主义者来说则不然;对于他来说,数学、几何、光学和天文学一类的科学是哲学家必备的知识。在亚里士多德的指引下,由此只要再经过一个阶段,就可以很容易地达到只是为了它们自身之故,只是为了扩展和完善各种实证知识而对科学的问题和方法感兴趣。罗吉尔·培根和其他弟子很快就到达了这个阶段,他们恰当地把格罗斯泰斯特称为他们的旗手。他给了他们两条具有永恒价值的原则:把

数学用做描述的手段，而不是（像它们之于柏拉图那样）用作对事物的物理的或形而上原因的揭示；运用在分析和证实的逻辑方法指导下的观察与实验。其学说的特点是：特别关注对《圣经》的研究，既读文本，又读评注，作为神学的基础；研习语言，特别是希腊文；对于确保忠实地翻译所有古代著作的兴趣，把这些著作当作学者必要的手段；最主要的是对数学及相关科学的关注。

格罗斯泰斯特像他那个时代其他著名学者一样，缺少人文主义的特质和情趣。他的文章及私人信件完全谈不上形式美和语言美，实际上，他的通信中几乎完全没有可爱之处和个性的印记，很难找到一个别的人既有同样闻名的思想与道德品性，又有上述这些特点，我们可以对其做出这样的判断。对我们来说，在他的学说中有一种厚重的特性，近乎沉闷；有一种贫瘠遮盖了他神圣的感染力。然而，对其同时代敏锐的人物如亚当·马什、罗吉尔·培根和方丹斯的杰弗里（Geoffrey of Fontaines）来说，他是大师，是那个时代最博学的人，*homo magnus in sanctitate vitae, claritate sa-* 257
pientiae（一位有圣洁生活和耀眼才华的伟人）。

格罗斯泰斯特除了人格和教学在牛津有持久的影响外，还应该加上另一个有名望的头衔。由于他迎来方济各会的修道士们并执掌他们的学校，他就名副其实地成了牛津方济各会神学家与思想家的大家族之父。其意义远超过当时人们所能做的估计，因为在牛津就像在巴黎一样，修道士们刚一到，就吸引并塑造了那个时代最好的头脑。然而，在大学之间有这样一种区别：方济各会修道士和布道士们在巴黎平等地分享才华的潜能；而在牛津，至少在一个世纪里，方济各会修道士们享有的比他们双方分享的要多。因此，格罗斯泰斯特由于成为方济各学校之父而又成为牛津思想之父。

在格罗斯泰斯特的牛津早期的朋友们之中，富有的世俗教师亚当·马什最终像黑尔斯的亚历山大及其他人一样，加入了方济各会。亚当在回到牛津之后，重续旧谊，一直与格罗斯泰斯特保持着联系，二人分开时，就通信，直到主教去世。人们都认为，马什作为学者和教师与格罗斯泰斯特几乎不相上下，而且，那位苛刻的批评家罗吉尔·培根经常把他们两人联在一起，作为世界上最伟大的两位教牧人员。这两人有很多共同点，亚当·马什的书信就像主教的一样，完全没有个人魅力，也没有丝毫生活、性格或文字上的美感。两个人都有几分冷硬和尖刻的意味，这看来使他们堪为典范的简朴生活失去了圣洁的完美。

马什作为主讲教师，其后继者都是一些有能力的教师，有康沃尔的理查德(Richard of Cornwall)、威尔士的托马斯(Thomas of Wales)、约克的托马斯。然而，在年轻一代中最著名的人物不是主讲教师，而是一位修道士，他生前不幸，死后又成为传奇。罗吉尔·培根的著作很快被人遗忘了，但是，在他死后的一个世纪内，却由于巫术而取得了极大的声誉，这种巫术持续了近三百年。跟他分享这一声誉的，还有他一位极可敬的同行，班盖(Bungay)的教师托马斯，两位修道士最终出现在伊丽莎白的舞台上，如同培根和林肯的主教在《休迪布拉斯》(*Hudibras*)那首诗中一样：

无人敢夸口知识渊博，
只因有老培根和格罗斯泰德。

罗吉尔·培根获得了预言家和自由思想的殉道者的声誉(这 258
是不该获得的),获得了火药和望远镜的发明人、摩托和飞机的预见者的名声(可能也是不配的),这些引起了英格兰和外国学者对他的注意。他对那些身居高位者极为敏感,对蒙昧主义不能容忍,不管是真的,还是人们想象的;他不时闪现出真知灼见,在这些方面,他都与阿伯拉尔和德·拉梅内(de Lammenais)相似。他的工作显示出格罗斯泰斯特独有的许多特点:对实证研究的兴趣,对观察与实验的关注,以及在面对当代思想的一切成规时独立的看法。

培根的著作很久都未印行,而且其全集的校勘版至今还付诸阙如。此外,尽管有很多关于他的工作及个性的文章、著作,然而,他的著作的先后次序以及他的生平年表,直到相当晚近才有研究考订。他大约1219年生于一个闻名的地主之家,从约1230年起,可能是在牛津,研习诸艺。他很快就有了广博的哲学知识,他对亚里士多德心理学和形而上学的理解,也在当时巴黎的任何教师之上。1237年之前,他到了巴黎,并且第一个讲授到那时为止还遭禁的亚里士多德著作,还在那里开始了他的神学研究。后来,约在1247年,可能是在牛津,他又在亚当·马什和威尔士的托马斯指导下重新研究神学,但无疑是在格罗斯泰斯特的影响下,他放弃了继续做教师的打算,而完全致力于自然科学和实验。他对神学家刻薄的批评至少部分地是其自卑感的流露。自那以后,他完全投身科学,花费大量钱财为其实验购置设备和材料,可能主要在炼金术和光学方面。在1257年左右,他成了一位修道士,到底为什么,这一定永远是一个谜,因为他一定知道了他开销太大的实验室工作不再可能了。

作为一名修道士，他为他所选择的追求所累，这不只是由于贫困，由于缺乏人们对他心爱的研究的普遍同情，也由于纳博讷大会(1260年)的教令禁止修道士在未经许可和仔细检查的情况下出版任何东西。就培根来说，他很少去修缓与其上司和同时代人的关系，他的锋芒和激烈的批评主要指向神学家，包括一些最伟大的神学家。1260年，有影响的红衣主教居伊·德·富尔魁(Guy de Foulques)听说他有一部写就了的伟大著作，就要求看一看。培根因为感到惊奇，并且一如既往地缺乏资金，就花了令人难耐的四、
259 五年时间来准备他的《大著作》(*opus magnum*)，这是一部内容广泛的改造学术与神学的纲领，全面研讨了他的兴趣、计划和挫折所涵盖的全部领域。1265年，当他的保护人成了教皇时，培根给他写了一封信，说他对教会有重要的建议。克雷芒四世(Clement IV)不了解这部将出的书的类型，命令他出版，培根在秘密的情况下急速地写完了《大著作》(*Opus Maius*)，并在1267年将其送给教皇，随后又在1268年写了《小著作》(*Opus Minus*)和《第三著作》(*Opus Tertium*)，后两部著作是对前一部的解释。不幸，教皇于1268年11月逝世。接下来发生了什么就不太清楚了，但是在1277年，其时的环境我们所知不多，培根被判处某种类型的监禁。他的会长一直是波那文图拉，而后者对科学不抱多大同情，对占星术就更甚。不仅如此，因为他不计后果地攻击他人，所以树敌甚多，致使此时陷于咆哮的群狼之中，而且，也可能因别人为求平安而把他扔给他们。我们不知道他被禁闭了多久，但是在1292年前，他是自由的，带着旧日的热情鲁莽在写他的《神学研究纲要》(*Compendium studii theologiae*)。他直率地批评圣阿尔伯特和

圣托马斯，给波那文图拉找麻烦；他刚好从黄金时代活到了另一种世风之下，这种世风追求着不同于他们的理想。他在约1292年去世，可能是在牛津。

培根是一位怪才。他主要是因其并非为学校而写的著作而为人们所记住，这在著名的学者中差不多是绝无仅有的，而且，在他成人后的大部分时间，他没有参与大学生活。他早期的工作显示出他是一位具有不同寻常的能力和现代性的哲学家，但属于正常类型；他部分是亚里士多德主义者，部分是新柏拉图主义者，有很强的光的形而上学成分，那可能是他从格罗斯泰斯特那里吸取来的。假如他要继续从事神学的话，他可能会在常规路线上发展得更远。相反，他是个"宠坏了的神学家"，回到了实验科学上来，这种追求在那个时代注定要受到挫折。与他的自卑感同在的，还有他经常的财力窘迫、他与权威的冲突和他自己的喜怒无常，他的悲苦时期一个接着一个。他显然是没有责任感和神经过敏的，也许因而就很难对付，也没有朋友。然而，他有很高的直觉天赋以及罕见的批判能力。他精确地掌握了晚期经院哲学的基本错误，这些错误最终确实导致经院哲学的垮台。他哀叹思想脱离了生活与经验，哀叹错误文本的依据之不可靠，哀叹猜忌的传统及其所依据的咬文嚼字的学术。然而，其著作的最终目标、哲学意向和外在形式 260
却纯粹是传统的，人们通过仔细的研究，已将他置于牛津方济各会序列的恰当位置上。此外，他的科学包括炼金术和占星术，而且他对它们的可能性极为轻信，毫无道理地加以肯定。过去历史学家们所注意到的创见往往不过是他对同时代人不负责任的打击，以及对一些最著名的思想家的嘲笑，对哲学中最深奥的问题的藐视。

他的批评事实上很直率，而且常常是明显不公正和无根据的，如果能够核实的话，我们会发现，它们常常是不准确的。然而，他依然是中世纪对科学实验的价值和对人类生活中经验和直觉的价值最坚定的倡导者。

在格罗斯泰斯特和培根积极活跃的一个世纪期间，在牛津有一系列的神学家在使新的哲学材料适应他们的需要。后来的坎特伯雷大主教、阿宾登的圣埃德蒙德（St Edmund of Abingdon）（约1170年～1240年），以及约翰·布伦德（1248年去世）（他当选了坎特伯雷大主教，后又被取消了资格）看来就在这批人当中，他们是第一批在牛津讲授亚里士多德的新逻辑和自然科学著作的人。约翰·布伦德值得注意之处在于他对阿维森那的知识，以及他对阿维塞布朗的形式质料说的拒绝和对形式的多重性理论的拒绝。巴克菲尔德的亚当（Adam of Buckfield）在该世纪中期评注了亚里士多德的几乎全部著作。同时，圣埃德蒙德的朋友和传记作者、多明我会的教师罗伯特·培根以及另一位多明我会教师理查德·菲沙克都是人们熟知的名字，菲沙克是一位著名的亚里士多德主义者。方济各会中他们的同时代人亚当·马什和约克的托马斯也运用这些新文献，但是后者宣称要做一个柏拉图主义者，在哲学家中要追随阿维塞布朗，在当时的人中要追随奥弗涅的威廉。牛津还出了一部独特而又非常有意思的《哲学大全》（*Summa philosophiae*），其原作者我们至今也不知道。其中包括一部哲学史，还有对作者写作时的各种思想派别非常详尽的分析。他本人虽然意识到亚里士多德思想体系的思想价值，却在许多重要问题上宁可遵从柏拉图。有人曾认为，罗伯特·基尔沃德比是这部著作的作者，其观点当然与基尔沃德比近似，但是，这部著作的风格和精神与他的权威著作却没有多少相似之处。

在方济各会修道士和布道会成员们在牛津发展他们的学派的那几年之中，这两个修会的英格兰成员却在巴黎学习和教书。他们之中的杰出者是罗伯特·基尔沃德比(1279 年去世)和约翰· 261
佩克姆(1292 年去世)。基尔沃德比曾在巴黎学习诸艺并教书，后来在约 1245 年成为一名修道士，并作为一名布道士在牛津任主讲教师，后来又成为教区主教(1261 年)和坎特伯雷大主教(1271 年)。他是一位非常多产的作家和有条理的思想家，他精通亚里士多德却不绝对遵从他。基尔沃德比属于那批传统的神学家，他们来自各修会，本能地反对整体的亚里士多德主义，不论是托马斯主义的，还是异端的。基尔沃德比在其修会里被认为是一位领先的神学家，应与圣托马斯并列。他们在多明我会的研究机构中也是一起供职。他在对托马斯主义的攻击中所扮演的角色后面会提到。约翰·佩克姆的生平有些类似于基尔沃德比，只有一点不同：在他还是个孩子的时候就成了修道士，而且其全部学术生涯都是在国外度过的，主要是在巴黎。在那里，他是波那文图拉的弟子和信徒。最后，从大约 1269 年到 1271 年，在亚里士多德主义者与保守的神学家争论的最激烈的时期，他是主讲教师。然后，又轮到他在英格兰任教区教长、教廷的神学讲师，并接替基尔沃德比任坎特伯雷大主教。佩克姆也许代表了一种奥古斯丁主义者的典型形象，实际上，凡·斯蒂恩伯根认为他给予了这所学校其确定的纲领。他声言要遵从黑尔斯的亚历山大和波那文图拉，他把他认为构成方济各学派框架的那些特有的哲学学说离析了出来，包括理智的神圣光照说,实体形式的多重性说,“种质倾向”说,以及人的精神灵魂的实体性性质说。他还在巴黎与圣托马斯发生了冲突,并与其弟子在英格兰冲突。尽管不论是基尔沃德比,还是佩克姆,都没有具备第一流的创造性天才的头脑,他们却都极好地代表了那班保守的神学家,顽固地反对阿奎那的综合。

五、中世纪综合的崩溃

第 24 章　亚里士多德的后果 265

在前面的五章中，我们考虑了在十三世纪中期的几十年中各学派伟大而又多彩的精神生活结构中的不同组成部分。1250 年至 1270 年间的岁月是一段短暂的兴盛期，是中世纪哲学与神学黄金时代最辉煌的时刻。这个短暂的兴盛期像其开始一样突然地终结了。圣托马斯和圣波那文图拉在 1274 年过早地去世，而在此时，圣阿尔伯特的伟大著作完成了，却不过是一个伟人的影子；而西格尔受到沉重打击和震撼，就要被赶出巴黎。在前面的章节中，我们回顾了这些人的实际成就，我们现在要考虑这三位巴黎教师之间对抗的原因及结果。阿尔伯特置身争论的主流之外，看来他没有完全意识到这一争论的意义。

在 1250 年之前的几十年中，巴黎的神学家们继续讨论他们的科学中的重大课题，并多多少少都有些哲学材料的帮助。他们全都把奥古斯丁看做他们神学上至高无上的大师，把亚里士多德视为他们在推理和辩论技巧上的向导。每个人都在利用新近可以得到的往日遗产：亚里士多德的形而上学和理智论，阿拉伯人和犹太人的注释与批评，新柏拉图主义的论文，都得到了利用，看起来正合时宜。新材料中的许多因素被错归了来源，这是很自然的，并被认为是奥古斯丁遗产的一部分。在巴黎所有的，或几乎所有的神学家从奥古斯丁那里接受的哲学和神学学说中，有上帝创造世界说，构成现世存有的质料中的种质倾向或偏向（*rationes semi-*
266 *nales*）说，关于灵魂尽管居于一个肉体中或活化它、作为实体却在自身之内完满的概念，以及理智的神圣光照说。与这些学说同来的（尽管不是来自奥古斯丁），还有所谓的极端的形式质料说，这种学说由两种论点构成：一种是说，一切存有，即便是纯精神的存有，都是由“质料”和“形式”构成的；另一种是关于在单个存有之内共存的诸形式的多重性的论点。就人类而言，这后一种观点就是指有感觉、可生长的生命的形式，以及一种与灵魂的智力形式同时一起存在的无形体形式（*forma corporeitatis*）。

圣托马斯把亚里士多德当做他哲学体系的基础（他的体系是中世纪最完整的体系与综合），因而最终与保守的神学家们在刚才提到的所有问题上都发生了冲突。他同意亚里士多德的观点，教导说，世界的永恒性在哲学上是一种可以接受的学说；质料是纯粹的潜能；灵魂是人类的构成形式；在存有中只有一种实质性的形式，这种实质性的形式使一个存有为“一”；所有人类的知识都是依靠感官与外部世界相接触而得来的，在自然层次上，不存在理智的神圣光照。

才华横溢却又狂放不羁的西格尔与圣托马斯完全无关，他以不折不扣地遵从亚里士多德的决心作为他的纲领，而决不参照任何神学家的教导。因此，对他来说，世界是永恒的，并非创造的；质料是纯粹的潜能；人类的知识是通过感官得来的；物质世界和精神世界是由第一推动者不可改变的设定来安排和支配的。此外，在一个重要问题上，他受到阿维罗依的影响，超出了亚里士多德：他教导说，整个人类有一个灵魂，这个灵魂赋予个人的“可能”理智以活力。因此，所谓的人类灵魂就不过是具有一种“可能”理智的有感觉、可生长的存有的形式，而且，当它与其身体分离时，就不再存在了。有理智的人由两种实体构成：一种是身体实体，由一种有感觉、可生长的灵魂赋予其活力；一种是精神实体，这是所有的人都有的。这两者并未形成一个实质性的统一体，而仅仅是一个运作上的统一体，尽管这种运作意味着密切的联系。有两种理智参与认识过程，一种是“能动”理智，一种是“可能”理智，后者只是一种能力，用以思考和接收由积极智力(active intelligence)从感觉图 267
像抽象出来的限定形式(determining species)。事实上，单一的世界灵魂与人类智力永无终止的进程分开就决不能存在，它就是与这一进程连接在一起的。

前面的段落已经表明，在激烈争论的 20 年(1265 年～1285 年)中(这一争论是由接受完整的亚里士多德而引起的)，出现了两个密切相联的问题，而且，在一代人的时间内一直是所有争论的中心，就像差不多两个世纪之前的共相问题一样。其中之一是关于人类灵魂的性质，其形而上的内容及其与身体在生命与死亡中的关系；另一个问题是有关智力活动的过程。这两个问题最终都可以追溯到柏拉图和亚里士多德之间的根本差别，可以追溯到亚里士多德在清楚地、令人满意地说明他的立场时的失败；这两个问题都是由亚里士多德的《论灵魂》、多米尼克·贡迪萨尔沃论灵魂的论文、阿拉伯人的认识论观点，以及在时间上排在最后，而在重要性上却不然的阿维罗依的一元心灵论对于巴黎教师们的影响而带来的。在 1265 年到 1274 年这 10 年间，圣托马斯和西格尔都一再回过来讨论灵魂的性质和智力活动过程。在他们从这个舞台上消失之后，这个讨论还在继续，但是，参与者的兴趣如我们将会看到的，主要集中在了存有的实质性形式的统一性这个问题上。

我们不可能发现在巴黎大学内亚里士多德主义者和保守的神学家之间争论爆发的确切时间，不过可以有一个大体还算确切的时限范围。1257年2月，圣波那文图拉被选为方济各会总会长，在此之后的差不多十年中，没有明显的迹象表明他参加了在巴黎的内部争论。1259年，圣托马斯带着他的第一项伟大的哲学研究《反异教大全》离开了巴黎，那时这部著作刚开始写，直到1264年才在意大利完成。西格尔在约1265年开始写作，1266年在巴黎惹了麻烦；这一年，阿奎那在意大利开始写作《神学大全》。在1267年的大斋期，波那文图拉发起了一系列对异教哲学攻击中的第一次。1269年1月，圣托马斯回到巴黎。在同一年，约翰·佩克姆成了巴黎方济各会修女院的主讲教师。1269年至1271年是紧张活动的几年，在这几年中，阿奎那提出了他关于灵魂和认识论的学说，反对西格尔的一元心灵论，捍卫世界永恒性的哲学观点。佩克姆和阿奎那之间就这一问题进行了一场公开辩论，佩克姆还对他的人的形式的单一性
268 的主体(the subject of the unicity of form in man)的观点提出挑战。在1270年末，西格尔第一次受到了谴责，因此，莱西奈的吉莱斯说，托马斯主义关于灵魂的学说几乎被卷进这次谴责中。因此，人们也许会认为，圣托马斯和以佩克姆为首的保守神学家之间第一次公开的冲突就发生在1269年至1271年。

就圣托马斯而言，其冒犯看来主要是人的形式的统一性问题，那就是说，灵魂，一种精神实体(因而是单纯的，没有“质料”)之于

肉体,就如同形式之于质料,并且取代了所有其他的形式,像"肉体的形式(form of bodiliness)"。这并不是一种新学说。如我们所看到的,它是以亚里士多德的学说即灵魂是肉体的"第一隐德莱希"或完满为根据的。在十三世纪的最初几十年中,巴黎和牛津的好几位教师都持此观点,但是,它曾受到一种流行的奥古斯丁的概念的污染:灵魂是对肉体起作用的一个完整的实体。而且它从未得出其形而上学的充分结论。关于一个单一的形式适用于一切存有的概念被弄模糊了,而且,因为在实质的形式和偶然的形式之间,在存有的真实的、客观的分解和存有的纯粹逻辑的分解之间没有明确的区别,所以,就有可能承认具有同等形而上学意义的无限量的"形式"。同时,人的灵魂在很多方面被认为是形式和质料的复合,而肉体也有其形式,可生长的本性和有感觉的本性被认为要么具有它们自己的基本形式,统一在理智灵魂的单一生命形式之下;要么具有一种它们自己的自主存在,并外在地与灵魂相统一;要么形成一个等级序列,灵魂在其中居于最高和指导的地位。针对所有这些理论,圣托马斯提出了他自己的论点,这些论点发展并阐明了亚里士多德的论点:灵魂作为纯形式,将肉体现实化为其质料;理智灵魂在其自身之内以一种极为显著的程度包含了有感觉、可生长的灵魂的一切优点,理智灵魂在人类被创造时的胚胎期就取代了有感觉、可生长的灵魂。

佩克姆坚决认为这一学说是阿奎那的创造——如果他确实没有从巴黎的亚里士多德主义者们那里接受这种学说的话。圣托马斯的著作可以否定这后半截提法,因为他关于灵魂的学说在完整的亚里士多德学派兴起之前好几年就已经出现了。前半截论点也是不正确的。然而,也可以为佩克姆做出辩护:至此,问题与其说是从形而上学角度来考虑的,不如说是从心理学角度来考虑的。269 圣托马斯认识到了实质性的统一作为一种形而上学的实在的全部价值,并将其扩大应用到所有复合的存有上。他评论说:"没有任何东西纯粹、并且仅仅是一个统一体,除非它有一个单独的、决定其存有的形式,因为一个事物是从一个单独的来源得到其存有和统一性的。"①这样,它就成了他的形而上学结构的支柱之一,而且在这个意义上,它真的是一个创新。

这个问题并不是纯粹思辨的。在灵魂凭其自身就可以作为一个实体的旧概念下,各种官能、美德和优越的潜能的丰富生命力曾得到过发展。灵魂是人不朽的、个人的一部分,它是不会死的,但是会失去。亚里士多德极少论及此。就像在他的宇宙中一样,在他的微观世界中,最高的部分是最不容易看清的。第一推动者不过是个必要的假设,灵魂只不过是生命的形式或要素,必然仅作为一条形而上学的基本原理,来把人的各种智力和道德的力量结为一体。亚里士多德对死后的生活不感兴趣,他在这方面的观点我们不大清楚。亚里士多德主义的灵魂的微妙性质和它的个体化问题,以及它与肉体的关系,自从他在世以来,实际上就一直是他的体系中最有争议的问题。② 而在学术辩论的范围内,有一批神学上的论据可以被逼到穷途末路,诸如死后灵魂形式与肉体的关系,

---

① 《神学大全》,Iª Q.lxxvi,art.3,corp.art.:'*Nihil enim est simpliciter unum, nisi per formam unam, per quam habet res esse: ab eodem enim habet res, quod sit ens, et quod sit una.*'

② 见前,第17章。

以及由此而来的灵魂形式与基督死后到复活之间的尸体的关系，或者与呈现在化体(transubstantiation)之后献祭的面包之中的基督之身的关系。问题一旦被转换到这一层次，就可能有各种各样的批评，有名副其实的，也有强词夺理的。有人甚至指责阿奎那赞同西格尔的一元心灵论。

唐庇埃 1270 年 12 月的单子中既没有明确地、也没有暗含地包括任何托马斯主义的论题，尽管就像莱西奈的吉莱斯在致在科隆的阿尔伯特的信中所断言的那样，阿奎那在形式的统一性问题上和纯粹精神存有的单纯性问题上的学说，有可能就要受到谴责了。不过，一年之后，约在 1272 年 5 月，伟大的布道士离开了巴黎，再也没回来。在同一年，佩克姆离去，成了牛津的主讲教师。据已知的情况，波那文图拉在对托马斯的攻击中没有公开的举动，但是，当想到他的角色和官方立场以及佩克姆对他一再表达的忠诚时，我们就很难想象，这位经常住在佩克姆任主讲教师的修女院 270
的总会长，会不同意他修会里最积极的发言人的看法。波那文图拉于 1274 年去世，此后，继续争论的人就没有那么多了。

如我们已见到的，唐庇埃和巴黎保守的神学家们(根特的亨利应该算其中一位)并不满意他们 1270 年行动的结果。尽管西格尔也许变得温和了，而他的朋友们仍继续发表极端的观点，一种理性主义和犬儒主义的精神显然在文科学校中传播开来，尽管可能只在少数人中。1277 年初，产生了第二次爆发。这一次，更多的各式各样的论题遭到封杀，但是，由于托马斯的名字没有出现，也由于在整个目录中，各个提出论题的人看来举出了从各种学说中引出的结论，而没有举出责任方的权威言辞，在关于受谴责的托马斯主义命题的数量上，就会有相当大的意见分歧。[①] 一般来说，肉体使灵魂个体化、善决定意志的学说，以及托马斯主义的知识论是攻击的主要对象。形式的统一性不在其中，尽管它与不止一条受到谴责的观点有密切的联系。这一忽略很快在别的地方得到了补偿。在唐庇埃发布教令十天之后，大主教基尔沃德比"访问"了牛津大学，无疑是与唐庇埃有勾结。

罗伯特·基尔沃德比做了10年或者15年托马斯的上司，在阿尔伯特和托马斯的声誉高涨起来之前，可能是其修会最著名的教师。他是一位博学的评注家，评注了许多部亚里士多德的著作，而且如我们看到的，他还可能是一部《哲学大全》(*Summa philosophiae*)的作者，该书勾划了一个有意思的折衷主义体系，其来源无所不有，但在总体上是反对亚里士多德的观点的。基尔沃德比认识阿奎那，并未对其著作表示出热心。他回到英格兰，做了牛津的主讲教师，后来又做了教区主教，最后成了坎特伯雷大主教。他固守其保守主义，珍爱大部分波那文图拉20年前所喜爱的学说。他曾不满地评论托马斯主义观点在牛津年轻修士们中的渗透，而那里还曾是他一度掌管的。特别是有一位理查德·纳普韦尔(Richard Knapwell)，最近大肆宣扬他从传统学说皈依托马斯主
271 义形式统一性的学说。因此，基尔沃德比要求赞成一系列命题，其中有种质说，还有人类灵魂并非单纯而是复合的断言。

然而，阿奎那虽然死了，却不乏有权势的朋友，其中之一是布道士、罗马的皮埃尔·德·康弗朗(Pierre de Conflans)，他写信

① 曼多内估计有20个，而西塞特则只有一个。

申诉基尔沃德比，并陈述实质性形式的学说。基尔沃德比回击，但是他很快被召回罗马，被封为红衣主教，也许是教廷表示不同意的一种措施。他在几个月内就去世了。至于唐庇埃，他曾想模仿基尔沃德比在牛津的要求，但是他被红衣主教们捆住了手脚，这些红衣主教在约翰二十一世死后掌管了教廷。与此同时，基尔沃德比在坎特伯雷已由他和托马斯的老对手约翰·佩克姆所接替。佩克姆属于二等的有能力的神学家，他是波那文图拉的弟子，但思想僵化，性情烦躁，一贯反对托马斯和巴黎的亚里士多德主义者们，很可能还在1277年向教皇做过简要汇报。纳普韦尔在牛津继续活动，刺激得他要采取行动，1284年，他宣布他也要重复基尔沃德比的业绩：访问牛津大学。布道会的教区主教（他本人是个托马斯主义者）枉费心机地在一次会见中去劝阻他，在这次会见中，双方都相当充分地利用了事实（truth）。到达牛津时，他重申了基尔沃德比的教令，除了对形式的统一性的谴责之外，没再做任何补充；他提出了基尔沃德比这个指导性的榜样，他断言，形式的统一性的观点源于那些危险的创新者中，特别是布拉班特的西格尔的学说。对于历史学家们来说，很幸运的是，大主教感到他有义务在给牛津、林肯和罗马的一系列信件中为自己辩护。这些信件对于研究经院哲学思想的历史学家来说，属于该世纪最有价值的文件之列。这些信件表达了一位著名的同时代人物对阿奎那在学校中所引起的革命的看法，并附带着把传统的奥古斯丁主义的注释分了类。①

① 这些信件最初由C.T.马丁（Martin）1885年在罗尔斯丛书（Rolls Series edition）中（No.77）印行，题为佩克姆的 *Registrum Epistolarum*。特别参见 iii 864－868，870－872，896－902。

事实上，这些信件是为厄尔论述亚里士多德思想与奥古斯丁思想之争的划时代文章的 *pièces justificatives*（辩护之作），而且，如果历史学家们现在倾向于否定厄尔在奥古斯丁主义的掩盖下把早期神学家包括在其中，他们就会赞同把佩克姆看做“奥古斯丁主义”哲学体系的宣扬者——如果不是创始人的话。佩克姆关于时间的许多有意思的笔记是特别有价值的，在 1285 年他写道，变化开始
272 于 20 年前，这个日期将把我们带回到 1265 年，略早于阿奎那返回巴黎后不久开始写作《神学大全》的 1266 年。

佩克姆是个固执的人，不计后果，他不顾牛津的布道士们在罗马提出的申诉，在 1286 年着手宣布一项严正的判决，反对一批托马斯主义的命题，其中包括形式的统一性，将其点出作为一切危害的根源。这一次，“错误”被打上了异端的烙印，它们的支持者被宣布开除教籍，而且，所有人都应回避（*vitandi*）他们。布道士们在即将特免之时向罗马申诉，但是到这时，案子到了一位方济各会修道士手里，他是教皇尼古拉四世，纳普韦尔被判永远保持沉默。编年史家邓斯塔布（Dunstable）说他死于精神错乱。一个更可靠的资料来源告诉我们，佩克姆在其生命的最后一周也脑力衰弱，动辄狂怒。

巴黎和牛津的一系列谴责，特别是 1277 年唐庇埃的谴责，多少标志着中世纪思想史上的一个时代。过去，人们太多地认为它们只是恶毒地想把托马斯主义扼杀在摇篮中，认为它们只是像这样注定要迅速倒退。实际上，它们未能直接损害阿奎那的体系，相反，由于向其拥护者挑衅并激发该修会的 *esprit de corps*（团队精神），它们倒成了 1278 年托马斯主义成为该修会官方学说的主要

原因。但是，它们在“促进”保守派们的反哲学(counter - philosophy)上肯定起了作用，这些保守派现在依靠一个显然是以奥古斯丁和其他老圣徒的体系为根据的体系，加强了他们的防卫。这很快又为邓斯·司各脱的新综合所代替，而且，从那之后，方济各会的修道士们就以他的学说和波那文图拉的学说的混合物作为根据。但是，方济各会修道士们和布道士们之间的不和(总威胁着要决裂)此时难以避免地加剧了，而且如佩克姆所说的，“一个修会的教义几乎在每一条款上都与另一修会相反，只有在信仰的基础上除外。”①这是思辨神学由于过分的团队精神而分裂为各学派的开始，在某些特定的时期，这种分裂可能确实给他们的活动带来了生命和刺激，但是，它也应对很多枯燥贫乏的争论和挫折负责。

这些谴责都没有遏制住异端的亚里士多德主义，亚里士多德主义是他们所反对的主要公敌。西格尔及其密友们确实被除掉了，其他人也沉默不语了，但是，半个世纪之后，他们的精神却在扬 273
顿的让(Jean of Jandun)、帕多瓦的马西里奥(Marsilio of Padua)和意大利北部诸大学的阿维罗依主义身上再生了。具有更大意义的是，谴责过分强化了保守的神学家们，20 年来他们一直坚持说，这就是对亚里士多德感兴趣的结果，他们的成功造成了对亚里士多德哲学的普遍憎恶，认为它趋向于决定论和必然论的宇宙论。此外，大多数“有理性的”哲学家通过污损哲学、尤其是亚里士多德的名誉，费了很大力气来粉碎大综合的幻想。唐庇埃反对托马斯主义命题的教令被撤销，托马斯本人也被宣布为圣徒，这些可能会

① 佩克姆：*Registrum Epistolarum*(Rolls Series)iii 902。

使布道士们满意,并惠及后人,但是,达到这种满意的结果之时,阿奎那的修会还远没有在坚持他的体系的伟大原则上统一起来。吉尔松说得好:“1277 年之后,整个中世纪思想的面貌改变了。在短暂的蜜月之后(有人可能还会说,在婚礼的早餐结束之前),神学和哲学就认为它们的婚姻是个错误。在等待很快就要下来的判决之时,它们继续分它们的财产。每一方都收回了自己占有的难题,并警告另一方,以防干涉。”

第25章 根特的亨利和邓斯·司各脱 274

在巴黎和牛津大谴责前后那几年里，托马斯主义主要的，或至少最出言无忌的对手是方济各会的修道士们，他们的主要代言人（既在巴黎，也在英格兰）是约翰·佩克姆。他们用教父们和旧时圣徒尤其是圣奥古斯丁、黑尔斯的亚历山大和圣波那文图拉的学说来反对阿奎那的思想，他们还精心制作了一个体系，他们认为这一体系与奥古斯丁的传统是完全一致的。如我们已看到的，这个体系在其成熟形态下保持了不到二十年，因为在批判与争论气氛不断增长的情况下，奥古斯丁学说的某些观点——特别是包括理智的神圣光照说的认识论——的捍卫者在抵挡亚里士多德的论据上有困难。因此，奥古斯丁学派乃至其在方济各会内的分支，都逐渐为一个新的折衷主义运动所侵蚀。然而，这些新的折衷主义思想家不再关心选取哲学学说以插入他们的神学思辨的事，而关注于建立一个完整的体系，亚里士多德和其他人都可以对这个体系有所贡献。他们与该世纪早期他们的前人不一样，他们的前人可以不理会给予文人的指示，而他们此时则面对着作为指令的埃蒂安·唐庇埃的谴责。

世俗教师、根特的亨利就属于这批人中最值得注意的，他也许是自奥弗涅的威廉立于巴黎伟大人物之林以来的第一位世俗教师。他本人就值得注意，对于历史学家来说，他更重要之处在于他同时既是邓斯·司各脱的先驱，又是其批评的对象。

根特的亨利是1277年唐庇埃的专门小组的神学家之一，从那
275 时到1293年之间，他是巴黎一位最主要的有影响的人物。他是奥古斯丁主义者，但有相当的差别；像较早的奥古斯丁主义者一样，他也是阿维森那的一位抱有同情心的读者。十三世纪后半期是形而上学的伟大时代，亨利像托马斯·阿奎那、约克的托马斯和司各脱本人一样，对存有哲学(philosophy of being)给予了很大关注。对于亨利来说，存有并不是(就像对阿奎那来说，它是)有了很丰富的赋予的、多样化的实体，而是一个难以定义的某物，心灵可以直接认识它，它是任何存有的事物。对他来说，有两种存有：非创造出来的(上帝)和创造出来的，我们可以从后者证明前者，我们的头脑在其最初关于存有的概念中，更可以在前面提到的两种类型中的第一种，即非造的存有那里看到它，在这种程度上，亨利就会接受安瑟尔姆关于上帝存在的证明。因此，一切存有都以这种或那种方式是(*is*)，而且，在一个存有及其存在(existence)之间没有区别。

在争论不休的个体化问题上，根特的亨利以一种主张来对应难题：一个存在的存有(an existent being)假定其境况是由其原因带来的话，而且由于这一境况，它是个别的，那么它就是(is)。如我们认识到的那样，它既本身就是一个统一体，又区别于任何其他事物。亨利一般是承认实质性形式的单一性的，而在人类的形而上学构成问题上，他却把人作为例外。由神创造并赋予活力的灵

魂，并不与 *forma corporeitatis*（肉体形式）相冲突。至于认识过程，亨利坚持奥古斯丁的原则：通过感官不能得到"真直（sincere）"的或纯粹的真理，但是，那种由理智从感觉形象抽象出来而获得的自然知识在常规环境下是真的，但它不是纯粹而完满的真理，纯粹而完满的真理只有通过与"永恒之光的规则"相接触才能获得。这些都是由上帝在他想要展示，并想对谁展示时所展示的，尽管是以一种自然的而非神秘的方式。

我们可以看到，根特的亨利小心地避免整体的亚里士多德主义的危险，而且仍然为奥古斯丁的观点所吸引，但是完全意识到传统哲学的困难，并愿意在不伤及本质的情况下接受亚里士多德。我们还可以看到他在其体系中既为直觉知识，也为接受我们在预测神的活动中的不确定性留有余地。这些倾向中的一些，将在邓斯·司各脱那里再度出现，并得到强调。特别是新奥古斯丁主义的认识论，是一个困难的焦点。一方面，奥古斯丁的经典之言（最终来自于柏拉图）"我们不能期望从感觉得到任何纯粹的真理"，使 276
他们怀疑亚里士多德的经验论，及其托马斯主义的推论"理智之中的东西无不首先通过感官而来"。另一方面，在纯粹柏拉图主义的理相论消失之后，只有理智的神圣光照学说保护奥古斯丁主义者免受普遍的怀疑，这一学说是一条极难从哲学上予以捍卫的信条，在 1280 年代批判的思想氛围中尤其如此。在这种困境中，保守的神学家或至少那些属于方济各会的修道士们，从邓斯·司各脱的精神中得到了一种并无盟约的帮助。

约翰·邓斯·司各脱，其名字来自贝里克郡（Berwick-shire）一个边境小村，直到最近，我们还不知道其家在何处，甚至现在关于他出身的说法也还并非为所有苏格兰历史学家所接受。这种说法在一些细节上的证据是无法从中世纪的资料来源中找到的。根据这种说法，约翰·邓斯1266年生于罗克斯巴勒郡（Roxburghshire）的麦克斯顿（Maxton），并在哈丁顿（Haddington）接受早期教育。1277年，在邓弗里斯进入方济各会隐修院，他的叔父是那里的院长；1281年加入方济各会，如吉尔松所指明的，就在25年后被罗伯特·布鲁斯（Robert Bruce）刺杀红康敏（Red Comyn）流出的血所亵渎的那座教堂[①]。1291年，他被北安普敦的主教奥利弗·萨顿（Oliver Sutton）任命为牧师（这里我们有了某些根据），并在牛津（1290年～1293年）和巴黎（1293年～1296年）学习，并又在牛津学习（1297年～1301年），而且开始了他的教学生涯，编写了他的第一部箴言评注，该著作再度编写时成了《牛津著作》（*Opus Oxoniense*）。1302年，他回到巴黎，在那里，他创作了他的第二部评注，并因为支持卜尼法斯八世反对美男子菲利普而和其他人一起被放逐，这是他的现代同行一直强调（并不是说利用）的一个事件。1304年他又回来了，1305年成了博士，但是在1307年被派遣到科隆，1308年秋天他在那里去世，时年42岁，却已写就卷帙浩繁的著作了。

邓斯·司各脱很聪明，人称精细博士（*doctor subtilis*），人们都认为他是一位难懂的思想家，而且，当吉尔松和他的方济各会主

---

① 红康敏，苏格兰贵族，黑康敏（Black Comyn）之子，1306年2月10日，在邓弗里斯方济各会的教堂与另一位王位争夺者罗伯特·布鲁斯协商在与英格兰的战争中结盟之事，二人发生争执，布鲁斯将红康敏刺死。为此，布鲁斯被开除教籍。——译注

编、修道士巴利克（Balić）都同意他这样称呼他时，其他人就不必对于为偶然的糊涂辩解而感到羞愧了。除了他极其敏锐的思想之外，还有几条理由可以这样说。首先，邓斯的生命短促，还没有来得及对他的体系做充分而推理缜密的介绍。因此，在许多问题上，我们知道他所持的观点，但是却不知道他持这种观点的理由。他的弟子们做了很多补充，但是历史学家们并不关心他们。其次，他 277
著作的文本状况比波那文图拉或托马斯的要糟糕得多。有些只是作为其听众的记录而保存下来的，这样的版本往往彼此不一致。不仅如此，区分真伪的工作只是现在才接近完成。最后，邓斯不像波那文图拉和托马斯，不仅发明了一种新的形而上学方法，而且还创造了新的概念和术语来表示它们，诸如著名的 *haecceitas*（此性）和 *distinctio formalis naturalis ex natura rei*（把自然形式和自然事物区分开来）。这样，在他最初的掌握常规经院术语的工作之后，现代读者不得不再作一次努力。

我们应该记住，约翰·邓斯是在唐庇埃、基尔沃德比和佩克姆的声明所造成的氛围中开始其研究的，因此，阿维罗依以及亚里士多德的某些学说是受到强烈谴责的；不过从积极的一面说，牛津的方济各学派继承了格罗斯泰斯特数学和经验主义的传统，也继承了波那文图拉和佩克姆的奥古斯丁主义。因此，邓斯倾向于把哲学与神学各自的领域分开，这与阿维森那是一致的，他很崇敬阿维森那，在很多地方都追随他；而同时他又对形而上学有很浓厚的兴趣。形而上学探讨的是作为存有的存有，但是，在邓斯看来，存有本身是人的心灵无法理解的，人的心灵只能像它可以从感觉材料进行抽象那样，到达存有的这种分界。因而，邓斯从一开始就与阿奎那有分歧。对阿奎那来说，存有（*esse*）并非单义的（univocal）概念，不论用在什么地方都有同样的含义，而是容纳了从关系或性质起，经物质材料、植物、动物、精神实体直到上帝的一系列等级的一个概念。因此，创造出来的存有是上帝的存有的反映（*analogatum*），因此，创造出来的存有中可以生出心灵，在上帝那里发现万物之源（*analogizans*）。因此，存有是某种极为实在的（positive）东西，事实上是唯一真正实在的实体。

对于邓斯来说，存有在哪里都是一样的，没有实在的内容。因为他说，存有是所有不是非实体的东西（*se extendit ad quodcumque quod non est nihil*）。它既没有深度，也没有等级。在他的体系中，没有本质与存在之间的差别的地位。他直言不讳地评论说，这种区别纯粹是个错误（*falsum est quod esse sit aliud ab existentia*）。因此，如果我们想要证明上帝的存在是单义的存有的原因（据我们所知，上帝本身就包括在单义的存有之内），我们就无法摆脱事物的自然秩序，我们只证明了在所有原因之后的第一
278 因这个问题上最关键问题的存在。如同在亚里士多德的体系中那样，第一推动者是在由他推动的宇宙之内。因此，邓斯寻求一种在更高的形而上学层次上进行的关于上帝存在的论证：我们所知的一切存有都是偶然的，并且是由质料和形式复合而成的；偶然的、多样的和有限的存有需要一个必然的、单一的和无限的原因；无限性意味着拥有一切完美，包括存在——假如在这样一个无限的存有中没有自相矛盾之处的话。这个存有就是上帝。人们会注意到，这跟安瑟尔姆的论证有极为密切的联系。事实上，司各脱并没有否定安瑟尔姆的论证。但是，对于那些可以接受形而上学的推

理的人们来说,司各脱的论证既比安瑟尔姆的有力,又比他的清楚。

在认识论上,邓斯与阿奎那一样,是经验主义的亚里士多德主义者。心灵通过从感官呈现的对象那里抽象出本质而获得知识,从而得到概念。在这个范围内,人类的理性可以不要任何直接的神圣光照而获得真理。然而,邓斯在一个重要的方面与阿奎那不同。他认为,心灵有一种个体的直接的——尽管不是清楚的——直觉;而对圣托马斯来说,心灵只通过一种与记忆和感觉相联系的反映来认识个体。理智的直觉假定了一个理智可以理解的对象,邓斯是在个体的"形式"中发现这一点的。这种形式或"此性(thisness)(*Haecceitas*)"是一个新颖的概念,它是在一般和特殊之下的终极的概念因素,是个体性的基础,而个体性使一个存有不同于所有其他存有,并在此时此地呈现给我们的意识。对于邓斯来说,首先理解的是单独的本质,而非共同的本质。

这一学说还与邓斯关于形式的学说有密切联系。他从方济各会的老师那里,最终是从阿维塞布朗那里接受了形式质料说,这一学说暗示了实质性形式的多重性;他是一个实在论者,而且在某种意义上,还是比圣托马斯更为彻底的实在论者。他不仅教导说,共相以三重方式在创造之前存在于上帝的心中,存在于个体之中和概念之中,而且他还认为,所有样式和特性(distinctions)的实在与"形式性(formality)",实际上由心灵按照它们呈现在事物中那样认识到了;他认为,在事物的结构中,有一种与思想的结构的对应。因此,邓斯就把实在和形式性赋予了介于真实的特性和如阿奎那所接受的理性的纯粹特性之间的某种东西。因此,他能够接受人

279 的多种形式，并且断言在实质性形式——灵魂之下的 *forma corporeitatis*（肉体形式）。这样，似乎可以说，整个存有都为一个形式的形而上学之网所覆盖，用诗人霍普金斯发明的词来说，是形而上学的“内在特性（*inscape*）”。霍普金斯本人是司各脱的弟子。这一学说有助于邓斯坚持自己对“奥古斯丁主义”的质料现实性学说的看法。

约翰·邓斯在他关于理智和意志关系的概念上，坚决反对亚里士多德主义者和托马斯主义者。方济各会修道士们的最初灵感来自于一个人，其生活是对上帝之爱的回应，就像人们在基督的道成肉身和受难中所看到的那样。这些修道士们觉得把人首先看做指引着理智的意志是很自然的，这种观点因为采纳了奥古斯丁主义神学而得以加强，在奥古斯丁神学中，意志有很大作用。另一方面，亚里士多德主义者记得他关于人是理性动物的定义，总是把理智看做人高贵的官能。这种看法反映在亚里士多德有秩序的、不变的宇宙之中，并且是阿维罗依的决定论“倾向”所强调的。因此，托马斯主义者认为，意志是个盲目的官能（有时他将其比作一个孩子领着一个盲人），一旦心灵看见并认识到这点时，它就是由善来决定的，尽管他补充说，在此生，理性可以把意志引向较小的或相对的，甚至是假定的善，因为任何存有的事物都包含有某些善的成分。

另一方面，司各脱又教导说，定论取决于作为意志的意志，这接近于伦理学上的非决定论。关于善的知识只是 *sine qua non*（必要条件），并不是原因。意志的志愿的全部原因纯粹是，而且仅仅是意志（*causa totalis volitionis in voluntate nihil aliud a vol-*

untate est）。当把这运用于上帝时，就可以发现上帝对造物所起作用的最终根源，以及只在他的意志中传给人类的其法则的最终根源（*nulla est causa quare voluntas* ［*Dei*］ *voluit hoc*，*nisi quia voluntas est voluntas*）。唯一的界限是，上帝不能有两个相反的意愿。在把这一学说运用于人时，这一学说就有很重要的结果。对阿奎那来说，外在的法则是上帝"心灵"的反映，人的行为是善的，是因为它们实现了人性，并且朝向人的正当目的；而对司各脱来说，只有要求热爱上帝的戒律才与某种本身就是善的东西有关，所有其他善的行为仅仅是因为它们是上帝吩咐的。实际上，他确实说过，在禁止的命令中，那些被禁止的行为是因为它们是恶的而被禁止，但是他继续解释说，它们是恶的只是因为它们与正面要求的东西是矛盾的。因此，对司各脱而言，这是立法者，而非法则，立 280
法者是永恒的，行为本身在严格的意义上说，可以是无关宏旨的。这是圣托马斯所否定的一个命题。尽管实际上，司各脱对道德价值的评价没有什么变化，因为他在这个问题上仰仗上帝的直接指挥，他对上帝的绝对自由的坚持，和他引入与上帝的"契约"权力相对的上帝的"绝对"权力，却隐约指出了某些后来的发展。我们将不得不考虑这些发展。

司各脱的最为雄辩和最吸引人的一些章节应该是在意志第一(Primacy of the Will)学说得到赞许的一面，在这些章节中，他勾画了上帝在世界上的行为之中爱的法则。其中的一些章节使得拉什多尔写道，"在他的著作中有一种深厚的宗教情感，与托马斯冷静的理性主义正统适成对照，令人赞叹。"我们可以接受前半句话，而又不必同意后面的判断。[①] 事实上，司各脱就是受他对爱的强调的引导而在一个著名问题上与阿奎那意见不同。当阿奎那问他自己，假使没有罪要救赎，道成肉身是否还会发生时，他有些迟疑地回答说"不"。另一方面，司各脱却是做了肯定的回答。他说，上帝首先爱祂自己，然后才想要去爱别人和被别人爱，最后，他希望被太一所爱，太一可以爱祂至极（*summe*），因此，他永远希望祂儿子与创造出来的自然合而为一，创造出来的自然就是为了爱祂的。

很长时间中，人们认为，作为《定理》（*Theoremata*）的作者，司各脱把许多"自然神学"的基本论题归为那批出自理性而未经证明的命题。不论人们是否接受这部著作的可靠性，从他可靠的著作中所阐明的原则可以看得很清楚，邓斯认为哲学没有能力超出有限的存有，因而他会否认在诸如灵魂不朽和上帝的各种品性之类的问题上可以得到自然而然的肯定。这部分地是由于司各脱关于存有的定义，这个定义在其经验主义的认识论构架中和他关于上帝无限性的形而上学证明中，从人类心灵可以理解的真理的领域，转移到了一种低下的境地：在直觉或不仅是对无限的存有的理解，而且是对纯粹（即在理智上可以认识的）存有的理解之下。这是在我们可以理解和认识、可以用数学的精确性来检验的感性宇宙与上帝的无限性之间的一道鸿沟，除了那些关于或然性的论据之外，
281 人类理性凭借任何论据都不能越过这道鸿沟；除了信仰的确定性之外，也没有任何确定性能帮助人类理性越过它。尽管邓斯丝毫也不是一个怀疑论者，尽管他的神学在所有基本原则上都与阿奎

① 《中世纪欧洲的大学》（*Universities of Europe in the Middle Ages*），iii 260。

那是一样的，哲学领域和神学领域却开始以一种波那文图拉和阿奎那的传统都不熟悉的方式土崩瓦解，各谈各的问题。在直接的意义上，邓斯绝不是奥康主义的前辈，而且，他的追随者后来在他们的学派中把波那文图拉的神学体系与司各脱结合起来了，从而阻止了一切朝向唯名论的倾向。但是，在纯粹哲学的领域，邓斯在反对对亚里士多德的一种刻板的、狭隘的和粗野的解释时，确实把人类无助的智力的能力给缩小了。尽管他自己就是一个形而上学家，他却缩小了形而上学能力的范围，他的后继者们就从这样的形而上学开始思想的遨游。

尽管邓斯·司各脱在早期成了方济各派的骨干，但在中世纪时代，他从未成为他们正式的先生。尽管司各脱主义宣称，从 1350 年到 1650 年，在各学校中，其信徒比托马斯主义的要多，但由于邓斯的人（或"笨蛋们"[dunces]）成了伊拉斯谟和宗教改革家们责骂的主要对象，司各脱名声一落千丈，甚至超过了阿奎那在启蒙时代的遭遇，而且，当一个世纪之前经院主义重又成了典范时，是托马斯主义占据了首位。尽管事实上阿奎那只是约翰·邓斯所批判的许多前人和同时代人中的一个，约翰·邓斯却一直是托马斯主义卓越的对手，他视托马斯主义为 *fons et origo mali*（恶的根源），恐怖屋中的第一陈列品，而且这是在把他重新介绍给现代世界之前。甚至他最热烈的赞赏者也觉得很难把他提出来和圣托马斯一起，作为使人感到亲切的合理性和有灵感的常识的体现。司各脱向一个世俗之人和一个不熟悉天主教神学的人描述了圣托马斯所有的一般难点，还加上了大量他自己特有的东西。事情可能总会是这样，但是，在过去的半个世纪里，为方济各会学者们所做的热情辩护，与诸如吉尔松这样的批评家们的公正探讨结合了起来，以重新展现真正的邓斯，并显示他的伟大。这的确是无法否认的。尽管邓斯缺乏阿奎那那种深水的清晰，他的许多话却有弦外之音，他始终是一位伟大的神学家，还是一位无与伦比的批评家，他准确地指出了基督教亚里士多德主义的最大缺点。他是十三世纪唯一可以挑战那种与三位圣徒和博士比肩而立的地位的思想
282 家。可能人们都会同意，他没有阿尔伯特那么厚重，没有托马斯那样有创造力，没有波那文图拉那样聪明，但是，他有权享有的称号在一个知道一位大师到底要有什么样的批判思想的时代，并不是轻易得来的。很奇怪，但没有什么不合适的是：最为优美的对牛津的颂词以及由一位经院思想家[①]激发出的唯一伟大英国诗句，竟然是以约翰·邓斯为中心的：

诚哉方家！秋毫明察。
无人可与之争锋，
堪媲意大利希腊！
（Of realty the rarest-veinèd unraveller; a not
Rivalled insight, be rival Italy or Greece.）

---

① G.M.霍普金斯《邓斯·司各脱的牛津》（*Duns Scotus' Oxford*）。

第 26 章　综合的崩溃

283

在阿奎那和波那文图拉死后的40年，是思想极为活跃和基督教会骚动不安的时期。在波那文图拉有缓和作用的影响被消除之后不久，方济各会修道士们中间很快兴起了争论的精神，这导致属灵派(the Spirituals)和他们的对立面住院小兄弟会(the Conventuals)的形成，并扩大为一场关于基督贫困的争论，震动了全欧洲，然后又是关于统治与恩典的争论。在接近该世纪末时，切莱斯廷五世的退位和卜尼法斯八世过分的要求，对教会与国家之间的旧争论如闷火上浇油。这在法兰西导致了美男子菲利普和他的大臣诺加雷(Nogaret)的反教皇措施和宣传，还导致了激烈的言辞和行为，这些言辞和行为标志着卜尼法斯八世任期的最后几年。在意大利，这导致了归尔甫派(Guelf)和吉伯林派(Ghibelline)之间的进一步分裂，也导致了但丁的帝国梦。而在稍晚些时候，帕多瓦的马西里奥的非宗教主义宣传机构与方济各会分裂的属灵派会长结盟，巴伐利亚皇帝刘易斯(Emperor Lewis of Bavaria)在对异端的谴责声中反对教皇约翰二十二世。

虽然在这些公开的争论中，尖刻的调子越来越强烈，而且参与的各方都以一种极端的逻辑来追求他们的目标，这种逻辑使他们远远超出了常识的范围和实际政治生活的视野。然而，在各学派中,这个时期是以许多对前此所追随的路线的偏离,以及出现了一批有能力的自由思想家为标志的,这些作家批判前一辈伟大人物的许多论点,常常带有破坏性的效果;他们还另辟蹊径,建立新体系,这些新体系从未完成过,可能从来就没想完成。尽管司各脱部
284 分地、奥康的威廉更为彻底地动摇了方济各会大部分旧思想的基础,方济各会的所有学派还是继续在最大的时间跨度上产生了一系列著名的大师。布道士们(就是因为他们,托马斯主义早在1278年就成了官方学说)在两百年中没有产生出一流的学者,尽管二、三流的有两位英格兰人很突出:萨顿的托马斯(Thomas of Sutton),他是一位非常有才干的神学家;尼古拉·特里维特(Nicholas Trivet),是文学批评家和史学家。

阿奎那最著名的弟子和个人门徒是在自己的修会之外,其中最重要的是罗马的吉莱斯(约1243/7年~1316年),他在圣托马斯第二次在巴黎任主讲教师期间,成了奥古斯丁会的隐修士和圣托马斯的弟子。后来,吉莱斯是巴黎的奥古斯丁会的第一位主讲教师,他的学说早在1287年就被尊为修会的官方理论。1292年,他成了奥古斯丁会的会长,1295年任布尔日(Bourges)的主教。吉莱斯年轻时在巴黎是托马斯主义最坚定的捍卫者,特别是在形式的统一性学说上反对唐庇埃主教及其友人,结果被迫流亡。过了一些年,他又回来了,可以明显感到他变得持重了,而且,尽管他在最本质的问题上仍然是忠实的托马斯主义者,他在某些方面却将其学说加以引申,比阿奎那走得更远,这应该是得到了认可的;而在另一方面,他则完全背离了托马斯主义。在教皇政治领域,他的不妥协是特别引人注目的。在这一领域,他的《论君主制》(*De regimine principum*)(其中的论据是亚里士多德和托马斯的)逐步建立起一种主张,认为教皇有对教会和国家一切活动的唯一最高统治权。吉莱斯完全被认为是主要的教皇至上主义者,因而他的观念和言论大量收录在教皇敕谕《神圣一体》(*Unam sanctam*)中,尽管教皇敕谕在教义上的结论,显然比吉莱斯看来想要要求或想要论证的论据与辩护更为均衡、更为传统。吉莱斯是一系列忠实于托马斯主义的著名的奥古斯丁会修道士直接或间接的老师,这些人中的最后一位,斯特拉斯堡的托马斯,他是该会会长,是他使其下属们没有受唯名论的沾染。

一个更为重要、更为集中的托马斯主义者的聚集地见于科隆。该城是莱茵兰的大都会,很早就被选为多明我会的 *studia generalia*(总学馆)之一,它还是方济各会一个重要的学术中心。一些最杰出的修道士到那里学习和授课,这其中有大阿尔伯特、托马斯· 285
阿奎那和邓斯·司各脱。科隆在不止一个世纪的时间里,一直是最重要的思想中心,尽管在1388年之前它还没有一所大学。在经院思想史上,它主要是作为新柏拉图主义神学家的一个学派的所在地而值得重视,这些神学家还是一个理论上和实践上的神秘主义学派的创始人和领导人。

这个学派的起源在很大程度上可以追溯到阿尔伯特在其对新柏拉图主义感兴趣阶段的影响与学说,但是,多明我会的摩尔贝克的威廉在1268年到约1286年期间从希腊文翻译的普罗克鲁斯的著作,赋予了这个学派全新的生命力。这些著作对多明我会修道士们的日耳曼头脑有直接的感染力,第一个感到这种吸引力的是阿尔伯特的得意门生、斯特拉斯堡的乌尔里希,他又和阿尔伯特一起影响了弗赖堡的狄特里希。狄特里希因其在自然科学上的研究与发现而为人所注意，他是提出对彩虹的正确解释的第一人，他还是一位杰出的哲学家，在一定程度上是托马斯主义的，但主要观点是奥古斯丁主义和新柏拉图主义的。

一个更伟大的名字是梅斯特·艾克哈特（Master Eckhart）（约1260年～1327年）。艾克哈特可能在科隆做过阿尔伯特的学生，后来在巴黎和邓斯·司各脱同时做讲师。他在多明我会里做主讲教师和教区主教的业绩卓著，尽管他晚年被指控为异端而受到烦扰，在宣布他完全服从教会的意愿后去世。两年之后发生的大谴责中，有一批命题是从他的著作中抽出来的。艾克哈特在很长时间里一直是、现在仍然是一个有争议的人物。路德和其他日耳曼宗教改革家将其尊为一种民族的、神秘的、非罗马的宗教之源；更晚近一些的日耳曼思想家和史学家则认为他是不属于任何教派的神秘主义者。丹尼弗说清了他的来龙去脉，毫无困难地展示了其神学经院的、托马斯主义的构架。丹尼弗的思想活跃、好斗、具体，不同情思辨神秘主义，他倾向于把艾克哈特思想中所有非托马斯主义的成分都看做迷茫与空想。自从丹尼弗以后，学者们就分为两种意见：一些人认为艾克哈特是神秘主义的经院哲学家，另一些人则认为他是经院的神秘主义者。前者的评价可能更正确些。尽管艾克哈特运用经院哲学的，甚至托马斯主义的辩证法和术语，并且了解其所有见解，但却在其神学中运用了消极的、否定的新柏拉图主义的方法，而且，他无疑是非正统的，至少在字面上如此；他对一切造物的绝对不存在的断言，以及对灵魂（灵魂
286 是非创造出来的和神圣的，总是趋向于与上帝重新合一或专注于

上帝)的中心或活力(*Fünklein*)的存在的断言都是泛神论的。然而,艾克哈特从根本上说是正统的,这既可以从他正常的生活和精神上的教诲,也可以从他给其门徒们留下的印象上看出来。

除了他的神学论文和他作为教区首席主教的行政职务之外,艾克哈特对于莱茵兰虔诚的人们来说,还是一位经常可以见到的布道士和精神上的顾问。在这一地区的大小城镇中,成立了许许多多妇女团体,她们有炽热的宗教生活和精神生活,按教廷的要求,由多明我会负责对她们进行指导。在这项工作中,修道士们受了伪丹尼斯著作的很大影响,伪丹尼斯的著作连同阿尔伯特派的新柏拉图主义学说,赋予了多明我会的传统一种特色,这一传统在其关于恩典和美德的神学上是严格的托马斯主义的。艾克哈特的两位伟大门徒约翰·陶勒(John Tauler)(约 1300 年～1361 年)和亨利·苏索(Henry Suso)(约 1295 年～1366 年)都是多明我会的修道士,广义地说,都是托马斯主义者,都是完全正统的。他们默默地抛弃了老师的新柏拉图主义上层建筑和一切泛神论的遗迹,而又保留了他精神上的和神秘的学说以适应个人之用。这一派的学说与其说属于哲学史,不如说属于灵性史,它不仅传播到低地国家,体现在弗莱芒人扬·凡·吕斯布鲁克(Jan van Ruysbroek)(1293 年～1381 年)身上,还传播到英格兰,在《无知的阴云》(*The Cloud of Unknowing*)的教诲中。两个世纪之后,陶勒的学说对十字架的圣约翰和其他西班牙宗教作家有相当大的影响。莱茵兰学派的确是具有多明我会精神的中世纪及现代学派的根源,多明我会的精神一部分从其起源处、更完整地说是自十六世纪以后,一直与托马斯主义思想有密切的关系。

一批批判的和折衷主义的杰出神学家的出现是一条非常不同的发展线索，主要在法兰西特别值得注意，他们在一些重大事务上有进展，并且熟悉在阿维尼翁的教廷。他们之中不止一人作为教区主教度过了生命的最后岁月。就我们目前所知的情况来说，要把这个人或那个人看成唯名论的起源就失之草率了。所有的事情都表明，在奥康及其追随者中的公开倾向中，许多就出现在邓斯·司各脱时期以后的思想家们的著作的潜在解释中。请注意我们关于个体的概念、“自然”宗教的某些真理的不可论证性、上帝的绝对
287 自由以及对他“绝对”能力的兴趣。这些论题都是约翰·邓斯提出来的，将要成为他的继承者们讨论的主要问题。

这些继承者之一，圣普尔赛因的迪朗（Durand de S. Pourçain）（约 1275 年～1334 年）是一位多明我会的修道士，他因为其反托马斯主义的观点以及坚定地独立于其前人，而一再与其修会的当局发生冲突。在压力之下，他收回了他令人反感的观点，但是，当他成了主教和罗马教廷 *persona grata*（受欢迎的人物）时，他又觉得可以再自由地坚持它们了。他是在 1317 年提升到利莫（Limoux）主教教座的。他显然是该教区第一位、也是最后一位主教。1318 年，他被调到勒皮（Le Puy），1326 年又调到莫（Meaux）。在 1325 年及以后的岁月里，他供职于审查和指责奥康著作的委员会。他最重要的著作是一部《箴言评注》，该书有三个版本，从托马斯主义的立场来看，第一版和第三版是非正统的，第二版是无害的。在思想史上，他最重要的思想是在关系问题和智力活动过程问题上。

根据阿奎那所接受的传统逻辑学说，一个存有与另一个存有

的“关系”，即相关（*habitus*，*respectus*）（如父与子、左与右等），是实体的“偶性（accidents）”之一——尽管呈现出某种特性（peculiarities）——因为关系可以是真实的（父子），也可以只是想象中的（左右）。迪朗认为它是存有的第三种样式（及实体、偶性、关系），而且，只有当某种依存性或因果性存在时，才能完全称其为关系，诸如父与子、推动者与被推动者。这很接近于奥康主义的学说，该学说把因果变成只是关系：父亲不是儿子的原因，从经验上说，父亲只是出现在儿子之前，并表示对儿子有父权。根据传统的神学，三位一体中的各位只是依它们的关系而互相区别，但把迪朗的学说运用于三位一体时，就有了麻烦。在认识论中，他主张，智力是一种抓住个别对象并将其作为个体来认识的能力，并非以一种抽象概念的形式来认识。认识的原因不是对象，而是认知能力。一切存在的事物都是单一的；共相不是实在或实体，而是被心灵“看见”的、可以说是一组个体的总和的东西。因此，托马斯主义关于真理是对象与心灵相符合的观点对迪朗来说就没有意义。根据他的观点，真理是认识到的事物与事物本身相一致。个别的存有与共相不是同一的，共相也不是先验的或内在的。共相与个别对象 288
是**相关的**，真理是一个存有与其自身的两种样式的关系，即真正的事物的样式和人们所理解的事物的样式。因此，在上帝那里没有范型观念（exemplary ideas），祂仅仅是事物的原因。

迪朗的一位同时代人皮埃尔·奥里奥尔（Pierre Auriol）（约1280 年～1322 年）是其方济各会的对手。他无偏袒地攻击波那文图拉、阿奎那和司各脱，并作为普罗旺斯地区艾克斯（Aix-en-Provence）的主教而结束了他的生命。他特别折衷，既不是柏拉图主义者,也不是亚里士多德主义者;既不是托马斯主义者,也不是司各脱主义者。不像迪朗,奥里奥尔是一个概念论者,即:拒绝像亚里士多德、阿奎那和其他“温和实在论者”那样认为,认识到的对象是以本质呈现给认识者的头脑的;他认为,它只是以显象(appearance)呈现的,如他所说:概念是事物在头脑中的显象。按照奥里奥尔的说法,个别的存有有一种形式并且彼此相似或类似。积极理智把它当做一个概念接受,但是概念只有现象的存在,不是真实的。从个体抽象不出本质来,只是映象;*species*(种)是一幅相当清楚的图景,*genus*(属)则较模糊。为了澄清他的意思,他说,经验告诉我们,当我们懂得了玫瑰是什么意思时,我们是在理解形式,而形式不是某种印在头脑中的真实事物,而是具有可见的精神存有(visible mental being)(*esse intentionale conspicuum*)的那个事物本身(玫瑰)。换句话说,没有理智的抽象,只有头脑中事物的图景,名词(如玫瑰)仅是我们给予那幅图景的名称。只有个体存在,我们通过直接的视觉认识它们,直接的视觉比图像性的内心映象更高、更清晰。在其他一些问题上,奥里奥尔也有他自己的观点,在他看来,这些观点使一些自然宗教的真理(如灵魂的不朽)无法证明。他准备相信这些而并不理解,似乎它们是一些奥秘。

迪朗和奥里奥尔之外的另一些人所持的观点惊人地相似,看起来他们的观点好像是直接来自这两位法兰西人,实际却并非如此。例如哈克雷的亨利(Henry of Harclay)(1317 年去世),一位牛津的博士,接受了邓斯的 *haecceitas*(此性),但却否认几个个体的共同本性是超出“此性”(thisness)的一种混乱形式的东西;共相是存在的,但却是作为一个混乱而非清楚的概念而存在,类似于远看苏格拉底，眼睛只能认出那是“一个人”。

这三位思想家以及此外许多像他们一样的人，都努力把可理解性和实在性赋予个体，而同时，他们放弃了寻求在个体之外的 289
（实在论），或至少是在认识者的头脑中以理智的形式抽象和呈现出来的（温和实在论）那种实在性的一切尝试。然而，他们都同意说，个别实在的某种形式或图景是呈现在认识者的头脑中，不管它是诸如 *haecceitas*（此性）的形式，还是图景，还是混乱的映象。同样，他们都同意，在个体中有某种东西可以称为本性或共相，即使它只是通过常规的思想认知就可以同个体本身区别开来。留给奥康的就是否定个体本质中的任何共同的或普遍的东西，因而否定我们经验的对象的任何可理解性（在该词真正的意义上）。

第 27 章 奥康的威廉

我们现在要认识影响了欧洲思想进程的伟大的中世纪思想家中的最后一位。奥康的威廉是一位难于处理的哲学家，近来许多人都研究过他，其他的许多人目前正在讨论他，而且至今在他们中间既没有取得完全一致的意见，可能也还没有充分理解他们研讨的主题。他的生平年表过去很长时间里一直不清楚，尽管现在已经大体上理清了，但是他著作的年代在好几处依然不清楚，同时，这些著作本身有一部分还没有印刷，还有一部分未经考订。此外，奥康还是一位大胆的思想家和一位写作的快手，而且，他盛衰无常的生涯把他带入了湍流之中。在其晚期著作中，逻辑、哲学、神学、政治史、方济各会的贫困问题和教皇及帝国权力都拥挤在他的字里行间。尽管我们很难说他优美的文字使他所接触的一切生色，他却肯定在上面留下了他敏捷而尖锐的思想印记。

甚至在我们这个时代，他依然是一个有争议的人物。他同时代的年轻人以及他们的继承者把他拥戴为一个新时代的先驱和圣师，他在世时就受到憎恶其观点的人们的攻击，后来还受到那些反对他的技巧而保留其许多观点的人的攻击。他除了被当做一个怪物来吓唬年轻的托马斯主义者之外，被人忽略了几个世纪。一些中世纪思想的研究者重新发现了他，把他当做一个历史人物，这些研究者是托马斯或邓斯的追随者，他们认为奥康是亚玻伦（Apollyon），[①]是个大骗子和破坏者，毁掉了中世纪思想黄金时代的建构。在更近一些年，另外一些人则把他看做伟大的创造者，是他的那群同时代人中的一个：在这些人的著作中，我们可以看到笛卡尔 291
哲学、反教皇的改革、现代科学和世俗国家的雏形。再晚近一些，在过去的二十年中，他所属修会的成员一直在努力肃清他们认为是奥康的破坏性才华的神话，并表明他是一位伟大的逻辑学家，其思想和学说基本上是传统的，他使亚里士多德的逻辑学恢复了活力；他大胆的假设不过是为理智上的争论提供材料，他从未想做得更多。这后一种意见可能不会有什么支持者。奥康对中世纪思想所做的最有独创性和持久的贡献确实是在专业逻辑的范围内，而另一方面，他没有或没打算在他对纯粹神学真理的论述上做任何创新，但是，他绝没有把自己局限在"纯粹"逻辑之内，而且从他早期开始，他就宣布了一种认识论，这种认识论不仅是新颖的和革命性的，而且，它关上了反对任何关于存有之为存有的知识，或换言之，关于形而上学知识的任何可能性的知识之门。此外，他在思想领域中无情且坚定，一如他的同时代人在政治行为领域中一般，而且，由于他拒绝把任何在他看来并非是严格的必要性（著名的奥康剃刀）所要求的术语或概念接纳进他的体系，他达到了对思维事务的简化，这与完全消除人类描述和分析存有之宇宙的传统能力没有多大差别。

奥康的威廉是五、六个对西欧思想有过深远影响的英国哲学

① 见《圣经》启示录。——译注

家之一,约 1285 年,他生于瑟里(Surrey)的奥康,这是位于现代威斯利(Wisley)和里普利(Ripley)之间的朴茨茅斯路附近的一个村子。除了他还是个孩子时就成了方济各会修道士,并在约 1310 年～1317 年在牛津学习之外,我们对他的家庭或早期生活都一无所知。从 1317 年起,他讲授《箴言书》和《圣经》;在 1319 年到 1324 年期间,他写下了他的逻辑学著作以及他的《〈箴言书〉评注》,后者他在随后的几年中又至少两度重写。如我们所见,尽管这是一个折衷思想家和独立思想的时代,一位牛津的前校长约翰·路特莱尔(John Luttrell)明察秋毫,清楚地认识到了奥康思想中的某些东西不仅是新颖的,而且具有潜在的危险,并在 1324 年向在阿维尼翁的教廷控告了这位年轻的修道士,他的神学事业因此被阻断
292 了。此时他已开始授课了,但还没有获得硕士学位。奥康跟着他的控告者到了阿维尼翁,这位才华横溢的年轻人在三年多的时间里饱受等待审判拖延和辩论的折磨,他很高的期望破灭了。其时的阿维尼翁是个奢华与阴谋的城市,道德败坏。教皇约翰二十二世搞得那里的气氛总是令人心惊胆颤,他时年七十多岁,是个性情暴躁的独裁者,不知疲倦地掀起一阵阵狂风暴雨。奥康在等待审判时被吸引进切塞纳的迈克尔(Michael of Cesena)的圈子之中。迈克尔是方济各会的会长,那时正与教皇有争执,他给了奥康一个任务:仔细检查教皇的公告和其他关于基督贫困的争论的文字,以及方济各会内部的政治活动,结果是,他相信教皇的决定既缺乏学识,又缺乏正统性。与此同时,教皇约翰二十二世与巴伐利亚的刘易斯之间的争吵正逐步达到高潮。在 1328 年早些时候,皇帝进入罗马,帕多瓦的马西里奥作为他的 vicar in spiritualibus(精神上

的代言人)一同进入罗马,罢黜教皇,支持教会分立派的修士。高层政治活动、方济各会的争论,以及奥康个人的命运在同一时刻交汇成一个高潮。在阿维尼翁,逮捕看来近在眼前,奥康的威廉和此时反叛的方济各会会长(他曾上诉教皇和罗马教会)决定不再等待。在1328年5月26日夜里,他们离开修女院到码头,乘小船秘密地沿罗讷河(Rhone)而下。在艾格-莫尔特(Aigues Mortes),一艘帝国的军舰在那里等候,接他们到皇帝那里。在欧洲思想史上,这是一个决定性的时刻,可以同1917年列宁乘一列密封的列车迅速离开瑞士到彼得格勒相比。“你用你的剑保护我,我用我的笔捍卫你。”[1]这话可能是虚构的,却很好地表达了现实情况。从此以后,奥康就与天主教会的首脑有了双重的对立:作为分立派的方济各会修道士和作为皇帝的被保护人。他被立刻开除了教籍,其余生一直处于禁令之下。大约在同时,阿维尼翁的委员会(圣普尔赛因的迪朗是其成员)谴责了奥康的少数命题,并对其他命题表示怀疑,但是总的来说,对他远比30年后宽大得多。与此同时,奥康和切塞纳的迈克尔已在慕尼黑刘易斯的王宫与帕多瓦的马西里奥及扬顿的让联合了起来,在其后的15年中,奥康的笔下小册子源源不断地涌出,涉及与教廷争论的各个方面。当刘易斯和约翰 293
二十二世都去世之后,可能有过一些与教廷和解的行动,一种形式的赦罪文保存了下来,其真实性令人怀疑。是否达成了这种和解或奥康在去世之前接受了它,是极令人怀疑的。奥康约在1346年

① *'O Imperator, defende me gladio, et ego defendam te verbo'*.这一说法似乎不会晚于十四世纪后期。见J. Miethke, *Ockams Weg zur Soziaphilosophie* (Berlin 1969), pp. 222-3。

至1349年去世,可能死于黑死病。

奥康对他这一代人的主要贡献是其新的逻辑体系,他在其《逻辑大全》(*Summa totius logicae*)中表述了这一体系,在该书中,他把舍伍德的威廉(William of Sherwood)的唯名论逻辑和亚里士多德的逻辑结合了起来,因而把一种极为精妙的技巧赠予了他的同时代人,在某些方面类似我们今天的符号逻辑。然而,他的主要声望是在于从逻辑扩张到认识论,这使他成为唯名论学派的创始人,或者在其更广泛的一些方面上,可以叫做"现代方法"(*via moderna*)的创始人。他的直接追随者们给予他的头衔 *venerabilis inceptor*(尊敬的创始人)是对一个从未成为神学博士的人最尊敬的称号,它被误解为意指他是一种思想方法的创始人,这种思想方法征服了大半个欧洲。

尽管奥康与众不同的学说的直接来源还不清楚,它实际上可能也不存在,他思想中的许多成分与十四世纪早期折衷主义的革新者们的思想极为相似,他主要感兴趣的问题也常常与其直接前辈相同,因而最后一步很可能是奥康自己迈出的。这就是在其对认识过程的描述中,不仅完全抛弃一切形式的实在论,而且完全抛弃所有种类的理智抽象。认识者的头脑并没有从认识到的事物中抽象出本质或性质来,因为无论是抽象的思想过程,还是要抽象出的任何性质的存在,人们都不能表明它们存在。人们所知的只是个体和单一,认识过程纯粹是直觉的。没有共相这样一种东西,谈论以概念形式呈现在认识者头脑中的被认识的事物是一派胡言。奥康评论说,"共相不论以什么方式在认识者的头脑之外都不存在。"[①]他

① *In l Sent*. d.2,q.8(U-Geyer,577).

强有力地攻击了实在论，既包括其柏拉图主义和托马斯主义的极端形式，也包括穿着托马斯主义外衣的温和实在论。如果共相像在柏拉图的"理相"中那样是先验的，那么它就不是共相，而是个体；如果它是内在的，那么它就不是单个的，而是复数的。邓斯的单个形式，其 *haecceitas*（此性）以及其众多的一般形式只不过是过分精细，遵从经济的原则，应当抛弃。共相是某种纯粹思维之内 294
的东西，是对个别事物的直觉认识的伴生物。一个特定的事物，如一条狗或一朵玫瑰，在人的头脑中唤起一个思维"符号"（*signum naturale*），这个符号在所有的人那里都是同样的，就像哭和笑一样；然后，各种族的人们就以其语言给予这个符号一个词语符号或专门名词或名字，我们使其与我们的思想映象联系起来，它使我们的头脑回忆起这个映象。就像奥康说的，"除了通过直觉的认识，什么东西都不以其自身自然地为人所知。"[①]共相不是某种真实的、不论在灵魂内外都有主体性存有的（即凭其自身）东西，它只有客体性的存有（即作为思想的客体），而且它是一种精神上的人造物（*et est quoddam fictivum*），具有作为思想客体的存有，对应于事物凭其自身而具有的存有。换句话说，共相只是因为头脑构造了它而存在，术语或词（狗、玫瑰等）是符号，我们使其与我们的直觉联系起来，它使我们想到它。由于没有像共相这样一种事物，并且由于无论什么事物都是不可简约的个体，存有作为形而上学的实体并不存在，因此，形而上学的知识都是不可能的，事实上，形而上学就不存在。

---

① *In l Sent* dist. 3 q. 2F(U - Geyer, 579).

由此得出,所谓自然宗教的真理都是不可论证的。人类仅用其自然能力无法直觉地认识上帝,而且,由于直觉是真知唯一的形式,这就意味着上帝完全不能为我们所知。因此,没有人能提出关于上帝存在的结论性的证明。与此类似,关于神的各种特性,由于我们对从造物到上帝都没有直接的认识,也没有论证的方法,就无法论证神的各种特性,我们只能满足于信仰和启示告诉我们的东西。

然后奥康又开始讨论灵魂。这里,我们有出自我们自身经验的直觉知识,诸如高兴和悲痛,但是没有对灵魂自身、其本质、其不朽性等的直觉,更没有关于形式的令人烦恼的问题。如奥康所说,"我们无法通过无论是理性还是经验,确实地认识到在我们自身之内有这样那样的一个形式,或这样那样的具有理智特性的一个实体,或这样那样的一个灵魂,它是身体的形式……我们只是通过信仰才掌握了这三条真理。"①

295 由于这样界定了头脑的能力,奥康为上帝的行为打开了最为广阔的领域,我们可以看到有条理地运用上帝的绝对能力来消除人类经验正常水平上的确定性的第一个例子。司各脱曾第一个在论证中把传统的上帝全能学说用作一种积极的、而不仅是一种让步的因素;但是留给奥康来做的,是在一种破坏性的意义上来运用它,并且开始把一切论证都转换为关于上帝绝对能力的艰深学问,这成了一种惯例,被他的追随者大大发展了,这样,就消除了亚里

---

① *Quodl*. I q. 10, *Opera Theologica*, IX, ed. J. C. Wey (St Bonaventure, New York, 1980), pp. 63-4.

士多德主义(和托马斯主义)把神的秩序、法则、可预言性的概念运用于宇宙的运行。那种旧的、迄今仍是陈腐的说法——上帝可以通过他直接的行为实现他通过间接的或有次要效果的原因而达到的一切——被用来证明,一种“观察到的”效果并不必然有一个有限的、自然的“原因”。事实上,我们没有办法知道何时这个效果是自然的,或非自然的,或者甚至无法知道我们的直觉认识是否在任何特定时机,乃至在直觉的客体 *in rerum natura*(在自然事物中)是非存在的时候,都是或不是由上帝直接植入我们头脑的。用奥康的话来说,“即使一个事物已被毁掉了,关于它的直觉认识也可以(由上帝)给予我们,因此,直觉认识不是关于它自身的,而且必然是关于某种存在的事物的知识。它很可能是关于某种不存在的事物的。”①因此,基于我们的直觉认识的共相之存在的任何论据都是无力的,因为如果那些事物本身不存在,*a fortiori*(就更有理由说)共相是不存在的。

这种对上帝之绝对能力的有条理的运用是强调上帝之绝对自由的必然结果,司各脱首先以一种有倾向的方式强调了上帝的绝对自由。奥康在这里追随邓斯,强调意志的第一性和上帝与人的自由的概念。由于我们通过纯粹理性无法认识上帝的属性或行为方式,并且由于教义的第一条就是断定上帝的全能,伦理学就变成完全依赖于启示,启示是我们获知上帝意志的唯一渠道。行为本身无所谓好坏,而仅仅因为它们是上帝所要求或禁止的。不仅谋

① *In Sent. Liber I, Prol. Q. l, Opera Theologica*, I, ed. G. Gál, O. F. M. (St Bonaventure, New York, 1967), p. 36.

杀和通奸，甚至仇恨上帝都可以因为上帝的命令而成为伦理上善的行为。在没有众所周知的伦理的善的地方，不会有功绩，也不会有奖赏，因此，神的赏罚与现世的行为没有内在的因果联系。由于
296 功绩并非必然为了奖赏，而且由于上帝是绝对自由的，并且可以奖赏他选定的任何行为，并赐至福给无功之处，作为灵魂的一种性质的恩典的神学概念就是多余的，美德的各个等级和结构也同样。上帝的赠予——圣灵是恩典，其余的一切都应翦除。

然而，要认为奥康是理智怀疑论者就大错特错了。他认为，存有的宇宙完全离开与之进行接触的心灵而存在；他还认为，心灵对个别事物有有效的直觉。他断言，上帝可以在实在不在心灵之前时在心灵中产生直觉，这并非想要向怀疑论打开大门。这里有一种自然的、普通的意义。奥康的唯一意思是说，由于上帝可以产生像一个外在事物可以产生的同样效果，从实在的直觉反过来推论事物的实在就是无效的。尽管托马斯主义者们教导说，真理是通过把所知的客体接纳进头脑而得到的，对一个存有的认识要比单纯记录其存在更真、更高，奥康却把所有的认识都简化为直觉，并认为所有纯理智的理解都与实在的一种形式有关，而非超精神存有的形式。直觉获知个体，只有个体存在 *in rerum natura*（于自然事物之中）。因此，一切价值判断和一切来自因果关系的论据都是无意义的，除非作为对个别事实的观察记录。我们只可以说，这是好的，那是非常好的；这件事发生了，那件事随后发生。另一方面，科学的和逻辑的论据在其自身的领域内是有效的，但这不是真实存在的事物的领域，而是假定的领域，或这些事物借以呈现在我们头脑中的术语的领域。从假设反推存在是不合规则的。唯一有

效的逻辑论证是对一个包含在其前提之中的结论的论证。

当我们能够或认为我们能够指出一种学说，或者更恰当地说，指出一个人是我们所哀叹的任何特定罪恶的原因时，我们总是感到宽慰，那些珍视十三世纪经院哲学的思想成就和宗教成就的人过去曾屡屡发现，在奥康和唯名论那里，有某些人今天在马克思和共产主义那里发现的东西，一切做坏了的事的源泉。在这两种情况下，就像在所有类似的情况下一样，观念和倾向的复合交错远非任何“主义”所能概括；一个个人无论有多大才华，也总是一个代表
和继承人，同时也作为一个创始人。因此，我们必须当心，不要认 297
为奥康应该对他身后的一切哲学的和神学的不可知论负责。然而，这位可敬的起始者的影响无疑还是非常之大的。其思想的连贯性和无情就像十八世纪晚期康德的一样，迷住了他的同时代人和后继者，他们运用他的技巧，走得比他更远。尽管他本人并非哲学上的怀疑论者，但是他对摧毁已经摇摇欲坠的、由基督教亚里士多德主义者建立起来的构架给予了有力的帮助，也有力地帮助传播了一个有序的、连锁的宇宙的概念；这个宇宙反过来又为超自然的恩典的系统所渗透，并与之相吻合。对于波那文图拉来说（对托马斯和司各脱也一样），基督的（Christian）生命是被提升到一种本质上更高的力量的人的生命；对于奥康来说，或至少对其激进的追随者来说，基督的生命依然是人的生命，尽管有上帝的帮助，而且上帝根据自己的选择奖励他，而与这个生命本身的性质没有任何必然的联系。

第28章　唯名论的收获

奥康的威廉离开了牛津和英格兰，再也没回来，他还年轻，头上有一片没有消散的阴云。他的学说受到批判和审查，他本人再没回到学校中，而是被开除教籍并在流亡中生活直到去世。然而，在他离开英格兰的几年之内，他的方法与学说如油一般地弥漫开来，没用多少年，他就被尊为“新方法”的创始人，这种 *via moderna*（现代方法）改变了各学派的全部看法，而且它以唯名论的名字出现，将要在两个世纪中孕育许许多多思想的中心。这样的成就本身就是一个证明：奥康不单是革新者。他的名字和他的著作变得出名了，因为它们恰好适应了其时代的趋势和倾向。他大胆地做了别人只是在尝试的事，他清楚地看到了别人只是模模糊糊察觉到的东西。

奥康最有独创性和最有力的思想包含在他的逻辑学著作中，他在其中表示，要重新解释传统的亚里士多德逻辑学，而且无疑，他想要这样做。这一学说是由波埃修斯所传播，并由十三世纪的唯名论逻辑学家所详尽阐述的。然而，伟大的思想家都不会只是一个逻辑学家，如同在我们的时代中见到的，把思想局限于逻辑，这本身就是对形而上学的批判以及许多其他的东西。此外，奥康还明确提出了一种新的认识论，而且正是他这方面的工作，似乎可以说破除和改变了当代思想的整个面貌，因为他拒绝给予哲学家对任何关于超精神宇宙的认识的一切权利，只有对个别事物的直觉认识除外，这些个别事物都不能再简约了，以致与其他任何个体很难有任何可理解的关系或联系。

这条原理以无情的逻辑适用于思想的一切领域，作为一种直 299
接的消解物而起作用，而且在与那条准则——除非有一条无可辩驳的理由表明其存在，就不能假定任何事物存在——一起运用时，就立刻导致托马斯主义和司各脱主义的瓦解。那些最可敬的哲学实体就可以用那句名言 *entia non sunt multiplicanda praeter necessitatem*（如无必要，毋增实体），即所谓的“奥康剃刀”切掉了。一旦奥康的认识论得到了承认，实在论就被宣判了死刑，因果关系被归结为对事件的观察和关于自然的主要概念，实体消失了。

在神学领域，后果同样严重。自然神学、神学命题的演绎，以及对神学术语的分析的整个结构，最终都是根据普遍概念的有效性，以及有效论据以普遍概念为依据的可能性的。当它们被去除后，神学随之就有惊人的缩减。此外，奥康及其追随者们尽管有许多都是经过训练的神学家，而且都公开声称是正统派，却探讨了所有的问题，可以说从对立的目的到波那文图拉或阿奎那所遵循的方法都有。阿奎那认为宇宙是 *a parte Dei*，从上帝向下，而奥康则从人的头脑向上，而且，事实上，由于他自己对人类认识的批判他未能上升。“自然”神学的真理曾形成了把理性的命令同启示的宣告结合起来的链条，现在却化为乌有。无论是上帝的存在，还是灵魂的不朽，还是人们的行为与其伦理价值间的基本关系，都不会被认为是可以由理性来论证的。在对神的信仰和爱的行为中可以见到本质上是超自然的基督徒生活，此时这种生活却被当做不可知的和无法表达的东西归入关于信仰的纯粹宗教领域了，而且在实践中被弃之不理了，它源于一种全新的和上帝赐予的恩典的原理，这一原理激发并主导了安瑟尔姆、波那文图拉或托马斯的工作。奥康主义者们像托马斯主义一样，在理性王国和信仰王国之间划了一道分明的界线，但是他们不像阿奎那那样完全站在传统的基督教神学一边；他们并不认为恩典的生活是自然能力在新原则指导下的一种延伸和提升。对他们来说，恩典像不朽的灵魂本身以及基督徒的新生活一样，被从基督教思想家的领地移植到了基督教信仰者的领地，对信仰的肯定对基督教哲学家来说，没有兴趣或没有价值了。因而，各学校有条理的思辨神学消失了。布道
300 士和牧师可以使用使徒信经(Creed)和圣经，留给神学家的是一个不可知的、绝对自由的上帝。神学家们总是把圣经中所启示的上帝的行为方式和基督的命令，以及对世界的全面统治(general government of the world)还有他的"绝对"权力区别开来，但是，他们的兴趣总是取决于上帝，就像通过理性和启示而为我们所知一样，"绝对"权力不过是形式上的保留条款。在另一方面，奥康主义者们对于那些在他们看来没有思想内容的东西不感兴趣，并且将注意力全部集中在可以称为上帝绝对权力的"纯数学"上。

当奥康的威廉在世之时，他的门徒将其原则推广到他们的逻辑结论上。多明我会修道士罗伯特·霍尔科特(Robert Holcot)(曾在牛津任教)将其立场建立在"一切认识都来自感觉经验"的学说上，否认证明灵魂或纯粹精神或上帝的存在的可能性。而信仰告诉我们说，上帝是无所不能、绝顶自由的，于是就得出上帝能驾

驭任何事物，甚至那要恨祂的人。西多会修道士米尔古尔的约翰（John of Mirecourt）（他于 1347 年在巴黎被列入受谴责的名单），对上帝的权力就持同样的观点，并且把确定性归结为直接经验，把哲学知识归结为矛盾原则，所有其他的都不过是或然的。奥特库尔的尼古拉（Nicholas of Autrecourt）（其学说在 1346 年招致罗马的谴责）走得更远，他否认我们对因果的判断是任何超出感觉经验的记录的东西。对于他来说，无论是实体，还是形式，还是质料，还是灵魂或头脑的功能，都不存在，我们也不能从世界的存在推论出上帝的存在。确实，这些人在巴黎正式受到了谴责，但是其他人在别的地方教授类似的学说却未受到谴责，而且，奥康主义的基本原则（神学家们从中引出了一些极端的结论）从未受到过正式的谴责，实际上，它们在该世纪后半期还很快就成为各文科学校的共同观点。

在其新颖性崭露头角之时，奥康主义在法兰西和英格兰就几乎达到极盛，世俗的教师们和所有四个修会的修道士们都感到了它的吸引力，甚至于扩大了它的地盘。然而，有些教师却拒绝投降。较老的教师中有人看出了其中的含义，并且如我们看到的，他们成功地促成了多次谴责。在 1339 年和 1340 年，巴黎大学颁布了对他的学说的全面谴责，教皇也随后发布训谕。在英格兰，托马斯·布拉德沃丁坚定地支持他认为是传统的学说，反对“舶来品”；威克利夫追随他，支持实在论。修道士们的学校已经有了他们指 301
定的“博士”，他们坚持或转向传统，尽管显然背叛了现代方法。托马斯主义从未完全淹没，尽管它在十五世纪早期之前没有恢复它作为一个鲜明的体系的地位。十五世纪初，*princepsThomista-*

rum(托马斯主义之王)卡普雷奥吕(Capreolus)(约1380年～1444年)写下了他对阿奎那的伟大评注和辩护。司各脱主义也同样生存下来了,与之一道的是对波那文图拉的忠诚。甚至在十四世纪中期,奥斯丁的隐修士们(Austin Hermits)(他们的第一批学校被罗马的吉莱斯赋予了托马斯主义的色彩)还比任何其他修会都更久地保持在奥康的势力范围之外,他们的传统观点是由斯特拉斯堡的托马斯所确定的,他在该世纪中期是他们的会长。在另一边,阿维罗依主义在意大利北部和其他地方坚持一种严格的、自然主义的亚里士多德主义;而在该世纪末,威克利夫的弟子胡斯(Hus)使布拉格等中欧的大学保持在实在论的阵营之中。但是总的来说,到十四世纪末,欧洲各大学都是唯名论的,多少有一些细微的差别,而且,不论在其他领域有何收获,比如在科学和机械方面,也不论十四世纪的神学家们在他们自己的学科之内有什么成就,奥康及其门徒给予形而上学和建设性思辨的打击,应该说在很大程度上要为十五世纪了无生气的学术氛围和确凿的坏名声负责,那些谙熟神学的人就落下了这种坏名声。

我们还没有提及一个人:他站在哲学家和神学家的行列之外,然而,他却是有才智的文学爱好者甚至一些学者在有关心灵和精神的事物方面的向导,他既属于他所处的时代,又属于他身后的岁月。但丁,在十四世纪最初的几十年中,不仅在他的《天国篇》里把圣托马斯作为 *par excellence*(杰出的)神学家加以介绍,而且他还在《神曲》中的许多地方接受了托马斯主义的哲学与神学,从而为托马斯主义做了极为出色的广告。这位诗人把托马斯和波那文图拉比作中世纪思想的双巅峰,也许他没有在任何地方比在这里更引人注目地表现出他的才能:抓住他想象世界中人物的不朽意义。他这样描述这两位人物时,正是这二位作为教师在他们的同行中失势之时,其时,司各脱和奥康正把这两位伟大博士的主要论点从巴黎和学术界赶出,长期流亡。有人也许会告诉我们,但丁是多明 302
我会修道士们的学生,他们从未赶上他那个时代的先进思想;他不是作为一位得到认可的世界诗人,而是作为佛罗伦萨的一位流亡政党领袖来写作的。即使他真的是中世纪宗教文化最好时期的权威代言人,他也并不必然代表他同胞的大多数,并不比莎士比亚在这方面强。这位没有宗教信仰而具有世俗人性的诗人可以被说成是代表了清教徒、理查德·胡克(Richard Hooker)和天主教殉教者的时代。此外,但丁的托马斯主义往往经不起推敲。我们可以表明,他从新柏拉图主义和更为可疑的来源吸取了一些思想成分。然而,但丁比莎士比亚快得多地成为了其同胞的经典,他一定在制造圣托马斯的"神话"中起了很大作用,这个神话像许多类似的神话一样,无疑在造就托马斯主义的后期历史上也起了一份作用。然而,就我们考察的这个时期来说,圣托马斯的体系对十四世纪的精神生活没有重大影响。它对一批与他的修会有关系的宗教教师有显著的影响,其中亨利·苏索和锡耶纳的凯瑟琳(Catherine of Siena)是最著名的。宗教法庭的大多数法官都是从传道士吸收过来的,这一事实帮助托马斯主义保持了它作为一种严格正统的力量的地位。但是,威克利夫和晚期的宗教改革者以及人文主义者们把许许多多应由经院哲学负责的缺点记到托马斯主义的账上,这肯定也是不公正的。

奥康主义者们并不想改变他们那个社会中的宗教感情,但事实上却对其有双重的影响。唯名论否认理性地论证“自然”宗教真理的可能性，并认为启示是某种武断的东西，人们要无理性地屈从而接受它，对之不加评论或解释，唯名论就在虔诚的谦卑的掩饰下，为不可知论或怀疑打开了大门，也为对宗教学说的一种信仰主义的接纳打开了大门。同时，唯名论的支持者们忽略传统，只诉诸圣经和教皇公告的文字，因而使他们的弟子们对教会古老的传统以及近年教师们的思辨或者教廷的宣传人员的主张没有任何清楚的认识。这只是把启示的学说归结为单是圣经的信息的一个步骤，事实上，威克利夫及其追随者很快就采取了这一步骤。对其他人来说，由于理性论证的消失而留下的真空，是由求助神秘的确定性来填补的。十四世纪是伟大的神秘主义者的时代和女预言家的时代。

303 然而，如果唯名论在哲学和神学中引起的后果是破坏性的，这也并不意味着这个时代的人们缺乏精神能力或批判的尖锐性。即使思想家们回避了最宽泛的形而上学问题，他们就在对诸如自由意志、上帝的自由与其先见和天意之间的和谐、荣誉与恩典之间的关系这样一些重要问题的讨论中显示他们的能力。托马斯·布拉德沃丁、里米尼的格列高利（Gregory of Rimini）和让·热尔松（Jean Gerson）就是这些可为任何时代增辉的名字。甚至更有意义的是科学家们的工作，它们预示了将要发生的事。我们看到了十三世纪在牛津，格罗斯泰斯特及其弟子们是如何把对自然科学的兴趣和他们的哲学与神学追求结合起来的。他们部分地是受了他们喜爱的“光的形而上学”与几何和光学之间的密切联系的影响，有人也许还会想，牛津至此还未遭受那种对逻辑学的全力注意之害，这种注意防止了巴黎的教师们迷失在其他领域中。到十四世纪开始的时候，这种情况改变了。牛津在逻辑学上领先于巴黎了，莫顿学派的兴趣在纯数学上，而不是在科学上。然而在巴黎，奥康主义的影响看来使许多教师在十四世纪中期从神学转向自然科学的老问题，并且提出不同于亚里士多德的答案。例如，让·比里当(Jean Buridan)(生于约 1300 年，1358 年以后去世，1328 年和 1340 年在巴黎大学当校长)、萨克森的阿尔伯特(Albert of Saxony)(约 1316 年～1390 年，1357 年和 1362 年任校长)和尼科尔·奥雷姆(Nicole Oresme)(约 1320 年～1382 年)，在科学方面都是很著名的。比里当成功地证明了，亚里士多德把在空间中的剧烈运动解释为“推动者”直接而持续地用力(最初是直接的，然后是通过以空气传递的压力)的结果是不成立的。他代之以一种“原动力”(impetus)，一劳永逸地传递给静止的物体，该物体因而就持续运动，直到空气的摩擦力和“重力”的吸引使其慢下来。这就暗示了亚里士多德的天球动力之灵(motive intelligences of the spheres)是多余的和无意义的。萨克森的阿尔伯特继续对运动物体的研究，他注意到，一个物体的重心并不必然与其量度的中心重合。奥雷姆是这三人中最伟大的，他是系统阐述落体加速定律的第一人，并提出了有说服力的证据来论证地球环绕太阳的运动，他还坚持说，亚里士多德关于运动的“天”的概念是一种未经证实的假说。

过去，历史学家往往认为，十四世纪是一个灾难和衰落的世纪，只以其残酷的战争及乏味无结果的争论而著名，再加上教皇统 304
治的 *débâcle*(崩溃)、教会至上主义者无益的花招。从另一个角度，一个不那么浮面的角度来看，它是欧洲历史上最宜人的世纪之一。在这个世纪中，艺术、文学、自然科学和政治科学，甚至神学的田地都因给一个新世界提供基础的成就与观念而肥沃起来了，这个新世界就是“现代欧洲”，它在目前我们这个时代正在化解成某种更宽泛的东西。除了视觉艺术之外，在文化生活的几乎各个领域中，在播种期到收获季节之间插进了差不多一个世纪的奇怪的停顿，这个事实是要我们不要忘记播种的一代人。我们的确很可以认为，十四世纪要比十三世纪更富于那些 *idées-forces*（观念力），那些观念力将要决定欧洲精神生活的进程。尽管波那文图拉和阿奎那时代的伟大思想家，把他们所知的整个古代思想融合并转化为一种对基督教宇宙的解释，他们的后继者们却寻求对另一类问题的新答案。十四世纪见到了奥古斯丁·特里乌姆弗（Augustinus Triumphus）和罗马的吉莱斯对教皇权利的极端拥护，奥康、威克利夫和热尔松以不同的方式回应了这种维护。十四世纪见到了帕多瓦的马西里奥和约翰·威克利夫对天堂和教皇发起的正面攻击。十四世纪产生了关于神意、神的自由和全能的讨论，产生了对上帝关于自由未来，关于和谐与适当的恩典与荣誉的知识的讨论，还有布拉德沃丁、里米尼的格列高利和其他人关于辩护和预定的讨论。十四世纪在牛津产生了一连串伟大的莫顿学派哲学家和数学家，在巴黎产生了比里当和奥雷姆在静力学和天文学中革命性的观点。只考虑纯粹思想的领域，这个时代应该算得上中世纪欧洲最多产、最有影响的时代之一；而在文学和艺术领域，其极端重要性从未受到过怀疑。

这也是一个大争论的世纪。虽然此前那个时代的争论要么是政治上的，要么限于学术圈子之内，十四世纪的争论（卜尼法斯八世的公法学家们与美男子菲利普之间的争论就完全可以算在其中）在本质上却是对整个欧洲公开的，并且进行争论的个人不在一地，又分属不同民族。教皇与法兰西国王之间、教廷与帝国之间的争论，帕多瓦的马西里奥的宣言，关于基督贫困、关于统治权和恩典的社会神学争论，威克利夫关于圣餐和其他问题的争论，最后，305
基督教会议的问题，所有这些都是欧洲一切受过教育的人直接感兴趣的，而且，要么威胁到实际政治领域，要么成功地在实际政治领域中爆发。在这些争论中，那个时代的一个标志就是不妥协和无情的逻辑性，观念和论据都因之而扩展到了，并且超出了实践上的可能和理智上可容忍的界限。

然而，作为哲学史家，我们得承认，一个终结也是一个开端。随着阿奎那的去世，一整个时代就开始要结束了，当奥康的威廉去世时，它就终结了。不仅仅巴黎的教师们想把人类理性的发现同启示的真理结合起来的努力未能取得成就，并将这些成就交托给他们的世界，也不仅仅形而上学并且实际上"哲学"本身在退却，一整个时代的观点都不辞而别；该阶段在其自身范围之内像宗教改革时欧洲统一之并非完全不同的破裂一样重要。从奥古斯丁的时代到阿奎那的去世，所有学校中的人们一直都有一种确信，并且含蓄地（如果不是明确地）表达出来：存在着对自然层次上的宇宙的一种推论的和可理解的解释，以及一种对人及其能力的分析，人们可以发现、详尽阐述和教授这种分析，它对所有的人都是有效的，而且在它的范围内它是最终的。这种确信的一个必然结果就是那种普遍流行的观点：古人（在这里就是希腊人，还有西塞罗和普罗提诺)在这个领域以及其他许多领域已经做出了最终的、至少是最具权威的结论;基督教思想家的任务可以通过研究柏拉图或亚里士多德或二者的混合来完成,进一步的讨论弥补了其不足,基督教启示的更高智慧可以使这种讨论成为必要。阿奎那去世后的20年之内,这种确信改变了形态。邓斯·司各脱和他的一些同时代人依然确信,从思想方面来说,对宇宙的解释是可能的和合乎需要的;但是在他们看来,这种解释还没找到,尝试新的方法来找到这种解释是哲学家的任务。30年之后,奥康主义者向这种确信及由其导出的必然结果发起了挑战。宇宙既不需要解释,也不能够解释,人们可以经验它,但不能理解它,柏拉图、亚里士多德不过是发明了一些巧妙的解释,这些解释没有多少是经得起检验的。这种
306 观点如果不说其目的,至少在其效果上基本是否定性的,它传播到了欧洲大部分地区。这种观点从来没有取得全面胜利,也绝没有被最终接受,这部分地是因为人自然想要知道的比奥康允许他期望的要多;部分地是因为柏拉图、亚里士多德、奥古斯丁和阿奎那总是更新他们对个体的诉求;部分地是因为那种传统的确信在那时是由一个著名的宗教团体所维护的,后来又是由教会的 *magisterium*(导师们)所坚持的。但是,在一个随着时间的推移变得越来越复杂的社会里,单独一种综合性哲学的传统在天主教会的学校之外是决不会复兴的。哲学作为一种学术训练,在中世纪的最后一个世纪中,只是以一种删减了的和陈旧的形式生存了下来,尽管个人或者甚至个别学校可能是柏拉图主义化的或阿维罗依主义的,而且当十七世纪早期伟大的文艺复兴到来时,兴起了一系列新的体系,个别的思想家显露或解释了他们自己的信念,而不是听任

外部世界向他们的头脑提供它的信息，这些思想家的创作已经倾向于接受古代世界的智者已宣布为真理的东西。

307

尾　声

从兰弗朗克的时代到奥康的威廉的时代的欧洲中世纪哲学史，是青春期和迅速成熟起来的拉丁基督教文明的思想家接受希腊思想的历史。然而，这一简单的陈述远不能表达实际发生过程的复杂性。传到西欧的希腊思想不是单独一股清流，而是一条接一条的支流汇成的大河，水中沾染着大量它们流经的土地上的泥沙。如果我们把这种比喻再扩大来说，这些支流分两种主要类型：柏拉图的和亚里士多德的。但是，亚里士多德之水在开端处虽然很少，但还算纯净，甚至水量增加了也没有完全混浊；而柏拉图的水流则充满了沉积物，这些沉积物从未完全清除。放下这种比喻的语言我们可以说，柏拉图的思想从未以其完整而纯正的形态而为各学校所知。传到欧洲的是三种形式的新柏拉图主义：奥古斯丁的、狄奥尼修斯的和阿拉伯的。另一方面，亚里士多德的思想连续三次来到欧洲，最终以完全的和比较纯正的形态被接受下来。因此，尽管柏拉图主义和新柏拉图主义自然而然对基督教思想家们比亚里士多德更有吸引力，它们却从未把它们自己在学校中建立为一个或多个体系。亚里士多德有很多重大优势：一个完整的体系，缓慢但全面地被接受，还有，也许是最重要的一点，从一开始就控制了中世纪学校的方法和技巧。西方的思想家从一开始就受

到亚里士多德逻辑学及其术语的滋养，这个体系的每一个相继补充的部分就这样自然地构成了一个单一的伟大模式。 308

这样逐渐发展起来的这种模式近乎于古代思想中亚里士多德路线的再创造，直到圣托马斯去世(几乎紧随其后的是 1277 年的大谴责)，这种模式都可以被认为是对自然的宇宙之谜正确的和唯一的回答。甚至圣托马斯，尽管他实际上创立了一个本质上是独创性的形而上学体系，也认为亚里士多德已经一劳永逸地提供了纯思想的基础和框架；而波那文图拉和佩克姆，尽管他们抛弃了亚里士多德的许多东西，却也想用某种东西来取代他，他们并不是用一个对立的形而上学体系，而是使用一种神学的、而非纯哲学的世界观来代替。在终结于十三世纪的那个过程中，亚里士多德、阿拉伯著作和犹太著作的翻译者波埃修斯又为古代思想遗产添砖加瓦，而且所有的人在不同程度上都认为，哲学是可以教授和学习的，智慧之师是亚里士多德。在这个哲学基础上矗立着神学，神学运用同样的术语和方法来证明和阐释其真理。在十一世纪和十二世纪，这是西方思想家共同的观点，只有少数背离常轨的"辩证法的异端分子"除外。从十三世纪中期起，变化迅速到来。首先，哲学变得自主了，这既是由于阿奎那，也是由于西格尔；其次，亚里士多德实际上受到了谴责。正当欧洲思想达到了一种境界，可以使其以对思想形势的自信来批判和创造的时刻，巴黎的神学家们断然拒绝了哲学。特别在牛津，那里无论是神学家，还是文科学者，都不是完全的亚里士多德主义者，两个特别敏锐的头脑准备重新思考逻辑和哲学的真正基础，并得出根本不同于任何古代思想家的见解。就像我们在回顾中可以看到的，这引起了一场革命，从其影响来看，它在某些方面就像十六世纪的神学革命一样引人注目和持久。此前，哲学就如同教条，总的来说一直被认为是真理的集合体，它可以被详尽阐述，实际上还可以发展，但是在本质上它是不能受到挑战或被改变的。此时，这种观点就要消失了。形而上学、逻辑学、认识论和思辨哲学与实践哲学的每一个分支，都等待着拆除和重建。在这个过程中，与神学的联系被打断了。在教会
309 之内，这种联系实际上从未被完全打断过，天主教哲学家和反宗教改革的神学家恢复了大部分联系，但是在更广阔的欧洲思想领域，*philosophia perennis*（永恒不变的哲学）已不复存在了。无疑，在现代世界和今天，有许许多多具有超绝才智的思想家，他们理智地相信，亚里士多德和柏拉图的哲学由于被经院哲学家及其继承者们融合和扩展了，从而为建立一个思想体系提供了唯一牢固的基础。但是在绝大多数情况下，那些这样认为的人这样做是因为他们作为基督徒开始了哲学研究，并确信中世纪和现代的“经院哲学家们”所重新解释的古代思想，为启示的上层建筑提供了最稳固的和最权威的理性基础。

我们也许会问，为什么这种新的精神兴起在中世纪世界的正中心呢？如果说正当我们称为文艺复兴的时代即将来临之时（在这个时代中，对古代的热心的，乃至缺乏独立精神的模仿将弥漫于文学、艺术和鉴赏力的各个领域），西欧要与作为一切健全思维的载体的古代思想决裂，这不是个悖论吗？历史学家无法指出人类思想最深刻的运动的原因，但是，我们有可能了解经院哲学衰落的一些境况。逻辑学和辩证法作为支持各门智力学科的唯一训练与方法而建立起来，这是十二世纪和十三世纪教育中的一个严重缺

陷。我们已看到逻辑学是如何在接近十一世纪末时到处(修道院除外)取代文学而成为正规教育的基础的。这逐渐造成了思想与生活的离异、辩证法和沉思的离异。生活和自然的宇宙不再继续为哲学家提供思想动力了。甚至《圣经》和过去的传统都引不起神学家们那么大的兴趣了。思想脱离了生活总是要枯萎的,十四世纪的哲学家越来越退回到他自己的世界之中,人类所有其他种类的经验都不再能控制这个世界中的定义和结论。观念和原则都被曲解到了极限,最终,思想自我折磨,四分五裂。无疑,在这个过程中,只要通过向既有观点挑战,它就展现出许多至此为止还未知的领域可以去探索,并转向数学和对自然力的观察,在这方面,衰落导致了再生。很难说人们的兴趣从形而上学和寻求抽象的、一般的原则转向对实在的直观以及关于个体的知识,在多大程度上可 310
以与对人类的人格(human personality)和命运的新兴趣联系起来,这种新的兴趣在神学中已经变得很明显了(如拯救异教徒和未受洗的儿童);也在差不多同一时期的文学中(如彼得拉克和朗格兰[Langland])变得很明显了。我们也许会注意到,但丁在两个阵营中都有立足点。虽然他是伟大的中世纪的、与事物的神圣秩序有关的上帝中心论诗人,求助于三段论或一种学校的观点来解决品行问题;但是,他同时又以其对贝雅特里奇(Beatrice)的爱和他对他想象力的创造物的同情而成为基督教时代的第一位诗人,意识到个人感情和凡俗事物的悲哀。因此,当我们说本身就是希腊哲学的"产物"的中世纪哲学在十四世纪中期走向衰落时,我们并不是暗示这意味着一切精神活动的死亡或衰微,或者是阻止其他思想方法的诞生。我们所称的历史长河绝不会停止流动。然而，我们可以有理由说，随着奥康的威廉及其同辈的去世，一个伟大的思想体系以及作为一种单独的、共同的观察宇宙的方法的关于哲学的古代观点逐渐消失了，两个世纪之后（在这两个世纪中，纯哲学黯然失色）让位于新的观点和现代世界的各种不同方法。

关于进一步阅读的建议

我们在这里并不想提供关于中世纪思想史的参考书目，哪怕是一种概要性的。在以下列出的一般著作中有很多详尽的书单。对于英语读者来说，吉尔松在其《中世纪基督教哲学史》（伦敦，1955 年版）（*History of Christian Philosophy in the Middle Ages*）的注释中提供了极其丰富的参考材料。以下列出的甚至也不是一份“阅读书目”，而仅仅是对有兴趣的读者提供一些进一步的帮助，来充分了解某些特定的哲学家或特定的思想发展阶段。其中也包括了一些法语书目，因为法语的阅读能力对于认真研究大多数问题来说也是必要的，专业著作还需要德语的知识。

一般著作　上面提到的吉尔松的著作是必不可少的一般概述。该书基于他的经典之作《中世纪哲学史》（*Histoire de la philosophie médiévale*）（1943 年，巴黎第二版），这一版添加了有价值的对文献的注释和讨论（第 552 页～第 804 页）。吉尔松的另一部名著，他的吉福德讲演集（Gifford Lectures）《中世纪哲学的精神》（*L'esprit de la philosophie médiévale*）（1944 年，巴黎第二版，1948 年，纽约，英译本），对于讨论中世纪的思想也是应当参考的。吉尔松的著作和所有其他学者的著作一样，大大地获益于宇伯威格的《哲学史纲要》(*Grundriss der Geschichte der Philosophie*)(柏林,1928 年,巴塞尔,1951 年重印)中盖耶尔的不朽之作《教父哲学和经院哲学》(*Die patristische und scholastische Philosophie*),还获益于格拉布曼未完成的《经院方法史》(*Der Geschichte der scholastisch Methode*)(布赖斯高地区弗赖堡,两卷,1909 年,1911 年;达姆施塔特,1961 年重印)。其他的一般著作有德·伍尔夫的三卷《中世纪哲学史》(*Histoire de la philosophie médiévale*)(卢汶-巴黎,第 6 版,1934 年~1947 年;英译本译自第 6 版),科
312 普尔斯顿(F. Copleston)的《哲学史》(*History of Philosophy*)第二卷和第三卷(伦敦,1952 年~1953 年)。还有《哲学百科全书》(*The Encyclopedia of Philosophy*)(纽约-伦敦,1967 年)。最近附有参考书目的概览有科普尔斯顿的《中世纪哲学史》(*A History of Medieval Philosophy*)(伦敦,1972 年);阿姆斯特朗(A. H. Armstrong)主编的《剑桥晚期希腊和早期中世纪哲学史》(*The Cambridge History of Later Greek and Early Medieval Philosophy*)(剑桥,1967 年,修订版 1970 年);克雷兹曼、肯尼和平伯尔格主编的《剑桥中世纪晚期哲学史——从亚里士多德的再发现到经院哲学的瓦解 1100 年~1600 年》(*The Cambridge History of Later Medieval Philosophy from the Rediscovery of Aristotle to the Disintegration of Scholasticism, 1100 - 1600*)(剑桥,1982 年);德隆克(P. Dronke)主编的《十二世纪西方哲学史》(*A History of Twelfth - Century Western Philosophy*)(剑桥,1988 年);麦伦本的《早期中世纪哲学(480 年~1150 年)》(*Early Medieval Philosophy(480 - 1150)*)和《晚期中世纪哲学(1150 年~1350

年)》(*Later Medieval Philosophy* (*1150 - 1350*))(伦敦,1983 年～1987 年);海伦的《中世纪思想:从古代到十三世纪的西方理性传统》(*Medieval Thought: The Western Intellectual Tradition from Antiquity to the Thirteenth Century*)。齐恩主编的"中世纪史新研究"(New Studies in Medieval History)(伦敦,1985 年)。还可参见戈夫(J. le Goff)的《中世纪的知识分子》(*Les intellectuals au Moyen Age*)(巴黎,1985 年修订版)①。克隆比(A. C. Crombie)的《从奥古斯丁到伽利略:公元 400 年～1650 年的科学史》(*Augustine to Galileo: the History of Science A. D. 400 - 1650*)两卷(伦敦,1952 年第二版)。吉利斯比(C. C. Gillispie)主编的 16 卷《科学传记辞典》(*Dictionary of Scientific Biography*)(纽约,1970 年～1980 年)中的条日对于了解许多人物是极为有用的,鲍德里亚(A. Baudrillart)和其他人主编的《教会历史与地理辞典》(*Dictionnaire d' histoire et de géographie ecclésiastiques*)(巴黎,1912 年～ 仍在出版中),以及克罗斯(F. L. Cross)和利文斯顿(E. A. Livingstone)的《牛津基督教会词典》(*The Oxford Dictionary of the Christian Church*)(牛津大学出版社,1974 年)中的条目也同样。

柏拉图和亚里士多德　为了解希腊哲学的梗概,康福德(F. M. Cornford)的《苏格拉底前后》(*Before and After Socrates*)(剑桥,1932 年)和古斯利的《希腊哲学家》(*The Greek Philosopher*)

① 此书有中译本,商务印书馆出版。——译注

(伦敦,1950年)可以推荐。对柏拉图最好的介绍是柏拉图自己写的,其《对话》常有英译本出版。现代的一般性研究有海尔(R.M. Hare)的《柏拉图》(牛津,1982年),还有默多克(I. Murdoch)的一篇优秀论文《火与太阳》(*The Fire and the Sun. Why Plato banished the Artists*)(牛津,1977年)。更为专门、但使人兴奋并有影响的有:克隆比(I. M. Crombie)的《柏拉图,助产士的学徒》(*Plato. The Midwife's Apprentice*)(伦敦,1964年),班布罗(R. Bambrough)(编辑)的《柏拉图和亚里士多德新论》(*New Essays on Plato and Aristotle*)(伦敦-纽约,1965年),弗拉斯托斯(G. Vlastos)(编辑)的《柏拉图》(纽约,1971年),以及弗拉斯托斯的《柏拉图研究》(*Platonic Studies*)(普林斯顿,1980年)。关于苏格拉底,见古斯利的《苏格拉底》(剑桥,1971年)或古斯利的《希腊哲学史》(*History of Greek Philosophy*)第三卷,第二部分(剑桥,1969年),以及弗拉斯托斯编辑的《苏格拉底哲学批评文集》(*The Philosophy of Socrates. A Collection of Critical Essays*)(圣母大学,印第安纳,1980年;纽约,1971年)。

对亚里士多德的出色介绍有:泰勒(A. E. Taylor)的《亚里士
313 多德》(伦敦,1943年),阿兰(D. J. Allan)的《亚里士多德哲学》(*The Philosophy of Aristotle*)(牛津,1952年第二版;伦敦,1970年),洛伊德(G. E. R. Lloyd)的《亚里士多德:其思想的发展与结构》(*Aristotle: The Growth and Structure of His Thought*)(剑桥,1968年),阿克利尔(J. L. Ackrill)的《哲学家亚里士多德》(*Aristotle the Philosopher*)(牛津,1981年)以及巴恩斯(J. Barnes)的《亚里士多德》(*Aristotle*)(牛津,1982年)。

晚期柏拉图主义和新柏拉图主义 简介可见A.H.阿姆斯特朗的《古代哲学导论》(*An Introduction to Ancient Philosophy*)(伦敦,1970年),详细的考察见阿姆斯特朗主编的《剑桥晚期希腊和早期中世纪哲学史》(剑桥,1967年;修订版,1970年)中莫兰、查德威克、阿姆斯特朗和洛伊德所写的章节。最近的一些研究反映了对新柏拉图主义的兴趣的复兴,有:沃利斯(R.T.Wallis)的《新柏拉图主义》(*Neo-Platonism*)(伦敦,1972年)和李斯特(J.M.Rist)的《普罗提诺:通向实在之路》(*Plotinus: the Road to Reality*)(剑桥,1967年)。亨利(P.Henry)早期的基本著作《普罗提诺与西方》(*Plotin et l'Occident*)(卢汶,1934年)是不应忽略的。

奥古斯丁 对奥古斯丁的研究包括查德威克的《奥古斯丁》(*Augustine*)(牛津,1968年),吉尔松的《圣奥古斯丁的基督教哲学》(*The Christian Philosophy of St. Augustine*)(英译本由林奇[L.E.M.Lynch]翻译,伦敦,1961年;法文版,巴黎,1943年第二版),以及马罗(H.I.Marrou)的《圣奥古斯丁及其在各时代的影响》(*Saint Augustine and His Influence through the Ages*)(伦敦,1957年)。历史与传记方面的记述包括布朗(P.Brown)的《希波的圣奥古斯丁传》(*St. Augustine of Hippo: A Biography*)(伦敦,1967年)和邦纳(G.Bonner)的《希波的圣奥古斯丁:生平与论战》(*St. Augustine of Hippo: Life and Controversies*)(伦敦,1963年)。关于奥古斯丁和古代文化,哈罗(H.I.Harou)的《圣奥古斯丁与古代文化的终结》(*Saint Augustine et la fin de la culture antique*)(巴黎,1958年第四版)是基本著作。瓦冈(J.M.A.Vacant)的《天主教神学词典》(*Dictionnaire de théologie catholique*)第二卷中波尔塔利耶所写的经典词条由巴斯提安(R.J. Bastian)译成英文,题为《圣奥古斯丁思想指南》(*A Guide to the Thought of St. Augustine*)(伦敦,1960 年)。著名的研究还有,最近马库斯(R.A. Markus)所作的《时代:圣奥古斯丁神学中的历史与社会》(*Saeculun: History and Society in the Theology of St. Augustine*)(剑桥,1970 年)和阿姆斯特朗主编的《剑桥晚期希腊和早期中世纪哲学史》(剑桥,1967 年;修订版,1970 年)中的"马里乌斯·维克托里和奥古斯丁",第 327 页～第 419 页。

奥古斯丁著作的英译本包括派恩-科芬(R.S. Pine-Coffin)所译的《忏悔录》(哈蒙兹沃斯,1961 年);贝滕森(H.W. Bettenson)所译的《上帝之城》(哈蒙兹沃斯,1972 年)和罗伯特森(D.W. Robertson)所译的《论基督教学说》(*On Christian Doctrine*)(印第安纳波利斯-纽约,1958 年)。《基督教经典丛书》(*The Library of Christian Classics*)第 6～8 卷(伦敦,1953 年,1955 年)中有译文选。

314 **古代的教育** 马罗的《古代教育史》(*Histoire de l'éducation dans l'antiquité*)(巴黎,1948 年);关于罗马的教育,贵恩(A. Gwynn)的《从西塞罗到昆体良的罗马教育》(*Roman Education from Cicero to Quintilian*)(牛津,1926 年)。

波埃修斯和狄奥尼修斯 瓦茨(V.E. Watts)所译的《哲学的安慰》(*The Consolation of Philosophy*)(哈蒙兹沃斯,1969 年);

查德威克的《波埃修斯：音乐、逻辑、神学与哲学的安慰》(*Boethias: The Consolations of Music, Logic, Theology and Philosophy*)(牛津，1981年)；吉布森的《波埃修斯，其生平、思想和影响》(*Boethius, His life, Thought and Influence*)(牛津，1981年)。

也许研习狄奥尼修斯思想的最好入门是罗克(R. Roques)的《古希腊法官狄奥尼修斯》(*Denys l'Aréopagite*)的导言《天国的等级》(*La Hiérarchie céleste*)(巴黎，1970年)。关于他的影响，见拉斯柯姆的"十三世纪之前的等级观念"('Conceptions of hierarchy before the thirteenth century')(《中世纪丛钞》[Miscellanea Mediaevalia]，第12期，金默曼主编，柏林-纽约，1979年)第1页～第19页。

学校的再度产生 琼斯(L. W. Jones)翻译的卡西奥多鲁斯的《关于神圣的和世俗的教育体制》(*Instituitions*)(*An Introduction to Divine and Human Readings by Cassiodorus Senator*)(纽约，1946年)。研究性的著作有奥唐内尔(J. J. O'Donnell)的《卡西奥多鲁斯》(*Cassiodorus*)(伯克利，1979年)。林德赛(W. M. Lindsay)编辑的塞维利亚的伊西多尔的《辞源》(*Etymologiae*)(牛津，1911年)。方丹(J. Fontaine)在其著作《塞维利亚的伊西多尔及维西哥特的西班牙之古典文化》(*Isidore de Séville et la culture classique dans l'Espagne wisigothique*)(两卷)(巴黎，1959年)中详细研究了伊西多尔。概览可见雷斯特讷(M. L. W. Laistner)的《公元500年～900年西欧的思想与学问》(*Thought and Letters in Western Europe, A. D. 500 - 900*)(伦敦，1957年第二版)；康

特列尼(J.J.Contreni)翻译的里谢(P.Riché)的《未开化之西方的教育与文化——从六世纪到八世纪》(*Education and Culture in the Barbarian West. Sixth through Eighth Centuries*)(哥伦比亚,1967 年);里谢的《从五世纪末至十一世纪中期基督教西方的学校与教育》(*Les écoles et l'enseignement dans l'occident chrétien de la Ve siècle au milieu du XIe siècle*)(巴黎,1979 年)。还有雷诺尔德(L.D.Reynolds)和威尔森(N.G.Wilson)的《犹太法学家和学者——希腊和拉丁文学之传播指南》(*Scribes and Scholars. A Guide to the Transmission of Greek and Latin Literature*)(牛津,1974 年第二版)。关于从圣本尼迪克特时代到圣贝尔纳时代的修道院文化,首先要看让·莱克勒克(Jean Leclercq)的《对文字的爱和对上帝的欲求——修道院文化研究》(*The Love of Letters and the Desire for God. A Study of Monastic Culture*)(纽约 1974 年、伦敦 1978 年英译本是译自 1957 年巴黎法文版的)。约翰·司各脱的名著《自然的区分》(*Periphyseon*)由谢尔顿-威廉姆斯(I.P.Sheldon-Williams)编辑和翻译了一部分:《自然的区分 I~III》(都柏林,1968 年~1981 年)。研究约翰的著作并不容易,现在由于有了若诺(E.Jeauneau)的著作《约翰之序言解说》(*Homélie sur le Prologue de Jean*)(巴黎,1969 年)和《约翰主要著作评论》(*Commentaire sur l'Evangile de Jean*)(巴黎,1972 年)的介绍而变得容易了。卡洛林王朝时期的学者们的专业活动对建立一种通
315 过注释与评论来研习诸艺的传统是非常重要的,关于他们的理论活动,见麦伦本的《从阿尔昆的小团体到奥克塞尔学派——中世纪早期的逻辑、神学和哲学》(*From the Circle of Alcuin to the*

School of Auxerre. Logic, Theology and Philosophy in the Early Middle Ages)(剑桥,1981 年)。

欧洲的觉醒 沃尔夫(P. Wolff)的《欧洲的觉醒》(*The Awakening of Europe*)(哈蒙斯沃斯,1968 年)提供了对思想发展的出色概览。在逻辑方面,凡·德·维韦尔(A. van de Vyver)的研究"中世纪早期哲学发展阶段"(Les Etapes du développement philosophique du haut moyen âge)(《比利时文献学与历史评论》[*Revue belge de philologie et d'histoire*,7],1929 年,第 7 期,第 425~452 页)仍是基础性的。吉布森的"从约 850 年到约 1050 年学术的延续"(The Continuity of Learning circa 850 - circa 1050)(《旅行者》[*Viator*],1975 年,第 6 期,第 1~13 页)。关于诸学校的进一步的著作,在下面"新的大学"之下列出。关于伟大的蒙特-卡西诺修道院的一项有价值的研究是考德瑞(H. E. J. Cowdrey)的《修道院长德西德里乌斯的时代——蒙特卡西诺,十一世纪和十二世纪早期的教皇体制与诺曼底人》(*The Age of Abbot Desiderius. Montecassino, the Papacy and the Normans in the Eleventh and Early Twelfth Centuries*)(牛津,1983 年),特别参见第 19 页~第 26 页及其中引证的参考书。

辩证法的复兴 萨森的《中世纪的形成》(*The Making of the Middle Ages*)(伦敦,1953 年)是对从十世纪晚期到 1200 年这一时期的极富洞察力的导论。哈斯金斯(C. H. Haskins)的《十二世纪的文艺复兴》(*The Renaissance of the Twelfth Century*)(剑桥,马萨诸塞,1927 年)依然是能激发人的思想的,本森(R. L. Benson)、康斯塔伯(G. Constable)和卡罗尔 D. 兰汉姆(Carol D. Lanham)编著的《十二世纪的文艺复兴与更新》(*Renaissance and Renewal in the Twelfth Century*)(剑桥,马萨诸塞,牛津,1982 年)中的研究也同样。关于圣餐的争论包括了贝伦加尔、兰弗朗克和其他人,见蒙特克洛(J. de Montclos)的《兰弗朗克和贝伦加尔——十一世纪关于圣餐的争论》(*Lanfranc et Bérenger. La Controverse eucharistique du XIe siècle*)(卢汶,1971 年)和麦西(G. Macy)的《经院时期早期的圣餐神学》(*The Theologies of the Eucharist in the Early Scholastic Period*)(牛津,1984 年)。关于兰弗朗克,特别参见吉布森的《贝克的兰弗朗克》(*Lanfranc of Bec*)(牛津,1978 年);关于安瑟尔姆见萨森的《圣安瑟尔姆和他的传记作家》(*St. Anselm and his Biographer*)(剑桥,1962 年),这两者都是非常有价值的研究。还可见埃文斯(G. R. Evans)的《安瑟尔姆和谈论上帝》(*Anselm and Talking About God*)及《安瑟尔姆和一个新世代》(*Anselm and a New Generation*)(牛津,1978 年,1980 年)。安瑟尔姆的著作是由施密特(F. S. Schmitt)编辑的《全集》(*Opera Omnia*)六卷(爱丁堡,1946 年~1961 年)。部分著作的英译本有诸如迪恩的《宣讲》(*Proslogium*)、《独白》(*Monologium*)等(芝加哥,1903 年),霍普金斯(J. Hopkins)和理查德森(H. Richardson)的《坎特伯雷的安瑟尔姆》(*Anselm of Canterbury*)(伦敦,1974 年)。最有用的是霍普金斯的《圣安瑟尔姆研究指南》(*A Companion to the Study of St. Anselm*)(明尼阿波利斯,1972 年)。对于安瑟尔姆关于上帝存在的证明,不断有争论。关于书目,见霍普金斯或拉·克鲁瓦(R. R. la Croix)的《宣讲 II 与 III——对安瑟尔姆论证的第三种解说》(*Proslogion II and III: A Third Interpretation of Anselm's Argument*)(莱顿,1972 年)。

共相问题和彼得·阿伯拉尔 关于在研习逻辑中所用课本的 316
历史,见米尼奥-帕卢埃罗(L. Minio-Paluello)的《小册子:拉丁亚里士多德》(*Opuscula: The Latin Aristotle*)(阿姆斯特丹,1972 年)。关于共相问题及其在辩证法和神学研究方面更广泛的意义,有一项精妙的研究,即约里维特(J. Jolivet)的《阿伯拉尔著作中的语言和神学艺术》(*Arts du langage et théologie chez Abélard*)(*Etudes de philosophie médiévale*《中世纪哲学研究》,57)(巴黎,1969 年;1982 年第二版)。关于十一世纪和十二世纪逻辑学的这一方面及其他方面,有关的文字越来越多。德·里克编辑了一部重要文丛"加兰德大师(盛期约在 1080 年代)的辩证法"(*Garlandus Compotista. Dialectica*)(阿森,1959 年)。德·里克还在《现代逻辑》(*Logica Modernorum*)第一卷和第二卷上刊行了许多其他的逻辑和语法文本(阿森,1962 年~1967 年)。最新研究的汇集见德隆克主编的《十二世纪西方哲学史》(*A History of Twelfth-Century Western Philosophy*)(剑桥,1988 年)。博西尔-霍尔(G. L. Bursill-Hall)校订的亨特论《中世纪语法史》(*The History of Grammar in the Middle Ages*)的文章(阿姆斯特丹,1980 年)。

关于阿伯拉尔,见威尔格(J. Verger)和约里维特的《贝尔纳-阿伯拉尔或修道院与学校》(*Bernard-Abélard ou le cloître et l'école*)、阿尔莫加特(J.-R. Armogthe)主编的"教会史上的 12 个人物"(Douze homes dans l'histoire de l'église)(巴黎,1982年)。关于阿伯拉尔的新近研究的概要见拉斯柯姆的《彼得·阿伯拉尔》(*Peter Abelard*)(历史学会,伦敦,1979年);关于最近对《我的苦难史》(*Historia Calamitatum*)和阿伯拉尔与爱洛伊丝的其他通信的批评,见上书第25~28页;以及托马斯(R.Thomas)和其他人编辑的《彼得·阿伯拉尔》(*Petrus Abaelardus*)中的"'克吕尼1972'以来的爱洛伊丝与阿伯拉尔通信"(特里尔,1980年)第19~29页。新近对于这些文件的真实性重新表示怀疑的,见西尔维斯特里的"阿伯拉尔与爱洛伊丝的温柔爱情——浪漫传奇"(L'idylle d'Abélard et Héloïse; la part du roman)(比利时皇家科学院[*Académie royale de Belgique*],通信分类公报[*Bulletin de la Classe des Lettres*...],第5系列,t.LXXI(1985年~1986年),第157~200页。另见谬斯(C.Mews)的"论确定彼得·阿伯拉尔著作的年代"(On dating the works of Peter Abelard)(《中世纪教义与文学史档案》[*Archives d' histoire doctrinale et littéraire du moyen âge*])(1985年,第77~134页),以及德隆克的《中世纪证言中的阿伯拉尔和爱洛伊丝》(*Abelard and Heloise in Medieval Testimonies*),克尔讲座(W.P.Ker Lecture)第26讲(格拉斯哥大学出版社,1976年)。阿伯拉尔著作的各种版本和译本广为散布。贝蒂·拉迪斯(Betty Radice)翻译的《阿伯拉尔和爱洛伊丝通信》(*The Letters of Abelard and Heloise*)(哈蒙兹沃斯,1974年)拉斯柯姆编译的《彼得·阿伯拉尔的伦理学》(*The Ethics of Peter Abelard*)(牛津中世纪文献[*Oxford Medieval Texts*],1971年),佩耶尔(P.J.Payer)翻译的《一个犹太人、一个基督徒和一个哲学家之间的对话》(*Dialogue between a Jew, a Christian and a Philosopher*)(多伦多,1979 年)。关于他的影响,见拉斯柯姆的《彼得·阿伯拉尔的学校》(*The School of Peter Abelard*)(剑桥,1969 年)。在《皮埃尔·阿伯拉尔:尊敬的皮埃尔》(*Pierre Abélard. Pierre le Vénérable*)中有一些有价值的文章,《全国科学研究中心国际研讨会》第 546 号(Colloques internationaux du center national de la recherché scientifique, no. 546)(巴黎,1975 年)。白塔特(E. M. 317
Buytaert)主编的《彼得·阿伯拉尔》。《卢汶中世纪研究》(Mediaevalia Lovanensia),第一辑,Studia II(卢汶,1974 年);托马斯主编的《彼得·阿伯拉尔》和《阿伯拉尔在他的时代》(*Abélard en son temps*)。《纪念皮埃尔·阿伯拉尔诞生九百周年国际研讨会文集》(*Actes du colloque international organisé à l'occasion du 9e centenaire de la naissance de Pierre Abélard*)(1979 年 5 月 14 日～19 日)(Les Belles Lettres,巴黎,1981 年)。

沙尔特雷"学校" 萨森有影响的《中世纪人文主义及其他》(*Medieval Humanism and Other Studies*)的修订本(牛津,1970 年),第 61 页～85 页,得到了哈林(N. Haring)在奥当内尔(J. R. O'Donnell)主编的《纪念佩吉斯文集》(*Essays in Honour of A. C. Pegis*)(多伦多,1974 年)中的"重游沙尔特雷和巴黎"的回应,第 268 页～329 页;还有德隆克的"通向沙尔特雷学校的新途径"(New Approaches to the School of Chartres)(《中世纪研究年鉴》[*Anuario de Estudios Medievales*],第 6 期,1969 年,第 117～140 页)。萨森爵士在"巴黎的诸学校和沙尔特雷学校"(The

Schools of Paris and the School of Chartres)(见本森和康斯塔伯主编的《十二世纪的文艺复兴与更新》[牛津,1982年],第113~137页),和《柏拉图主义、经院哲学方法和沙尔特雷学校》(*Platonism, Scholastic Method and the School of Chartres*)(斯坦顿讲座,1978年,里丁大学,1979年)中回答了他的批评。激发萨森的因素来自新近对"沙尔特雷人"的著作的更为宽泛的理解。其中有价值的一些研究有,若诺的《哲学读本——沙尔特雷时代研究》(*Lectio Philosophorum. Recherches sur l' Ecole de Chartres*)(阿姆斯特丹,1973年),德隆克主编的《十二世纪西方哲学史》(剑桥,1988年),其中有关于该书和关于进一步研究的参考书目。图利奥·格列高利的研究尤为杰出:《世界灵魂——孔什的威廉的哲学与沙尔特雷学校》(*Anima mundi. La filosofia di Guglielmo di Conches et la Scuola di Chartres*)(佛罗伦萨,1955年)和《中世纪柏拉图主义——研究与探寻》(*Platonismo medievale, Studi e ricerche*)(罗马,1958年)。

索尔兹伯里的约翰 威尔克斯主编的《索尔兹伯里的约翰的世界》(*The World of John of Salisbury*)(教会史研究[*Studies in Church History*],Subsidia 3)(牛津,1984年)提供了目前研究约翰的最好途径,包括新近研究的完整参考书目。《政治家指南》(*Policraticus*)和《逻辑学讲解》(*Metalogicon*)是由韦布(C. C. J. Webb)编辑的(牛津,1909年,1929年),英译本是由迪金森(J. Dickinson)翻译的 *The Statesman' s Book of John of Salisbury*(纽约,1927年),包括该书的第四至第六卷,以及第七至第八卷的一部分；派克(J.B.Pike)的《献媚者的轻薄与哲学家的足迹》(*Frivolities of Courtiers and Footprint of Philosophers*)(明尼阿波利斯，1938年)中包括该书的第一至三卷和第七至八卷的一部分)；迈克加里翻译的《逻辑学讲解》(伯克利，1955年)。齐布纳尔(M. Chibnall)编译的《教廷史》(*The Histotia Pontificalis*)(内尔森中世纪文本[*Nelson's Medieval Texts*]，1956年；牛津中世纪文本，1986年重印)；米勒(W.J.Millor)、巴特勒(H.E.Butler)和布鲁克(C.N.L.Brooke)编译的书信(I.内尔森中世纪文本，1955年；牛津中世纪文本，1986年重印；II.牛津中世纪文本，1979年)。 318

圣维克多学派和圣贝尔纳　泰勒为其所翻译的《圣维克多的休的讲授学》(*The Didascalicon of Hugh of St Victor*)所作的导言也许是圣维克多的休的思想的一个很好的入门。文明的记录(Records of Civilization)。《资料与研究》(*Sources and Studies*)(纽约、伦敦，1961年)。休的《圣事论》(*De Sacramentis*)由德菲尔拉里(R.J.Deferrari)译成英文(《美国中世纪学院院刊》[Medieval Academy of America Publication]，第58期，马萨诸塞州剑桥，1951年)。莱克勒克、范登布鲁克(F. Vandenbroucke)和布耶尔(L.Bouyer)的《基督教崇拜史》(*A History of Christian Spirituality*)第二卷《中世纪的崇拜》(*The Spirituality of the Middle Ages*)(英译本，伦敦，1968年；法文本，1961年)对有关维克多学派和许多其他中世纪宗教作家提供了指导和材料。圣贝尔纳的著作由莱克勒克、塔尔伯特(C. H. Talbot)和罗切斯(H. M. Rochais)编辑为《圣贝尔纳著作》(*S. Bernardi Opera*)8卷(罗马，1952年～

1978年);英译本 *The Works of Bernard of Clairvaux*(西多会教父丛书[Cistercian Fathers series],1970年~)还在继续出版之中。见威尔格(J. Verger)和约里维特的《贝尔纳-阿伯拉尔或隐修院和学校》(*Bernard-Abélard ou le cloître et l'école*)(巴黎,1982年)和吉尔松的《圣贝尔纳的神秘主义神学》(*The Mystical Theology of Saint Bernard*)(英译本,伦敦,1940年;法文原本,巴黎,1934年)。关于贝尔纳对语言的驾驭(以及其他许多方面),见莱克勒克的《贝尔纳及其著作研究文集》3卷(*Recueil d'études sur saint Bernard et ses écrits*);以及埃文斯(G. R. Evans)的《明谷的圣贝尔纳之心》(*The Mind of St. Bernard of Clairvaux*)(牛津,1983年)。

新大学 作为参考著作,鲍威克(F. M. Powicke)和拉什多尔的埃姆顿(A. B. Emden of H. Rashdall)的《中世纪欧洲的大学》(*The Universities of Europe in the Middle Ages*)3卷,(牛津,1936年)还是无可替代的;但是应该把它与晚近的研究考察结合起来使用,这些研究考察包括:索恩戴克(L. Thorndike)的《中世纪大学的记录与生活》(*University Records and Life in the Middle Ages*)(纽约,1944年,1971年重印);科本(A. B. Cobban)的《中世纪的大学——其发展与组织》(*The Medieval Universities, their Development and Organisation*)(伦敦,1975年);威尔格的《中世纪的大学》(*Les Universités au Moyen Age*)(巴黎,1973年);伊修因和帕奎主编的《中世纪晚期的大学》(*The Universities in the Late Middle Ages*)《卢汶中世纪研究》第一辑(Studia VI)(卢汶,1978

年)。关于在大学形成之前的学校的组织,见德尔海(P. Delhay)的"十二世纪的学校组织"("L'organisation scolaire au douzième siècle")(《传承》[*Traditio*],5,1947 年),第 211~268 页。关于法学的复兴,见本森和康斯塔伯的《十二世纪的文艺复兴与更新》(1982 年)中(第 299~323 页)库特纳(Kuttner)所写的"法学的复兴"。关于英格兰对罗马法的学术研究,见亚历山大和吉布森主编的《中世纪学术与文学文集》(*Medieval Learning and Literature. Essays presented to R. W. Hunt*)(牛津,1976 年)中(第 257~286 页)萨森的"瓦卡里乌斯大师与一种英国学术传统的开端"(Master 319
Vacarius and the Beginning of an English Academic Tradition),以及布鲁克、拉斯柯姆和其他人编辑的《中世纪的教会与政府》(*Church and Government in the Middle Ages. Essays presented to C. R. Cheney*)(剑桥,1976 年)中(第 119~137 页)斯坦因(P. Stein)的"瓦卡里乌斯与民法"(Vacarius and the Civil Law)。关于牛津大学的肇始,见卡托主编的《牛津大学史》(*The History of the University of Oxford*)第一卷(牛津,1984 年)。关于巴黎,见菲卢奥罗(S. C. Ferruolo)的《大学的起源——巴黎的诸学校及其批评者 1100 年~1215 年》(*The Origins of the University. The School of Paris and their Critics, 1100 - 1215*)(斯坦福,1985 年),该书更偏重于批评者;还有威尔格的"关于巴黎大学的诞生——社会背景、政治赌注和智力"(À propos de la naissance de l'université de Paris: contexte social, enjeu politique, portée intellectuelle)(*Schulen und im sozialen Wandel des Hohen und Späten Mittelaters*, ed. J. Fried. Vorträge und Forschungen, 30,

ed. Konatanzer Arbeitskreis für mittelaterliche Geschichte)(西格马林根,1986 年)第 69～96 页。关于萨莱诺,见克里斯泰勒(P. O. Kristeller)的“萨莱诺的学校:其发展及其对学术史的贡献”(The School of Salerno: Its Development and Its Contribution to the History of Learning)(《医学史学刊》[*Bulletin of the History of Medicine*],第 17 期,1945 年,第 138～194 页,在《文艺复兴及文学研究》[*Studies in Renaissance and Letters*][罗马,1956 年]中重印,第 495～551 页)。克里斯泰勒在“萨莱诺的巴托洛梅、穆桑迪努斯和毛鲁斯及其他早期‘阿提切拉’的评论家,及一份尝试性的文本及手稿的书单”(‘Bartholomaeus, Musandinus and Maurus of Saleno and other early commentators of the “Articella”, with a tentative list of texts and manuscripts’)(见《中世纪意大利和人文主义》[*Italia Medioevale e Umanistica*],19 [1976 年],第 57～87 页)中,支持了他关于萨莱诺在经院方法的兴起上的重要性,以及关于亚里士多德哲学常常被低估了的观点。对于蒙彼利埃,见路易斯·杜利厄(Louis Dulieu)的《蒙彼利埃的医学》(*La Médecine à Montpellier*)三卷(阿维尼翁,1975 年)。(对于这条信息,我们要对欧-波义耳表示衷心的感谢。)

重新发现亚里士多德 对目前有关知识的综合见德阿尔文尼(M. T. d'Alverny)在本森和康斯塔伯的《十二世纪的文艺复兴与更新》(1982 年)中的“翻译与翻译家”(第 421～462 页),以及克雷兹曼、肯尼和平伯尔格主编的《剑桥中世纪晚期哲学史》(剑桥,1982 年)中多德(B. G. Dod)所写的“拉丁亚里士多德”(第 45～79

页)。许多这方面的知识是出自米尼奥-帕卢埃罗才华横溢的著作,他的一些文章收集在他的《短论集:拉丁亚里士多德》(*Opuscula. The Latin Aristotle*)(阿姆斯特丹,1972年)中。

阿拉伯和犹太哲学 也许应该以海曼(A. Hyman)和沃尔什(J.J. Walsh)的《中世纪哲学:基督教、伊斯兰和犹太传统》(*Philosophy in the Middle Ages: the Christian, Islamic and Jewish Traditions*)(纽约,1967年)为开始。其后还有对伊斯兰思想的一些重要的总体性研究:亨利·柯尔班(Henry Corbin)的《伊斯兰哲学史》(*Histoire de la philosophie islamique*)第一卷(加利马尔版,1964年),该书截至阿维罗依逝世;法克里(M. Fakhry)的《伊斯兰哲学史》(*A History of Islamic Philosophy*)第二版,(伦敦、纽约,1983年);蒙特戈梅利·瓦特(W. Montgomery Watt)的《伊斯 320
兰哲学与神学》(*Islamic Philosophy and Theology*)(爱丁堡,1962年);彼得斯(F. E. Peters)的《亚里士多德与阿拉伯》(*Aristotle and the Arabs*)(纽约、伦敦,1968年)。关于犹太思想,见克列特·希拉特(Colette Sirat)的《中世纪犹太哲学史》(*A History of Jewish Philosophy in the Middle Ages*)(剑桥、巴黎,1985年)。克罗弗德(F.S. Crawford)出版了阿维罗依的《亚里士多德〈论灵魂〉解说》(*Commentarium Magnum in Aristotelis De Anima Libros*)(阿维罗依诠释亚里士多德丛书[*Corpus Commetarioum Averrois in Aristotelem*],No.59)(麻省,剑桥,1953年)。迈蒙尼德的《迷途指津》(派恩斯[S. Pines]译)(芝加哥,1963年)。

十三世纪的哲学革命 由于瑙尔斯反对凡·斯蒂恩伯根的一些结论,注意凡·斯蒂恩伯根后来的著作就显得更为重要。这些著作包括:《十三世纪的哲学》(*La Philosophie au XIIIe siècle*)(卢汶-巴黎,1966年)、《亚里士多德在西方——拉丁亚里士多德主义的起源》(*Aristotle in the West. The Origins of Latin Aristotelianism*)第二版(卢汶,1970年)、《中世纪哲学研究导论》(*Introduction à l'Etude de la Philosophie Médiévale*)(《中世纪哲学》[*Philosophes médiévaux*]第18期)(卢汶-巴黎,1974年)、《中世纪哲学丛书》(*La Bibliothèque du Philosophe Médiéviste*)(《中世纪哲学》,第19期)(卢汶-巴黎,1974年)、《布拉班特的西格尔大师》(*Maître Siger de Brabant*)(《中世纪哲学》,第21期)(卢汶-巴黎,1977年),以及《托马斯·阿奎那和彻底的亚里士多德主义》(*Thomas Aquinas and Radical Aristotelianism*)(华盛顿特区,1980年)。凡·斯蒂恩伯根的观点开始形成,并在一系列的著作和其他出版物中表达出来,是在1940年代和1950年代。

圣波那文图拉 波那文图拉的《全集》在1882年至1902年期间在佛罗伦萨的夸拉奇出版了10卷。《教会历史与地理辞典》(1937年)中隆普瑞(E. Longpré)的条目。吉尔松的《圣波那文图拉的哲学》(*La Philosophie de saint Bonaventure*)1945年法文版和英译本(新泽西,1965年)。布格罗尔(J. G. Bougerol)的《波那文图拉著作导论》(*Introduction to the Works of Bonaventure*)(英译本,新泽西,1964年)和奎恩(J. F. Quinn)的《波那文图拉哲学的历史构成》(*The Historical Constitution of St Bonaventure's*

Philosophy)(多伦多,1973 年)也是有帮助的。

大阿尔伯特 伯格内特(A. Borgnet)主编的 38 卷阿尔伯特的《全集》(巴黎,1890 年～1899 年),现在正由盖耶尔和其他人重新编辑(明斯特,1951 年～)。在缺少一本令人满意的研究阿尔伯特的专著的情况下,可以参见两本多位学者的论文集:维希普尔(J.A. Weisheipl)主编的《大阿尔伯特与科学——纪念文集》(*Albertus Magnus and the Sciences. Commemorative Essays 1980*)(多伦多,1980 年)和金默曼(A. Zimmermann)主编的《大阿尔伯特——其时代、著作与影响》(*Albert der Grosse, seine Zeit, sein* 321
Werk, seine Wirkung)《中世纪丛钞》第 14 期(柏林-纽约,1981 年)。

圣托马斯 阿奎那著作最主要的现代版本是利奥版(Leonine edition),该版还在继续出版之中,《全集》(*Opera omnia*)(罗马,1882 年～)。《神学大全》近年由英国黑衣修士团(the English Blackfriars)以 60 卷出版(伦敦,1964 年～1976 年),拉丁文、英文对照。吉尔松的《圣托马斯·阿奎那的基督教哲学》(*The Christian Philosophy of St Thomas Aquinas*)(纽约,1956 年)是杰出的,它引发了一些出色的研究,包括:什尼(D. Chenu)的《理解圣托马斯》(*Towards Understanding St Thomas*)(芝加哥,1964 年),皮埃泼(J. Pieper)的《托马斯·阿奎那指南》(*Guide to Thomas Aquinas*)(纽约,1962 年),还有维希普尔的《修道士托马斯·阿奎那——其生活、思想与著作》(*Friar Thomas d'Aquino, His Life, Thought and Work*)(纽约,1974 年),该书作为一本参

考著作，比前述各书都更有用。关于作为哲学家的阿奎那，见肯尼的《阿奎那》(牛津，1979年)。

布拉班特的西格尔 凡·斯蒂恩伯根的《布拉班特的西格尔大师》(《中世纪哲学》，第21期)(卢汶-巴黎，1977年)。凡·斯蒂恩伯根在前面(第245页)瑙尔斯提到的一份书单(*Table bibliographique*)上，列出了较早些时候由雷南、豪雷奥、曼多内、伯姆科和格拉布曼所作的研究的题目。西塞特(R. Hissette)的《1277年3月7日巴黎的219条谴责之研究》(*Enquête sur les 219 Articles Condamnés à Paris le 7 mars 1277*)(《中世纪哲学》，第22期)(卢汶-巴黎，1977年)。凡·斯蒂恩伯根的《托马斯·阿奎那和彻底的亚里士多德主义》(华盛顿特区，1980年)。

达契亚的波埃修斯 费奥拉凡提(G. Fioravanti)的"Scientia, fides, theologia in Boezio di Dacia"(达契亚的波埃修斯的学识、信念与神学)(《都灵科学学报 道德科学》[*Atti della Accademia delle scienze di Torino. Classe di scienze morale*])(1969～1970年)，第525～632页。平伯尔格的"论达契亚的波埃修斯的哲学"(Zur Philosophie des Boethius de Dacia)(《中世纪研究》[*Studia Mediewistyczne*]，第15期)(1974年)，第165～185页。

十三世纪的英格兰 关于牛津大学，见《牛津大学史》，卡托主编(牛津，1984年)。关于罗伯特·格罗斯泰斯特，见卡鲁斯(D. A. Callus)主编的《罗伯特·格罗斯泰斯特》(牛津，1953年)，迈克艾弗伊(J. McEvoy)的《罗伯特·格罗斯泰斯特的哲学》(*The Philosophy of Robert Grosseteste*)(牛津,1982 年),以及萨森的《罗伯特·格罗斯泰斯特》(牛津,1986 年)。卡鲁斯的“亚里士多德学说向牛津的引介”(The Introduction of Aristotelian Learning to Oxford)(《不列颠学院学报》[*Proceedings of the British Academy*],第 29 期,1943 年,第 229～281 页)依然是有价值的。关于培根,见伊斯顿(S. C. Easton)的《罗吉尔·培根及其对一种普遍科学的探索》(*Roger Bacon and his Search for a Universal Science*)(牛津,1952 年)和林德伯格(D. C. Lindberg)的《罗吉尔·培根的 322 自然哲学》(*Roger Bacon's Philosophy of Nature*)(牛津,1983 年)。

亚里士多德的后果 西塞特的《1277 年 3 月 7 日巴黎的 219 条谴责之研究》。维普尔(J. F. Wipple)的“1270 年和 1277 年巴黎的谴责”(‘The Condemnations of 1270 and 1277 at Paris’)(《中世纪与文艺复兴研究学刊》[*Journal of Medieval and Renaissance Studies*],第 7 期,1977 年,第 169～210 页)。卡鲁斯的“圣托马斯在牛津的谴责”(The Condemnation of St Thomas at Oxford)(伦敦阿奎那学会[The Aquinas Society of London],阿奎那文件第 5 号)(伦敦,1955 年)。

根特的亨利和邓斯·司各脱 根特的亨利的《全集》(*Opera omnia*)目前正由麦肯(R. Macken)和其他人编辑(莱顿,1979 年～);邓斯·司各脱的《全集》(*Opera omnia*)正由巴里克(C.

Balić)和其他人编辑(梵蒂冈,1950 年～)。吉尔松的《约翰·邓斯·司各脱》(*Jean Duns Scot*)(巴黎,1952 年)。

综合的崩溃 罗马的吉莱斯的哲学著作目前正由德尔·彭塔(F. del Punta)和其他人在比萨编辑。艾克哈特著作的标准版是斯图加特版(1936 年～),包括拉丁文和德文的著作。还有英译的文选,如:*Selected Treatises and Sermons*...(克拉克[J. M. Clark]和斯金纳[J. V. Skinner]译,伦敦,1958 年)、*Sermons and Treatises*(沃尔什[M. O'C. Walshe]译,两卷,1979 年,沙夫茨伯里,1987 年重印)。另见瑙尔斯的《英格兰的神秘主义传统》(*The English Mystical Tradition*)(伦敦,1961 年)。

奥康的威廉 奥康的《哲学与神学著作》(*Opera philosophica et theologica*)目前正由加尔(G. Gál)和其他人编辑(方济各研究所、圣波那文图拉研究所,纽约,1967 年～)。伯德里(L. Baudry)的《奥康的纪尧姆——其生平、著作和社会与政治观念》(*Guillaume d'Occam: Sa vie, ses oeuvres, ses idées sociales et politiques*)(巴黎,1949 年)。勒弗(G. Leff)的《奥康的威廉——经院话语的变异》(*William of Ockham: The Metamorphosis of Scholastic Discourse*)(曼彻斯特,1975 年)。梅特克(J. Miethke)的《奥康的社会哲学方法》(*Ockhams Weg zur Sozialphilosophie*)(柏林,1969 年)。库特内(W. J. Courtenay)的 *Adam Wodeham*(莱顿,1978 年)。

唯名论和实在论 维农(P. Vignaux)的《十一世纪的唯名论》(*Nominalisme au xive siècle*)(蒙特利尔,1948年)和《十一世纪的辩护与命运》(*Justification et prédestination au xive siècle*)(巴黎,1934年);勒弗的《布拉德沃丁和贝拉吉乌斯主义者》(*Bradwardine and the Pelagians*)(剑桥,1957年)和《里米尼的格列高利》(*Gregory of Rimini*)(曼彻斯特,1961年);奥伯曼(H. A. Oberman)的《中世纪神学的收获:加布里埃尔·比埃尔和中世纪晚期的唯名论》(*The Harvest of Medieval Theology: Gabriel Biel and Late Medieval Nominalism*)(麻省剑桥,1967年);肯尼的《威克利夫》(牛津,1985年)和肯尼主编的《威克利夫在其时代》(*Wyclif in his Times*)(牛津,1986年)。威克利夫论共相的论文 323
是由穆勒(I. J. Mueller)编辑并由肯尼翻译的(牛津,1985年)。赫德逊(A. Hudson)和维尔克斯(M. Wilks)主编的《从奥康到威克利夫:十四世纪牛津的学术》(*From Ockham to Wyclif: Oxford Scholarship in the Fourteenth Century*)(《教会史研究》。Subsidia,5)(牛津-纽约,1987年)。《剑桥中世纪晚期哲学史》中希拉(E. D. Sylla)的"牛津的计算家们"(The Oxford Calculators)和默多克(J. E. Murdoch)的"无限性和连续性"(Infinity and Continuity)(第540～563页和第564～591页)。维希珀尔(J. A. Weisheipl)的"奥康和一些莫顿学者(Ockham and Some Mertonians)"(《中世纪研究》,第30期)(1968年)(第163～213页)。

中世纪思想研究史 本书的价值之一在于瑙尔斯对于现代有关中世纪思想的学术演化的敏锐判断。在《历史》第五十四卷

(1969年2月)第1～12页上,瑙尔斯发表了对于两位最著名的中世纪经院哲学批判研究之父亨利希·瑟斯·丹尼弗尔(Heinrich Seuse Denifle)(1844年～1905年)和弗兰茨·厄尔(1845年～1934年)所作的富有洞察力和启发性的研究。

索引

（按汉语拼音排序，页码为原书页码，即本书的页边码。）

译者说明

1. 书中的“圣经”有多种表达方式：“the Word of God”，“Bible”，“Scripture(s)”，我在译文中都译为“圣经”，但只有在是“Bible”的地方加上了书名号：《圣经》。

2. 原书中的斜体字，除书名、拉丁文及其他文字之外，行文中的斜体字在译文中一律为黑体；原书中大写字母开头的专有名词(人名、神等通用名词除外)，在译文中一律为粗体；“上帝”的第三人称凡用大写开头的 He 及 His 的，译为“祂”和“祂的”。

3. 原书行文中直接用拉丁文、德文、法文等其他文字的，译文中都与原书同，原书有解释的，有相应的译文；没有的，在后面括号内加中文注释。原书中用拉丁文等其他文字在括号中作附释的，译文中也依原样，加在括号中，一般不再加中文注释。原书中用拉丁文表示的希腊著作书名，一律直接按通行译法译为汉语，不用拉丁文表示。原书中用英文译出的其他文字的书名一律根据英文直接译出，没有附原文的不再给出原文书名。

4. 人名、书名的原文一般只在第一次出现时给出。中国读者所熟悉的一些西方思想家如黑格尔、康德、培根等的名字就不再给出原文。

5. Being 在西方哲学中是一个大问题，十分复杂。这个词在中文中没有完全对应的表达词汇，国内学界对此也有很多不同意见。考虑到与本书内容有关的多种因素，在本书中，我将其译为“存有”；“Existence”译为“存在”。

6.“school”一词兼有“学校”和“学派”的意思，因而不是太好译。我只能在比较明显是指“学派”的地方译为“学派”，其他的，一般都译为“学校”。请读者阅读时注意这个词的两种意思。

7.在翻译过程中，曾就霍普金斯关于邓斯·司各脱的诗的翻译请教过张隆溪先生，特在此致谢。

图书在版编目(CIP)数据

中世纪思想的演化/(英)瑙尔斯著;杨选译.—北京:商务印书馆,2012
ISBN 978-7-100-08484-0

I.①中… II.①瑙…②杨… III.①中世纪哲学—思想评论—世界 IV.①B13

中国版本图书馆CIP数据核字(2011)第141426号

所有权利保留。
未经许可,不得以任何方式使用。

中世纪思想的演化
〔英〕大卫·瑙尔斯 著
杨 选 译

商 务 印 书 馆 出 版
(北京王府井大街36号 邮政编码100710)
商 务 印 书 馆 发 行
北京市松源印刷有限公司印刷
ISBN 978-7-100-08484-0

2012年5月第1版 开本850×1168 1/32
2012年5月北京第1次印刷 印张$15^{5}/_{8}$
定价:34.00元